社會認知
一種整合的觀點

Social Cognition: An Integrated Introduction

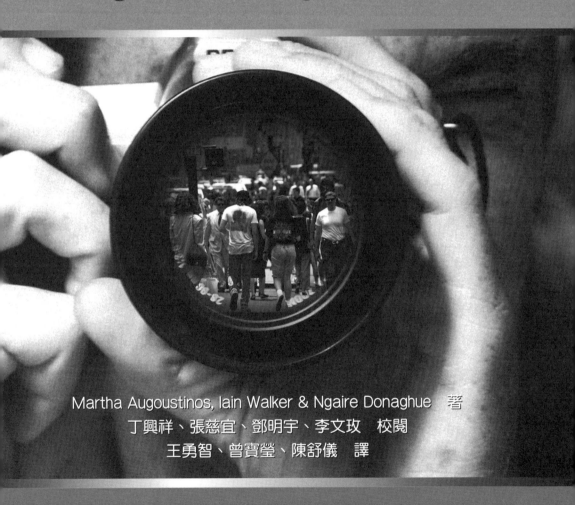

Martha Augoustinos, Iain Walker & Ngaire Donaghue　著

丁興祥、張慈宜、鄧明宇、李文玫　校閱

王勇智、曾寶瑩、陳舒儀　譯

Social Cognition

An Integrated Introduction

Second edition

Martha Augoustinos, Iain Walker and

Ngaire Donaghue

目次

作者簡介 ………………………………………………………… iv

校閱者簡介 ……………………………………………………… v

譯者簡介 ………………………………………………………… vi

前言 ……………………………………………………………… vii

譯序：建立社會心理學的宏觀視野 ………………………… viii

第 1 章　導論　1

定義社會心理學 ………………………………………………… 3

社會心理學的危機 ……………………………………………… 5

社會認知 ………………………………………………………… 7

本書目標 ………………………………………………………… 8

本書的組織架構 ………………………………………………… 9

結語 ……………………………………………………………… 12

第 一 部 分

第 2 章　理論背景　17

社會認知模式導論 ……………………………………………… 17

社會認同理論導論 ……………………………………………… 27

社會表徵理論導論 ……………………………………………… 38

論述心理學導論 ………………………………………………… 51

一種「後」認知心理學？ ……………………………………… 66

第二部分

第3章　社會知覺　71

社會認知與社會知覺 …………………………………… 71

社會認同理論與社會知覺 ……………………………… 93

社會表徵與社會知覺 …………………………………… 98

論述心理學與社會知覺 ………………………………… 107

第4章　態度　117

什麼是態度？ …………………………………………… 117

社會認知和態度 ………………………………………… 119

態度和社會認同 ………………………………………… 138

態度和社會表徵 ………………………………………… 142

論述心理學和態度 ……………………………………… 145

第5章　歸因　155

社會認知和歸因 ………………………………………… 155

歸因偏誤 ………………………………………………… 161

社會認同和歸因 ………………………………………… 175

社會表徵和歸因 ………………………………………… 178

論述心理學和歸因 ……………………………………… 186

第6章　自我與認同　193

自我和認同的社會認知取向 …………………………… 196

自我的功能 ……………………………………………… 203

自我和認同的社會認同取向 …………………………… 210

自我和認同的社會表徵取向 …………………………… 220

自我和認同的論述取向 ………………………………… 225

第 7 章　偏見　233

社會認知和偏見 …………………………………………… 234

社會認同與偏見 …………………………………………… 259

社會表徵和偏見 …………………………………………… 268

論述心理學與偏見 ………………………………………… 273

第 8 章　意識型態　285

社會認知與意識型態 ……………………………………… 286

社會認同與意識型態 ……………………………………… 293

社會表徵與意識型態 ……………………………………… 300

論述心理學與意識型態 …………………………………… 308

第·三·部·分

第 9 章　結論　319

個人與社會 ………………………………………………… 320

分析的層次 ………………………………………………… 322

實在論者與建構論者的認識論立場 ……………………… 323

社會改變 …………………………………………………… 324

名詞解釋 …………………………………………………… 327

參考文獻 …………………………………………………… 332

作者簡介

Martha Augoustinos

澳洲阿德雷德大學（University of Adelaide）心理學教授

Iain Walker

澳洲梅鐸大學（Murdoch University）心理學教授

Ngaire Donaghue

澳洲梅鐸大學心理學高級講師

校閱者簡介

丁興祥（第一、二章）

美國加州大學戴維斯分校（University of California, Davis）博士

輔仁大學心理學系教授

張慈宜（第四、六、八、九章）

輔仁大學心理研究所博士

輔仁大學心理學系兼任副教授

鄧明宇（第五、七章）

輔仁大學心理研究所博士班

仁德醫護管理專科學校通識教育中心講師

李文玫（第三章）

輔仁大學心理研究所博士班

龍華科技大學通識教育中心講師

譯者簡介

王勇智（第七、八、九章）

輔仁大學心理研究所博士班

台北海洋技術學院通識教育中心講師兼學生輔導中心主任

曾寶瑩（第一、二、三章）

輔仁大學心理研究所博士班

輔仁大學心理學系兼任講師

SES 性能學園專任講師

陳舒儀（第四、五、六章）

美國南加州大學（University of Southern California）教育心理研究所碩士

聯合心理諮商診所諮商心理師

　　本書的第一版發行至今已經超過十年以上，整個世界和社會心理學在這段時間內都經歷了許多變化，但也有許多部分還維持著原貌。比較這本書的第一版（1995-2005）、第二版（2006），就可以看出這其間的變與不變。在這些變化中，最值得一提的就是 Ngaire Donaghue 參與了本書的編著團隊，和我們一起重整了這本書的結構；依舊不變的是我們的學術目的。我們不僅是要寫一本能在有限的研究主題中整合不同取向社會心理學，並且適合在教學中使用的教科書，同時也是要寫一本能挑戰並刺激同儕具備獨特社會心理觀點的專門著作。

　　第二版的撰寫得力於許多人的大力協助，第一版致謝名單中所有協助者持續發揮他們的貢獻，另外我們還要感謝其他對第二版提供協助的人，包括 Michael Carmichael 和其率領的 Sage 出版社編輯團隊，感謝他們對我們的協助與耐性。兩位匿名審查者對全書內容詳細的閱讀與評論，我們盡最大可能以符合他們思慮周詳的建議。使用這本書第一版作為進行教學的同儕們多年來持續的建議與要求，讓我們就像親自面對了來自全世界的眾多學生。接近我們的家鄉，位於澳洲南方阿德雷德市（Adelaide）的「論述修辭中心」（Discourse and Rhetoric Unit, DARU）成員閱讀了不同部分的草稿，並且提供我們許多意見。在澳洲梅鐸大學，Tim Kurz 和他的同儕以及學生們在社會心理學研讀團體（Social Psychology Reading Group）中，對本書幾章草稿進行討論，Tammy Geddes、Maureen Mankoo 和 Sarah Miller 各自提供了他們的支持論點。當然，虧欠最大的自是家人和朋友們，我們將本書獻給他們，在此對他們的支持以及一切協助表達最誠摯的謝意：Dave 和 Dylan；Jane、Alex、Joel 和 Patrick；以及 James。

譯序

建立社會心理學的宏觀視野

2009年8月，一面撰寫譯者序時，一面看到八八水災後各種相關的新聞報導，看到馬英九總統在輿論的催逼之下趕赴災區，面對災民時說：「我不知道你在找我啊！你不是見到我了嗎？」而各家媒體見縫插針立刻將馬總統的談話與溫家寶總理在面對川震的災民時說的：「對不起，我來晚了！」做了一番比較，整個輿論開始將馬總統與同理心變成一種議題在批判總統領導人，而後續馬英九政府「何不食肉糜」的特質被指稱出來，甚至引發種種的新聞報導，包括誰誰誰哪天怎麼還去過父親節，或者誰怎麼還去剪頭髮等等。這些媒體所議論的主題之變動在在引起我們的注意力，好奇這一切會怎樣變化，而且也引發了身為社會心理學家的我們，到底該怎樣參與，可以讓整個社會變得更好等等的思考。每當想到這裡就會覺得以傳統的社會心理學的概念，如態度、歸因等等重要研究主題，要來理解這複雜的社會現象時總透露著使不上力的感覺。

這一切隱含了身為譯者的我們，雖然對於 Allport（1954）所界定的社會心理學：「一門研究個人的思想、感覺和行為如何受到實際存在或隱含存在的他人所影響的科學」充滿熱情，而繼續攻讀社會心理學的博士學位，但是對許多社會議題，傳統的社會心理學在理解上、在實踐上都有非常大的侷限，也因此促發我們思索突破的路徑。這本書《社會認知——一種整合的觀點》原文書的第一版，是我們在博士班就讀時所接觸到的，也帶給我們許多不同的觀點來思考社會心理學的各種議題，因此才決心想將這樣的好書譯介給國人，只是在起心動念時才發現這本書已經有第二版了，這倒是始料未及的，但仍然無損於我們原本熾烈的初衷。

《社會認知——一種整合的觀點》是一本在西方世界通行十年以上的社會心理學教科書，這本書最大的特色在於整合了社會心理學發展脈絡，以宏觀視野詳盡介紹社會心理學的四大理論背景，包括美國社會心理學中較為人

所熟知的「社會認知」、「社會認同理論」，也囊括了近年來逐漸興起的歐
洲社會心理學的「社會表徵」以及「論述心理學」。雖然說社會心理學家所
關注的社會現象大同小異，但這四大理論各自描述、理解社會現象的方式卻
大不相同，本書除了介紹四大理論內涵，也介紹了它們各自對於「態度」、
「認同」、「偏見」、「自我」等研究主題的不同理解角度、研究方式以及
研究成果。

　　這樣的彙整工夫讓學習者得以在社會心理學眾多的理論與研究結果中架
構起具判斷性的視角，進而發展出使用暨精進社會心理學的獨立能力。在多
年學習、教授與研究社會心理學的歷程中，我們充分了解一本具整合觀點教
科書的重要性，很高興終於有機會可以將這樣的學習工具介紹給更多的學習
者與教學者，希望大家都和我們一樣，和本書共同建立起對社會心理學的全
面理解與宏觀視野。

　　正因為本書的立場與理念，所以篇幅不算長的九章內容涵蓋範圍既廣且
深，為了善盡引介者的責任，我們匯集了三位翻譯者以及四位校閱者，每一
位都為本書的內容做了最審慎的翻譯與校閱工作，希望能以最適切的文句妥
善傳達原書意涵。特別是校閱者，他們不僅校閱文字流暢與可讀性，更詳細
考察學術專業上的疏誤，他們的協助讓我們的翻譯成果得以縮短讀者與原著
之間的距離。

　　最後，我們希望不論您是學習者、教學者或研究者，這本書都可以為您
帶來助益，也希望我們可以一起為理解「社會中的人」以及「人的社會性」
而努力。

第**1**章

導　論

　　在 Michael Leunig 的單格漫畫「理解之鏡」（*The Understandascope*）中，捕捉到某種深刻性的存在，在這裡也可以說是某種弔詭性。在這幅漫畫中，孤單的主角矗立山頭，他正透過一具像望遠鏡一樣的工具凝視著山下互動中的人群。遠方的背景是建築林立的城市，一架飛機在上空呼嘯而過。雖然這幅漫畫發表於美國 911 恐怖攻擊事件發生之前，但我們還是很難不看到那架飛機彷彿正朝著一棟摩天大樓飛去。前方彼此互動的人群看來像在爭吵、說笑、聊天，決定著要不要去上課、晚餐吃什麼……等等，就是一些日常生活中會做的事。孤單主角站在高高的山丘上，透過「理解之鏡」觀察底下人群的林林總總，這座性能絕佳的「理解」裝置似乎可以讓他看透一切。然而事實並非如此簡單。

　　社會心理學的目標就是要了解人的社會性。「社會認知」（social cognition）是社會心理學的一個分支，特別關注於人們如何理解他所處的社會世界，以及他在其間的位置。社會心理學家和 Leunig 漫畫中的孤獨主角有許多相似性，都嘗試也希望理論和方法學工具可以讓他理解人性。不幸的是，一切的努力和希望就像 Leunig 的漫畫一樣弔詭。

　　孤獨主角遠離山下人群，好像他根本沒有任何人類的煩惱，也和人性毫無瓜葛。透過「理解之鏡」凝視人群，他沒有認知到自己其實跟山下的人群是密不可分的（這個主角似乎被畫成男性，這也正是我們要凸顯的重點）。他從「理解之鏡」中獲得的任何理解絕對不會是與他無關的神啟，這些理解來自他個人對於凝視訊息的詮釋。他的理解事實上是「理解之鏡」和他一起共同生產的結果。再說，假若「理解之鏡」真的能讓人了解人性，那麼將鏡

頭對準任何一種人應該都可以得到相同的理解，甚至，特別是當鏡頭反轉過來對著凝視者自己的時候也一樣。

從這些面向看來，Leunig 的漫畫精準地捕捉了社會心理學作為一個學科的本質，而且也同時論及社會心理學家。相當令人敬佩地，社會心理學的技術已經被建構了一百多年，它就好像「理解之鏡」一樣，提供了許多具洞察力的訊息，但卻不理解自身。遺憾的是，過去一百年來，社會心理學的技術幾乎只把焦點放在單一族群上，也就是那些總是擔任受試者的心理系大學生們，好像他們就可以代表所有的人類。更不幸的，社會心理學和社會心理學家幾乎沒有把自己放在「理解之鏡」前被研究觀察。社會心理學家假定自己是全知全能的，他們宣稱自己可以站在山丘上遠觀，把自己與被理解的對象完全隔離。這簡直是荒謬。

圖 1.1　Michael Leunig 的「理解之境」

資料來源：Michael Leunig, *Ramming the Shears*, 1985.

　　Leunig 漫畫中的孤獨主角看起來似乎是沮喪的。但我們不清楚，他是因為看到「理解之鏡」中的人而沮喪（一大群看起來都很憤怒的人），還是因為他了解這群民眾憤怒的原因，所以才沮喪。讓他沮喪的到底是群眾的憤怒，還是他了解這群人除了憤怒別無選擇？Leunig 的漫畫又再度巧妙地捕捉了社會心理學和社會心理學家們的共通特質。任何一本社會心理學標準教科書裡的索引中，都充滿了關於人性的野蠻和卑劣的參考書目。相對的，教科書裡卻很少提到人性的樂觀面，就是那些能讓孤獨主角泛起一絲微笑的東西。你現在正在讀的這本書也一樣。這並不是說正向的人性比較不重要，相反的，這只是更進一步反映了「了解人類卑劣面向的急迫性」。社會心理學共享的隱含假定是：經由理解卑劣且野蠻的人性，我們就能更進一步知道如何讓社會變得更加美好。編寫這本書的我們也同樣接受這個觀點，同時希望社會心理學能更明確地致力於改變社會，而不只滿足於嘗試理解而已。

　　在這本書裡，我們從檢視社會心理學家運用的主要方法開始，他們用這些方法建構出理解「人類如何詮釋社會生活」的系統化知識。雖然社會心理學家關注的社會現象大同小異，但他們各自描述、理解的方式卻大不相同。這些分歧劃分了這本書所涵蓋的四大區塊：社會認知、社會認同理論、社會表徵，以及論述心理學（discursive psychology）。我們在本書中試圖劃分這些觀點，並逐一闡明每種觀點是如何理解態度、認同、偏見等現象。我們認為任何一個能充分詮釋現象的社會心理學說，無論從日常生活中的知覺以及每日例行事務，到族群對立的種族屠殺行為，都必須能整合個人內心的認知與社會及意識型態的觀點。在全書中，我們試圖把「理解之鏡」的鏡頭轉向社會心理學科自身，最終藉由較寬廣且更具整合性的思維，更清楚的對焦，以求裨益於整個學門以及那些被我們研究的人們。

定義社會心理學

　　社會心理學是一門怪異的學科。誕生於社會科學大量產出的十九世紀末，直接承襲於心理學與社會學兩派學門，且更遠可以追溯到古希臘古典哲學。

學說發展包含赫赫有名以及不受青睞的各派學說：啟蒙運動構成近代西方關於自足式個人及獨立自我的觀念；兩次世界大戰帶動硬體科技興盛地發展，使得社會心理學家得以在和平時期將這些技術應用於科學研究上；自由主義崛起成為社會心理學發展的肥沃土壤；社會心理學（和社會學一樣）對團體和群眾的關注，則起源於中產階級憂心十九世紀快速工業化後，大眾階層的崛起。如果極端一點地用出生的血統來比喻，社會心理學就好像是混血兒，父母親為心理學與社會學，而這彼此沒有相互認可的關係，並且經常否認他們的子嗣，這或許是出於他們對於他們不接受事物的挑逗所產生的罪惡感，也可能因為他們對過去可能結合的機會仍然感到依依不捨。社會心理學身為一門混血的學門，它必須摸索前進找到自己的道路，努力建立自身的身分認同，發展出自己理解世界的方式，以及自己在世界中的位置，並且要竭盡心力避免自毀其名，還要注意不要承襲和父母一樣時而為人詬病的風評。在找尋自己道路的過程中，它曾走錯岔路，步入死巷，與某些危險人物邂逅。

　　用更極端方式來比喻，我們認為社會心理學仍然是個正在發育的青少年，仍舊受困於早期未解決的複雜情結，而且在一連串困惑的可能性中掙扎。社會心理學尚未建立成熟的自我認同。在理論和方法上，它繼承了混血的血統，持續和多樣的「可能自我」搏鬥。多樣性不一定不好，事實上，我們認為這是一項優點。然而，有些可能的自我聲稱無法與其他自我同時並存，他們認定彼此是互不相容的。或許多一點努力與想像就能讓把這些自我整合成連貫的完整自我；又或許他們只需學習在同一個沙坑中各自玩耍；當然，或許他們需要的是分道揚鑣或者互相保持距離。

　　社會心理學一詞在字面上有所矛盾，因為它從未完全掌握所謂「社會」的蘊涵。早期深具影響力的社會心理學家對社會心理學的定義總是將社會和個人分開。例如，Gordon Allport 曾如此定義社會心理學：

　　　　試圖理解個人的思想、感受和行為如何受到實際存在、想像，
　　或暗指的他人的呈現所影響。（1985, p. 3）

　　這個定義將個體與社會描述為各自獨立，有時甚至是相互對立的。這樣

的定義允許、甚至鼓勵研究將焦點單獨放在個體或社會上，有時候會將焦點關注在一方如何影響另一方。如此的界定不允許個人與社會兩者是密不可分的概念，而這種概念認定社會是由個人所組成，而個人也同時被社會所建構。

如果認定個人與社會基本上是密不可分的，就必然會徹底改變社會心理學家過去對於人類經驗的理解。這也會，或者說應該會，形成社會心理學獨特的夾縫空間，也就是統整心理學的個人主義（individualism）和社會學的「制度主義」（institutionalism）。

社會心理學的危機

如同所有青少年，社會心理學曾經經歷過一個「危機」。大約四十年前，Kenneth Ring（1967）出版了一篇引起軒然大波的文章，他在這篇文章中斥責當時的社會心理學浮誇，操弄最新的理論噱頭，用所謂有趣、賣弄聰明的實驗設計來呈現，而不是認真建立一套有價值的知識。Ring 的文章後來成為「社會心理學危機」的先驅（Cartwright, 1979; Elms, 1975; Gergen, 1973; McGuire, 1973; Pepitone, 1976, 1981; Sampson, 1977, 1981; Tajfel, 1972; Taylor & Brown, 1979）。早期實驗社會心理學的熱潮，因為批評家一致對這門學科的發展方向表達不滿而逐漸減弱。大家質疑，當實驗帶著特定目的去控制真實世界的「汙染變項」時，這種人為設計的環境並沒有、也無法充分模擬人類的社會經驗。再者，實驗也導致了它本身的問題，諸如訴求特性（demand characteristics）（Orne, 1969）與實驗者偏差（experimenter bias）（Rosenthal, 1969）。其他可能影響實驗偏誤的來源也已經被指認出來，比方說研究者的政治、意識型態、文化與個人的生平背景等（Innes & Fraser, 1971）。

批評家的不滿不僅只是針對大家對實驗的盲目崇拜而已。就認識論層面而言，Gergen（1973）宣稱社會心理學不可能是科學，因為它所處理的主要題材（人類的社會行為）具有文化及歷史的特殊性，而且當社會心理學介入研究它時，它本身也必然被改變了。人類行為的普遍法則並不像物質科學一樣，能夠被明確地建立，因為這些法則會隨著文化、歷史環境變遷而更動。

因此，社會心理學基本上是一種「歷史探究」。對某些人來說，這個危機出自於一個未經挑戰的認識論假設，亦即認定「個體為所有事物的核心」，因此個體應該是研究分析的主要對象與重心。Hogan 和 Emler（1978）、Pepitone（1976, 1981）與 Sampson（1977, 1988）更聲稱，大多數社會心理學理論（失調理論、遊戲理論、公平理論、態度理論、人格特質與社會化理論）充滿了個人主義的命題。

　　社會心理學的個體化取向，主要來自實驗取向與實證論的共同影響，它們披著科學的外衣支配著社會心理學。這些發展也扼殺早期心理學家，諸如 Wundt 以及 McDougall 對集體現象的研究興趣（Farr, 1989）。也和社會學家 Durkheim（1898）一樣，這些早期心理學家相信文化現象並不能被化約到個體的層次來研究，例如語言、神話、宗教，與國家主義等；特別是 Wundt，他主張自己所創建的實驗室傳統並不適用於這類高等認知歷程的研究。

　　個體（心理學）分析與集體（社會學）分析之間的衝突與張力由來已久，在 Tarde 與 Durkheim 之間著名的辯論（Doise, 1986）中曾留下文獻記載。批判社會心理學發展史的學者皆同意，在社會心理學中造成個體取向的部分原因之一是 Floyd Allport 的行為主義觀點。Allport 對於如 McDougall 的「群體心靈」（group mind）這類的集體概念大加撻伐（Cartwright, 1979; Farr, 1989; Graumann, 1986; Pepitone, 1981）。在 Allport 著名的宣言，我們可以明顯看見他在方法論上的個人主義色彩：「所有群體心理學在本質上只是徹底的個體心理學。社會心理學……是個體的心理學的一部分。」（1924, p. 4）Allport 堅持如群眾行為與大眾意見等群體現象，只不過是群體成員的個人行為與態度的總合而已。他的個人主義方法論成為一股強大力量，醞釀出後來北美社會心理學諸多重要理論與方法。

　　自 1970 年代後期，大家對這門學科經歷的「危機」已著墨不多。對某些人而言，這只是輕微的注意力分散，充其量不過是一般發展過程中都會出現的「鬧情緒」罷了。例如，Jones（1985）就將它稱之為社會心理科學發展中「輕微的不安」。對於其他人而言，則認為這個危機讓大家更加注意到社會心理學在方法論、認識論，以及這門學科各種研究問題的限制（Gergen, 1985; Manicas & Secord, 1983）。對於 Ring 所提出的批判，社會心理學的爭議與議

論從未真正獲得解決。這些議題不再受到注目並不是因為我們現在懂得比以前多，而是因為大家對它們漸漸失去了興趣。事實的確如此，就許多方面而言，這個危機逐漸失去了舞台，並不是因為那些社會心理學的問題已經得到令人滿意的解答，而只是因為這門學科對那些問題已經失去了興趣。我們相信，社會心理學的危機是認識論的問題，而不僅是對這門學科是否深具信心，那些 1960 與 1970 年代所提出的認識論問題在二十一世紀初期也同樣棘手，特別是在當今最具支配地位的觀點：社會認知。

社會認知

　　社會心理學總是自豪自己從未屈服於那種貶低並擾亂其他心理學的所謂行為主義的革命。在行為主義的輝煌時期，社會心理學家持續探討人類內在心理建構，諸如態度、價值與刻板印象等。但在 1950 與 1960 年代，社會心理學為了對抗行為主義的陷阱及過度氾濫，因而逐漸將重點轉移到後來主導認知科學的訊息處理理論。正如行為主義，認知主義也面臨過度氾濫的問題。在今日，北美社會心理學的宰制觀點正是「社會認知」（social cognition）。有些人辯稱「社會」二字其實被誤用，在社會認知中提到的社會只代表了它的研究對象，包括：個人、群體以及事件。它從認知心理學借來許多各種小理論、概念與實驗程序等有力配備。儘管擁有這些精良的硬體設備，它仍然無法解決先前在社會心理學危機中被提出的各項質疑與問題。

　　目前社會認知中的研究與理論都大量採用個體取向，完全忘卻社會認知的內容其實是源自於人們的社會生活，以及人類互動與溝通。不幸的是，以訊息處理模型為核心的社會認知只關注人對內容與情境的認知處理歷程。因此，人類思想、經驗與互動中的社會性、集體性、共享性、交互影響性及其符號性等特質，都被經常性地忽略與遺忘。當今社會認知研究是個體主義的，因為它只藉由研究個體的認知與知覺歷程來理解諸如態度、歸因、身分認同等社會現象。只要社會認知仍然單單停留在個體層次的分析，就無法適當地解釋人類經驗的整體性。然而，我們的看法和部分批評意見不同，我們認為

當前主流的社會認知研究依然對於最近剛嶄露頭角且漸受青睞的新興社會心理學派有所裨益。事實上我們認為,將個體與社會的詮釋加以協調與整合,能讓我們產生對人類經驗更完整、更具反思性,以及更加動態的理解。

　　什麼是我們建議社會認知應該整合的「社會」呢?主要包含三個源自歐洲社會心理學的另類取向。首先是社會認同理論(social identity theory, SIT)(Tajfel & Turner, 1986)。社會認同理論提供了一種建基於對所屬團體歸屬感的認同分析。相對於北美社會心理學,在歐洲社會心理學中,團體比個體更具有討論價值。在概念上,人被優先視為一個社會存在,透過個人的團體歸屬,人進而感受到「自己是誰」、該如何舉止,以及該相信什麼。社會作為一個集體,就是由特定的社會歷史時期中,各種不同團體彼此之間錯綜複雜的關係所組成的。正如社會認同理論者特別強調的,社會認同理論就是在個體內將社會(或團體)重新復位。

　　第二個我們要討論的歐洲取向是社會表徵理論(social representations theory)(Moscovici, 1984),它也強調社會團體成員的中心性,將焦點放在團體成員的身分如何形塑了個體意識。社會表徵意指人們對於社會世界所累積的各種常識理論與知識。社會表徵理論不僅關切這種常識內容的區別分布情形,以及為何不同社會團體會持有的不同常識;另外,它也關注個人與團體如何使用社會表徵去理解和建構一個常識及共享的真實。

　　第三個取向就是最近支配歐洲學界的論述心理學(discursive psychology)。起源於後現代思潮與社會建構論者對實證科學的批判,論述心理學特別關注在人類互動中,論述／話語與修辭的重要性。論述心理學重視人們「說什麼」更甚於他們「想什麼」,這不但挑戰了主流社會認知的認知主義假設,同時也挑戰了社會認同理論與社會表徵理論。

本書目標

　　本書旨在檢視社會心理學這個混血兒學門中一些不同的理論和方法,檢視幾種相互競爭的取向試圖界定社會心理學的可能自我,並且開始嘗試把各

種可能性整理成連貫而融合的整體。這雖不是件容易的事，但預見社會心理學不再各自獨立，反而可能成為成熟而連貫的整體，這就值得我們投入心力。

我們將著墨於當今社會心理學界內四個最主要而且最具影響力的理論取向：社會認知、社會認同理論、社會表徵，以及論述心理學。這些理論取向通常是平行發展的，很少彼此參照。然而，對相同的社會現象，它們都有其自己處理的方式。全書旨在闡明這些取向如何能被整合成一個由個體分析跨越到社會層次的整體思維。首先，我們必須先指出這四個取向並不能等同視之。社會認同理論與社會表徵理論已經系統化成為正式理論；而另外兩個則還不夠系統化，我們可以將它們視為某種觀點。

本書的組織架構

在第一章簡短的導論之後，本書主要分為三大部分。第一部分（第二章）篇幅較長，闡述了四大基本取向：社會認知、社會認同理論、社會表徵與論述心理學。我們將較不加批判地分別說明這些相互獨立的理論，描述每個取向的主要特色，並且舉例說明運用該取向進行的研究。這四大取向是這本書的基礎與論調。有些學習者會覺得第二章讀起來很沉重，而且內容太多沒辦法一次吸收。如果是這樣，我們建議把每個理論當成獨立片段來閱讀，然後作為閱讀本書第二部分各個章節時交互參照的對應背景。事實上，我們就是依據交互參照的想法來書寫和編排這本書的。第二章也提供了每個理論相關關鍵術語的定義。我們希望關鍵字（名詞解釋）的列表能幫助學習者理解每個理論的中心思想。

本書的第二部分將運用各個理論取向逐一探討社會心理學的六大議題。這些議題包含社會知覺（第三章）、態度（第四章）、歸因（第五章）、自我與認同（第六章）、偏見（第七章），以及意識型態（第八章）。前五個議題是社會心理學的重點與特定範圍，大多數社會心理學教科書都會將其納入。最後一個「意識型態」的議題較不具中心位置，但我們認為它對於我們如何理解人類經驗與社群生活有其重大意義。在所有章節中，我們試圖闡明

上述理論如何探討其議題，並且指出每種理論取向的異同之處。不過，每個章節的探討方式略有所不同，部分原因是因為議題本身，以及各個理論取向的研究得到支持情況不同，使得我們整合的範圍也有所不同。這本書不像其他教科書一樣網羅每個議題涉及的所有面向，本書並不是一本百科全書。我們呈現具有闡明效力的研究和理論，希望能勾畫出某種初步整合的觀點。全書最主要的目標就在於重建「社會」在社會心理學中的首要地位。每個章節基本上各自獨立，不過，和第二章的理論原則交互參照是有其必要的，尤其是那些非主流的理論觀點，例如社會表徵理論與論述心理學。

第三章探討社會知覺。對任何一種理論觀點而言，社會的分類歷程幾乎是所有社會心理學理論化的核心。然而不同取向將社會類別概念化的方式卻大相逕庭。社會認知觀點著重於探究認知基模，同時也累積了大量的實證證據說明認知基模的運作。這個領域最近的實證研究集中在無意識基模（或分類）思維的運作。我們在這一章探討了社會認知研究對於基模所建構的理論，和社會表徵研究學者建構社會表徵的方式存在著許多相似之處。社會分類同樣也是社會認同理論的首要前提。很難想像當我們提到社會認同時，卻沒有把自我歸類成和某些人一樣，或者和某些人是不一樣的。最後論述心理學也很重視分類以及類別成員間的關係，不過，和其他觀點不同的是，論述心理學認為社會類別是經由談話互動而得來的。

第四章探討了可能是社會心理學中被研究最多，也最具理論性的概念，那就是「態度」。在這一章，我們詳述了態度建構在傳統上被社會心理學定義與理論化的方式。我們探討了態度的功能性取向，並且說明不同理論觀點如何處理這個領域最棘手的議題之一，也就是態度與行為之間的關係。接著，我們討論了對於態度認知結構的研究，包括態度如何被啟動與提取。我們批判了傳統態度研究太過個人取向，過度以及非社會的（asocial）對待態度這個構念。由此出發，我們將介紹把態度視為社會認同現象或是社會表徵的各種研究。最後，我們會論及論述心理學對態度的語境變異（contextual variability）以及語言建構（linguistic construction）的分析。

第五章的主題是歸因，也是認知社會心理學的核心議題。我們概述了歸因理論的三個主要理論建構：Heider（1958）的先驅研究、Jones 和 Davis

（1965）的對應推論理論（theory of correspondent inferences），以及 Kelley
（1967）的共變模式（covariation model）。我們詳細討論了不同的歸因偏誤，
以及產生偏誤的原因。接著，我們討論了團體間歸因的研究。這些研究呈現
了內團體成員和外團體成員對正面及負面行為所做的不同解釋，讓我們更清
楚了解社會身分認同的影響力，同時也說明了為何歸因必須被當成社會與文
化現象，而不只是個人的認知現象。這也和社會表徵理論將歸因視為共享的
世界觀有相通之處。第五章結尾探討在談話中對於解釋的互動式建構，並且
說明在談話中描述與解釋之間密不可分的關係。

　　「自我」幾乎可說是心理學領域的核心概念，而「社會脈絡中的自我」
則捕捉了社會心理學所有的關注焦點。我們在第六章中用四種不同的理論觀
點來探討自我與身分認同。社會認知觀點將「自我」視為一組知識架構（比
方說「基模」），在此架構下可能存在數個不同類別的「自我」（真實自我、
積極理想自我……等等）。如此，個人主義化的自我觀點受到社會認同理論
的挑戰，後者強調必須思考自我所處的社會脈絡、自我和團體間的關係，以
及自我與認同無可避免的政治性。社會表徵研究提醒我們，「自我」是歷史
和文化的建構，身處西方世界的我們將自我看得如此重要其實是很不尋常的
（並非舉世皆然）。論述心理學也認為自我是在互動中建構及實現的，並且
具有偶然的本質（而非固定不變的）。

　　第七章大量運用了前述章節中的概念來探討偏見和團體間關係。我們先
回顧了有關偏見與異常人格相關的理論與研究；接著，我們說明了兩個常被
應用的社會認知傳統，一個將偏見視為一種態度，另一個則將偏見看成是基
模。社會認同理論批判那些認為偏見來自於個人的非社會性論點，他們對於
刻板印象以及團體間差異的概念完全不同。社會表徵理論則將研究焦點放在
大眾共享的、政治的與文化建構下的團體認同，在這種認同下我們對自我及
他人維持的關係、描述及解釋。最後，論述心理學強調其他理論觀點認定的
相對固定的歷程其實會隨著實際互動而有所改變。

　　最後一章談的是「意識型態」。意識型態是社會科學中最受爭議的概念
之一，也稱得上是社會心理學的最大挑戰。我們將社會心理學的意識型態研
究定義為：探究任何社會中某些特定的關於世界的表徵與建構取得合法合理

位置，並且複製社會上既有的制度、社會與權力關係的社會心理歷程與機制。由於社會心理學理論鮮少用集體與社會的角度解釋認知現象，我們認為某些特定價值、信念、刻板印象、歸因與表徵為體制服務及其正當化的功能被嚴重地忽略了。然而，意識型態不應僅僅被看成是一個認知建構，最近意識型態已經被看成是語言的、論述的，同時也是物質的及行為的實踐。在這一章裡，我們檢視了社會心理學中對於意識型態的各種不同觀點，它們分別視意識型態為（虛假）意識、論述／話語，以及物質的實踐。我們特別關注個人主義和自由主義的分析，這兩種意識型態是現代西方民主與現代西方社會心理學的核心。

許多讀者，包括老師和學生，可能會覺得把意識型態放進一本社會心理學教科書裡非常怪異。這的確很奇怪，但怪的不是我們把它納入，而是它為何總是被排除在外。我們認為，意識型態對於我們理解人類經驗與當代社會生活有其重大的意義。它對任何社會心理學派而言都極為重要，不論是那些試圖介入社會冀求改變它的人，抑或那些試圖把自己從社會中抽離以求「客觀地」理解社會的人都同樣重要。所有學派的社會心理學家都非常自豪於自己不僅只是想了解世界，他們更想改變世界。任何想改變社會的理論都必然是一種意識型態。那些企圖和世界保持客觀距離的理論也是基於特定的意識型態，一種政治保守的意識型態。

本書第三部分我們總結了嘗試將這個學門中被認定為分立的各個研究傳統整合起來的一些精簡的想法及反思。最後，我們認為在這個領域中的新近發展將會帶動社會心理學未來的發展方向。

結語

自從 1995 年本書初版付梓以來，標榜「社會認知」的研究宛如雨後春筍。同樣的，在社會認同／自我分類理論、社會表徵與論述心理學方面的著作也不斷俱增。因此，我們的難題在於如何充分地廣納百川以表現出這個領域目前的「戰況」。為達成此目標，我們必須修改初版的編排以公平對待四

大理論。希望我們在這個版本中所採用的新主題結構能夠涵蓋每個領域，同時又能維持各種理論取向探究這些社會心理學概念的完整性。

　　而如同前版，來自不同理論陣營的學者對這本命名為《社會認知》的書竟然同時納入許多批判社會認知觀點的理論大感恐慌，畢竟這些研究學家已承受了許多和其他理論家有所區別的痛苦。然而，本書涵蓋的所有觀點都有基本共同之處：它們都試圖要理解我們如何適應所處的社會環境、如何理解並建構起我們的世界，以及這些理解與建構對我們造成了什麼樣的影響。再者，有更多的論點已經針對我們先前提到的社會心理學危機有其自身的反應。雖然這個領域中有許多人都忽略了此一危機，而也有一些人則忙於發展出替代的另類思維和方法論架構。為了呈現整合性，我們希望保存所有研究方法的價值，避免在摻雜混和的過程中破壞了它們的原有面貌。我們最終目的是希望這本書能點燃學習者對這個領域的興趣與熱情，並且鼓勵大家廣泛而深度地討論及爭辯何謂社會心理學，以及它應該扮演的角色。

第一部分

第**2**章

理 論 背 景

　　社會心理學有時候被說成是一門歷史短暫，卻有著長遠過往的學科（見 Allport, 1985; Farr, 1996; Graumann, 1996; Jones, 1998）。短暫歷史的起點經常被歸諸於早期 Triplett（1898）所進行的實驗，實驗中顯示單車選手在觀眾面前的騎車速度比獨自一人騎的時候快；而長遠過往則可以遠溯到古希臘時期先哲們的思想。無論是短暫歷史或長遠過往，它關注的焦點都在「人類如何理解世界」。這也是社會認知界定的特質，了解人們是如何理解自己，理解其所處的世界（物質的、社會的、環境的），及其自身與世界的關係。理解世界是這本書的核心主題，包含了不同的理論觀點：社會認同、社會表徵、論述心理學，而這些都涵蓋在廣泛的社會認知範疇內。然而，廣泛的範疇無法將一般所謂的社會認知和其他觀點區分開來，也很難說明不同觀點之間的理論差異。本章的宗旨就是要揭示每種觀點的核心定義原則，進而幫助我們了解社會心理學的焦點議題，例如社會知覺、態度、歸因、自我與身分認同、偏見與意識型態。

社會認知模式導論

　　社會心理學在 1970 年代才開始使用「社會認知」一詞。到現在，社會認知已經是社會心理學的主流理論，至少在北美洲是如此。社會認知的研究與理論源自於早期對人際知覺、歸因與態度的研究，這些研究大量運用認知心理學的方法與概念。「社會認知」一詞大量出現在教科書書名（正如本書）、

期刊名、心理學課程名稱，以及指導手冊的名稱上，顯示了社會認知不論在領域及研究取向上，在社會心理學界都有長足進展。就許多方面而言，社會認知確實在社會心理學中變得至高無上（Ostrom, 1994）。

何謂社會認知？

有許多方式試圖定義社會認知。Thomas Ostrom（1994）估計約超過一百多種定義，這個數字在這幾年內毫無疑問還在持續增加。不太可能只用一句話定義「社會認知」的所有範圍，或是滿足所有自稱為社會認知研究的學者。儘管如此，Ostrom 還是建議如此定義社會認知：

> 社會認知的核心是一種概念取向，而這種取向是由認知心理學的訊息處理歷程觀點而來，這種觀點近年來擴散到包括所謂的認知科學。社會認知取向是基於認知表徵和認知歷程有關的構念，而這是理解所有人類反應的根本，不論那些反應是社會的或是非社會性質的。認知心理學家運用這些概念來分析範圍廣泛的種種現象，諸如閱讀理解、回憶、再認、分類、推理、視覺和聽覺等。社會認知研究者也使用同樣的理論觀點，唯一差別只是研究的現象不同而已。
> （1994, p. ix）

Ostrom 的定義是這類定義中的典型範例（如 Fiske, 2004, pp. 127-128; Fiske & Taylor, 1991, p. 14; Hamilton, Devine, & Ostrom, 1994, pp. 2-5; Leyens & Dardenne, 1996, p. 111）。他這個定義的精神是直率地指出社會認知與認知心理學間的緊密關係，兩者都認定認知是所有重要人類現象的基礎，認知心理學與社會認知唯一的差別只是研究的現象不同而已。並非所有社會認知研究者都完全同意這樣的看法，特別是最後一點，不過至少主要論點都已被指出。

讓我們暫且接受社會認知是一種取向或一種觀點，而不只是一種理論，這種取向大量倚重認知心理學的方法與概念。那麼，它的社會成分在哪裡？何必加上「社會」二字？在上述 Ostrom 的定義中，他未加細究地界定社會認

知與認知心理學「唯一差別只是研究的現象不同而已」。我們需要更進一步清晰闡明社會認知中的「社會」。

何謂社會認知中的「社會」？

Susan Fiske 與 Shelley Taylor 指出，社會認知研究「……至少在某個程度上關注真實世界中的議題」（1991, p. 14），並且列舉了這些研究議題，例如態度、人際知覺、刻板印象和小團體等。但這仍然無法說明一個最基本的重要問題：這些「真實世界中的議題」是否可以被簡化為認知心理學，或是完全以認知心理學的角度來進行理解，依據 Fiske 和 Taylor 的說法，那就是「不覺得不安的心理角度，以及朝向訊息歷程的角度」（p. 14）。社會認知觀點確實隱含一個基本假設，認為「真實世界議題」能夠被理解成更基本的、個人的、認知的與「心理的」歷程。

Fiske 和 Taylor 進一步闡述社會認知中的「社會」。他們由「人類之所以不同於物」這樣看來平凡無奇的觀察開始著手，經過他們的分析之後，這些差異立刻變得意義深遠。依據 Fiske 和 Taylor 列舉出九項「人與物的重要差別」（1991, pp. 18-19），再加上其他學者（如 Leyens & Dardenne, 1996）提出的特點，並且刪除彼此重複的部分，我們統整出界定社會認知中「社會」意涵的幾項要點：

- 人類是有意向地影響其所處環境；
- 人是被知覺的客體，反之，也同時知覺對方（社會認知是相互認知），而人際知覺是相互協商而來的；
- 社會認知隱含認定自我既是主體也是客體；
- 社會客體在成為認知目標後可能會有所改變；
- 人要正確、真實地認知他人，比認知其他非社會性的客體還要難，或者說，根本不可能；
- 社會認知本身就包含了社會解釋；
- 社會認知是共享的。

毫無疑問，上述每一點都傳達了人類之所以不同於物的重要性。但這仍無法說明社會認知這樣一種觀點建立在「不覺得不安的心理層次」，並且依靠認知心理學方法和概念，是如何對「社會」現象提供適當的理解。我們同樣也不清楚像「意向性」（intentionality）或「相互知覺」（reciprocal perception）這類社會現象是否能被化約為純粹的心理歷程。相對的，本書中所涵蓋的其他觀點認為，要全盤理解這些現象（亦即社會認知關注的所有現象），就需要一種非化約的觀點，不會將社會現象化約為心理歷程而已。這樣的看法成為本書統整取向的基礎，但這並不意味著社會認知研究是「錯誤的」，或是不具價值。事實上，它指出了社會認知研究的不同意義。

原型研究

在詳述社會認知研究的定義原則之前，我們要先介紹這個傳統中，Macrae、Milne 和 Bodenhausen（1994）兩個關於原型的研究（prototypical study），這兩個研究可以作為了解這類研究基本原則的好範例。這兩個研究被設計來檢視刻板印象的認知歷程，並且試圖理解人類使用刻板印象進行思考，是否真如學者們經常宣稱的：能讓人釋放出認知資源以便處理其他訊息，否則的話，人們就得花費時間一步一步逐一處理關於該對象的所有訊息。更確切地說，這些研究是用來測試一個長久以來的假設，也就是認定刻板印象在本質上是一種「節省精力」的認知思考策略（詳見本書第三章與第七章）。

在第一個實驗中，Macrae 和他的同僚使用了「雙重作業典範」（dual-task paradigm），要求受試者對電腦螢幕上呈現的幾個目標人物的特質建立印象，同時還必須執行另外一項不相關的作業（聽錄音機中播放的一段文章）。受試者被告知在測試結束時，會問他們對於螢幕中人物形成的印象，以及他們所聽到的文章。文章內容是關於印尼的經濟與地理，身為威爾斯大學生的受試者們對這些內容一無所知。刻板印象作業包括在電腦螢幕上方出現目標人物的姓名，螢幕下方則呈現一個人格特質的形容詞。目標人物共有四位，在實驗過程中，每位目標人物各有十個描述人格特質的形容詞。半數受試者的電腦螢幕上還會同時呈現幾個帶有刻板印象的類別標籤（例如醫生、藝術家、

海軍陸戰隊隊員、房地產仲介等）。每個目標人物各有五個合乎刻板印象的
形容詞（例如，醫生是富有同情心、誠實、可靠、正直、盡責；海軍陸戰隊
隊員則是不受控制的、好鬥、不誠實、不可靠、危險），另外五個形容詞則
不帶有刻板印象性質（例如，醫生是運氣不好的、健忘、消極、笨拙、熱心；
海軍陸戰隊隊員為好運、觀察入微、謙虛、樂觀、好奇）。

　　第一項研究結果顯示，那些看到刻板類別標籤的受試者，在事後能夠回
想起合乎刻板印象的形容詞，比其他沒有看到類別標籤的人多了兩倍，但是
這兩組受試者在回想中性形容詞的能力上卻沒有差別。這代表刻板印象的運
作促進了符合刻板印象訊息的解碼與回憶的能力。

　　第二項研究結果顯示，那些看到（或使用）刻板印象標籤的受試者，比
其他沒有看到類別標籤的人記得更多有關印尼地理與經濟的內容（錄音機中
播放的文章）。因此，刻板印象的運作顯然釋放出受試者的某些認知資源，
所以他們比較能注意到實驗中同步出現的第二項作業。

專欄 2.1　內隱認知

　　「內隱態度」（implicit attitudes）近幾年在社會心理學界引起頗多的
研究關注。當內隱態度指涉特定社會群體時，就成為所謂的「偏見」（preju-
dice）（詳見第七章）。透過簡易的電腦化測驗就可以測量內隱態度。逛
逛這個網站：https://implicit.harvard.edu/implicit/，你就可以測試自己對不同
社會類別的內隱態度，例如性別、人種、年齡、族群、宗教、體重、性傾
向，甚至是對美國總統候選人。

　　當你誠實地做完一項或多項電腦化測驗，在作答完畢後，你會得到一
個分數，以及這個分數和一般分數的比較。你覺得自己的得分是否能完全
反映你對某特定社會類別的「態度」？若答案是否，那麼這中間的差距代
表你很了解（或不了解）自己嗎？或是電腦化測驗能否正確地評估你的「態
度」？我們該如何從理論角度來解釋這其間的落差？

在第二個實驗中，Macrae等人重複了第一個實驗步驟，但改用下意識的方式呈現刻板印象標籤，方法是以 30 毫秒（ms）的時間來呈現刻板印象標籤，然後用其他中性的刺激將它遮蔽。結果，刻板印象標籤的影響力依舊明顯，即使受試者只能下意識地讀取那些標籤。呈現刻板印象標籤的實驗組能夠記得目標人物的特質，比沒有出現刻板印象標籤的對照組的人要多，而且前者也能回憶比較多關於印尼的訊息。因此，刻板印象所啟動的思考模式（也就是促進對目標人物刻板印象訊息的解碼與回憶，並且釋放注意力以應付其他任務），並不來自於個人對於刻板印象標籤有意識的察覺。

用這兩個社會認知傳統的典型實驗範例，現在我們就可以勾勒出這種取向對於促進理解真實世界議題的核心原則。

社會認知的核心原則

·實驗·

上述Macrae等人所做的研究清楚呈現出社會認知取向主要的（或者說規範的）研究方法就是實驗。社會認知研究的實驗經常仰賴用電腦螢幕向受試者呈現刺激，也常用瞬時呈現的方式讓受試者無法覺察，以觀察那些刺激對受試者表現反應所造成的影響，實驗中要觀察記錄的，經常是受試者接受刺激後對其他刺激所做出的判斷，或是下判斷所需要的時間。實驗是社會認知學派和其他三個學派間相似或相異處的重要特點：社會認同取向也經常使用實驗，但並不一定總是用實驗，而且使用的實驗方法和社會認知取向的實驗並不相同；社會表徵取向則偶爾也使用實驗方法，但經常與其他方法合併使用；而大部分論述心理學的研究學者則對實驗法大加撻伐。

·隱喻模式·

除了認定實驗法為必要的研究法之外，社會認知在逐步發展的過程中，對於人類如何感知理解世界也有一套共同認定的隱喻模式。最具主導地位的隱喻就是認定人是一個訊息處理者。當然，**訊息處理模式**（information-

名詞解釋

processing model）是在電腦出現後才開始盛行，人類的認知過程被比喻成電腦接收、辨認、儲存與編寫訊息的方式。另外一個隱喻則是把人看成**素樸科** 名詞解釋
學家（naïve scientist）（Fiske & Taylor, 1984）。這個想法認為，人會如同用
科學家的方式來理解周遭環境：透過系統化觀察先決條件與行為後果之間的
關係，或是推論人類互動的本質。這個隱喻就是歸因理論的基礎（見第五
章），也在第一章 Leunig 的漫畫中巧妙呈現。

　　第三個隱喻則延續了素樸科學家的隱喻，但認為人往往並不能像科學家
一樣理性思考與行動，在這個比喻中，人被稱之為「**認知吝嗇者**」（cognitive 名詞解釋
miser）（Fiske & Taylor, 1991）。這個看法主張科學思考的負擔是很沉重的，
如果人在平日生活中如此思考，很快就會被龐大、困惑、複雜混亂的社會刺
激給壓垮。相反的，人不會持續注意不斷轟炸的社會刺激，反而會忽略許多
訊息，快速推論，然後把訊息組合分類到不同的社會類別之中，以類別化思
考取代對訊息的逐一分析，然後用認知捷徑的方式減少日常生活中必須應付
的龐大訊息處理作業。依此見解，人類在認知上是懶惰的，我們會用最少的
認知資源與精力。

　　認知吝嗇者的隱喻說明了長久以來認為人類思考具有捷思本質，不過捷
思本質也會出現重大例外。在許多情況下，我們的確會投入大量精力去思考
人與事物，並且逐一檢視各項訊息，而不使用類別思考，這些時候人就成了
認知揮霍者。為了納入這些情況（至少在實驗結果上有明顯差異），社會認
知又採納另外一個隱喻，那就是「**機動策略者**」（motivated tactician）（Fiske, 名詞解釋
1992）。依此見解，人在需要的時刻可以調用大量認知資源來處理訊息，但
這只會發生在我們具有處理動機的時候。也就是說，社會認知取向認為人既
是認知怠惰者也是揮霍者，而且可以依據特定的脈絡動機在兩者之間任意切
換。

　　Macrae 等人（1994）的研究清楚地證明了人是機動策略者的隱喻（同樣
的，也證明了認知吝嗇者的隱喻）。當受試者忙於執行研究者指定的作業時
（試著了解印尼的資訊），他們也用類別標籤來對目標人物建立印象。當有
類別標籤可供使用的時候，他們在要求作業上的表現就會比沒有標籤時要好。
受試者也記得與目標人物刻板印象符合的人格特質。就隱喻的角度而言，受

試者沒有足夠應付兩種不同作業的認知資源，所以，他們藉由策略性運用類別標籤的方式減少認知資源的使用。

·建構論與實在論·

素樸的知覺觀點認為，人的感官將外界訊息直接轉換成意識經驗，藉此我們得以知覺並理解周遭世界，這個運作歷程是被動、逼真而且客觀的，這樣的觀點通常被描述成一種素樸的實在論。然而社會認知典範則認為人的知覺是主動而非被動的，並且是主動建構且未必忠實的。事實上，建構論有時被看成是社會認知典範一項界定的特色（如 Ross & Nisbett, 1991）。知覺和認知可以被人為建構的實例不勝枚舉，包括本書提及的所有研究。

雖然社會認知在建立人類認知模式時，認定人是一個主動建構者，不過它本身的實在論觀點卻和大部分心理學一樣，都認定自己是「科學」。換句話說，在建立社會認知如何運作的理論時，社會認知學者試圖透過對認知運作進行系統化研究與實驗，以發掘出「事實」。這當中所隱含的弔詭是，社會認知研究者以及他們所發展的理論，竟然脫離了他們用來研究社會認知時所持有的建構論原則。這一點我們在本章稍後探討其他取向時（尤其社會表徵與論述心理學取向），會更清楚說明其中意義，這些取向在理解社會認知，以及它們所使用的研究法和發展理論上，都相當明顯地採取社會建構論立場。

·知覺認知主義·

知覺認知主義和社會認知模型中假設人是素樸實在論者的觀點有密切的

名詞解釋 相關。亦即，素樸實在論是一種知覺—認知的後設理論。**知覺認知主義**（perceptual-cognitivism）的核心觀點認定「真實」是被我們的感官直接知覺，這些輸入訊息接著被內在心智運算歷程加以處理，最後成為心智表徵的輸出訊息被登錄在人的心智中，成為我們理解世界時可用的模板（templates）。因此，知覺認知的後設理論必須認定內在認知建構的存在，比方說「類別」（categories）、「基模」（schemas）、「態度」（attitudes）、「歸因」（attributions）與「刻板印象」（stereotypes）等，而這些建構被假定能代表某種特定的心理真實與經驗。

・心智表徵・

心智表徵（mental representation）可說是社會認知模型的核心原則。類 名詞解釋
別、基模、態度、歸因、認同與刻板印象被理論化成為心智結構，而這些心
智結構組織了我們對生活世界中某種社會事物的知識、評價與期待。我們對
於世界的心智表徵，是我們在長期直接、間接的感知經驗中學習發展而來的，
它們讓我們得以在和世界互動的時候，不需要個別處理每件事物。這些心智
表徵引導我們注意該注意的、忽略該忽略的，幫助我們將訊息加以編碼和回
憶，協助我們記得與推測的內容，並且讓我們知道在特定情況和互動情境中，
應如何感覺和反應。分類化（categorization）是社會認知模式中最關鍵的處理
歷程：我們如何將特定刺激加以分類，亦即我們如何在心智上以認知的方式
呈現該刺激，最終形成我們對待事物的態度、歸因與行為。

・潛意識運作・

雖然潛意識心智運作的觀點已經從大部分心理學中消失，這至少部分是
因為對佛洛伊德心理動力論（Freudian psychodynamism）的強烈反對，儘管
如此，它仍然在社會認知取向中保留一席之地。不過，社會認知取向中的「潛
意識」和心理動力論的潛意識，在意義上並不相同。

社會認知研究者使用幾種不同的方式呈現潛意識的運作。第一種方式是
運用實驗邏輯。方法很簡單，讓一組人接受某種環境刺激，比方說在實驗室
外出現的大聲噪音，而另外一組則沒有，結果實驗組的行為表現確實和控制
組有所不同，即使實驗組的受試者並沒有在解釋自己的行為表現時提及噪音
的影響（如Nisbett & Wilson, 1977）。第二種方法則是利用閾下知覺（subliminal perception）。Macrae 等人（1994）的第二個實驗就是最佳例證。受試者
在執行一項指定作業的同時，要對目標人物建立印象。當有刻板印象類別標
籤時，受試者在指定作業的表現較佳，也能回想起比較多與目標人物相關的
刻板印象訊息。更重要的是，即使類別標籤僅僅呈現 30 毫秒，時間短到受試
者無法察覺它的存在，也會發生同樣的結果，這代表類別標籤會潛意識地影
響認知運作。

名詞解釋　　最後一種方法則是藉由「**自動化**」（automaticity）的概念來研究潛意識運作。一項認知運作或反應如果符合以下幾項標準其中之一，就可以被視為是自動化作業（Bargh, 1984, 1989; Hasher & Zacks, 1979; Schneider & Shiffrin, 1977）：不需要意識的意向、注意力或努力；不受到意識意向的操弄；在意識沒有覺察的情況下產生。自動化的運作和影響非常快速，不需要使用認知

名詞解釋　處理能力。如果某個運作或表現不符合以上條件，便可稱之為**控制**了。**控制運作**（controlled processes）是受到意識的介入，需要投入認知精力且能隨意識而左右。我們可以再次用Macrae等人（1994）的研究來說明自動化效果。在同時執行兩項指定作業的時候，呈現刻板印象類別標籤會自動化地提高受試者之後回想起目標人物訊息和印尼相關經濟地理資訊的能力，無論受試者是否在意識上覺知到標籤的出現，這個影響並不需要意識的介入、注意或努力。標籤對認知歷程的影響是無意識的，類別標籤的影響並不需要受試者的認知處理能力。事實上，這些標籤釋放了受試者的認知處理能力。這個例子巧妙地說明社會知覺中的認知吝嗇原則，知覺者依靠刻板印象這類有限、概要的心智表徵快速地處理訊息，因而不需對訊息深思熟慮。不過，我們在第三章會看到這樣的類別標籤並不必然都會引發自動化效果。自動化其實是有條件的，端視個人在互動中所設定的目標而定。在這種狀況下，社會知覺者就是機動策略者而非認知吝嗇者。

小結

　　社會心理學的理論和研究是在探討人們如何理解周遭世界，以及我們身處其中的處境。社會認知取向則是社會心理學的基礎取向。社會認知研究是以實驗法關注個體內的心智運作。關心心智基模的知識結構，這些知識結構會引導注意力、促進將訊息編碼進入記憶的歷程、協助訊息的回憶。基模會被情境中的環境刺激所激發，而且經常是潛意識的。基模的激發會連帶激發其他的相關基模，而比較不會激發其他相互競爭的基模。

社會認同理論導論

　　認同是人們一生中面臨最核心的問題之一。回答認同問題的方式不計其數，但對於思考我們是誰的方式，至少在當代西方社會中，只存在幾個相當一致的思維模式。

　　將認同區分成個人認同與社會認同，可以幫助我們理解澄清。**個人認同**（personal identity）指那些我們看待自己的某種特質及特徵，這些特徵是非常個人的。例如「我很無趣」、「我很容易擔憂」或「我很緊繃」等陳述，就是一般所謂的個人認同。另一方面，像「我是心理系的學生」、「我是澳洲人」或「我是實驗的A組」之類的陳述，就展現了社會認同。**社會認同**（social identity）被定義為「個體自我概念的一部分，衍生於個人對所屬社會群體的相關知識，以及身為該群體一員的價值認定與情感」（Tajfel, 1981a, p. 255）。社會認同通常用個人和特定社會類別、社會位置或社會地位的關係來界定一個人。我們的社會認同通常依附、來自於我們的所屬群體〔稱為隸屬團體（membership groups）〕；但是，我們也可以認同不屬於我們的團體〔稱為參照團體（reference groups）〕，或者是認同某些特定的個人。Roger Brown 的「忠實支持者測試」（test of being a fan）非常簡單（他用波士頓塞爾提克隊和女高音 Renata Scotto 作例子）：你的自尊必定隨著仰慕對象的成功與失敗而共同起伏（1986, pp. 555-556）。相同的測試更常被運用於測試社會認同。社會認同總是依附於某個社會參照對象，通常是某個社會團體。如果你的心理狀態會隨著某個社會對象的命運漲跌而起伏，那麼你就是認同了這個參照對象。

　　當代社會心理學往往過度熱衷，並且不加批判地以個體觀點和個人主義的角度來看待自我，在對自我的分析中，部分發表文章甚至將社會認同貶低到次要地位（詳細的討論見 Brewer, 1991）。社會認同並非只是個人認同的某個面向而已，社會認同不可以被化約為個人認同或任何其他形式的認同。事實上，嚴格來說，所謂的「個人」認同根本就是虛構的，因為所有的認同以

名詞解釋

名詞解釋

及所有形式的自我建構必然是社會的。即便看來似乎與社會無關的自我描述，也必然巧妙地仰賴某些特定的社會結構。純粹的個人認同是虛構的，而個人與社會之間的區別也是虛構的。

在進一步探討社會認同理論之前，有一點我們必須先說清楚。當我們談到個人與社會間的界線是虛構的時候，意思是指社會永遠會再現於個人之內。在整個社會心理學的發展史上，個人與社會、個體與群體間的區別始終是個具爭議性的議題。較早的時期，爭論焦點在於「群體心理」（group mind）的想法是否合理。一派學者主張，所有的團體與群體心理最終都可以被化約為構成那些團體的個人，以及他們的個人心理（如 Allport, 1924）。另外一派則宣稱根本不可能如此化約，當個體集結成群體時，群體所展現的性質無法被化約為個別組成元素（如 McDougall, 1921）。在這個爭論上，我們的立場是：社會心理學確實具有社會性（Hogg & Abrams, 1988, pp. 10-14; Taylor & Brown, 1979），社會心理學所要了解的現象無法用附屬的、個體的，或是組成元素的概念和性質來加以解釋。

目前對於社會認同最全面的研究取向就是「社會認同理論」（social identity theory），縮寫為 SIT（Abrams & Hogg, 1990a; Brewer & Brown, 1998; Brown, 2000; Hogg & Abrams, 1988, 2003; Tajfel & Turner, 1986）。SIT 的發展始於 Henri Tajfel 於 1970 年代早期的著述，一方面呈現了歐洲社會心理學遠離北美社會心理學個體取向（Jaspars, 1986）的差異，同時也呈現了一套範圍較小的解釋原理及假設。

SIT 顯然是一套關於群際行為的理論。通常，我們會將「人際行為」與 **名詞解釋** 「群際行為」區分開來（Tajfel & Turner, 1986, p. 8）。**人際行為**（interindividual behaviour）只和他們彼此的個別特質有關，而和他們的隸屬團體毫無關聯。然而，既然沒有任何形式的認同是所謂純然的個體性（非社會性），那 **名詞解釋** 麼嚴格說來，也就沒有所謂純然的人際行為。**群際行為**（intergroup behaviour）代表群體間的互動主要受到他們所屬團體的影響，而不受他們表現的任何個人特質所支配。所有的行為被視為是從人際到群際間連續向度上的程度差別。

🖋 一項早期實驗

在 SIT 出現之前，現實衝突理論（realistic conflict theory, RCT）（Sherif, 1966）是解釋群際行為的主要理論。RCT 假設團體間衝突是由於團體間在有限資源下彼此之間有現實的利益競爭。支持這個簡單假設的證據不勝枚舉（如 Brewer & Campbell, 1976; Campbell, 1967; Sherif, 1966; Sherif, Harvey, White, Hood & Sherif, 1961; Sherif & Sherif, 1956）。然而也有例子顯示，現實的競爭不必然是造成團體衝突的必要且充分的條件（見 Tajfel & Turner, 1986），當然，顯而易見的，它仍然是引發群際衝突主要而普遍的原因。

為了研究引發群際衝突的各種因素中個人因素所帶來的影響，最理想的方式就是在實驗室裡創造出一個「最小」團體。這個團體沒有一般團體應該具備的任何特色，例如真實的社會經濟關係、群體內成員的互動、群體內的結構分配用來創造不同角色、群體內成員的互相依賴性……等，諸如此類。

最小團體（minimal group）的原初目標是為了創造一個實驗情境的「基準點」（baseline），讓團體中不存在任何群際差異，當後續實驗程序創造出不同層次的團體差異時，就可以評估這些不同差異對於群際區分的效果為何（Reynolds & Turner, 2001）。這就是 Henri Tajfel 首創頗富盛名的研究方式，最小團體實驗直接引領了 SIT 的發展（Tajfel, 1970; Tajfel, Billig, Bundy & Flament, 1971）。 名詞解釋

Tajfel 創造最小團體的方法是要求組成實驗團體的成員必須單獨作業並且匿名。受試者來自英國布里斯托（Bristol）公立中學十四到十五歲的學生。每個人都被要求計算螢幕上快速投射進正確位置的小圓點的數目。之後，參與實驗的人被分配到「高估組」或「低估組」，雖然事實上他們被分配的方式是完全隨機的。當第一位執行研究的實驗者在批改受試者繳交的答案卷時，另一位實驗者則宣布要立即進行第二項作業，受試者必須決定他人接受賞罰的程度，這項作業繼續使用高估、低估這兩項分類類別。接下來，受試者坐在一個小隔間裡填寫一本「報酬矩陣表」。他們被告知要將點數分配給兩名成員。有時候這兩位成員跟受試者屬於同組成員，有時來自另一組，有時則

是每組各占一名;在實驗結束時,所有受試者分配給每個人的點數會被累計,累計的點數將被換成同比例的金錢送給受試者。為了避免受試者為自己圖利,受試者分配點數的清單上不包括自己。那本報酬矩陣表共 18 頁,每頁都包含一個矩陣表。每個矩陣表上有兩排數字,如表 2.1。有趣的是,當兩名成員來自不同組別時,他們是如何去分配點數的。

表 2.1　在最小分類實驗（minimal categorization experiment）中,「團體間差異」報酬矩陣表的一個分配範例

高估組的 26 號成員	7	8	9	10	11	12	13	14	15	16	17	18	19
低估組的 17 號成員	1	3	5	7	9	11	13	15	17	19	21	23	25

資料來源:Tajfel et al., 1971, p. 157.

　　假設受試者被告知自己是被分配到高估組,當看到如表 2.1 的矩陣時,他知道其中之一也是高估組,跟他相同的組就是內團體。另外一個成員來自低估組,因此屬於外團體。受試者要決定如何分配點數呢?他可以選擇 19:25,亦即將兩組利益最大化的策略。倘若他要採取將內團體利益最大化的策略,也會選擇 19:25。或者利用讓兩組報酬達到最大差異的策略,他會選擇 7:1。不同的獎賞矩陣可以用來評估每種分配策略的相對效果。

　　那麼,在最初的最小團體實驗中的中學生受試者表現如何呢?表 2.1 的矩陣點數分配結果是,被告知為高估組的受試者一般的回覆都是 12:11。這代表什麼意義?這代表受試者並沒有採用將共同利益最大化的策略。他們既不將內團體利益最大化,也不全然公平分配點數。對於公平策略與最大化內團體利益策略兩者之間的衝突,他們解決的方法似乎是選擇一方面是最公平,同時另一方面也讓內團體比外團體獲得更多點數的結果,雖然這麼做導致內團體成員得到的點數,其實比受試者選擇將兩組共同利益最大化的策略更少。

　　後續沿用最小團體典範的研究也顯示同樣結果,不論分組方法是根據受試者對 Klee 或 Kandinsky 抽象畫的偏好（Tajfel et al., 1971,實驗二）,甚或是直接丟硬幣來隨機分組都一樣（Tajfel & Billig, 1974）。更多研究也顯示

了，並不是只有英國中學生會表現出這樣的行為，雖然影響的程度不一，但是毛利族與玻里尼西亞的兒童（Vaughan, 1978a, 1978b; Wetherell, 1982），以及美國（Brewer & Silver, 1978; Locksley, Borgida, Brekke & Hepburn, 1980）和瑞士（Doise & Sinclair, 1973）的成人都有相同的反應。在審視 37 個不同研究，涵蓋 137 個內團體偏誤現象的測試後，結論指出一致相同的結果（Mullen, Brown & Smith, 1992）。

　　看來 Tajfel 等人（1971）的實驗以及後續許多最小團體研究都證實團體間現象是存在的。但是這個結果要如何解釋呢？現實衝突無法解釋這個結果，因為兩組團體之間不存在真正的競爭，比方說，受試者大可採用同時讓兩組各獲得最大利益的策略。這些最小團體不具備任何一般團體該有的特色。團體內與團體間不存在共享的歷史、文化，成員彼此間沒有互動，團體間不存在結構差異，成員彼此也沒有共同命運，什麼都沒有。實驗情境中的團體確實是最小團體，可以說根本就不存在任何「團體」，但受試者卻展現了難以理解的個體內與人際間的區隔行為。受試者的表現就像這些團體對他們而言彷彿真實存在一樣，他們由此創造出某種團體區分，這些行為只能用團體間行為的角度才能合理地加以解釋。

　　SIT 的發展大部分用來解釋最小團體現象。我們在此說明這個理論的三大核心原則。

✎核心原則

・分類・

　　社會被劃分成許多社會類別是難以避免的事實。有些類別涵蓋範圍廣大，例如階級、種族、宗教、族群與性別；其他的涵蓋範圍則比較小，比較具區域性、暫時性，也或許比較獨特，比方說興趣團體、弱勢政治團體，或者是由實驗者在實驗室中所創造的團體。對任何人而言，某些類別是他的內團體，或者說是他的隸屬團體，有些則是外團體。大部分的社會類別（不是全部）彼此之間存在真實的地位與權力關係。**社會分類**（social categorization）是指 〔名詞解釋〕

認定某個人隸屬於某特定社會群體的歷程。

名詞解釋 　　單純的分類動作也具有重大的認知影響（McGarty, 2002）。**強化效應**（accentuation effect）指當某個客體被分類後，同一社會類別成員間的相似性會被想像得比實際上大得多，不同社會類別成員間的差異性也會被想像得比實際差異來得大，換句話說，不同類別之間的差異與同一類別之間的相似度都被強化放大了。判斷社會刺激和判斷線條長短的實驗中都顯現了強化效應。Tajfel 和 Wilkes（1963）在實驗中讓受試者看八條長度不一的線條，並請他們估計線條長度，當其中四條最短的線都以字母 A 代表，其他四條最長的線總是以字母 B 代表時，受試者就會高估 A 線條與 B 線條之間的差異。有些證據雖然未達統計顯著水準，也都指出受試者高估同組線條的相似度。強化效應已經被各種物質刺激的實驗得到支持（詳見 Doise, 1978; Doise, Deschamps & Meyer, 1978; McGarty, 2002; McGarty & Penny, 1988）。

　　強化效應也表現在社會刺激的判斷實驗中。舉例來說，在某個實驗設計中，美國白種人受試者被要求對一系列面孔照片評定符合「黑色人種」的程度，他們在過程中用自己的方法將臉孔分類，某些照片被判定為「白人」，其他則被判斷為「黑人」。一旦如此分類之後，屬於同類別臉孔的相似性與不同類別的差異性都會被強化（Secord, 1959; Secord, Bevan & Katz, 1956）。另一個例子則是 Tajfel、Sheikh 和 Gardner（1964）以及 Doise（敘述於 Doise et al., 1978）用族群作為歸類類別的實驗。在這些實驗中，我們可以開始看見一種根本的，甚至可能是難以避免的，將社會世界加以歸類的知覺過程如何導致刻板印象的形成。然而，並非所有歸類都產生強化判斷。只有當社會類別對於必須進行判斷的受試者而言非常凸顯，而且對於他們進行判斷作業有所助益的時候，強化效應才有可能出現（McGarty & Penny, 1988）。

　　總而言之，SIT 最基本的主張就是單純而清楚地假定，社會生活中人們所感知的類別基本上是社會建構的。我們每個人都屬於某些類別，而不屬於其他類別。在最小團體實驗中，受試者能使用的類別是最少的。被分組的受試者自行強化類別對他們的意義。就算沒有類別，歸類的動作也確實會為知覺與行為帶來系統性的影響。

· 認同 ·

「認同」是 SIT 的中心議題。最基本的一個類別是自我（self）與他人（other）的區分，以及更社會性的，我們（us）與他們（them）的區分。區分自我與他人是個人社會化歷程中早期且必要的部分。有些學者（特別是符號互動論者）主張，這種區分只會經由社會互動而產生，而且區分出主體自我與客體自我是必然的結果（見 Mead, 1934/1962; Stryker & Statham, 1985）。

認為自己不錯，對於自我認同給予高度評價，是一個很強大而且可能是相當普遍的動機，這在主流心理學或是廣大的個體心理學研究中，被稱為正向自尊（positive self-esteem）（如 Tesser, 1986, 1988）。未能成功建立這種動機的人通常被視為心理不健康。不過，這種動機不只在個人層次，也會在社會層次上運作。我們希望正面評價社會認同的動機強度就和需要肯定個人認同的程度一樣強烈。正面的社會認同促發社會行為，人們傾向於給予他們的內團體成員身分正面評價，因為他們隸屬於該社會類別。

一個人的社會認同的建構，是基於人們對許多不同社會類別所產生的認同感。這些認同感並非總是明顯而準備就緒的，相反的，社會認同隨時取決於人們在特定社會脈絡中所挑選出適合該情境的某些認同感（Ellemers, Spears, & Doosje, 2002）。

我們在第六章會再詳述認同。到目前為止，我們已經可以理解，個人對於社會認同所具有的知識本身並不足以形成對那些認同的評價。某人知道自己是澳洲人、是心理系的學生，或是身為父母，他對這些類別的原有知識永遠不足以讓他評估他和這個類別的關係。評估自己和社會類別的關係只能透過社會比較的歷程來進行。

· 比較 ·

無論從任何面向評估自我都無法避免內隱的社會比較，所謂評估自我的社會認同更多時候其實是在用社會類別來評估自我。要形成任何一個社會類別關係的正面認同唯有透過對內團體和其他相關外團體之間的比較來達成。身為澳洲人的價值，或心理系學生的價值，或是為人父母的價值，只能透過

和其他社會類別的比較才能加以確立。從 1950 年代開始，研究者就開始研究人們如何透過社會比較來評估自我及社會類別，並將其理論化。近幾年來歷經重大變革的社會比較歷程理論可說是 SIT 的主要基礎。

此理論的最初架構由 Festinger（1954）提出，當時的內容大部分在談論人們如何評估個人價值。該理論認為，人們在評價自我以及個人價值時，偏好和某個「客觀的」標準或他人進行比較。如果沒有客觀的標準可供比較，人們就會轉而進行社會比較，也就是和他人相互比較，用這樣的比較來作為自我評價的標準。Festinger 區分出「能力比較」（comparison of abilities）和「意見比較」（comparison of opinions）之間的差別，並認為驅使個人進行這兩種比較的動機是不同的：能力比較是因為正確的自我評價，以及要求自我改善；意見比較則是為了獲得社會共識及同意。Festinger 提出「向上社會比較」（universal drive upward）的概念，說明人會挑選能力比自己好的人來做比較。「相似性原則」則是指當其他條件都一致的情況下，人們會選擇一個跟自己相似性較大的他人作為比較對象。合併向上社會比較與相似性原則兩種概念，我們可以預測，在評估能力時，被挑選來作為比較對象的他人，在能力上只會稍微優於進行評價的本人。

名詞解釋 Festinger 認為，所有比較都是為了追求正確的「**自我評價**」（self-evaluation）。然而，自從 1950 年代起累積的許多證據都顯示事實並非如此。確切名詞解釋 而言，人們進行社會比較大部分原因是為了「**自我彰顯**」（self-enhancement）。人們向上比較是為了評估他們的自我與能力，這樣的說法和許多研究自尊的結果相互衝突，這些研究的結果顯示，人們會選擇性地注意那些強化自我評價的訊息。自我評價與自我彰顯通常是互相矛盾、相互競爭的兩種動機，而人們通常採用自我彰顯策略。這就是 SIT 所持的觀點，也是 SIT 運用社會比較作為基礎所發展出來的論點。

在進行內團體和外團體的社會比較時，必須先解決兩個問題。首先，內團體成員必須決定從眾多外團體中選擇一個作為比較的對象，這就是所謂的「**參照對象的抉擇**」（referent selection）。再來，他們必須決定要和哪個面向進行比較，這是「**面向的抉擇**」（dimension selection）。這兩個問題困擾社會比較理論已經長達四十年（Brown, 2000; Kawakami & Dion, 1993, 1995;

Pettigrew, 1967; Wheeler, 1991）。

　　不論人們如何比較社會內團體與外團體，對 SIT 而言，最重要的是比較後的結果，而非其心理過程。對於進行社會比較的人而言，由於他們是依照預期的（正向的）結果來選擇參照對象與面向，因此他們無庸置疑會重視比較的結果。

　　SIT 主張人們具有追求正向社會認同的動機，同樣也有獲得正向自尊的動機（Hogg, 2000）。就大部分時候而言，僅僅身為某個社會類別的成員並不能提升或降低社會認同。隸屬於某個社會類別只有在和其他類別產生相對關係時，才會有所價值。比較內團體和外團體的相對地位後所產生的比較價值，才會影響成員的社會認同。SIT 認為，人們會正向地評價隸屬團體以增強社會認同，並且透過比較內外團體來確認隸屬團體的優越性。這個社會比較的論點和 Festinger 的看法間最重要的差別在於，Festinger 的比較是個人層次的，存在個體和個體之間，個人比較自己和他人的個人特質，進而影響自尊與自我了解。SIT 探討的社會比較則屬於團體層次，內外團體被相互比較進而形塑並穩定社會認同。在進行比較的時候，特別是要評估比較結果公平性的時候，人們經常把內團體拿來和某個參照的外團體相比。不平等的團體間比較結果，在「相對剝奪理論」（relative deprivation theory）中有更進一步探討（Walker & Smith, 2002），目前我們需要留意的是群體行為與「**團體間** 名詞解釋**社會比較**」（intergroup social comparison）的關聯性遠大於與「個體間比較」的關聯性。

　　Festinger 的社會比較論點與 SIT 的社會比較論點之間，尚有一個重要的差別在於社會比較的核心功能，此點在 Gartrell（2002）的研究中有最佳的闡釋。Gartrell 認為，在社會比較理論中，身為社會比較者的人被看成是「孤立的社會原子」，彼此互不相關，可以自由地與任何其他孤立的社會原子進行單一面向的比較。相反的，在 Gartrell 的研究中顯示，人們是身處在社會網絡之中，會同時在多個面向上和他人進行比較，而不是僅進行單一面向的比較。再者，社會比較是在維持（或避免）社會關係。因此，Gartrell 關於社會比較的觀點和 SIT 是一致的，兩者都強調社會比較的「社會」歷程、結果與功能。

✐ 團體間區分

前述的最小團體實驗中，受試者往往依據非常微不足道，或者根本是隨機分配區分為內團體及外團體成員，而做出相對的反應。對現實衝突理論而言，這個現象完全無法被理解。最小團體實驗的受試者面對的是一個幾乎沒有線索的情境。他們被某個無意義或隨機的方式分配到兩個組別中的一個，彼此隔離，僅與研究人員有所接觸，當他們被告知要分配點數給其他受試者時，他們只能透過數字以及他們所屬類別來辨認其他成員。這樣幾乎沒有線索的情境對他們有何意義？根據 SIT，受試者認出隸屬團體成員的身分，並且會增強對隸屬團體的社會認同。他們面臨的是極小化而且空無的情境，對他們而言只有一個選擇。受試者只能極力區分屬於他們的和別人的團體，並且提升自己的團體到一個比其他團體高的位置，以增強自己的社會認同。這麼做就可以讓他們的團體比另一個團體優秀，透過社會比較，他們的隸屬團體獲得了正面價值，也就是說，透過對團體的認同，強化了他們的社會認同。

SIT 是在空蕩與最小限度條件下所構建的，雖然最小團體實驗能夠解釋團體間區別，但並不代表就能簡單而廣泛地應用於解釋在「真實」團體的團體間衝突和敵對的情況。因為真實團體至少一定要考慮團體關係的歷史，以及它們各自的經濟、社會地位。不過，SIT 宣稱這個理論可以是所有團體間脈絡的基礎。Brown（1986）提出一個最小團體不同於真實團體的範例，他認為最小團體的受試者可以在區分內團體與外團體成員後，自由地分配點數以強化他們的社會認同。實驗情境中沒有任何條件阻止他們這麼做，但在不同團體中，擁有不同地位與權力的真實團體成員則無法如此自由。對社會上的弱勢團體而言，這不僅不容易，通常也是不可能的，他們沒辦法創造一個令他們滿意的比較面向或者比較團體，以提高他們隸屬團體的優越性。這點出了另一個議題，也就是威脅社會認同所產生的後果，我們將在本書第七章探討偏見的時候再來討論。

名詞解釋 我們一定要注意**團體間區分**（intergroup differentiation）其實是一個複雜又多面向的現象（Hewstone, Rubin, & Willis, 2002）。通常團體間區分呈現的

方式不是對內團體偏私，就是貶低外團體，但是這兩個方式不見得有必然關聯，換句話說，內團體偏私不一定同時蘊涵外團體貶低，然而這兩者確實經常一起出現（如 Mummendey & Otten, 1998）。內團體偏私可能隨著幾個因素而有所差異：內團體認同強度、內團體與外團體相對的規模大小、感受到的團體威脅（Hewstone et al., 2002）。不論是內團體偏私或外團體貶低都代表偏見，我們將於第七章加以探討。

✍ 自我歸類理論

Tajfel 和 Turner（1986）將 SIT 建立在人際—團體間層次。可是人們如何以及為何把某種情況理解為「人際間」或「團體間」，抑或是介於兩者之間呢？為了回應這個問題和其他問題，John Turner 等人（1985, 1999; Turner, Hogg, Oakes, Reicher, & Wetherell, 1987; Turner & Oakes, 1989）發展了「自我歸類理論」（self-categorization theory, SCT）。

SCT 認為，社會認同與個人認同在品質上並非不同的認同形式，只是各自代表不同形式的自我歸類。自我歸類可以表現在三個廣泛層次上：**上層**（superordinate level）（如：以人性的部分來定義自我）、**中層**（intermediate level）（如：用特定的團體成員來界定自我），和**下層**（subordinate level）（如：用個體和私人的概念來界定自我）。命名為上層、中層與下層不代表這三個層次具有上下優劣之別，如此命名是因為它們相對的互相包容：較高層次的類別包含所有較低層次的類別。SCT 所使用的階層架構受到其他研究的影響，這些研究探討人們對物理世界所使用的認知表徵的種種類別（Rosch, 1978）。

由於自我歸類會因情境脈絡不同而有所差異，而且自我可以被許多不同的個人概念或團體概念所分類，因此，SIT 原本認定個人認同和社會認同之間的區分就不再具有正當性。應該說，個人與社會認同代表不同層次的自我歸類。個人的就是社會的，社會亦非常私人。當自我歸類變得較具社會性時，自我就變得「**去個人化**」（depersonalized）。這個說法並無輕蔑之意，相對的，這只是說明了自我歸類中富含較少的個人意涵。當自我被歸類時，它同

名詞解釋
名詞解釋
名詞解釋
名詞解釋

時也會被刻板印象化。正如我們稍後在第七章中會談到的,刻板印象通常也會被應用到外團體,因為外團體成員身分的緣故,他們經常被賦予相同的特徵與特質。SCT主張,自我知覺也會以同樣的方式運作,當自我歸類時,也

名詞解釋 會以刻板印象來評斷自我;**自我刻板印象化**(self-stereotype)就是個人覺知到自我和內團體之間的同一關係。

自我歸類理論學者認為,SCT並無意圖要取代SIT。SCT是SIT的延伸,發展認同的概念與歸類的歷程,重新構思個人與社會認同之間的差別,提供一種機制來預測人們何時以及如何用不同的方式進行自我歸類。然而,SIT根本上是一種動機理論,而SCT則是認知理論。SCT已經被運用在社會心理學的幾個傳統議題上,例如刻板印象(如 Oakes, Haslam, & Turner, 1994)、團體極化現象與群眾行為(如 McGarty, Turner, Hogg, David, & Wetherell, 1992; Turner et al., 1987),以及領導(Haslam, van Knippenberg, Platow, & Ellemers, 2003)。

✐ 小結

社會認同理論提供了一個系統性的架構,用以理解個人與社會認同間的關聯,以及人際間與團體間行為的關聯。它關注社會分類的本質,特別是內團體與外團體的區別,社會認同和正向社會區別對行為影響的優先性,以及運用社會比較過程作為主要的方式來評斷社會認同的價值。自我歸類理論進一步拓展出 SIT,成為一個更能在個人與社會認同不斷變動的情境中,更周延地審視其認知歷程的理論。

社會表徵理論導論

社會表徵理論最初由 Serge Moscovici 提出(1981, 1984, 1988, 2000),重新恢復集體思維對社會心理學的重要性,例如文化與意識型態。試圖藉由將個人放置於他們的社會、文化與集體環境中,來理解其個體心理運作。這個

理論認為，個人所屬群體共享的想法、經驗，共處的環境、訴說的同一種語言，會中介及決定一個人的心理經驗。和許多其他社會心理學理論中將個人視為一種原子的意涵不一樣，社會表徵理論的前提就是認定個體是社會生物，個人的存在與認同扎根於群體之中。因此，這個理論嘗試去理解社會歷程如何衝擊影響個人和團體的社會心理運作。然而，社會表徵理論並不將個體與社會分別看待或相互並列，反而視兩者之間存在著一種辯證關係；在此關係中，個體既為社會的產物（習俗、規範與價值觀），也是能夠改變社會的主動參與者。

何謂社會表徵理論？

Moscovici 定義「社會表徵」（social representations）為群體成員共享的 <small>名詞解釋</small> 觀念、想法、意象與知識：也就是思想的共同領域，經由群體創造和溝通後所形成的部分「共同意識」。社會表徵意指人們累積下來共享的社會知識，這知識來自於對社會世界共同持有的常識，包含概念和圖像的元素（Moscovici, 2000）。社會表徵形塑我們的信念、態度和意見，也是我們建構社會現實的歷程（Philogène & Deaux, 2001）。Moscovici 定義社會表徵如下：

> 社會表徵……關乎日常生活思維的內容，也是信念的累積，就像呼吸一樣，時刻自動地凝聚我們的宗教信仰、政治理念，和我們所創造的關係。這些社會表徵使我們得以分類人與物，去比較和解釋行為，將它們客體化為社會環境的一部分。社會表徵通常存在於大眾男女的內心之中，但在「世界中」是經常可以找到它們的蹤跡，我們因而可以分別加以審視。（1988, p. 214）

社會表徵的範圍從國家或社會共享的支配結構，到群體內幾個次團體集體共享的特殊知識結構（Moscovici, 1988）都是。西方工業社會集體所共享，支配人們思維方式的個人主義就是社會表徵最好的例子（Lukes, 1973）。

「表徵」的概念有相當長遠的歷史，而且散播在社會科學領域中一些相

互關聯的學科。Moscovici（1989）闡述社會表徵理論時旁徵博引，但主要依據 Durkheim（1898）的「集體表徵」（collective representations）概念。Durkheim 運用此概念來區分集體思維與個體思維。Durkheim 認為，集體表徵是廣大社會成員共享的，它的來源與產出過程是社會化的，同時也是攸關社會的。雖然他認為表徵看來是來自個體的「根基」，可是卻不能用個體層次來加以解釋。相反的，諸如神話、傳奇與傳統之類的集體表徵都是獨具特色的現象，獨立於陳述它們的個人，需要從社會學或社會的層次才能加以解釋（Lukes, 1975）。

　　Moscovici 的「社會表徵」和 Durkheim 的「集體表徵」並不相同，前者關心表徵的動態與變化本質（形成中的社會生活），並且試圖理解當代西方社會中次團體所共享的不同知識（Moscovici, 1988, p. 219）。社群團體透過共享表徵建立他們的認同，進而和社會中其他團體區別開來。和 Durkheim 相似，Moscovici 認為，社會心理學的首要任務就是要探討社會表徵的起源、結構和內部動態，以及它們對社會的影響；也就是去研究「思想社會」（thinking society）的本質（Moscovici, 1984）。正如社會可被視為經濟及政治體系，它也應該被當成一個思想的體制（Moscovici, 1988）。社會心理學也因此應該關注思想社會的本質而成為「現代文化的人類學」（Moscovici, 1989, 本書作者譯）。

　　表徵的作用就是將個人、物體及事件慣例化：將它們安置在熟悉的脈絡中。表徵具有規範性與生產性：由傳統與習俗決定，表徵將它們灌入我們的思想中。通常我們對這些習俗不去察覺，所以也不察覺社會慣例正在影響我們的想法，因而傾向將我們的想法解釋為「常識」（cmmon sense）。確實，Moscovici 將社會表徵研究和常識研究兩者連結起來：

　　　　社會表徵代表一連串概念、陳述與解釋，根植於日常生活的人際溝通中。它們在現代社會的意義等同於傳統社會裡的神話和信念系統；它們甚至可以說是現代版的常識。（1981, p. 181）

　　除了共識的本質之外，表徵之所以具社會性，也因為它們是透過個人和

群體在社會互動與溝通所創造與生產的。社會表徵源自於社會溝通，它們構成我們對周遭社會的理解，讓享有共同表徵的群體得以互動。這個理論清楚地朝向研究社會溝通與互動的目標，不可避免地認為這正是「社會認知」的必要條件。

不同於 Durkheim 的是，Moscovici 認為，Durkheim 對表徵的概念相對而言是比較靜態的。Moscovici 關注表徵的可塑性，認為表徵是動態系統：「……我們需要持續地重建『常識』，或者說，我們需要持續重建理解意象與意義的根基，這是集體性運作的必要條件。」（1984, p. 19）一旦被創造，表徵就會像「具自主性的實體」或是「有形力量」一樣運作：「……它們有自己的生命，彼此互相散播、融合、吸引與排斥，然後產生新的表徵，老舊的表徵於是消逝。」（1984, p. 13）

定錨（anchoring）與客體化（objectification）是產生表徵的兩個核心歷程，這些歷程將陌生的對象、事件或刺激物變成熟悉。所有表徵的目的都是要把陌生轉變為熟悉。Moscovici 認為，理解、掌握不熟悉對象的需求是最重要的：陌生和異質的事務讓人感到威脅與驚恐，這將迫使人們去理解。人們藉由賦予意義來理解陌生對象，表徵的作用就是引導這個賦予意義的過程。人們會從他們已知與熟悉的事物中尋找意義。

> ……當一個群體面對陌生時，這群體所共享的意象、觀念與語言似乎總是率先指定最初的方向和權宜之計。社會思考更常依據慣例與記憶，而非訴諸理性；依據傳統結構多於當時的知識與知覺結構。（Moscovici, 1984, p. 26）

✍ 定錨

定錨意指透過和既存、可接觸的文化類別相互比較，進而對陌生客體或 **名詞解釋** 社會刺激加以分類或命名的過程。在分類時，我們以原型或模式比較，藉由判定陌生刺激與該原型或模式間的關係產生出一種觀點。在比較時，我們要

不是決定該刺激與原型相似（亦即我們將原型特定明顯的特色類推到該陌生刺激上），不然就是斷定該刺激和原型不同（亦即我們細分並區別該對象與原型）。倘若我們偏好相似性，陌生物件就會獲得原型模式的特色；如果兩者不一致，我們就會重新修正該物件以符合原型的特質。因此，分類與命名總是牽涉到與原型的比較。

Moscovici 將我們文化中對於名稱和標籤的分派現象稱為「唯名論傾向」（nominalistic tendency）。命名的歷程具有嚴肅的意義，它讓一個物件因此名稱而具有意義，進而置入社會的「認同體制」之中，唯有如此該物件才能被表徵再現。「事實上，表徵基本上就是一個分類與指稱的系統，一個分派類別和名稱的系統。」（Moscovici, 1984, p. 30）因此，表徵反映在我們為刺激物件分類、指派類別名稱的歷程中，因為透過分類及類別化，我們實際上是顯現我們的概念架構，也就是「我們對人性和社會的理論」（Moscovici, 1984, p. 30）。透過分類與為物件命名，我們不但能接受、理解它，還能評價它，將它視為正面或負面、正常或異常。因此，「命名不是純粹為了達到清晰或是維持邏輯一致性的智性運作，它是一個關乎社會態度的運作。」（Moscovici, 1984, p. 35）

客體化

名詞解釋　　**客體化**是將不熟悉和抽象的想法、概念及意象，轉化為具體、客觀而且符合常識的歷程。意指人們傾向於將複雜訊息簡化或萃取到一個由象徵（圖像）與認知元素所組成的「象徵核心」。「客體化就是發現某個不明確概念或人物的象徵特質，然後用意象製造出一個概念。」（Moscovici, 1984, p. 38）許多科技概念在散布成為日常生活的世俗用語時，都經歷過這樣的轉變歷程。Moscovici（1961）自己對於精神分析概念散布到法國社會各階層的研究，就是在探討客體化的歷程。Moscovici 展示了一般人如何引用佛洛伊德諸如「情結」與「精神官能症」等概念，來解釋自己和別人的行為。在使用這些用語的過程中，這些概念與分析的類別被轉化為實存的客體，它們具有不同於原意的獨立特質。所以，抽象構念如「心靈」（mind）或「自我」（ego）被當

成一種物質實體，而「情結」與「精神官能症」則被構建為困擾人們的客觀
情境。這個客體化過程類似於隱喻的歷程，任何新現象都能依據它和已知事
物的相似性而被加以調適（Lakoff & Johnson, 1980）。Moscovici 和 Hewstone
（1983）指出，透過大眾媒體，科學概念得以在社會上快速散布並且蔚為流
行。科學「知識」在社會各階層中的快速擴散，使得世俗大眾搖身一變成為
「業餘」科學家、「業餘」經濟學家、「業餘」心理學家、「業餘」醫生……
等等。未受過專業訓練的一般人士討論著諸如溫室效應、臭氧層破壞、通貨
膨脹與經常帳務赤字、壓力相關疾病、家庭感情問題、預防癌症飲食之類的
議題。這些知識大都融合成大眾文化的一部分，最終成為所謂的「常識」。

　　Moscovici 和 Hewstone（1983）描述三種將知識轉變為常識或社會表徵的
外在歷程：知識人格化、譬喻描述，及本體化。首先是**知識人格化**（person-
ification of knowledge），就是將意見、理論或觀念和某個人或群體連結在一
起，例如佛洛伊德與精神分析，或是愛因斯坦與相對論。將某個概念和某人
連結在一起，可以讓概念成為具體的存在。第二是「**譬喻描述**」（figura-
tion），就是使用譬喻的意象具體化某個抽象觀念的歷程，概念將因此而變得
更能被觸及或更具體。例如，Hewstone（1986）研究歐洲共同體的社會表徵，
發現人們使用來自媒體的譬喻詞彙和意象，例如，用 milk 'lakes'（牛奶湖）
與 butter 'mountains'（奶油山），來描述歐洲共同體的食品過剩。媒體在報導
第一次的波斯灣戰爭（1990～1991）時，創造了生動的隱喻，例如，在開戰
前形容伊拉克的人質是海珊的「人肉盾牌」（human shields）。第三是「**本
體化**」（ontologizing），代表一個語文或概念被賦予物質特性的歷程，例如，
像「心靈」和「精神官能症」等抽象概念被理解成一種物質現象。這三個歷
程讓世俗大眾更能接觸高度專業的技術知識，他們因此得以用這些知識彼此
溝通。

✒ 共識的和實體化的世界

　　Moscovici 主張有兩種不同類型的真實：「**實體化世界**」（reified uni-
verse）代表科學的世界，以及「**共識的世界**」（consensual universe），代表

名詞解釋（×5 欄外標註）

常識的世界。專業知識轉化為常識的歷程，標記出這兩個世界的界線。共識的世界是由人們創造、使用、重建的社會表徵所組成，用來理解日常生活。實體化世界則由專業科學家駐守，他們在其中對真實進行嚴密檢視與實驗。科學法則支配實體化世界，在此領域中運作的是邏輯及理性思維。Moscovici認為，社會心理學家應該關注的是共識的世界：一般人是如何創造與運用意義來理解他們的世界。

Moscovici（2001）指出，將思考區別為構成科學的實體化世界，以及富涵社會表徵的常識世界，並不表示日常生活的思維（相對於科學理性）就是充滿曲解、成見、假象與錯覺的。而這正是社會認知傳統的中心議題，和科學理性比起來，人類的知覺與認知是「錯誤」或「次等」的。相反的，Moscovici（2001）認為，理解構成常識的基礎社會表徵，社會心理學家就會開始理解由共享價值與信念衍生而來的社會凝聚力。同理，如果我們考慮到產生科學知識的社會科學一樣無法迴避社會表徵，那麼，任何存在於專業科學思維和大眾日常生活思考的界線也會變得相當模糊。科學家也同樣依賴社會表徵來構建真實，並在他們的研究中賦予意義（如 Gilbert & Mulkay, 1984; Latour, 1991）。將實體化世界與共識的世界劃分開來，主要是為了關注專家知識對構成當今社會知識的持續性影響。

科學及專家知識的持續擴散，使得實體化世界在現代世界擁有重大地位。專家知識在共識的世界被轉化，或者說被替代與挪用，因而變得容易接觸，也更容易理解。這個再現觀點最後成為人們理解社會真實的常識。世俗大眾

名詞解釋 把複雜概念和理論簡化為「**象徵核心**」（figurative nucleus），用較簡單且具有文化親和力的意義和構念來再現這些知識。

我們先前已經舉過精神分析的例子。Moscovici 和 Hewstone（1983）也提到，當大腦半球功能特化理論（theory of hemispheric specialization）在共識的世界中流行時所經歷的轉變。大部分的世俗大眾透過流行新聞媒體的介紹，得知左腦專司邏輯、理性與分析思考的觀念，而右腦負責比較直覺、感性與主觀的功能。大腦二分化源自於神經科學的實體化世界，而後被人們和流行媒體擴大其適用範圍，用來解釋人類行為中對立的文化傾向，例如，女性特質相對於男性特質、理性思考相對於直覺思考。大腦分化的觀念被大量散播，

以致於現在它已經被賦予客觀真實，成為常識的一部分：一種社會表徵。

　　一旦社會適應了某個典範或是象徵核心，它們就會變得比較容易被談論，不論該典範原本代表什麼意義，而且因為此便利性，那些概念就會更常被使用。接著慣例和老生常談就此產生，最後就被下了結論，並且把原本不相干的意象結合在一起。它們不僅只是被談論而已，人們也會在不同的社會情境下使用它們作為理解他人與自己的手段，並且成為選擇和決策的依據。（Moscovici, 1984, p. 39）

✍核心與周緣

　　社會表徵是對於某對象，或該對象的某個面向所共享的一致、具有結構的社會知識。這個概念隱含了一個結構（structure）的思維：構成表徵的知識包含了一連串的元素，有些比較重要，有的比較核心。Abric（1976）首度區別社會表徵的元素，並命名為**中央核心**（central core）與**周緣**（periphery） 名詞解釋（亦見 Abric, 1984, 1993）。

　　表徵的中央核心是表徵的必要條件，它是由兩個部分所定義（至少是部分定義）：一是表徵的客體；二是共享表徵的團體和該表徵客體之間的關係。如此說明表徵的中央核心點出表徵的客體與表徵本身兩者之間是有所區別的。而這樣的區別與社會表徵理論相互對立，因為客體與表徵總是相互定義的。表徵的核心具**生產性**（generative），意思是它決定如何反應新資訊，並在日新月異的環境中將表徵導引到它的客體。核心是相對穩定的，在不同情境脈絡中維持不變。核心也是結構化的，其他的周緣元素則圍繞著核心而構成。周緣元素具有可塑性，核心元素則沒有。倘若核心元素改變了，表徵也會跟著改變；相反的，即使周緣元素改變，則不會改變表徵（與它的核心）。

　　社會表徵的結構取向、對於定錨與客體化的關注，以及共識的世界領域和實體化世界的區分，都傾向於認定共享知識為靜態的，這種觀點和 Moscovici 最初的理論背道而馳。然而最近的研究顯示，這種觀點不見得就是違背 Moscovici 最初的想法。社會表徵理論並沒有要求核心元素必須維持不變，相反的，它們只需要一起和表徵的客體保持關聯與連貫性就可以了。如此一來，就允許核心元素彼此之間存在矛盾與對立的關係。理論上，這個說法提供了更廣的解釋功能，因為這麼一來「變遷」（change）就能夠比較容易被概念化與理解。

表徵核心內不一致的元素依然彼此相關，結合成 Moscovici 提出的概念：

名詞解釋 主題（themata）（Moscovici, 1994；亦見 Markova, 2000）。這些不一致的元素通常會共同形成一組辯證關係：這些元素不只不一致，而且還會彼此對抗、相互定義，它們一起處在動力不停改變，對抗力量試圖尋找平衡的張力狀態之中。Moloney、Hall 和 Walker（2005）對器官捐贈社會理解的研究，能協助我們理解其中一些抽象理論。Moloney 等人大範圍地檢視了與器官捐贈和移植相關的字詞（依據他們更早之前的研究定義）。他們發現這些相關字詞彼此之間存在一個清楚的基本結構，其中有兩個明顯的核心元素：生與死。這些元素在不同情境與實驗操控下都穩定呈現。很明顯的，它們處於對立關係之中，而這組辯證張力決定了人們如何理解、導引到許多和器官捐贈相關的不同刺激。

社會表徵傳統下的實證研究

社會表徵傳統下的實證研究最大的特色就是關注社會知識的內容，而非其背後的認知歷程（Moscovici, 2001）。此外，Farr（1990）也指出，許多標榜為社會表徵的研究題目傾向於研究已經吸引大量媒體報導與爭論的社會議題。最近的社會表徵議題，包括「風險」（Joffe, 2003）、「人權」（Doise, 2001; Doise, Spini & Clemence, 1999）、「器官捐贈與移植」（Moloney & Walker, 2002），以及「生物科技」（Durant, Bauer, & Gaskell, 1998）。我們在這裡用一項對於歐洲興起生物科技表徵的研究作為社會表徵傳統研究典範的範例。

媒體每日對染色體學和生物科技快速發展的報導，引發大眾廣泛辯論、探討這些科學發展對於社會、道德與倫理的影響。這些發展大多被報導為能

減緩預防疾病、改善醫療，讓我們擁有無限機會與潛力提升生活福祉。比方說，最近才完成的人類基因圖譜就被報導為歷史上最重要的科學進步之一。科學家和媒體用生動的比喻介紹這項科學知識，好讓大眾吸收。舉例來說，人類基因圖譜被描述為「人類生命本質」的探索，或是「生命之書」的大解碼（Nelkin & Lindee, 1995; Nerlich, Dingwall & Clarke, 2002; Petersen, 2001）。諸如「生命之書」和「上帝的手」這類生動的宗教比喻，將大眾對科學里程碑的理解定位在既存的文化知識中。然而，同時也有逐漸增多的反對聲浪，尤其是關於基因資訊與基因干預方面的使用（與濫用）。

在這段基因研究快速發展的期間，一群歐洲社會心理學家研究了歐洲地區民眾共享的生物科技表徵。這是大規模縱貫研究，同時運用質性與量性的研究方法，評估歐洲數國的一般大眾如何感知、理解生物科技。這些研究方法包括了問卷調查〔歐洲民意調查報告書（Eurobarometer Survey 1996 & 1997）〕、媒體報導與生物科技政策聲明的質性分析（1984～1996），以及社會人士的焦點團體討論（1999～2000）。

專欄 2.2　**科技的公共辯論**

從媒體找一則對於應用或實施新科技的公共辯論的範例，可能會找到的例子有：將當地食物生產過程引進基因改造的食物、允許開放幹細胞的醫學研究、允許治療用的細胞複製、胚胎基因篩檢，或是移植某種裝置讓先天聾啞人士能聽見聲音。

追蹤這些辯論如何隨時間演化。什麼事件引發辯論？辯論陣營是誰？辯論的概念在回應他人反應時如何變化？辯論如何解決（假若是真的解決而不僅僅只是慢慢消失）？各方當事人在表達辯論立場時各自持有的假定是什麼，這些假定跟其他人的假定有何不同？你能找出多大程度的定錨與客體化歷程？在大家的共享理解中，哪些核心與周緣元素被構建？你如何分辨出這些核心與周緣元素？

·歐洲民意調查報告·

1996 年的歐洲民意調查報告（Durant, Bauer, & Gaskell, 1998）發現歐洲大眾對生物科技表現出明顯的矛盾情緒。一方面對醫學上的生物科技發展大力支持，特別是基因檢測領域；但另一方面對基因改造食品，則很明顯地比較不願意支持。至於實驗室中研究基因改造動物和異種移植（移植動物器官到人體）的支持度，則更是低落。對後面兩者的反對主要是由於道德反對這類實驗研究。由這項問卷也可以看出大眾的顧慮和不信任政府機構有關，認為政府機構並沒有對大眾「詳實告知」，也沒有對生物科技充分加以管制。這項調查結果也和之前的宣稱相反，原本以為增加大眾對生物科技的知識將提高支持率，然而事實卻不然，知識越豐富的人對生物科技的意見就越強烈，但他們的意見可能是支持也可能是反對。

·質性研究·

雖然諸如歐洲民意調查報告這類量化調查可以透露大眾對生物科技的喜好趨勢，但對於民眾對生物科技所持有的複雜表徵與理解卻只能捕捉到表面。問卷原本就不是設計來回答表徵對於問卷題目所引起及背後所隱藏的矛盾反應。即便問卷結果讓我們知道，社會大眾認為某些形式的生物科技在道德上無法被接受或者是「具有風險」，問卷卻無法讓我們了解這些道德顧慮的確切本質，以及它們如何被大眾建構。基於以上原因，一系列的焦點團體討論於是在參與調查的十個國家中陸續進行，以求充分並詳細地理解大眾對生物科技的觀感（Wagner et al., 2001）。雖然不同國家在焦點團體中萌生的議題不盡相同，可是卻都和全體樣本一樣有共同憂慮與理解。整體而言，和先前問卷調查的結果一致，歐洲人民對生物科技抱持著矛盾心態：儘管他們認知到生物科技的潛在利益，但同時也擔心生物科技未知走向與發展可能帶來的潛在威脅和風險。「脫軌火車」的比喻被用來代表大眾跟不上生物科技持續發展的加速力量，也代表政府機關面臨管制這股力量的掙扎。科學發展不可避免與難以控制的表徵在生物科技領域中被具體表現出來，這呼應了 Wagner 和 Kronberger（2001）的說法，大眾努力去理解這些快速發展，並且在他們

自己的「想像」中再現它們,這可以被看成是某種「象徵式因應」的形式(見 Wagner, Kronberger, & Seifert, 2002)。

科學發展被大眾知覺為一種兩難困境:一方面可以提供未來的益處;另一方面卻有可能產生風險與難以預料的有害結果。「未來的不確定性」這個想法也出現在各個焦點團體的討論主題之中,儘管這些憂慮既不明確也缺少細節。這些對於生物科技發展未來的憂慮,經常定錨於過去的災難,如對基因改造食物和複製動物與人類的恐懼,來自於對過去「狂牛病」爆發,並且在英國演變成人畜共通的牛腦海綿狀病(BSE)所引起的恐慌有關,以及車諾比核能廠爆炸。這兩起災難被大眾拿來質疑管制當局和政府的可信度,並由此懷疑科學界人士是否會對於可能發生的相關風險完全據實以告。再者,受試者對於食品製造持續全球化、工業化後產生的龐大商業利益表達了強烈的不信任。他們認為,一般消費者與民主機構在控管這些商業利益時顯得相當無力。一位英國受訪者如此說道:

> 過去已發生太多的錯誤,我們突然間發現所吃所用的東西可能都有問題,而你曾經認為,我想它們都被檢驗測試過了,所以才會服用這個藥丸。(引自 Wagner et al., 2001, p. 90)

·「自然」的表徵·

歐洲民意調查報告與焦點團體研究一致清晰地指出,歐洲大眾對生物科技所持有的矛盾「態度」。然而更重要的是,Wagner等人(2001)的質性研究能夠辨別出那些導致矛盾態度的潛在表徵。反對生物科技、擔憂潛在風險的態度,主要由討論被提出的「自然」與「生命」的潛在表徵所形塑。一個很普及的概念把自然和生命視為神聖的力量,必須不計任何代價地尊重與崇敬。這種視自然為神聖力量的表徵通常都定錨在宗教信念上,所以,諸如「扮演上帝」或是「干預神的創造」等常見詞彙,經常反覆出現在對於運用和濫用生物科技的道德警告中。另外一個表徵比較世俗,但也視生命為神聖不可侵犯。第三個自然表徵在本質上是科學的,它視自然為相當複雜且相互關聯

的微妙平衡系統。人類干預此微妙的平衡系統（尤其是演化與適應的複雜歷程），便可能招致潛在危險，製造無法預料、不可逆轉的後果。

因此，某些生物科技的應用被視為干預或擾亂自然，這些干預可能會在未來遭致懲罰。生物科技在他們的表達中被敘述為違背自然或者會對自然造成不利。這種將生物科技與自然二元對立的區分方式，被用來作為反對應用某些生物科技的立論基礎，尤其是複製人類與動物（但是醫療用途的特定細胞複製是可以被接受的）。同理，運用基因篩檢來「訂做嬰兒」，或者檢查「不值得活的生命」則受到強烈反對。因此，與優生學相關的擔憂也出現在焦點團體的討論之中。我們可以再次看見這個疑慮是定錨於過去發生的歷史事件之上，在這裡是指希特勒在歐洲推動的亞利安種族淨化計畫。

反對將生物科技運用於食品製造的相關表徵，則把基因改造食物和「自然的」、「有機的」、「健康的」食物相比。再者，每天購買食物和準備食材被視為是文化和認同的重要標記。食物因而成為當地文化的象徵表徵：在食品製造中持續增加的商業化與工業化，被認為是對認同與文化實踐的威脅。如 Wagner 等人（2001, p. 23）指出，對基因改造食物的反對「是拒絕食品製造工業化的具體實現，也是重新發現食物對於健康生活型態的重要性，以及食物對社會及文化的意義」。

這項研究結果說明生物科技表徵扎根於整體文化共享的意義製造過程中，人們藉此理解複雜現象。重點是，世俗與宗教的「自然」與「生命」表徵就是形塑大眾對生物科技看法的核心根基。再者，大眾對科技的焦慮與擔憂都奠基於過去經驗，因為先前的科學專家對大眾保證科技的安全性是不令人放心的。這也難怪社會大眾對基因研究和生物科技發展的態度會如此矛盾。

小結

社會表徵指的就是社會成員集體共享的觀念、想法、意象與知識結構，這些共識結構是人們在進行社會溝通與互動時所創造的。表徵是在熟悉的類別情境中將社會客體、人及事物加以定錨或者形成慣例，對陌生的物件賦予意義。表徵被簡化或者客體化為認知和圖像的元素，共同形成一個核心或譬

喻儲存於記憶中，並在溝通與互動時被提取出來。很多社會表徵來自科學界，透過大眾媒體向我們傳達，被一般人加以闡述用來協助理解日常生活。

論述心理學導論

到目前為止我們所探討的三個理論取向，包括社會認知、社會認同與社會表徵，都遵循內在心理表徵的概念。這概念基本的哲學假設認為，人類的理解與經驗是由內在認知機制所驅動，心理學特別是社會心理學，任務就在於研究與分析這個潛在的認知結構。依據這個觀點，認知是先於語言，而語言被視為是認知表達的溝通媒介。雖然這三個方法強調人類思維的建構性本質，卻仍屬於**現實主義認識論**（realist epistemology）：認為人類經驗和意識 名詞解釋 存在著可知的事實，透過理智和純理性（科學）的運用，或是經由詮釋學的詮釋方法，就能夠加以發現。新興的批判觀點，例如跨學科的後結構主義與後現代社會理論，已經對這種現實主義認識論加以挑戰。這種挑戰可歸因於大家對語言所扮演的角色及功能與日俱增的興趣，他們將語言視為意識與經驗的一種社會性建構力量。「語言學轉向」反映在社會心理學中萌生的論述分析研究上。我們將在本節討論這類的研究，以及它對於社會心理學界視為理所當然的許多核心思想所做的本質上批判。

批判社會心理學

社會建構論運動（Gergen, 1985, 1999）為心理學最早對實證科學，以及對實證科學所持有的知識與真實的概念進行後現代批判的學派。**社會建構論** 名詞解釋（social constructionism）和不同學術背景的批判（女性主義、解釋學、馬克思主義與批判理論）有些許的關聯，它認為心理知識是社會所建構的，來自於協商的社會文化意義，而這些意義是具有歷史性的。藉由闡明其文化甚至經常是政治基礎以解構這些知識，已然是社會建構論最主要的關注。例如，女性主義的評論點明了許多隱含在心理學理論與實踐背後的男性優勢偏誤，

父權形式的壓迫就可以在這門學科和社會裡被正當化，並且加以複製（Hare-Mustin & Maracek, 1988; Wilkinson & Kitzinger, 1996）。

這些批判取向的心理學知識逐漸被統稱為「批判社會心理學」（Hepburn, 2003; Ibanez & Iniguez, 1997; Tuffin, 2005）。如 Hepburn（2003）所言，批判式社會心理學在兩個方向上進行「批判」。首先，它對心理學的批判，包括理論、模式與實踐，批判社會心理學認為，心理學這門學科生產了一種非社會、去除情境脈絡和去人性化的對人的理解模式。再者，它明確地介入了社會中重要的社會及政治的議題，並特別批判心理學在維持、複製與正當化那些壓迫關係和實踐所扮演的角色與功能。作為一項研究傳統，論述心理學呈現了一種批判取向的研究，然而，我們稍後將會看到不同的論述取向在哲學假定上也彼此互不相同。

Jonathan Potter 和 Margaret Wetherell 在 1987 年出版的《論述與社會心理學》（*Discourse and Social Psychology: Beyond Attitudes and Behaviour*）是論述心理學發展的重要里程碑，論述心理學從此在社會心理學研究中成為一門獨特傳統，提供一種完全不同的從事（doing）社會心理學的研究取徑。在當時以及後來一段時間內，這個新方法被稱為「論述分析」（discourse analysis, DA），因為其關注重點就在於研究特定處境中的**論述**（discourse）（書寫文本與談話），以及它在建構社會現實中所扮演的角色。用論述分析描述此一研究取向並不恰當，因為這個名稱暗指它僅僅只是一種方法，似乎只是心理學許多研究法中附加的一種而已。從 1992 年開始，人們開始使用論述心理學（discursive psychology, DP）（Edwards & Potter, 1992）一詞，特別強調這類研究的認識論基礎在本質上和主流社會心理學的實證或實在論的認識論完全不同。更確切而言，DP 屬於社會建構論及非認知學派，由基礎開始「重做」傳統社會心理學的中心議題，例如，自我與認同、歸因、態度、偏見和種族歧視。

在今日，論述心理學已拓展為心理學研究的一支獨特傳統，特別是在英國。然而我們必須在此強調，論述心理學並不是一個統一的取向。正如所有學術傳統一樣，論述心理學也發展了幾個不同「學派」，在許多重要面向上彼此互異。我們將以連續尺度方式呈現在論述的研究中處於兩端不同的、有

名詞解釋

影響力的研究取向，這樣應該對大家有所幫助，雖然如此做可能會簡化它的多樣性。

第一個學派大致上可以由 Jonathan Potter 和 Derek Edwards 的研究工作來框定，這個取向深受對話分析（conversation analysis）影響，關注自然情境中日常生活對話的在地性、互動性與序列性本質（Edwards, 1997; Edwards & Potter, 1992; Potter, 1996）。相對另一端是批判式論述心理學（critical discursive psychology），Ian Parker（2002）的研究應該是最佳範例。後者特別自稱批判式以強調它明顯的政治議程，以及批判式實在論和唯物主義的認識論基礎。儘管這個取向屬於社會建構論範疇，認定研究不容易取得「真正的」真實，但它依然認為穿透意識型態的層層神祕後，我們依然有可能知道真相。這與 Potter 和 Edwards 採取相對論認識論的方向相對比，他們質疑有所謂固定與可知的真實（Edwards, Ashmore & Potter, 1995）。論述研究大抵落在這以論述心理學與批判式論述心理學為兩端點的連續尺度中。例如，在這領域赫赫有名的 Margaret Wetherell（1998; Edley & Wetherell, 1995）和 Michael Billig（1991, 1999）的研究，他們借重對話分析的洞察，同時也研究論述（和修辭）如何在各種理解活動中被形塑，以及如何被瀰漫在某個社會或文化中的談話資源所形塑，這種研究可以定位在上述兩個相對取向之間的某個點上。我們在本書中將會使用「論述心理學」這樣概括性的類別，來指稱所有的相關取向。然而，我們主要討論的研究是那些運用論述的經驗分析，並且明確致力於重新建構社會心理學核心議題的論述研究。

影響論述心理學之學術背景

論述心理學受到幾個學術脈絡的影響，當然，社會建構論運動對傳統心理學的批判是其中之一。這篇簡短導論沒辦法涵蓋所有影響論述心理學的學說，因此，我們只提出三種對論述心理學有重要影響的學術傳統，以求理解論述研究的某些基本主張。

哲學語言學

最近許多人文與社會科學領域都經歷了「語言學轉向」，部分原因起於人們對 Wittgenstein 晚期哲學著作（*Philosophical Investigations*, 1953）逐漸增加的興趣，他強調語言的互動與脈絡性本質。傳統語言學理論將語言理論化為一個由名稱和規則組成的抽象連貫系統，而 Wittgenstein 卻認為語言是一種社會的實踐活動。前者視語言為「真實的反映」，反映出一個「實際外存的」世界；Wittgenstein 則主張，文字和語言無法脫離在使用中的情境與背景而形成獨立的客觀意義。再者，Wittgenstein 也質疑語言僅僅只是為人們表達、溝通如感覺和信念等內在心理現象的中介物。Wittgenstein 拒斥了心理學與哲學裡傳統中具支配地位的觀點，這種觀點認為認知和語言是兩個獨立而平行對應的系統，認知是個人所私有的，而語言則是對外公開的。相反的，Wittgenstein 認為「語言本身就是表達思想的工具」（1953, p. 329）。

論述心理學的核心思想便是認定語言為一種社會實踐，研究目標在經驗分析人們在日常活動與情境中如何使用語言。言談的行動導向或是處境（語境）中論述，是與另外一個對論述心理學有深遠影響的學說有所關聯：John Austin 的言語行為理論（speech act theory, 1962）。言語行為理論強調人們如何使用語言去「做事情」，去達成某種目的。言詞不只是作為陳述或形容事物的抽象工具，它們也用來使特定事情發生。人類盡可能使用語言來說服、責備、辯解和表達自我。因此語言具有功能性，它能「完成某項任務」（Potter & Wetherell, 1987）。

俗民方法論與對話分析

對話分析（conversational analysis, CA）是社會學中特殊的一支，它系統性地檢視日常生活中對一般人產生實際影響的談話。CA 在論述心理學的影響日漸強大。CA 是俗民方法論（ethnomethodology）取向，研究人們在日常自然情境下使用語言與對話的方式。相對的，認知科學和社會語言學則把語言看成是由規則與類別名稱所組成的抽象系統，CA 則從社會互動中人們真實的談話著手，通常被稱為「**互動中的談話**」（talk-in-interaction）。發展 CA

名詞解釋

的重要人物如 Harvey Sacks、Emanuel Schegloff 與 Gail Jefferson，他們仔細分析對話資料，證實日常對話是有秩序的，並且呈現續列的互相輪流的結構（Sacks, 1992; Sacks, Schegloff & Jefferson, 1974）。在對話中最明顯的形式規律例子，包括一種稱為「鄰接配對」的序列性：問題後面通常緊接著答案，打招呼通常是相互的，而邀請的回應不是接受就是拒絕。CA 關注的是人們的談話如何導向實際的社會互動；比如說，描述、解釋和對話的類別是如何組合起來，然後去執行非常特定的行動，例如辯解、說明、責備與辯白等等。舉例來說，Edwards（1997）強調日常生活與對話的一項普遍特色就是，人們會關切自己的利害關係並且為自己辯護。

　　社會心理學典型地認為，互動中談話對社會生活不會帶來主要影響（見專欄 2.3）。而且由於日常對話是一種自然資料，因此它被看成是「混亂的」，

專欄 2.3　　光出一張嘴？

　　日常生活言語在心理學實證研究中幾乎被完全忽略。心理學家不分析真實談話或者自然對話的方式去理解人們如何在日常生活中建構意義，例如爭論、配合、說服、歸咎與評估等等，為了了解心理現象，他們反而用間接的方式去測量潛在認知。的確，心理學假設我們無法只憑藉人們說的話作為通路以接近這些心理現象。心理學也假設人們的「真實」感覺和意見存在於非常私密的內在認知之中，無法被公開觸及。

　　以下我們列出一些不看重談話的日常諺語。看看這些諺語或慣用語對於談話抱持什麼樣的假設地位？

　　—光出一張嘴
　　—坐而言不如起而行
　　—說到要做到

　　如果我們將談話重新認定為一種社會實踐，一種對於談話者造成實際影響的活動，你現在覺得這些耳熟能詳的慣用語還合理嗎？這些特定的慣用語在社會互動時可能執行什麼任務或活動？

包含了猶豫、停頓、打岔、自我糾正等等。然而，CA 就是關注這些談話中的特點是如何可能和社會互動間產生高度關聯，這使得 CA 研究對於語料錄製的謄寫作業規範了相當特定的要求。典型的 CA 研究要在謄本中納入對話細節，例如停頓的長度、重疊的談話、音調、猶豫、強調和音量。再者，CA基本上關切人們如何處理互動，什麼是他們認為有關的，他們在談話中如何表達了解與反對等等。分析人員不應該強加他們個人的理解於對話語料的謄本中，也不應該推論談話對象說話背後的潛在動機與認知。談話本身以及它的行動方向才是分析的焦點（Schegloff, 1997）。

·後結構主義與傅柯·

　　另外一個對論述研究有影響力的是後結構主義，特別是傅柯（Michel Foucault）的著述。儘管傅柯的研究普遍對人文與社會科學帶來重大影響，心理學卻依然對他在知識本質與主體性方面的豐富論著無動於衷。對傅柯的著作主題而言，這並不令人意外，因為他的論述都是在質疑傳統概念下的真理與知識（Foucault, 1972）。

　　傅柯關注不同知識領域的歷史演進與發展，尤其是社會科學，也關切這些「科學」知識如何在社會各個層面透過管理個人行為與主體性來行使其權力。傅柯認為現代力量大部分經由對個人的自我管理與規訓而達成，這些自我約束讓個人的行為盡量合乎主流論述下所謂的人性。這些論述形塑我們的主體性，最終成為我們自身。例如，這世紀主流心理學論述所認定的自我大力讚揚邏輯、理性思考、協調有序的認知、情緒穩定與控制、道德誠信、獨立與自主。這些人文主義的論述非常有力，因為它們促使某些行為準則、思考模式與制度性結構的形成，以協助人們擁有這些受人重視的特質。再者，那些能夠使無法理性、自主、有才能與情緒穩定的個體能獲得復原、治療與諮商的機構與實務因應而生。因此，心理學作為一個知識系統和「科學的」合法學科，形塑及規範了何謂健康且適應良好的個體（Rose, 1989）。

　　Henriques、Hollway、Urwin、Venn 和 Walkerdine（1984, 1998）所著的《改變的主體：心理學、社會約束與主體性》（*Changing the Subject: Psychology, Social Regulation and Subjectivity*），是心理學領域中直接融合傅柯思想的

首批著作之一，探討現代模式的主體性以及心理學在造就那些被主流個人主義與認知主義所構成的主體與認同時，所扮演的角色。稍後我們會看到，採用此派研究的論述心理學家，尤其是採納傅柯觀點的，對「論述」一詞的定義，和另外那些用這個詞來代表日常生活對話的學者們是不一樣的。然而，傅柯對於論述心理學的影響自不在話下，尤其是對批判式論述心理學的發展。

論述心理學的核心原則

論述心理學有許多重要的原則，但礙於篇幅，我們僅強調其中的四個原則：(1)論述具有建構性；(2)論述具功能性；(3)論述由論述資源和實踐所組成；(4)論述在談話中建構認同。

·論述具建構性·

論述研究主要關注人們如何使用語言以理解日常生活。論述是反思的，具有情境脈絡，事物是在人們談論的時候，便建構了它們特有的本質。論述研究強調論述在日常生活中使用時的建構本質與角色。這點和社會認知、社會認同理論，與社會表徵理論（在較小程度上）等取向，在根本上是不一樣的。這些理論採取了知覺—認知後設理論（perceptual-cognitive metatheory）（Edwards, 1997），認為世界上的客體或是「現實」毫無疑問是已經被給定的。依此觀點，「現實」被直接知覺，並且被認知計算歷程加以處理，接著最後反映在論述之中。這組關係可用以下的摘要來表示（Potter, 2000）：

現實 ——▶ 知覺 ——▶ 論述

知覺認知論主張論述只是反映出一個穩定，並且假定一個「實際外存的」世界。相對的，論述心理學將這個傳統取向的順序倒反，而認定論述在分析上是先於知覺與現實（Potter, 2000）：

論述 ——▶ 知覺 ——▶ 現實

論述心理學由論述本身開始，也就是由談話中所製造的那些對於事件和議題

的描述與理解。論述因而是具建構性的，物質、事件、認同與社會關係是在我們談話中談論到它們時，所使用的特定字詞和類別所建構的。此看法顯然和那些認為語言只是反映世界的中性轉換媒介的心理學取向截然不同（Wetherell, 2001）。主流看法將語言比喻為一幅反射現實的影像，這種看法認定語言是被動的，而且「什麼也沒做」（Edwards, 1997; Wetherell, 2001）。在論述研究中，語言則被視為是主動建構的，並且建構了許多不同版本的世界。

・論述具功能性・

論述研究另一個核心原則就是論述具有功能性；談話是在世界上成就社會行動的一種社會實踐。人們說話的內容端視說話的情境脈絡，以及說話執行的功能而決定。談話發生的每日生活情境不斷在轉換，談話的功能也不斷改變。當人們與別人進行對話時，他們共同建構並協商意義，或者建構起關於他們談論對象的特定「真實」。和社會心理學中研究人們認知穩定性與一致性的最具傳統取向相比起來，論述心理學強調人們說話時本質上具易變傾向，因為談話內容反映了情境脈絡的變遷和該談話的功能。因此，比方說，人們對某議題的陳述或看法很可能改變，端視這談話如何被組織，以及談話為何被如此設計：例如，它的組織方式是否是為了要辯解某個特定立場、把責任歸咎給某人、正向地表現自己？因此，論述研究主要興趣在於分析一個特定版本的社會現實為何以某種特定的方式建構，以及這個方式在它所處的特定情境下完成了什麼樣的任務。因此，「焦點是在論述本身：它如何被組織，它做了什麼」（Potter & Wetherell, 1987, p. 4）。在第四章探討態度時，我們會再次論及這個主題，並特別指出，為何認定論述具有功能性的觀點會在社會心理學中挑戰傳統認知取向對於態度的建構。另一個與功能性相關的觀察是：論述經常在修辭上組織成具說服力。人們用削弱其他替代描述的方式在周遭眾多不同的觀點尋找方向，形成特定的結構。Billig（1991）對論述的論辯與修辭脈絡的研究影響了論述心理學的發展，後續幾個章節我們將概述日常談話與論述的修辭特色。

· 論述資源與實踐 ·

　　如果論述建構了社會現實，並且具有功能性，那麼文字與談話究竟是如何一起做到這些？論述是由論述資源與實踐組合而成。傳統認知構念例如態度、信念、意見和類別，已經在論述心理學中被替代，取而代之的是關注在辨認出日常生活中，人們用來表達意見、爭論和辯論時所使用的論述資源與實踐（Potter, 1998）。這些論述資源包括**詮釋腳本**（interpretative reper-toires），其定義為在人們的論述中，被反覆用來形容事件與行為的一組比喻、論辯和措辭（Potter & Wetherell, 1987）。也包括人們在言談時動用的特定論述策略與方法，好讓他們的描述看起來符合事實、客觀並且無私（Potter, 1996）。舉例來說，一種最常見用來擔保某個特定觀點或議論的方法，就是聲明大家對那特定議題具有共識；每個人都知道，或同意那件事情為真。這個特定的方法被稱為「共識保證」（consensus warrant）。其他論述資源或工具還包括修辭的老生常談（Billig, 1987），或是談話者在談話中動用的最後一擊論點。研究顯示，老生常談的表達方式令人難以反駁，例如老生常談與諺語，因為它們具備籠統的常識特質（Drew & Holt, 1989）。我們將在接續幾個章節中詳述這些論述資源與實踐，以說明論述心理學如何藉由詳細分析文本與言談來重新框定傳統議題。

　　日常對話中被運用來建構意義的論述資源，是受到社會、文化與歷史的歷程所形塑（Wetherell, 2001）。人們建構意義的實踐活動和理解世界的方法，會隨著情境脈絡的不同而改變轉換，但是這些方法仍然受某個語言群體共享的文化與語言資源的制約。

（名詞解釋）

· 論述與認同 ·

　　論述不僅建構客體和不同的世界版本，它同時也建構了說話者的認同。不同於傳統心理學將自我與認同視為是個體所擁有的內在心理本質，論述心理學則認為認同或是「主體位置」是透過論述而產生的。不同的談話方式會喚起說話者不同的位置，例如「母親」、「女兒」、「情人」、「職業婦女」、「朋友」……等等，所以特定形式的談話可以被組織起來，以言談構

建的方式建構認同（Wetherell, 2001）。例如，「父母」的認同可以由幾種不同的方式建立，透過在談話中使用文化所建構的，關於父母權力、責任與道德約束等敘事。不像傳統心理學關注穩定的認知自我，論述心理學則強調說話者在談話中主動建構的多元且可轉換的認同（有些甚至互相矛盾），以完成一系列的互動目標。論述建構身分認同意指人們會被特定的談話方式定位，但同時人們也能主動選擇他們在特定場合所使用的認同。人們「經由他們所實施的不同論述實作被建構以及重新再建構」（Davies & Harré, 1990, p. 263）。這種對認同的看法和後現代主義與後結構主義是一致的，都強調多元、動態與互動的主體性本質。

我們將在第五章詳細說明認同的論述建構，現在我們將轉向論述傳統的一項實證研究，說明這種研究如何詳盡闡述我們前面論及的論述心理學四大核心議題。

實證論述研究：不平等的平等主義

性別不平等與歧視是社會心理學關注的一項焦點議題。社會心理學理論已經將性別歧視歸因於潛在的性別主義態度，以及對女人普遍存在的傳統刻板印象和表徵。Wetherell、Stiven 和 Potter（1987）早年進行了一項研究，目的在理解性別不平等如何在論述中被社會性地複製，挑戰了傳統上對性別的看法。Wetherell 等人（1987）不去測量人們對女人的態度，也不讓受訪者挑選特徵描述和形容詞以決定他們對性別的刻板印象，而是分析這些大學生們在半結構式訪談中，對於性別、就業機會、事業與養育子女所說的話。他們的分析顯示，談話者明顯地用個人主義與心理的敘述方式，來描述在工作、事業與養育兒女責任上的性別不平等。在這些敘述中，個人被建構成擁有一套天生、穩定的特質和能力來進入就業市場。女性社會地位的改變似乎是女性個人的首要責任，女性必須對雇主「證明自己」和男同事具有同樣能力與價值。因此，個人主義與實力主義的「詮釋腳本」大量出現在對既存性別不平等的解釋之中。

雖然大多數受訪者明確支持性別平等原則，但是他們也同時詳細說出這

個原則很難成為真實的諸多實際限制：諸如女人懷孕此類不可避免的生理現象，以及伴隨而來的育兒責任。這些實際的顧慮被用來正當化既存於職場、事業與養兒育女方面的性別不平等。Wetherell 等人說明了這些矛盾說辭的運用如何建構成一種「不平等的平等主義」形式，意即一方面贊同平等的理想，然而另一方面卻對實現性別關係平等的實際困難加以合理化。這種互相競爭且矛盾的主題從以下他們研究的一位男性受訪者之答覆顯而易見（引自Wetherell et al., 1987, p. 63）。

> 採訪者：所以，如果是由你與你太太兩個人決定誰待在家裡的話，
> 　　　　你比較偏好去上班而非待在家裡嗎？
> 受訪者：噢，不是，那必須是兩人一致同意的決定才行，換句話說，
> 　　　　如果我太太十分堅決她要出去工作，而如果我只有90%確
> 　　　　信我要出去工作，那麼有可能是我在家照顧小孩。但是我
> 　　　　要說，我不太可能娶一個堅持己見、觀念封閉的人。所以
> 　　　　你知道，應該不太可能發生這種事。我還是會出去工作。

　　從以上摘述我們可以看出，受訪者敘述誰主內照料孩子、誰主外出去工作，是夫妻間協商後「一致同意的決定」。這項描述反映夫妻間決策的公平原則，並且讓受訪者以一種特別的角度將自己呈現為一個實踐公平主義的人。但是我們必須注意，他接下來藉著形容堅持工作的女人是「觀念封閉的」，而他絕對不可能跟這種人結婚，迴避了公平主義。而且，他最後的結語竟又明確地轉回「我還是會出去工作」！

　　這類論述研究呈現了人們如何運用一些論述資源來建構特定的事實與敘述，並且用這些方法在社會互動中達成重要的功能。由我們之前界定出論述研究的四大核心主題來看，我們可以看見上述這段談話所具有的建構性：它用特定的方式建構議題與客體，比如說，夫婦之間如何決定誰做工作與照顧孩子，以及堅決工作的女人的個性。這種論述或談話也具有功能性，因為它達成呈現自我的目標，在此例中，受訪者正面表現自己為平等主義者。因此，它也顯現談話者的認同，談話者設定自己為具有某種特定立場的人或伴侶。

另外，也很重要的是，我們在這段談話中，也可以看見傳統社會認知取向長久以來對態度的難解之謎：人們如何成功地維持那些可能相互矛盾的立場。在 Wetherell 等人（1987）這個研究中，他們可以指出受訪者用來處理矛盾立場的普遍論述資源或具體實踐方式，他們稱之為原則／實踐二分法。一方面受訪者都擁護平等主義的原則與理想，但是另一方面，這些原則和理想又因為實踐考量而被減弱。此類「實踐考量的言談」（practical talk）被運用來正當化與合理化社會上既存的性別不平等。因此，在比較自然的對話情境中，人們說出一組複雜的立場，混合了平等主義與歧視觀念。這類論述研究因此能夠闡明為何既存的性別不平等得以在社會中被維持和複製，即使傳統量化調查與問卷都已經戲劇性地發現，大家對女性的態度和刻板印象已經有了重大轉變。我們將於第四章繼續說明論述研究何以對傳統的態度研究重新理論化，以及它對於態度在自然生活情境的對話中發生時，如何被修辭地組織而成，提供一些新見解。

批判論述心理學

不像論述研究主要受到俗民方法論取向所影響，批判論述心理學強調論述實踐，或是談論某個特定議題的方式，如何被談話者當時的互動情境以外的影響力所形塑。具體而言，這些影響力就是談話者生活其中的歷史、政治與文化的情境脈絡（Wetherell, 1998, 2001）。批判論述心理學家認為，某些談話或者構建客體與物件的方式，在某個特定歷史時空下會變得普遍與占有主導優勢，因此讓這些談話在文化上變得比較容易取得，在建構社會現實上也比較有影響力。假如我們用上述 Wetherell 等人（1987）的研究為例，直接的對話分析會將研究限制在採訪者與受訪者之間的互動，聚焦在受訪者自己在互動中導入的方向以及提出的關聯（Schegloff, 1968）。因此從以上摘述，當受訪者斷然聲明他「還是會出去工作」，他同時清楚地呈現自我是一個講理與公平的人，也是一個會和伴侶協商這些事情的人。分析大概就只能進行到此。相形之下，批判論述心理學會檢視在這個特定互動以外，西方開放民主下，性別關係的社會歷史脈絡。這個社會—政治脈絡訴說了男女間什麼樣

的權力關係，以及在廣大社會中，不同的機關團體如何宣傳與複製這些特定概念，以致於支配了我們的主觀經驗與我們身為男人或女人的認同（Edley, 2001; Henriques et al., 1998; Wetherell, 1998, 2001）？

　　如前所述，批判論述心理學大量借重後結構主義理論，以及尤其傅柯的論述研究，但是再次提醒，在此學派的論述心理學並不是統一的。雖然主要的代表人物如 Wetherell（1998, 2001）採用此類批判架構，他的研究大部分是實證研究，但仍然和偏向對話分析的論述研究較為相似。相較之下，Parker（1990）便摒棄實證主義，他對於日常言談與對話比較沒興趣，而比較將注意力放在辨識、描述社會中具宰制性的「論述」。這些論述在社會中擴散，而且灌輸、形塑與建構我們理解自身與世界的方式。我們接下來就要探討這類「論述」的建構。

✐ 論述為一種連貫的意義系統

　　Parker 和其他人受到後結構主義著作的啟發，用「論述」一詞來代表反覆使用的「構建客體之陳述說明的系統」（1990, p. 191）。因此，例如西方社會存在多種灌輸與形塑我們生活不同層面的支配性論述。醫療論述形塑我們對任何健康和疾病的理解；法律論述提供我們某些舉止規範與行為準則；家庭論述支撐家庭的神聖與重要性等等。雖然 Parker 將論述定義為「前後連貫的意義系統」，但是在論述中，矛盾與不一致是相當普遍的，因為主導性論述與另類論述之間為獲得認可與權力而相互競爭。論述經常和其他論述相互關聯，或者成為其他論述或意義系統的先決條件。論述的主要功能在於將「客體成為一種存在」，以賦予客體現實地位。如同前述，它們也在不同「主體立場」將我們加以定位，因此論述邀請我們，甚至迫使我們承接某種特定角色與認同。舉例而言，廣告論述用「消費者」的角色定位我們。然而，這個效果經常藉由標示出我們真實的地位和認同來達成，比方說身為女人、父母或員工……等等。Parker 並不將論述獨限於口說與書寫的語言。論述可以在所有類型的「文本」找到，例如廣告、大眾流行文化與知識份子文化、非言語行為，以及使用手冊。

除了前後連貫的意義系統之外，Parker 認為論述具有一個物質的，且幾乎是「物理的」存在。和社會表徵一樣，論述一旦被創造出來，就會在社會中擴散。然而重要的是，Parker 不是從觀念論的角度來看待論述，相反的，他將論述看成是由歷史與政治的（物質的）「現實」形塑而成，並且根植於其中。因此，他不贊同語言學和政治相對論，某些論述取向採取這兩大觀點。Parker 和其他論述研究者（如 Willig, 1999, 2001）將自己定位為「批判實在論者」（critical realists），對於論述得以萌生與形塑的物質與社會—結構條件敏銳觀察。這個取向的政治面向，在於強調論述的功能是如何合法化既存的機構及制度，並且在社會中複製權力關係與不平等（Parker, 1990）。

Parker 對「論述」的看法因為將抽象概念具體化，又賦予其抽象地位而飽受批評。對他而言，論述是一種存在的實體，與使用論述的人相互獨立存在。相對比之下，落在論述研究連續尺度上另外一端的研究取向，則關注談話或論述在特定情況下使用時的情境脈絡限定與其功能。這些取向將論述定義為「情境下的實踐」，因此，對於論述研究提供了較多的社會心理學焦點（Potter, Wetherell, Gill, & Edwards, 1990）。再者，這種關注受訪者如何在特定互動情境下使用語言的社會心理學取向，並不排除用批判式與政治性的角度，去分析談話中普遍反覆出現的模式如何將不平等關係與實踐加以正當化與合法化。我們在第七章會更確切說明 Wetherell 和 Potter（1992）如何用此方法系統化分析當代種族歧視論述功能。

論述與認知

不意外的，論述心理學與它對認知主義和實證主義研究方法的激進批評，引發社會心理學其他理論取向的諸多批判，包括認知心理學（Conway, 1992）、社會認同理論（Abrams & Hogg, 1990b），與社會表徵理論（Moscovici, 1985）。然而，同時論述心理學的某些方法與概念，也受到許多其他學派知名社會心理學家的熱衷擁護，例如社會認同理論（Condor, 2000; Reicher & Hopkins, 2001）以及偏見與種族主義社會心理學（Verkuyten, 2005）。儘管論述心理學的接受度在英國社會心理學界逐漸增加，但是由於它強烈反對認

知主義的認識論立場，因而不斷招致主流心理學的極度反感。論述心理學及其質性研究方法經常被嘲諷為缺乏科學客觀性與精確性。不過，諷刺的是，這樣的評論卻不針對量化研究方法，以及他們所宣稱的科學客觀性中受人質疑的假設提出批判。在接續幾個章節，我們將處理社會心理學的核心主題，也會闡明論述心理學對於在這些核心建構，以及實驗室實徵研究背後的認知假設的批評。

　　我們應該不難理解許多社會心理學家對於論述心理學的反對與排斥。絕大多數人的意識與思考經驗，提供我們內在認知表徵「不證自明的」現實，因此認為經驗與行動不是透過認知作為中介的這種看法就顯得荒謬。不僅在科學領域，連在人們生活的日常環境中，認知主義都確實是一種主導「論述」，例如，態度和信念的認知概念都是我們日常生活語言的一部分，人們談論著他們的「態度」、「信念」與「意見」。這些經驗是否就能作為證明這些東西真實存在的證據呢？我們稍後會看到論述心理學將這些構念視為「談話的主題」：談話者在談話中致力去談的主題，目的在執行日常社會互動的重要事務（Edwards, 1997）。心智類別因此可以被看成是對話的主題，而不是獨立存在的真實心理狀態。

　　主流的心理學評論認為，這種「除了論述（文本與言談）以外什麼都不存在」的看法，以及拒絕任何內在心理領域的假設，相當有問題。的確，有些人認為，這種缺乏個人心理模式的看法是一種「黑箱」取向，令人聯想很久以前激進行為主義招致的批評。事實上，部分論述心理學家自己也發現這種「論述化約論」的令人不安，因此轉而尋找其他理論架構，以提供對於個人主體性更令人滿意的描述。正如 Parker（1991, p. 83）所言，論述「……研究反覆提出這樣的問題：當人類使用論述的時候，他們的心理到底怎麼了？」就在最近，後結構主義對於具體化的理論，主張恢復一種物質性的形式，關注個人主體性的身體與情緒生活（Henriques et al., 1998）。這個主張已經被一系列理論取向納入，這些取向提供一個能將論述與個人主觀性兩者之間加以連結的角度，特別是對批判論述心理學而言，包括後結構主義的心理動力理論，特別是 Lacan 的著述（Henriques et al., 1998; Parker, 1991），以及 Gibson 對知覺的生態理論（Costall & Still, 1987; Gibson, 1979; Parker, 1991）。遺憾的

是礙於篇幅，我們在此無法探討這些觀點。Hepburn（2003）對於精神分析取向提供了很好的介紹，這本書的初版（Augoustinos & Walker, 1995）詳述了Gibson 對於人類知覺與行為的生態觀點。

一種「後」認知心理學？

論述心理學的來臨，或者說和後結構主義和論述取向有關的「語言學轉向」普及化，是否標示出認知主義心理學終結的起點，以及「後」認知心理學的崛起（Potter, 2000）？如果思想不多不少的就只等於語言本身，那麼心理學研究與學術的實際成分（對象）都錯置了，將追求方向放在辨識、運作和計量潛在的認知機制與認知歷程。

無論我們是否贊同語言為認知媒介，或是在語言本身之外別無他物，近來論述心理學研究的升起確實迫使我們以社會心理學家的身分，在概念和實徵研究上更認真地對待論述。論述心理學試圖建立起社會生活的認識論和本體論，拒絕心理學與一般社會科學中普遍既存的二元對立論，例如個體相對於社會、內在對外在、認知對論述、語言對實踐（Wetherell, 1999）。然而，仍然有人極力反對瓦解傳統的二分法，即使是批判心理學本身也一樣。不過，很清楚的，爭論永遠都會存在於主流社會認知研究以科學實證方法來追求知識與真理的實在論認識論立場，和論述取向的社會建構主義與相對主義的知識看法之間（雖然現實主義認識論不見得和某些批判式論述研究不相容）。因此，社會心理學的社會認知取向大致上並不會因為「後現代」學術對於真實與確定性所提出的挑戰而有所影響，特別是論述心理學。

小結

論述心理學反對對於內在心理表徵的探究，也反對用內在心理機制來理解社會生活。反之，論述被視為具有建構性與功能性，因而被視為是社會心理學進行分析的適當領域。論述互動是有模式的、有次序的，源自於如詮釋

腳本等共享論述資源，得以生產出社會現實並且支配互動者的認同。

✤ 本章摘要 ✤

　　廣而言之，「社會認知」是指目的在於描述及解釋說明身為人類的我們，如何在社會世界中經驗理解自己的相關理論與研究。我們在本章說明了這個領域的四大基礎理論取向：社會認知、社會認同、社會表徵，與論述心理取向。每種取向的主要假定以及基本範圍將在本書第二部分加以介紹。

✤ 延伸閱讀 ✤

Brown, R. J. (2000). Social identity theory: Past achievements, current problems and future challenges. *European Journal of Social Psychology,* 30, 745-778.

Edwards, D. (1997). *Discourse and cognition.* London: Sage.

Fiske, S. T., & Taylor, S. E. (1991). *Social cognition* (2nd ed.). New York: McGraw-Hill.

Hepburn, A. (2003). *An introduction to critical social psychology.* London: Sage.

Moscovici, S. (1998). The history and actuality of social representations. In U. Flick (Ed.) *The psychology of the social* (pp. 209-247). Cambridge: Cambridge University Press.

Potter, J., & Wetherell, M. (1987). *Discourse and social psychology: Beyond attitudes and behaviour.* London: Sage.

Tajfel, H. (1981a). *Human groups and social categories: Studies in social psychology.* Cambridge: Cambridge University Press.

Turner, J. C., Hogg, M. A., Oakes, P. J., Reicher, S. D., & Wetherell, M. S. (1987). *Rediscovering the social group: A self-categorization theory.* Oxford: Blackwell.

第二部分

第3章

社·會·知·覺

　　我們如何處理在日常生活中所接收的大量感知訊息？這個問題長久以來吸引著心理學家濃厚的研究興趣。大部分時間裡，我們幾乎即時地回應這些不斷湧進的訊息，用看似不費力氣和系統化的方式領會和理解這些訊息。傳統上，知覺研究與認知心理學研究關注人們如何感知、理解、儲存與記憶物理刺激與客體訊息。然而自 1980 年代起，社會心理學家才開始系統化地應用由知覺與認知研究中借來的訊息處理模式，試圖找出人們用來理解他們生活之社會世界的獨立心理機制。社會心理學家開始熱衷地擁護用知覺認知模式來理解人們如何知覺與處理社會訊息，也就是處理與人、團體和事件等相關訊息的方式。基於有限的認知能力，人們要如何處理這麼龐雜的社會訊息呢？1980 年代後期，社會認知成為社會心理學中的強勢典範，而諸如基模、類別與刻板印象等概念，則變得相當普遍。我們將首先探討社會認知的中心概念，後面再論及不同理論取向，如社會表徵、社會認同與論述心理學，如何用不同方式理解這些概念。

社會認知與社會知覺

　　1980 年代期間，社會認知研究假定人們領會和理解複雜社會訊息的方式，是透過將社會訊息簡化、組織為具有意義的認知結構，也就是基模（schema）。基模的概念出現在不同的心理學著述中，但其中最具影響力的研究傳統，早於社會基模理論發展之前就出現的著作，正是 Bartlett 所寫的《記憶》

（*Remembering*, 1932）一書。Bartlett為英國心理學家，在1930年代，他的研究關注人們對於圖像、數字與故事的記憶，他認為人們將圖像與訊息組成有意義的模式，而這些模式有助於之後的回憶。他的看法和當時的主流觀點有所不同，後者認為人們用獨立元素的方式知覺與再現訊息。正如Bartlett的研究，早期的社會基模理論認為，用某個主題組織起來的訊息比沒有組織的訊息容易被記住。

基模被概念化為一種認知結構，包含對世界的一般期望與知識，這可能包括對人、社會角色、事件，以及如何在某種特定場合舉止的一般期望。基模理論主張，我們使用這樣的心智結構來挑選、處理來自社會環境的新訊息。Taylor和Crocker早期的研究為基模下了最佳定義：

> （一個）基模就是一個認知結構，由特定刺激範疇的部分表徵組成。基模包括該範疇的一般知識，其中包含幾個特質彼此之間關係的詳細說明，以及某刺激範疇的特定範例與情境⋯⋯基模為新進刺激提供假設，包括用來詮釋的方式，以及蒐集與該基模相關訊息的計畫。（1981, p. 91）

基模以我們在經驗與社會化過程中習得對事物一般預期的形式存在，因而賦予我們某些預測與控制社會生活的能力。假如我們對於圍繞在身邊的人和事缺乏先驗知識與預期，那麼我們每天過日子都將寸步難行，因此基模被理論化為具有功能性，而且對於我們的生活福祉而言是不可或缺的。正如既存的心智結構一樣，基模能幫助我們理解社會生活的複雜性，也有助於導引我們所關注、察覺、記憶與推論的任何事物，它們就像我們用來簡化現實的心智捷徑。早期的基模模式假定人們是「認知吝嗇者」：很多判斷與評估被視為是「不加思索」的現象（Taylor & Fiske, 1978），不需要經過太多思考或者深思熟慮。然而，這個譬喻被另外一個較具策略性與彈性的社會思維所取代：即人們是「機動策略者」（Fiske, 1992, 2004）。

因此，研究基模概念的目標在於理解人們如何在記憶中再現社會訊息，以及新訊息如何被既有知識類化；亦即人們如何能處理、解釋與理解複雜的

社會訊息。

基模的類別

基模的概念在實徵研究上主要被運用在四大領域：個人基模、自我基模、角色基模，與事件基模（Fiske & Taylor, 1991; Taylor & Crocker, 1981）。所有基模都具有類似功能，它們都會影響新訊息的編碼（接受與解釋）、舊訊息的回憶，以及對於闕漏訊息的推論。我們在此逐一簡介這四大領域。

·個人基模·

個人基模處理人格特質或是個人原型（person prototype）的抽象概念架構，讓我們可以從和他人的互動經驗中，將一個人加以分類和推論（Cantor & Mischel, 1977）。在大部分的研究中，這些個人原型實際上指的就是特質原型，所以我們將交互使用這兩個辭彙。在生活中幫助我們與他人互動的方法之一，就是用主要人格特質來將別人加以分類。例如，我們可能將伍迪艾倫（Woody Allen）歸類為典型的「神經質」，而羅賓威廉斯（Robin Williams）則是「外向」的原型。特質或個人基模使我們得以回答以下問題：「他（她）是一個怎樣的人？」（Cantor & Mischel, 1979）如此一來，當我們在社會互動中和某些特定的人互動時，能獲得一種可控制和可預測感。

·自我基模·

你會如何形容自己？自我基模（self schemas）代表人們對於自己的概念結構。Markus描述自我基模為「對自我的認知類推，由過去的經驗所產生，組織並引導個人處理在社會經驗中與自我相關的訊息」（1977, p. 64）。自我基模被視為審慎思考後的結構，和顯著的以及大致穩定的個人特質與行為有關。它們是自我概念的組成要素，而自我概念則是認同和自我定義的核心。因此，自我基模的概念和各種關於自我的心理概念是相互一致，它們都關注穩定、持續與自我保護的自我概念本質。我們將於第五章詳加闡述自我基模的研究，以及基模與其他自我理論之間的關係。

· 事 件 基 模 ·

事件基模可被說為認知腳本（cognitive scripts），用來描述日常生活活動事件的順序結構（Schank & Abelson, 1977）。因此，事件基模可以提供人們參與未來、設定目標，以及訂立計畫的基礎。它們藉由確立達成個人所欲狀態的適當行為步驟，讓個人得以設定達成這些目標的策略。所以，我們知道進入餐廳用餐的適當行為順序為：等候服務生帶位、點飲料、看菜單、點菜、用餐、付帳，然後離開。

Schank 和 Abelson（1977）認為，我們對於許多特定場合中行為的常識性理解，來自於無所覺察的知識與假設所形成的龐大腳本，這是一種行為實踐，在日常生活中指引著我們。這些腳本儲存於記憶中，在我們需要時就無知無覺地被激發出來。Schank 和 Abelson 更進一步主張「記憶以圍繞著個人經驗與事件的方式被組織起來，而非圍繞著抽象的語意類別」（1977, p. 17），這使得我們可以透過重複的經驗去類推，而不需要每次遭遇類似情況時都得一一處理每項訊息。

· 角 色 基 模 ·

角色基模是一種人們對於社會中特定角色位置的人應遵循的規範，以及預期行為的知識結構。這可以包含達成角色與歸屬角色，前者是指透過努力和訓練而獲得的角色，諸如醫師或心理學家的角色；而後者是指那些我們無法加以控制的角色，諸如年齡、性別與種族。達成角色通常和職業有關，提供我們一組關於該職位應表現哪些行為的規範性預期。

社會認知對於歸屬角色的研究頗多，尤其在性別與種族的刻板印象方面。刻板印象是基模的一種類型，組織了關於其他不同社會類別的人們的訊息和知識。它們是社會團體與其成員大範圍共享的心智表徵（Hamilton & Sherman, 1994; Macrae, Stangor & Hewstone, 1996; Stangor & Lange, 1994）。我們稍後將於本章以及第七章探討刻板印象與偏見之間的關係時詳細討論。然而在這裡，我們要先提出很重要的一點，社會認知模式認為，將人們分類為其社會團體之一員的作法，頗具實用功能，因為它可以簡化社會現實。例如男人／女人、

黑人／白人、年輕人／老年人,這些社會類別都被視為是高度鮮明,並且優先於其他分類方式。Fiske（1998）指出,年齡、性別與種族是將人分類的「前三名」類別,因為它們最核心、也最能用視覺觀察得知。當我們第一次與某人相遇,我們最有可能注意到性別、種族和年齡這類明顯線索,這將指引我們與某人互動的方式。隨著熟悉度增加,這些線索也就越來越不重要,接著我們很可能改用人格特質或個人基模來進行互動。Andersen 和 Klatzky（1987）驗證了在人的知覺中,社會類別的顯著性大於特質基模,他們發現社會刻板印象有較為豐富的聯想結構,而且可能比特質原型更能形成具體而特定的人物屬性。

分類

在我們將基模應用到社會客體之前,首先必須將該客體加以分類。在歷史上,哲學與語言學領域中,「分類」長久以來一直被視為是人類核心且基本的認知傾向（Lakoff, 1987）。分類歷程是基模理論的核心,也是本書所討論其他理論取向的核心。分類歷程的概念來自認知心理學與 Eleanor Rosch 首創的研究,意指我們如何辨認刺激,將它們歸類為某個類別,並認定與該類別其他成員相似,而與其他類別相異。分類似乎是知覺、思考、語言與行動的基礎。大部分時候,我們無須特別費力就會自動化地使用類別。當我們認出某物是什麼東西（一本書、樹木、動物）的時候,我們就在分類了。類別賦予複雜的訊息世界一種秩序,使我們能有效、快速地溝通關於這世界的訊息。

Rosch（1975）的實驗研究發現,在某類別中,某些成員擔任該類別的認知參考點,因為人們認為他們比其他成員更能代表該類別。Rosch 將這些稱為原型（prototype）,例如,人們認為知更鳥跟麻雀,比鴯鶓和企鵝更能代表「鳥」這個類別,因此,同類別的某些成員被認定比其他成員來得典型。類別成員的範圍可以從相當典型到非典型,最典型或者說原型的例子最能代表該類別,原型為類別成員的「趨中傾向」或是概括值。Rosch 發現,和那些被判斷為較不具原型的刺激比起來,受試者對於較符合原型的刺激的辨識

速度明顯較快。本質上,當我們在進行分類時,我們會將新的事例或物件拿來和類別原型相比,倘若兩者相似,我們便推論該事例符合該類別。新事例和該類別成員之間擁有的共同特質越多,那麼我們將此事例歸為該類別的速度也就越快、越有信心(Rosch, 1978)。

　　Rosch 發現某些類別,例如「鳥類」,有非常清楚的界限,而某些類別的界限則比較「模糊」。當某物件被歸入某一類時,它並不需要擁有這個類別的所有屬性。不過,這個物件必須擁有一些與該類別其他成員共同的特質,如此一來,同類別的成員便透過「家族相似性」而產生關聯,特別是對於像人與事件等,類別界限比較模糊的社會客體。社會分類比物件分類的過程更為複雜,因為社會客體是多變、動態且互動的,因此可預測性比較低。不過和非社會性類別一樣,社會類別的成員也擁有共同的特質,某些成員也比其他成員更為典型。舉例來說,想想看我們習慣用某人的主要人格特質來將人們分類:John 是「神經質」、Sue「很隨和」、Jane「很害羞」等等,雖然我們每個人對於「神經質」、「隨和」和「害羞」都有些看法,但我們對於符合這些人格特質的典型行為卻有不同的看法。同理,社會情境也會被某些代表特質加以分類,因此,特定的行為會在特定情境中被表現或加以期待;例如,我們都知道宴會(party)這個社會情境適合表現出哪些行為和社會互動範圍,而這些行為與互動可能完全不適合其他的社會情境。然而整體而言,在社會世界中的分類歷程是比較多變的,因為這歷程是由許多因素和影響所共同形塑的。將人與事件分類讓我們得以簡化並建構社會世界,也得以為未來的行為與經驗做好準備,我們的日常社會互動因而具有某種程度的可預測性與連貫性。

　　類別再現的原型取向相當具有影響力,它說明了社會刺激如何在記憶中被儲存與再現。然而最近的看法則提出:類別在記憶中可能不只以某些概括的抽象特質來呈現,而是由一些特定、具體的例子或是「範例」來呈現(Smith, 1998)。類別再現的範例取向比原型取向較令人信服,因為它能解釋一般類別中例子的多樣性與變異性,比方說,如果要從兩位差異很大的政治家身上形成概括的抽象概念,例如柯林頓(Bill Clinton)跟柴契爾夫人(Margaret Thatcher),可能在認知上會太過困難。這些極端例子可能比較適合在一般性

的「政治家」類別下,以具體範例再現,如此一來,範例成為比較特定與具體的參考點,人們依靠的可能是結合原型與範例基礎的記憶再現,端視被處理訊息中的社會客體與情境而定(Hamilton & Sherman, 1994; Smith, 1998)。

何謂基模與類別?以及它們如何運作?

我們的認知能力有限,而世界上的刺激既龐大又充滿挑戰,因此,能將新進資訊加以簡化並結構化的認知歷程,較能適合於日常生活的認知功能(Macrae & Bodenhausen, 2000)。我們從上得知,達成此目標的一項重要方法就是透過分類與基模式思考的運作。我們現在來詳述基模與類別如何以訊息處理的方式來運作:也就是說,它們如何以組織性架構的運作方式來影響複雜社會訊息的編碼、儲存與回憶。表 3.1 摘述了這些特色與功能。

表 3.1　基模／類別之特色摘要

- 理論導向的結構
- 節省精力的工具
- 促進記憶
- 評價的以及情感的結構
- 被階層化地組織著
- 源自社會
- 穩定而不易改變

・基模／類別為理論導向的結構・

基模或類別思維最核心的功能在於它得以組織經驗。雖然假設性的歷程已經被提出,但是我們還無法掌握其中運作的內在認知機制。一個新進的刺激形構和一個類別配對比較,而類別元素之間的關係將和新進訊息互相比較,倘若訊息與類別相配,那麼該類別的構成元素就會被套用在該訊息上。因此,類別引導我們辨識新進刺激的組成元素,進而提供其意義、組織與內在表徵的脈絡。換句話說,類別提供我們一個預期方向,以指引後續訊息的處理方

式（Macrae & Bodenhausen, 2000）。因此，我們絕大部分的訊息處理歷程是屬於理論導向，而非資料導向；亦即這個處理歷程仰賴人們對於社會世界的先前預期、先入之見與知識，藉此理解新狀況與遭遇。

理論導向或類別處理歷程的既有特色是經常導致偏誤判斷。作為既存的認知結構，類別會將新進社會訊息中缺失的資訊「填補」進去。在這種含糊不清的情況下，類別不是會引導搜尋相關訊息讓刺激更加完整，就是會用「預設值」或「最佳猜測」的方式，將原本缺失的訊息「填補」進去。這些歷程經常仰賴於特定刺激的先前經驗，例如，假想一位澳洲大學生即將與一位未曾謀面的人相見，她唯一知道的訊息是對方來自美國，是一個大學男生，正在澳洲渡假。如果她之前和美國大學生來往的經驗不多，那麼她可能（錯誤地）依據有限的臆測和先入為主的概念來引導她，這些先入為主的概念可能大部分來自於流行電影中的美國大學生。由於她的訊息不足或不明確，她很可能用那些電影得來的刻板印象「填補」缺乏的細節，這些電影描繪他這個人可能很高、金髮、擅長運動、喜歡跟男孩子喝酒鬼混、整天想著性愛、開著一輛他的中產階級父母買給他的拉風汽車。然而，如果她發現他很矮、無趣、手腳笨拙、戴眼鏡，她可能會應用一個全然不同的刻板印象，這個刻板印象也許再度從美國大學生電影中得來，那就是大學「書呆子」。但是如果她發現他是非裔美國人，那麼她的期望可能又會再改變。因此當訊息不明確時，空白之處就會被過去的假設和知識填滿。

在使用捷思的方式處理訊息時，類別可以為我們提供捷徑。例如在有限的訊息下，人們可能使用代表性捷思法（representativeness heuristic）（Kahneman & Tversky, 1972, 1973），來決定某個特定刺激代表某個整體類別的程度。害羞又態度溫和的 Sue，她比較可能是會計還是企業主管？另外一個被詳加研究的捷思法為可得性捷思法（availability heuristic），係指人們傾向於因為某事件或客體非常明顯或是容易被想起，因而高估它們發生的頻率。例如，人們可能會高估在他們社區中犯罪事件發生的頻率，是因為這類不受歡迎的行為非常鮮明而戲劇化。

·基模／類別為節省精力的手段·

　　由於我們持續接收大量訊息，類別就像認知工具一樣，讓我們用來迅速又有效地處理訊息。就如我們在第二章提到的，Macrae等人（1994）曾經描述類別和刻板印象是「節省精力」的手段，讓我們免於關注訊息的每個細節和片段。Macrae等人認為使用刻板印象，以及它可能的無意識激發作用（亦見 Devine, 1989a），能釋放出運用在別的地方的珍貴認知資源。在大部分日常生活的表面互動中，這種自動分類或運用成見的處理歷程，不僅具有經濟效益，而且在某些情境中還具有實際功能。

　　運用刻板印象這種「節省精力」的手段來簡化訊息和減低認知運作的必要性，讓社會心理學家經常感嘆，Macrae等人認為刻板印象被過度汙名化，特定刻板印象的激發和更普遍的泛泛推論（Gilbert, 1989），並不是因為人們在認知上的懶散與怠惰，反倒是因為我們需要更經濟有效地分配有限的認知資源。

·基模／類別促進記憶·

　　類別或基模影響並指引哪些社會訊息在記憶中被編碼與提取。如前所述，立基於明顯視覺線索的類別，例如性別、年齡和種族，通常對於編碼以及後續的回憶有決定性的影響。早期這方面的記憶研究普遍發現類別促進訊息的回憶，因此，和類別符合度高的刺激能促進對整體類別的回憶，而且符合類別的記憶材料比不符合類別的記憶材料更容易被記住。比方說，Cohen（1981）讓受試者觀看錄影帶，內容是一名女子和她的丈夫共進晚餐。一半的受試者被告知她的職業為服務生，另一半的受試者則被告知她是圖書館館員。那些被告知這名女子為圖書館館員的受試者，比較能夠記得她符合圖書館館員的特徵和行為；在此之前，另外一組受試者已先斷定她表現出的是屬於典型圖書館館員的行為（例如戴眼鏡、喝葡萄酒）。同理，被告知她是服務生的受試者比較能夠記得「典型的服務生舉止」，例如喝啤酒。這些研究顯示，我們比較會注意、編碼並回憶出那些符合我們原初預期的訊息。再者，類別也會影響訊息處理時間，大部分研究都指出，人們在處理類別相關訊息

所需的時間，要比處理不相關的訊息來得快，因此，人們花費比較少的時間在處理、詮釋與記憶那些符合一般預期的訊息（Devine & Ostrom, 1988; Hastie & Park, 1986）。

然而，現在許多研究結果和此一普遍原則相互矛盾。一些研究發現和類別不相符合的記憶材料，因為本身的新奇性與獨特，反而比那些與類別相符的訊息還容易記憶。將記憶材料與類別相符，以及與類別不符的回憶研究進行後設分析的研究，同樣也顯示出矛盾的結論。例如，Rojahn 和 Pettigrew（1992）做出的結論為：不符合類別的材料比較容易記憶。Stangor 和 McMillan（1992）在分析中所得的結論則恰好相反：和基模一致的資料比較容易記憶。最近這些互相矛盾的研究找到調和之道，藉由提出人類的認知處理歷程是有彈性的，而且受到人們所感知的情境與脈絡需求的影響（Quinn, Macrae & Bodenhausen, 2003），比如說，在某些處境與情況下，類別思考被激發，而在其他情況下，感知者則依靠比較逐一且個別的處理方式。

·理論導向與資料導向思維·

為了解釋資料導向與理論導向（類別）處理歷程兩者間明顯的矛盾，Brewer（1988）及其他人發展了訊息處理的雙重處理模式（dual processing model）。當資料清楚而且對處理者而言並不重要時，他就會使用類別處理。然而如果資料較不明確，而且對處理者而言相當重要時，他就會使用個別化和逐一檢視的方法加以處理。因此人們在兩個策略中擇一使用，端視要處理的訊息本質而定。

相對於雙重處理模式，Fiske 和 Neuberg（1990; Fiske, Lin, & Neuberg, 1999）主張，社會訊息處理可以被概念化為一個線性的連續體，從以類別為基礎的處理歷程移動到比較個別化、以資料為基礎的處理方式（見圖3.1）。雖然訊息處理歷程可能發生在連續體上的任何一點，Fiske 和 Neuberg（1990）強調大部分的個人印象根本上是以類別為基礎，用他們的語言來說，類別處理歷程總是「預設選項」（default option）。因此，當接收者缺乏周詳正確思考所需的時間、認知資源和動機時，類別思考和刻板印象思維是比較有可能會出現的。雖然類別思考一般被認定為來自人們認知上的「怠惰」或懶散，

```
┌─────────────────────────────────────────────────────────────┐
│ 基於類別的處理歷程 ◄───────────► 基於資料的處理歷程          │
│                                                             │
│ ・快速                          ・緩慢                       │
│ ・非策略性                      ・具策略性                   │
│ ・有效率                        ・認知要求                   │
│ ・自動化                        ・需要注意力與努力           │
│ ・無意識的──刺激呈現後         ・有意識的──刺激呈現後2,000毫 │
│   240毫秒內發生                   秒之後發生                 │
└─────────────────────────────────────────────────────────────┘
```

圖 3.1　線性處理模式

資料來源：Fiske & Neuberg, 1990.

但最近有人主張，類別思考成為預設選項是因為它最具有認知效率。類別思考不僅有助於人們快速毫不費力地將符合類別的訊息予以編碼，它也使感知者敏感於不符合類別的訊息。當人們快速處理與類別相符的訊息時，剩餘的注意力與認知資源可以轉移去處理那些比較困難又較費時的非預期資料（Macrae & Bodenhausen, 2000; Quinn et al., 2003; Sherman, Lee, Bessenoff, & Frost, 1998）。

　　當然，還有很多狀況與因素會決定感知者是否會運用資料導向策略，或相對的使用基模導向策略。當有強烈的動機追求正確性，以及必須為決策和結果負責時，那麼人們比較不會依靠刻板印象（Fiske, 1998）。很清楚的，深度處理需要注意力與努力，而類別化處理則是自動化的，而且有時候是無意識的。例如，我們對於他者形成印象所需花費的時間和精力，決定於他們對我們的相對重要性，以及我們想認識他們的動機。每天的萍水相逢通常只需要我們用他們明顯的社會團體成員身分特徵來形成印象即可，例如性別、種族、年齡與職業。因此，社會分類總是形成印象的第一步。而社會類別提供人們和該類別相關的一些先見或刻板印象。如果目標人物的行為在某些面向上不明確、不符合預期，或者有強烈的動機追求正確性，那麼個人就可能會捨棄刻板印象的內容。資料導向策略使我們對目標人物有較仔細與個別化的知識（Fiske, Lin, & Neuberg, 1999; Fiske & Neuberg, 1990）。

·基模／類別是評價的與情感的·

自從 Zajonc（1980）主張情感和認知具有獨特性，應該被視為兩個分開的系統，社會心理學家們對於訊息處理模式中情感層面的興趣就與日俱增。畢竟刻板印象的研究如此豐富的原因之一，就在於它對被刻板化的人們所產生的高度評價性的（偏見的）後果，特別是對於弱勢族群。

至少在概念上，基模呈現出常態化的結構，因此能提供人們評價經驗的基礎；更重要的是，這個常態化功能也可以對新訊息產生一種快速、幾乎自動化、情感的或評價性的反應。Fiske（1982）對於基模所觸發情感的研究是非常重要的，Fiske認為，有些基模或類別具有一種情感的／評價性成分的特徵，當某一事例符合某類別，儲存在該結構中的情感／評價就會被引發出來。所以，比如說，我們可能看到典型的政客就自動地心生反感，或是在牙醫面前感到害怕、焦慮。毫無疑問的，許多種族類別也會引起強烈的情感元素，因此僅看到一個族群中的個人，就可能觸發許多如恐懼、懷疑等情緒，也會產生負面和貶抑的評價判斷。

Fiske認為情感和評價可能不是由即時、逐一檢視訊息的方式而決定的，它可能是透過類別整體連結的快速提取而來。因此：

> 情感在分類的同時立即產生，因此評價與情感是由分類觸發而來的，也就是將某個事例套用到基模上。由此看來，感知者會先以訊息類化到既存知識結構的方式來理解該訊息，然後用與該基模連結的情感來評價這個事例。（Fiske, 1982, p. 60）

這樣快速的情感反應不需要將屬性逐一分析，因此節省時間與處理歷程。這種類別標誌在理論上被稱為「情感標籤」（affective tag），它是所有情感標籤的概括值或總合，與該類別較低層次的構成屬性有關。因此，情感或評價反應不一定需要涉及較低層次的屬性（Fiske & Pavelchak, 1986），但該事例必須非常符合該類別。

· 基模／類別是階層化的組織 ·

　　和 Rosch 與其同僚對於自然物質類別的研究結果一致，社會基模在理論上也被階層化地建構為：較抽象與普遍的訊息類別資訊位於金字塔架構的頂端，而較特定的類別位於底部。如此一來，人們可以從具體實例移動到比較廣泛的推論階層，因此當人們在此架構上下移動時，訊息可以在抽象概念的不同層次中被加以處理。不同的基模可以階層化的方式彼此互相連結，高階層基模涵蓋比較具體、較低階層的基模。然而，以嚴格的階層化結構方式來組織訊息，並非建構社會訊息的唯一方式，單純線性的結構或是複雜的網狀連結也有可能被使用。例如，社會事件基模是由依照時間順序編排的行動場景所組成。時間順序的架構反映出事件基模中行為的目標導向特性（Schank & Abelson, 1977）。許多日常事件，例如看醫生、參加宴會、煮一頓飯，都是非常一致性的「腳本」，以時間順序來組織行為。對於未來和意圖行為的推論與預測，通常被事件基模下的時間性行動所斷定。

　　因此，基模如何被結構性地組織著，端賴於它的內容，以及個人對此內容所擁有的知識和其關聯程度來決定。如同自然物質的類別，Cantor 和 Mischel（1979）發現，在人物分類的中間階層類別（如滑稽逗趣的人）所涵蓋的訊息比上層類別（外向的人）還要豐富，而與相關類別的客體（馬戲團小丑）間較少重疊。換句話說，立基於角色刻板印象上的基模，比立基於特質原型的基模更豐富，組織的方式也更複雜（Andersen & Klatzky, 1987）。前者擁有比較複雜的關聯網絡，因此社會刻板印象比較能被清楚表達，而且也比特質原型具有預測性。立基於類別結構的訊息處理速度，也比立基於特質結構的速度要來得快（Andersen, Klatzky, & Murray, 1990）。

　　社會刻板印象，如同自然物質類別，也被區分成數個較低層的次類別或亞型。如果有人請你想出「典型」的女人，並且列出所有可能想到的特色和行為，這實在不是一項簡單的任務。像「女人」這種上層類別，可能由幾個亞型所組成，比方說職業婦女、家庭主婦、母親、女性主義者……等等。列出這些亞型的標準特色，比列出較廣泛類別的屬性特徵要容易多了。Brewer、Dull 和 Lui（1981）發現，年輕人對於老年人的描述就呈現了這種現象，如圖

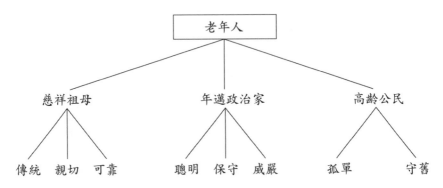

圖 3.2　「老年人」這個社會類別被區分成由獨特人格特質組成的、
階層較低的亞型

資料來源：Brewer, Dull, & Lui, 1981.

3.2 指出，老年人的類別被區分成三種亞型：「高齡公民」、「年邁政治家」
與「慈祥祖母」。這三種亞型各自具有相關特徵，例如超過半數的受試者形
容「慈祥祖母」型的人樂於助人、開朗與親切，但是「年邁政治家」被描述
為聰明、威嚴與保守。

・基模／類別的起源與發展：類別從何而來？・

　　基模從我們長期在社會環境中直接或間接的經驗獲得與學習而來（An-
derson & Lindsay, 1998），透過經驗，我們建立起大量的基模腳本（Rumelhart,
1984）。Fiske 和 Dyer（1985）認為，基模的發展起源於最初我們學著將一些
獨立與零星的要素組織到一個單一且融合的基模單位裡，在這個基模單位裡，
元素與元素之間存在著強烈的關聯。這些關聯的連結強度透過經驗以及使用
的過程中被強化，因此，只要觸發任何一個組成要素都能活化整體結構。比
方說，一個小孩在他生命前十八月內所發展的「女孩」性別基模，可能是由
獨立與零碎的片段訊息和觀察開始發展，例如女孩子玩洋娃娃、穿粉紅色。
隨著經驗與年紀的增長，其他特質會被加進來，例如女性的性徵、女孩子該
有的行為舉止、偏好的活動與興趣、職業喜好。長期下來，這些不同的面向
會逐漸融合，直到當我們使用「女性」這個性別類別時，所有在這個結構內

的相關連結都會被自動激發。

　　類別在發展的過程中將變得更豐富、更複雜，並且包含更多面向與細節。充分發展與高度複雜的類別也可能納入例外或者矛盾，比方說，我們發現具有高度專業政治基模的人們，比較可能注意、容忍模稜兩可而和基模不符的訊息（Fiske, Kinder, & Larter, 1983）。同樣的，性別基模在兒童步入童年中期的時候，會變得比較不那麼死板，因為他們發現性別刻板印象是具有文化相對性的（Huston, 1983）。簡而言之，經驗讓類別變得更有組織、更詳盡，也會在解釋矛盾時比較具有彈性。換句話說，經驗讓基模變得更正確，也更能反映社會現實的複雜性（Fiske & Taylor, 1991）。

・基模／類別的穩定性與變動性・

　　一般而言，我們假定社會基模一旦發展並經過使用而被強化後，就會成為穩定而靜態的結構。作為一個整體結構，即使只有一個組成元素被激發，基模被激發時也是整體性的（Fiske & Dyer, 1985）。事實上，研究顯示充分發展的基模通常不易改變，而且會持續存在，即使出現不一致、互相矛盾的跡象也一樣，尤其是那些根深柢固的社會刻板印象。沙文主義者發展成熟的刻板印象堅信女性是卑下的，這種看法很難被改變，就算有反面的證明也一樣。

　　然而在某些狀況下，像刻板印象這種充分發展的基模也會被迫改變。如果一個人碰到某些與刻板印象相反的事例，或是經驗顯示這基模不再具有功能也不合宜，那麼改變與調適就會發生。Weber 和 Crocker（1983）描述三種基模變動的可能模式，第一種為簿記模式（bookkeeping model）（Rumelhart & Norman, 1978），意指人們仔細調節基模的每項訊息，和基模相互牴觸的訊息會導致小範圍的局部變化，但是許多矛盾的經驗與極端的背離常例就會導致基模相當大的改變。第二種為改信模式（conversion model），這個模式認為基模能容忍微小的不一致，但在面對否定基模的顯著事例時，會歷經戲劇的、急劇的轉變（Rothbart, 1981）。最後一種為亞型模式（subtyping model），意指不符基模的事例被歸為次類別，這個模式認可基模的階層結構，頂端為比較一般與上屬的類別，底部為比較具體與特定的次類別（種類）。

如此基模可被區分為數個階層，透過發展亞型來說明基模的例外，但是大致上不動搖整體的基模。因此，這種模式在於強調維護與堅持基模，而非改變基模（Weber & Crocker, 1983）。

Weber 和 Crocker（1983）以一連串實驗試圖區分在哪些狀況下，刻板印象最可能發生變化。在他們的研究中顯示，最多證據支持亞型模式的方式最能帶來刻板印象的改變，少許（雖然很有限）證據則支持簿記模式，沒有證據支持改信模式的主張；也就是說，當人們遭遇強烈否定刻板印象的事例時，並不會產生戲劇性改變。

為了解真實世界中刻板印象的改變，Hewstone、Hopkins 和 Routh（1992）進行了一項有趣的研究，他們對中學生實施了一項為時一年的校園警察聯繫計畫，以評估中學生對警察的描述。為了改善年輕人和警察的關係，以及增加兩者間的接觸，警方將聯絡警官分派到特定學校，Hewstone 等人（1992）發現學生和聯絡警官之間密集的接觸與聯繫，並不能改變學生們對警察的刻板印象。雖然學生對聯絡警官的評價比一般警察好很多，但是聯絡警官也被學生判斷為警察族群中的非典型。的確，在一項相似性的評比調查中，學生將學校的警官跟其他警察類別區分開來，例如徒步巡邏警和騎警。再者，他們偏向認為學校警官和其他助人職業具有共同特徵，例如教師與社工人員；相反的，其他警察類別則通常被視為和執法人員具有相同特徵，例如律師、警衛與交通管理員。由此可見，這個真實世界的研究指出，人們接觸到與團體刻板印象不符合的個體時，不太可能改變他們對該團體的刻板印象，反而比較可能將該個體歸入亞型。因此將違反典型的事例加以隔離之後，刻板印象仍然完整無缺。

Hewstone 與其同僚發現更多支持亞型模式的證據（Hewstone, Johnston, & Aird, 1992; Johnston & Hewstone, 1992），不過很重要的，他們也發現刻板印象改變的程度和種類，會因為社群團體本身的變異程度有所差異。在同質性高的社群團體當中，出現不符合刻板印象的強烈明顯事例比較有可能改變該團體的刻板印象；然而如果社群團體異質性高，牴觸典型的事例就比較有可能被吸收與容忍，因為人們原本就預期差異的存在。相反的，由於同質性團體被視為比較不存在變異性，因此，任何背離預期的事例都比較有可能被注

意與重視。這代表在高度專注的情況下，刻板印象的改變比較容易發生在同質性高的團體。不過，即使 Hewstone、Johnston 和 Aird（1992）發現的證據指出，當違反典型事例出現在同質性高的團體時，人們比較容易注意到，反之，如果出現在異質性高的團體時就比較不容易被注意到，這個結果仍然不會引發顯著的刻板印象改變。因此，對於不符合刻板印象的訊息，特別是極端的例子，人們強烈傾向把它們當成特殊案例來對待，這可以用來解釋社會心理學家經常感嘆的，儘管存在各種干擾，社會刻板印象總是立刻就恢復原狀並維持不變（如 Lippmann, 1922）。

社會知覺的控制與自動化

社會知覺的控制與自動化研究，或許是過去十年來社會認知研究中最值得注目的發展（Wegner & Bargh, 1998）。的確，這類研究大多應用在社會知覺中類別與刻板印象的激發上，雖然我們稍後在其他章節會看到，這些研究也運用在例如態度與因果歸因等概念上。這個領域傑出的學者不斷試圖用實徵研究來驗證知覺與行為「不需要動腦」，也就是不需要經由個人的覺察就自然發生的，既非刻意也無法控制，這構成了我們日常功能的絕大部分。如此自動化以及非意識覺察的社會心理歷程是透過重複與練習而達成（Smith, 1998）。自動化研究的核心原則就是：人們只有在必要的時候，才會有意識地進行審慎的認知處理，也就是費力、有意地處理。我們被預設為使用捷思式捷徑與刻板印象期望來進行類別思考。事實上，某些研究學者（如 Bargh, 1997）主張，這種不需動大腦的、刻板印象的思考方式是不可避免，而且感知者必須相當費力地控制自己對於類別思考的表達。Bargh 創造了一些新詞，例如「刻板印象的認知猛獸」（cognitive monster of stereotyping）（Bargh, 1999），以及「難以忍受的自動化」（unbearable being of automaticity）（Bargh & Chartrand, 1999），來代表人類思想與行為受到自動化歷程的指使與管轄。事實上，Bargh（1997）認為，我們思想與行為中有 99.44% 都被自動化地驅使著！不過我們稍後也會看到，有許多研究學者挑戰這個看法，並且指出類別化思考與刻板印象式思考並非無法避免。

有鑑於日常生活的社會刺激相當複雜，我們能關注的又有限，Wegner和Bargh（1998）主張有四種訊息是「最受關切」或是「優先取得注意」的：

1. 關於自我的訊息。
2. 我們經常經驗或想到的訊息，例如態度與價值觀，這對我們而言很重要或是定義我們自己是誰。
3. 負面評價的社會行為。
4. 社會類別訊息。

前三者在後續探討態度、自我與認同、偏見的章節中會加以探討。我們在此僅處理最後一種訊息。

·類別激發·

社會認知研究中始終存在一個難解之謎，那就是在日常的社會知覺中，人們可以被許多不同方式分類；同一個人可以被分類為女人、黑人、律師、母親、女性主義者……等。在個人知覺的歷程中，什麼因素決定哪些類別被激發，這些激發是否是無條件自動化地進行呢？我們之前提過，Fiske（1999）認為，年齡、性別與種族是三個支配個人知覺的主要類別，一旦類別被激發，那些儲存於長期記憶內和該類別相關的知識與內容也會被激發。許多社會認知實驗就用類別的內容以及內容的可觸及性作為類別激發的指標，這些實驗借用認知心理學的語意促發研究法（Neely, 1991）來驗證，居先呈現的促發類別會增加語意關聯類別的可觸及性。所以，舉例而言，先呈現「女人」這個促發刺激，應該會比較容易激發這個類別的典型認知聯想，比方說「有女人味」、「溫和的」、「母性的」、「關懷的」等等。

許多此類的促發研究被用來測量與社會類別相關的人格特質較高的可觸及性。在這類研究最初的一項研究中，Dovidio、Evans和Tyler（1986）讓受試者先看到主要的類別標籤（黑人或白人），然後再呈現一連串人格特質，這些人格特質不是刻板印象，就是非刻板印象的促發類別（例如，有音樂細胞、有野心抱負）。他們要求受試者盡快答覆某個特質是否能夠描述該促發類別，或者對該類別而言為真。反應時間顯示，在促發標籤出現之後，受試

者對於刻板印象選項的回答速度比非刻板印象選項快很多。舉例而言，當「白人」這個類別與「有野心抱負」配對時，受試者的反應比和「有音樂細胞」配對時要快很多。雖然這個實驗指出，居先呈現的促發類別將提高類別表徵的可觸及性，但它並未確切顯示類別觸發是否是自動化歷程——也就是說，它是否為無意識、非刻意並且無法控制的。這個實驗中的受試者對於他們必須判斷的促發刺激清楚覺知，而自動化歷程通常發生在受試者沒有注意到實驗中促發刺激的時候；再者，在這個實驗中促發刺激呈現的時間為 2,000 毫秒，接著螢幕空白 500 毫秒，然後再出現目標字，如此冗長的呈現時間很容易讓控制式歷程開始運作。

最近的促發實驗為了達到實驗要求而致力於模糊促發類別和目標刺激之間的關係。方法有兩種：一是以低於意識察覺閾值的方式呈現促發刺激，通常少於 200 毫秒；二是設計實驗指導語以隱瞞促發字和目標字之間的聯想或關係。許多這類研究都確實驗證當個人對誘發刺激無所覺察，或是沒將其和目標刺激聯想在一起，感知者就很難避免類別激發——記憶中相關的認知表徵無法避免地被引發與激發。這個結果導向一個悲觀觀點，像刻板印象這種立基於類別的認知處理歷程是無可避免的，每個人都受到刻板印象自動化激發的支配。

・刻板印象是否不可避免？・

我們現在清楚得知，社會認知模式把刻板印象看成一種和分類緊密關聯的認知歷程。Devine（1989a）一項知名的研究率先指出，所有（美國）人都知道非裔美國人的負面刻板印象，當他們接觸到和刻板印象或族群有關的刺激時（即使是無意識的接觸），就會自動激發這些負面刻板印象。不論持有偏見程度的高低，大家對刻板印象持有的知識與激發方式都是相同的。Devine 認為，因為刻板印象是在生命早期學習得來的，因此它們非常根深柢固並且深植於記憶之中，只要出現目標團體的任何一個部分，這些長期學習的知識結構就會被自動激發。然而在具有意識的處理歷程中，Devine 發現，比較低度歧視的人會抑制對非裔美國人的負面刻板形象，然後用平等主義的信念與規範來加以取代。相反的，持有高度偏見的人就不會抑制刻板印象，因為刻

板印象符合他們對於該族群的看法。因此 Devine 主張，無意識狀態下和意識
狀態下的刻板印象處理歷程是相互分離的。就無意識層面而言，不論偏見程
度深淺，刻板印象的非刻意激發程度都一樣強烈；相較之下，在意識與控制
的層面，偏見程度淺的人能夠抑制刻板印象更進一步的激發，因為他們用自
己的看法取代刻板印象，因而降低了對於該族群的偏見判斷與歧視行為。

　　Devine 的研究影響甚鉅並且被廣泛引用，然而某些研究質疑 Devine 的方
法不夠恰當，他們發現與 Devine 的分離模式（dissociation model）恰恰相反
的證據。例如，在一項澳洲的研究中，Locke、MacLeod 和 Walker（1994）運
用更加嚴格的實驗條件來控制自動化與控制式認知運作，他們發現只有高度
偏見的人會自動激發刻板印象，而且這個刻板印象的內容也支配他們的意識
運作歷程。相反的，低度偏見的人並不會自動激發這個刻板印象，因此在意
識運作歷程中並不需要抑制刻板印象。Locke 等人的研究指出，人們的一般
態度（在此例中為他們的偏見程度）決定刻板印象是否被自動激發。同樣的，
在一項促發居住於英國的非裔加勒比海人刻板印象的研究中，Lepore 和 Brown
（1997）發現，當他們把類別標籤「黑人」作為促發字呈現後，只有高度偏
見的人激發了刻板印象。這些研究共同顯示，對於高度與低度偏見的人，在
自動化層次與意識層次的運作歷程是有所差異，而且「持有偏見者」與「平
等主義者」在記憶中對這些被標籤化的群體成員必定擁有不同表徵。如同
Monteith、Sherman 和 Devine（1998）指出，低度偏見的人經年累月地以意識
抑制刻板印象，可能使得這些抑制的歷程變得自動化，以致於刻板印象式的
思考不再被激發。

　　另外，還有一個因素緩和或影響了類別與刻板印象的自動化激發，就是
感知者基於某種動機目標的暫時性處理。例如，在一系列的實驗中，Blair 和
Banaji（1996）首次發現，當以低於意識覺知的層次來呈現促發字時，性別刻
板印象會被自動激發。也就是說，受試者對於性別刻板印象的反應，快過於
非刻板印象的促發—特質配對實驗。建立這個性別刻板印象自動激發的基準
狀態後，Blair 與 Banaji 想看看這個效果可不可以透過感知者的意圖性策略來
加以減緩或克服。在第二項研究中，半數受試者在指導語中被指示即將出現
符合刻板印象的促發聯想，而另外一半則被告知將出現與刻板印象不符的促

發字。結果顯示，在自動化處理歷程中（也就是認知被高度抑制時），那些預期將出現與刻板印象不符之促發字的受試者，與那些期待出現符合刻板印象促發字的受試者相比，產生了較低程度的促發效應。這樣的結果顯示，前者在自動化的運作歷程下能夠減緩刻板印象自動化激發的程度。

同樣的，Macrae、Bodenhausen、Milne、Thorn 和 Castelli（1997）發現，當目標對象的社會意義和感知者處理訊息當時的關注毫不相關時，自動化類別激發與刻板化（stereotyping）就不會產生。因此，感知者的意向、動機和目標，對於日常生活中社會判斷刻板印象的自動激發具有重要的緩和效果。

總而言之，最近的研究對於刻板印象無可避免的論點增添了重要的解釋，而且帶領我們遠離人類是認知吝嗇者的看法，朝向另一種見解，也就是認定我們的行為比較像是機動策略者——風險很小，就運用自動化歷程，緊要關頭則運用控制式歷程（Chaiken & Trope, 1999）。我們將於第七章探討偏見時再次提及這個議題。

·行為影響·

雖然許多研究主要探討刻板印象對社會判斷的影響，但也有一些研究轉向探討刻板印象對於行為的影響。在一項實驗中，Bargh、Chen 和 Burrows（1996）要求受試者完成句子重組的作業，半數受試者重組的句子裡，包括一些與老年人刻板印象相關的詞彙（例如賓果遊戲、保守）。他們發現實驗結束後，老年刻板印象被無意識激發的受試者，在走廊上的走路速度比起那些沒被激發的受試者要來得緩慢！也就是說，他們的行徑和老年人緩慢而虛弱的刻板印象相符。同樣的，Dijksterhuis 和 van Knippenberg（1998）發現，提供受試者「教授」及其相關刻板印象的促發配對時，他們之後在「棋盤問答」（Trivial Pursuit）益智遊戲的表現，要比提供「足球流氓」（soccer hooligan）及其相關刻板印象的促發配對時好很多。在這些研究中，受試者既沒有意識到被促發的刻板印象，也不知道兩個作業之間有何關聯，這使得 Bargh 做出結論，認為所有人都無法避免刻板印象的影響——在日常生活中，我們都不自覺地受到刻板印象的影響（Greenwald & Banaji, 1995）。這些刻板印象不僅影響我們的判斷與態度，還會影響我們的行為。Chen 和 Bargh（1997）

主張，也許這些不自覺的刻板印象對我們造成最嚴重且有害的影響，就是自動化的行為認可效應（Snyder & Swann, 1978）。負面刻板印象可能會讓感知者表現出持有歧視成見的外團體成員所期待的特定行為，如果外團體成員接著回應了同樣的行為（例如：敵意與恐懼），由於感知者並沒有明顯意識到自己本身的行為，就會將負面行為歸咎於外團體成員，而非他們自己。

・自動化研究的限制・

　　自動化研究最困難的問題之一，在於它幾乎完全依賴語言刺激材料或類別標籤的使用，來探索類別的激發與刻板化。然而日常生活與互動卻並非如此，我們面對真實的人和真實的互動情境，這些都是由視覺與脈絡線索所組成的複雜、動態的表現。雖然分類與刻板化可能透過語言標籤的使用而自動激發，但是沒有直接證據顯示和人們「真實的」接觸也是同樣的情形（Macrae & Bodenhausen, 2000）。的確，Livingston 和 Brewer（2002）最近的研究發現，當實驗刺激用黑人臉孔取代語言標籤時，受試者對於「黑人」的刻板印象並沒有被自動激發。假若自動化激發是真實世界中日常社會知覺與互動的機制，那麼我們可以假定，用更真實、更有意義的實驗刺激應該會引發自動地刻板化效應。即便我們接受在實驗室環境中產生的自動刻板化效應是相當可信的，卻還是存在一個重要的異議，那就是在實驗室中參與使用促發方式的實驗時，受試者要承擔的風險很小。而在真實世界中的人們與人際相遇，通常都有很大的風險；誘導的目標（motivational goal）似乎在我們的判斷、感覺與行為之形塑上扮演相當重要的角色，我們已經詳述過誘導的目標對緩和自動化影響的重要性。在實驗室裡風險很小，對受試者而言，激發刻板印象或者做出刻板印象判斷不會帶來嚴重後果。

　　當然，這類研究反覆出現的問題就是，在真實的生活情境以及缺少語言標籤說明什麼樣的類別之下，在眾多可能的選擇中，感知者如何選擇激發哪些類別——種族、年齡、性別、職業……等？在一項巧妙的實驗中，Sinclair 和 Kunda（1999）發現，那些收到黑人醫生善意回應的受試者，比那些收到負面回應或者完全沒有收到回應的受試者，較不容易激發與「黑人」類別相關的特質辭彙，而比較容易激發與「醫生」相關的聯想。因此，當一位黑人

醫生稱讚他們的時候，受試者會抑制「黑人」的類別而激發「醫生」的類別，相反的，收到負面回應的受試者比較可能激發「黑人」的類別，而非「醫生」。由此再次說明，誘導的目標特徵在這個歷程中的核心地位，並且策略性影響哪些類別被激發。

社會認同理論與社會知覺

　　正如我們之前所提，眾多的社會認知模式認為，社會類別的產生與發展，乃源自於想要簡化過度複雜的社會世界。藉著將個體歸類至其屬性團體中，我們便可以簡化現實，並且比較容易理解。再者，這種需要分類的功能性認知需求無法避免的與刻板印象有關。當我們廣泛性描述一個族群及其成員，刻板印象就會無可避免、自動化地在分類過程中產生。此觀點與社會認同理論（SIT），及其推論的自我歸類理論（SCT）大相逕庭，他們認為社會分類不是一個簡化知覺的認知歷程，反而是豐富社會知覺、並且詳加敘述的認知歷程。刻板印象也被視為是增加、而非簡化社會知覺的認知表徵。

✐ 分類豐富了知覺，而非簡化知覺

　　如同社會認同理論相關的所有觀點一樣，對於分類的看法也來自於最小團體實驗啟發性的研究結果（詳見第二章）。雖然這些實驗清楚地指出，將受試者分類為兩個團體足以製造團體間競爭，不過實驗本身並不能充分解釋，為何僅一個團體成員身分就能造成這種效果。為了解決這個問題，Tajfel 和 Turner（1979）發展了社會認同的概念，他們認為在最小團體實驗中，受試者認同研究者提供給他們的最小類別，受試者為這個微不足道的類別注入意義。也就是說，他們使用這些類別為實驗情境加入意義。藉由此方式把他們與其他團體區分開來，受試者因而可以為自己和其他同屬於此最小分類的成員提供認同。也就是說，受試者在認知上重新界定他們自己為團體的一員，主觀上感受到自己屬於這個特定團體而非另一個團體。一旦特定的團體成員

身分對於身為團體一員的受試者，在定義自我或分類自我時產生意義，人們將尋求正向的社會認同。

在這項最小團體的研究結果中，分類最重要且核心的功能就是去豐富與詳述社會知覺，而非減少或簡化它。McGarty（1999）在系統性檢視社會分類的相關文獻後清楚地指出，社會認知與社會認同理論在理解類別如何運作，以及類別的功能上，具有本質性的差異。一方面，社會認知模式將類別視為是必要的認知處理，藉以減少、簡化訊息，讓社會感知者不致在大量訊息中過度負荷（見圖3.3）。社會認同理論則持完全相反的觀點，認為分類是一種理解的活動，要求感知者將運用背景知識與信念為類別賦予意義與關聯性。這種認為分類可以讓我們的理解超越刺激本身的看法，可以追溯至 Bruner（1957）對於知覺與認知的看法。

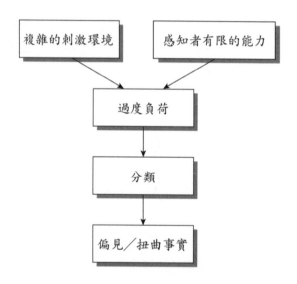

圖 3.3　社會認知取向中對於分類的示意圖
資料來源：McGarty, 1999.

我們在本章稍早曾提及知覺的連續性模式，以及一個重要假設：類別知覺比個別化知覺速度快，而且幾乎不需耗費認知資源，在認知上較不費力。當然，伴隨這個假設，類別知覺和對訊息個別逐一處理的方式比起來，類別知覺比較不準確，甚至會產生扭曲。這個觀點認為，社會類別會**扭曲**知覺，或是讓知覺產生偏誤。在知覺準確度上，將人視為個體比把人視為團體的一員準確度要來得高，這是社會認知論的看法，卻也是社會認同理論與自我歸類理論加以駁斥的論點（Oakes & Haslam, 2001）。我們將會詳述於下，由團體之間的觀點來看，刻板化與刻板印象會被賦予全新的意涵。

刻板印象是具有心理價值的表徵

儘管社會認知模式認定類別知覺和刻板化具有實際功能，也就是能讓人在認知能力有限的情況下處理龐大繁雜的社會刺激，在某些情境中，它們甚至是必要的方法，但社會認知學者還是對類別知覺可能產生的某些認知結果感到惋惜。比方說，很顯然的，刻板化被認為是件壞事，因為它蘊含了偏見知覺。Oakes、Haslam 和 Turner（1994）根據自我歸類理論，對刻板化提供了非常不同的分析。這個取向將刻板化視為一種引導人們朝向「群體生活實況」的認知心理過程（Oakes et al., 1994, p. 155）。他們的中心論點認為，群體知覺（group-based perception）與個體知覺（individual-based perception）具有相同的認知與心理的價值。這些學者主張，社會認知的觀點充滿個人主義色彩，假設知覺一個人時，將他視為個體加以知覺，會比用他所屬的社會團體成員身分加以知覺要來得正確、恰當且有意義，也就是說，他們的論點中並不存在關於社會群體的「心理真實」（psychological reality）。Oakes 等人（1994）認為所有的知覺，包括基於團體、基於個體、基於自我的知覺（group-based, person-based, and self-based perception）彼此間是相關的，都涉及分類與刻板化的雙重認知過程。我們透過分類與刻板化「領會」團體生活的「心理真實」，以及在特定時間點下，存在於社會中的物質關係與社會群際關係。他們如此說道：

分類（categorization）詳盡闡述了刺激所傳達的訊息，而非減少其訊息。這個重要的歷程，將我們對於世界的普遍性理解，以及生活其中的有形物質現實加以結合。（Oakes et al., 1994, p. 113）

刻板化與我們知覺、建構以及使用社會類別有關，其範圍由自我、人際間類別，到更大的社會群體。由於能賦予團體生活社會「真實」與物質「真實」，刻板化歷程因此被認為具有心理上的真實性與有效性。例如，強調內團體的相似性，和放大團體間的差異性，這都反映了團體間關係的真實。所以，依刻板化產生的知覺並非心存偏見，而是「在心理上理性、正當與合理的，因為它提供真實的社會知覺（亦即它正確地反映真實）」（Oakes et al., 1994, p. 187）。社會認同與自我歸類理論質疑某些社會認知論者，認定與刻板印象有關之認知現象是否確實存在，例如錯覺關聯（illusory correlations）（Hamilton, 1979）以及外團體同質性效果（out-group homogeneity effect）（Mullen & Hu, 1989），他們認為這些現象僅發生於特定情境中，而且牽涉到人們進行團體間的社會比較時的認同與動機因素（亦見 McGarty, 1999）。

社會認知論認為，概念化的刻板印象是僵固、儲存於內、內容固定、等待被「激發」的心理基模。自我歸類理論則預測，刻板化歷程本身以及刻板印象的內容都是流動、動態的，而且隨不同情境而變化。團體總是在特定社會關係脈絡下被加以界定。這個脈絡將決定「自我—他人」的對照本質，反映出內團體與外團體間的相對關係。更確切而言，特定時刻下刻板印象的內容和價值，都和該刻板印象嵌入的團體間情境脈絡緊密關聯，因此總是可變且具有彈性的。

Haslam 和同僚進行了一連串的實驗（Haslam & Turner, 1992, 1995; Haslam, Turner, Oakes, McGarty, & Hayes, 1992）巧妙地驗證了這個觀點。Haslam 等人（1992）在 1991 年，由第一次波斯灣戰爭開始到結束這段期間蒐集研究資料。澳洲受試者們被問及他們對於「美國人」的看法，研究者鼓勵他們把美國人和蘇俄與伊拉克做比較。和直接描述美國人看法的組別相比，受試者認為，美國人和俄國人比起來具有同等程度的侵略性，但是和伊拉克比起來則比較沒有侵略性。在戰爭開始時，受試者認為美國人跟伊拉克人一樣自大，

但是戰爭結束後則認為不如伊拉克人自大。這樣的改變類似於第二次世界大戰期間和結束時，美國人對日本人與德國人的刻板印象的轉變（Gilbert, 1951），這些改變無法用固定的刻板印象模式來解釋，因為它們認為一個群體看待另一個群體的刻板印象，就有如固定的「腦海中的圖像」。實際上，刻板印象的內容會隨著團體間情境不同而有所改變。社會認同理論認為，我們對於團體所持有的心理真實（刻板印象是其中一部分）反映了情境中的團體間真實。團體會巧妙地運用他們對自己和對其他團體的知覺，以放大內團體與外團體彼此之間心理上的對比差異。這種對比的面向必須對其自身所屬團體具有重要性——意思是說，對比面向必須符合團體間的規範關係。在這種情況下，對於團體的刻板印象會不斷依據幾個因素而有所改變：團體間的物質關係、在團體間脈絡中差異面向的符合度，以及圍繞在每個團體外的比較脈絡。因此，刻板印象的變動只有在團體間關係產生客觀的社會改變時才有可能發生。

　　Leyens、Yzerbyt 和 Schadron（1994）認為，賦予團體生活心理真實性的刻板化具有心理效益（utility）。他們提出知覺的社會實用觀點，認為思考是互動的、動機的，而且是朝向目標的。這些因素加上社會感知者對於團體所持有的，具文化背景的天真看法，影響、形塑了刻板化的運作歷程。正如 Oakes 等人（1994）所提出的，社會知覺具有彈性並且會隨著情境脈絡的變化而有所差異。根據感知者想達到的互動性目標或準確性目標，他們可能會用類別化或是個別化的訊息對他人做出判斷。類別化判斷並非判斷的標準規則，準確度也不一定會比個別化知覺來得差。類別是「意義的儲藏所」（Leyens et al., 1994, p. 205），刻板印象則是個人所持有關於團體的「素樸理論」，能促進社會知覺與互動。當類別判斷被認定是恰當並且具有社會可接納性時，刻板印象就是可供感知者選擇、具有實用價值的真實導向資源（reality-orienting resources）。Leyens 等人認為「人們無法有足夠的……如果沒有刻板印象」（1994, p. 1），因為它們協助感知者整理社會真實。再次的，這些研究重申了這個取向認為類別與其相關的刻板印象並不是簡化與扭曲知覺，反而是詳盡闡述並且豐富了社會知覺。

　　Oakes 等人（1994）和 Leyens 等人（1994）對於刻板化的看法都強調，

刻板印象以及刻板化的歷程本身必須被區分開來。他們共同認定，雖然某些刻板印象（如對於特定族群的負面表徵）是「不好的」，應該被加以譴責，但是將個人和團體放置在社會矩陣中的刻板化作用，卻是「好的」，而且是必要的認知、心理歷程。某些社會認知學家，例如 Susan Fiske，也贊同這種對刻板印象所提出的社會實用取向，她不斷強調社會認知的實用本質——「思考是為了行動」（Fiske, 1992）。然而就算是在這取向中，思考還是主要被建構為一種認知的、個人的私人活動。

社會表徵與社會知覺

經常有人暗指社會表徵與主流社會認知研究兩者之間有所關聯。的確，Moscovici的理論在歐洲以外的地區已經蔚為一股潮流，不斷有人認可社會表徵能夠為社會認知取向擴大其社會面向（Deaux & Philogène, 2001）。儘管社會表徵理論及其研究在性質上與社會認知研究在「感覺」（feel）上有所差異，但兩個觀點的匯集與對應之處的確不容忽視。這兩個理論對於社會性思考（social thinking）都採取「知識結構」（knowledge structure）取向。和社會表徵一樣，基模與類別被建構為能引導、促進社會訊息處理歷程的內在社會知識。社會表徵和基模都被視為擁有內在組織架構的記憶軌跡（memory traces）（Fiske & Taylor, 1991; Moscovici, 1981, 1984）。基模研究與社會表徵也強調人們在處理社會訊息時所運用的認知捷徑或捷思法（Moscovici, 1981, 1984; Nisbett & Ross, 1980）。再者，基模與社會表徵也都被視為是具有內在規範和評價的情感結構（affective structure）（Fiske, 1982; Moscovici, 1981, 1984）。因此，社會表徵與社會基模都是內化的社會知識，兩者有相似的處理功能；它們被組織與儲存在記憶中，並且引導對於社會知識的做出選擇、賦予意義以及評價。

雖然社會表徵的處理功能可以整合進社會認知研究中典型的訊息處理模式，這兩種理論彼此仍然存在著重要差異（Semin, 1985）。例如，基模理論本質上是一種訊息處理模式，預設了個人化的探討觀點；社會表徵理論的探

討範圍則大於個人歷程，試圖透過連結社會與集體性，進而理解個別的社會心理功能。因此，這兩種理論事實上是在不同的層次進行解釋（Doise, 1986）。雖然社會表徵理論與社會基模模式兩者間具有相似性，就目前而言，它們依然是不同的理論取向（Moscovici, 1988）。基模理論，特別是針對類別思考的研究，比較不考慮人們認知發生時的社會、互動與文化脈絡。這類研究主要聚焦於描述類別與刻板印象的*處理*功能，通常不考慮情境脈絡或是類別和刻板印象的內容。對 Moscovici 而言，認知歷程取決於其內容本身。因此，社會表徵的運作方式就是擔任個人挑選、分類與組織社會訊息時的參考點（Semin, 1989）。

接下來，我們要點出社會基模和社會表徵理論概念上的差異之處，而且指出社會表徵理論對於共享的社會知識的不同看法。由於這兩個取向可以比較的著眼點很多，因此，我們將花費比討論社會認同理論及論述取向在社會知覺上的比較還要更多的篇幅，來探討社會表徵觀點對社會知覺的討論。

🖋 基模與表徵作為理論導向的結構

在社會認知模式中，訊息處理被預先概念化為理論導向的認知歷程。所以，社會表徵也被概念化為個人對於他所處社會世界中事件、物質與情境所持有的「理論」。兩個理論都關注個人如何運用既存的知識結構來將社會刺激變熟悉，並賦予脈絡意義。

在社會表徵理論中，定錨（anchoring）是人們將新奇、陌生事物，跟既存的一般類別和分類進行比較後，將它們變熟悉的歷程。Billig（1988）指出，定錨歷程和基模模式的訊息處理歷程具有強烈的相似性。因此對基模與表徵而言，把陌生和新奇的社會刺激拿來和相似類別進行比較與歸類，是一項重要的處理功能。表徵與基模相同的是，兩者皆容許「將某個激起我們好奇心的事件整合到我們自己的類別資訊網絡中，我們可以把它拿來跟被我們認定是該類別中的*典型成員*相比」（Moscovici, 1981, p. 193）。再者，兩個理論都認為，比較、歸類和分類的機制是普遍的認知歷程，是人類認知中既存且核心的重要特質（Billig, 1988）。

　　基模模式與社會表徵理論都強調，既存知識與知覺的活化和使用如何使社會判斷產生偏差。基模模式特別點出人們如何使用基模來填滿缺失的訊息，並且引導個人去搜尋更多資訊，或者為問題解決的捷徑提供基礎。和Moscovici的看法相似，作為人們分類基礎的原型「培養出許多已經做好的決定，而且經常導致過於草率的決定」（1984, p. 32）。

　　儘管有以上的相似性，這兩種取向仍存在著重要差別。首先，就如Billig（1988）所指出的，基模模式將分類與歸類的過程看成是個人的認知功能。社會表徵理論則認為定錨是一種社會歷程：比較的類別被視為是由個人的社會與文化生活中萌生而來，個人的經驗被深植在傳統中成為一種集體性。相反的，基模模式很少談到類別從何而來，只是很簡單地把類別看成是源自於、存在於個人腦袋中的認知結構，而不是可以反映歷史與文化現實的結構。

　　Moscovici定義的定錨歷程，並非只是單純在熟悉的類別脈絡中賦予社會刺激意義，Moscovici似乎認定客體和想法是藉由定錨歷程而被個人所認識與安置。定錨事實上是藉由分派名稱與標籤的歷程來定義刺激的本質。再者，基模理論預先假定人是理性的訊息處理器。在這類研究中典型發現的錯誤或是偏見判斷，被認定是人們資訊缺乏時運用錯誤的判斷法則或是草率決定的結果。Moscovici（1982）主張，錯誤或偏差並非只是單純訊息處理不良的結果，它們反映出導致扭曲發生的既存成見或社會表徵。例如，所謂的「基本歸因謬誤」（fundamental attribution error）（Ross, 1977），也就是描述人們傾向於將事情發生的原因歸咎到個人性情，而不歸咎到情境因素，這個現象可能並非只是判斷錯誤。我們在第五章會詳加闡述對於這個錯誤的看法，它是由西方社會中強大的個人主義意識型態傳統所形塑，或者說是一種將個人視為所有認知、行動與過程之中心的社會表徵。因此，Moscovici不以單純的理性認知主義觀點來看待這些錯誤，而認為它們是根植於集體共享的支配性先見。

　　社會表徵研究與自動化研究之間也存在著有趣的一致性。假若社會表徵是普遍的、集體的，而且類似於「常識」，那麼它們很有可能會被自動激發，而且在某人毫不覺察的情況下影響其判斷。相對的，不具文化顯著性的訊息，反而因為新奇與獨特而比較容易被逐項處理（data-driven）。理論導向（theory-

driven）與資料導向（data-driven）處理歷程之間的張力，可以輕易地用 Billig
（1988）對於人類思考中存在對抗性認知機制的假定來加以解釋。定錨歷程
應該和將某訊息特殊化的歷程相提並論，在特殊化歷程中，資料因為與熟悉
的類別不相符合，所以被視為是不同的訊息因而被區分開來。Billig 強調，雖
然 Moscovici（1982）並沒有忽略特殊化歷程，但是他把特殊化歷程看成是一
種由最初對訊息加以定錨或分類時所引發的歷程，而不是和定錨歷程相互對
立的處理歷程。這是個有趣的想法，因為這麼一來就開放了表徵改變的可能
性，並且提供一項機制，供人研究 Moscovici 所論及的：表徵的動態與變化
本質。我們稍後將討論表徵改變的議題。

基模與表徵作為記憶痕跡

　　和基模與類別一樣，社會表徵也被概念化為記憶痕跡，能促進對於複雜
社會訊息的建構與回想（Moscovici, 1981, 1984）。然而在表徵的相關文獻中，
很少有針對表徵的回憶歷程以及回憶處理時間所進行的實驗研究。的確，Mos-
covici 可能會避免這樣的嘗試。儘管我們同意 Moscovici 對於訊息處理歷程所
持有的保留態度，但這類研究本身依然被證明是有價值的。表徵的再認實驗
和表徵處理時間的實驗，可能可以有效地協助我們辨認出某個特定表徵的普
遍性。在群體中容易被許多人辨識和快速反應的意象、價值觀、觀念與類別，
可能就是某個社會表徵的定義特徵。就如我們已經論及的，社會表徵很有可
能具有某種程度的自動化處理特性。

　　的確，用 Moscovici 的觀點重新將認知腳本或事件基模概念化為社會表
徵並不困難。認知腳本是可靠的知識結構，可以讓我們用來設立目標，並且
正確的預見未來，因為它們建基於共識，並且具有社會視角。這個說法也適
用於社會刻板印象。社會類別和它們所引發的刻板印象就是社會表徵，擁有
Moscovici（1981, 1984, 1988）認為屬於表徵的所有特色：它們是社會群體象
徵的、情感的，以及意識型態的表徵，為大眾所共有，萌生、擴散自特定歷
史時空下的社會政治氛圍中。類別並非只是存在於個人腦袋中等待著被激發，
它們在每日生活溝通中被社會性、言談式地加以建構。類別是具彈性且動態

的表徵，在某個特定時刻的特定關係脈絡中被就地建構。再者，這樣的團體表徵被認為是由社會認同所萌生發展而來的，這些社會認同則根植於其團體生活本身（Augoustinos & Walker, 1998）。社會認同取向也在探討分類和刻板印象化歷程時強調了此點。

社會表徵理論堅決宣稱社會類別共享的、象徵的與集體的特質。刻板印象和作為刻板印象基礎的社會類別共享的、共識的與集體的本質，曾經是刻板印象的核心界定特質（如 Katz & Braly, 1933; Tajfel, 1981a）。如同 Haslam（1997）所言，這個看法已經被最近的認知觀點所削弱，後者定義刻板印象為個人的認知建構，存在於「個人的心智中」（Hamilton, Stroessner, & Driscoll, 1994, p. 298），而且「不需要是共識性的共享」（Judd & Park, 1993, p. 110）。

基模與表徵作為評價的與情感的結構

我們已經將基模定義為評價的和情感的結構，當基模被激發，與基模相關聯的感受與判斷就能被提取。同樣的，社會表徵理論的分類與命名（定錨）歷程被認定為不只是認知歷程，同時也是評價歷程。對 Moscovici 而言，社會類別原本就承載著價值觀。

> 這個體系的邏輯不存在中立，每項事物、客體或生命都必然擁有正面或負面價值，並且在各自的階層中占有一席之地。當我們將某人歸類為神經質、猶太人或窮人，我們顯然不只是在陳述事實，同時也在評估並為他們貼上標籤，這個行為揭露了我們對於社會與人性所持有的「理論」。（1984, p. 30）

另外一項重要議題是，情感的反應要到什麼程度才能與他人溝通，成為共享的反應，而不只是對於社會事件的特殊反應。國粹主義與集體種族歧視就是其中的例子。

🖋 基模與表徵的內在組織

　　基模與社會表徵在結構與功能上也具有相似性。如同基模一般，表徵的理論亦由相互依存且含有階層關係的要素所組成（Abric, 1984）。然而，基模是圍繞著原型或範例所組織而成，表徵則是環繞著核心而組成。表徵的核心提供理解新資訊時的情感與認知基礎，將陌生化為熟悉。核心的周圍圍繞了一群周緣元素（peripheral elements）。相較於穩定、不因情境而改變的核心，周緣元素則具有彈性，並且會隨著不同的情境影響力而有所調整。例如，Herzlich（1973）在研究法國社會的健康與疾病時發現，相關表徵的內容圍繞著個人與社會之間的二分法而建構。在其他研究中，Wagner、Valencia 和 Elejabarrieta（1996）指出，有一個「強烈、穩定」的核心元素存在「戰爭」的定義意涵中，但定義「和平」時則不存在類似的核心，這可能是因為只有在回應威脅現象時，表徵才會被引發出來。Moloney 和 Walker（2000, 2002）指出，器官捐贈的表徵核心是一組雙生元素，由「生命的贈與」（必須從它和「死亡」緊密相連的關係來加以理解）和「機械性的摘除部分身體」所組成。

　　然而，基模和社會表徵在內在組織上存在著重大差異，那就是相互衝突的元素在表徵的內在組織與結構中所扮演的角色。比方說，在 Moloney 和 Walker（2000, 2002; Moloney, Hall, & Walker, 2005）研究器官捐贈表徵的研究中，他們特別強調了雙生核心元素在器官捐贈表徵中所呈現出的緊張關係，如何導致表徵在時間變遷中的改變，並引導那些面臨挑戰情境的人們的反應（例如想像深愛的人腦死）。這個矛盾巧妙地符合了 Billig（1988）的看法，他認為，社會表徵研究的主要任務應該在於找出互相抗衡與進退兩難的主題。相形之下，基模的內在是相互一致的，因此缺少表徵的矛盾、兩難和辯證的屬性。所以，基模只有在對那些質疑、挑戰現存架構與內容的新訊息加以反應時，才會有所改變；表徵也可能由於這些因素而改變，或是因為內在矛盾產生了一股動力，必須由其內在本身來加以解決。

表徵與基模的起源與發展

　　社會認知模式對於基模與類別的社會性起源交代得很少。究竟這些認知結構是從哪裡來的呢？我們之前已經探討過，基模和社會類別是在個人主義視角中被建構出來的概念；意思就是說，基模被看成是存在於個人頭腦裡的認知結構。除了對於原型，以及對具有高度一致共識且明確的事件與角色基模的研究之外，很少有人進行理論與實徵研究去探究不同類別為人所共享的程度，或者它們可能如何在社會互動與溝通之中產生。比如 Fiske 和 Dyer（1985）提出的非單質基模（non-monotonic schema）學習模式，就是用非常認知取向的觀點來了解基模是如何隨著時間發展。儘管這些歷程對於獲得、學習基模而言非常重要，它們還是沒有說明這些知識的社會來源。這些知識結構是共享的嗎？如果是，那麼是為誰所共享呢？這些結構的社會分布本質為何，也就是說，它們的內容與組織是否存在著團體間差異？雖然我們被告知它們衍生於經驗，但我們還是不知道某些基模比較普及的原因，是不是因為它們是被社會機構創造並推廣，或者它們是來自於廣泛共享的文化價值觀。

　　儘管社會表徵理論不太探討獲得表徵以及表徵的發展歷程，但它的確和社會認知模式有所不同，它在社會性與互動性脈絡中研究認知結構。這個理論強調所有知識都是透過被賦予的集體性所進行的社會化建構，獲得知識的過程並不是個人化的內在歷程，而是社會互動的歷程。社會表徵理論的發展性研究傳統認為，每個孩子降生於特定社群，這個社群擁有自己理解與詮釋世界的方法（Duveen & de Rosa, 1992; Duveen & Lloyd, 1990）。在社會化的過程中，孩子不僅獲得社會知識的內容，也得到這個社群的主導性思維方式。這是社群集體記憶的中心特質，如此一來，每個孩子就不需要單獨、個別地去解決他們遭遇到的每個問題——他們的文化共同體已經為他們提供了解決方案與步驟（Emler, Ohana, & Dickinson, 1990）。因此社會表徵源自於社會互動，建構起人們對於社會世界的理解，讓擁有共同表徵的團體能夠互動（Duveen & de Rosa, 1992; Moscovici, 1985）。因此，這個理論清楚的緊要任務就是要尋找不同團體在社會知識內容與架構上的差異。這個緊要任務也同樣是

社會認同理論的目標，在社會認同理論中，態度、信念和歸因被視為是定義
團體的特徵。

　　儘管有所差異，社會表徵理論認為隨著逐漸增加的社會溝通與互動，對
於社會世界的表徵在本質上會變得更具有共識。將表徵看成是眾人共享的或
是共識的這種觀點，已經在社會表徵理論傳統中引發諸多批判性辯論（Mos-
covici, 1985; Potter & Litton, 1985）。已經有些研究嘗試用不抑制個別差異的
方式來測量共識。例如，用多面向的量表測量澳洲社會的年輕人表徵，結果
發現，表徵的個別差異明顯地隨著年齡愈增而減少（Augoustinos, 1991）。因
此，雖然不存在完全一致的共識，當社會化歷程一路由青少年時期發展到成
年初期，社會表徵將變得更具有共識且共享。同樣的，Hraba、Hagendoorn 和
Hagendoorn（1989）發現，雖然他們的受訪者多數都同意有關荷蘭族群階級
的內容，可是在這些共同表徵中，他們在不同情境與面向下所使用的階層形
式則有所不同。整體而言，這些研究顯示，共享的表徵不必然是靜態固定的
結構，反而能被不同人在不同情境脈絡中動態、彈性地加以使用。再者，Do-
ise、Clemence 和 Lorenzi-Cioldi（1993）指出，個人以各異的方式與共識意義
系統產生關聯——但是在集體層次上，社會表徵的功能為共享的客觀結構，
就個人層面而言，表徵元素如何被架構和連結則具有變化性。

基模與表徵的穩定性

　　雖然某些情況會挑動促使基模改變，但是我們一般假定社會基模一旦被
建立並且在使用中被強化後，就成為一個穩定且固定的靜態結構（Weber &
Crocker, 1983）。再者，基模作為一個整體性結構，即便只有一個組成元素
被激發，基模依然會被整體性地激發（Fiske & Dyer, 1985）。相反的，Mos-
covici 的表徵則是動態與變動的結構。他曾經提出，社會表徵會在個體與群
體進行社會互動與溝通的過程中持續不斷地再協商。這個說法代表這種認知
結構可能會隨著情境脈絡的改變而改變——被情境約束、違反慣例的經驗，
或是長期的歷史表徵變遷所改變或加以調整。

　　Moscovici 認為，表徵具備自身的生命力量：和個人或是團體的其他表徵

融合、抵抗或是互動，因此，表徵具有一種社會基模文獻中未曾提及的動力與變化性質。然而，這些結構一旦被轉化成物質與客觀實體之後，它們就如化石般靜止不變——人們遺忘了它們的起源，並且將它們視為常識。這當然和基模組織被統一，且透過組織中的相關連結而自動開啟有些相似，雖然這兩個理論都宣稱，一旦認知結構被發展後，結構就會抗拒變動，但兩者仍有所不同，其不同之處就在於在發展過程與情境運用的歷程中，表徵與基模強調的彈性與動態程度。再者，社會表徵文獻指出，在一段時期毫不質疑地接受或定型後，後續的社會或歷史力量還是有可能重新協商或完全轉化這些結構。Abric（1984）認為，如果表徵的中央組織結構（也就是核心）遭受劇烈威脅時，表徵就有可能會改變。改變周緣元素的意義和價值只會導致表面的改變，而核心的轉變則會造成整個表徵本身本質與結構的改變。因此研究表徵的結構與穩定性核心，可能是一種探討表徵變化與演化動態歷程的方式。

社會表徵與基模模式可以被整合嗎？

儘管社會表徵理論與社會認知模式之間存在實質的認識論差異，它們是否依然可以被整合起來，在社會心理學中成為豐富而完備的理論架構？整合這兩個理論在概念效能與認識論的可能性上，都存在著矛盾的立場。Allansdottir、Jovchelovitch 和 Stathopoulou（1993）認為，試圖整合社會表徵理論與傳統的主流取向是一種「黏合的嘗試」，逼迫社會表徵理論成為個人化、去脈絡的理論。他們認為許多研究者將社會表徵看成「方便的社會套裝組件」，可以很簡單地被加進傳統概念裡，這些學者擔心傳統實徵研究用來測量表徵的共享程度，以及辨識社會表徵的方法，會將這些概念「統計化」，例如多元尺度法（multidimensional scaling）與聚集分析（cluster analysis）。因此他們認為：「這個概念的理論完整性被迫妥協……雖然它名義上還存在，但卻無法發出自己的聲音。」（Allansdottir et al., 1993, p. 9）

Allansdottir 和同僚的擔憂或許並非誇大其辭，因為社會心理學確實被個人化的概念與研究方法之架構所支配。運用量化技術無庸置疑地必須面臨社會表徵概念被客體化的風險，社會表徵將只會由它的共識本質或是群集結構

所定義。然而，共享卻是社會表徵理論的核心概念，量化技術對共享的測量雖然有限，卻依然是有用的。共享並不是社會表徵唯一的定義特質，但卻是必要的特質，應該能藉由量化方法加以測量。其他重要的特質也需要被探討，例如，社會生活的中心現象或者客體，它被客體化的程度，以及該客體執行的社會功能。社會表徵並非僅建立在共享的基礎上——並非每個社會客體都是一個社會表徵。這個觀點和基模理論有所不同，因為每個社會基模的定義特徵就在於它本身就意味著一個「社會化」的客體，所以，任何社會客體都能夠擁有自己的結構化基模。同樣的，多元尺度法與聚集分析技術雖然都可以是有用的研究工具，但是一個社會表徵不應該等同於某個聚集或結構（Augoustinos, 1993；亦見 Doise, Clemence, & Lorenzi-Cioldi, 1993）。

很顯然的，運用量化方法來研究社會表徵中較為互動與動態層面的問題，則會有所侷限——即量化方法如何由日常生活對話中衍生而來，以及如何在論述與社會歷史情境中組成與轉化。我們將會在下面的篇幅中看到論述心理學家們已經開始著手研究這些議題，探討人們用來描述世界的客體與事件時所使用的論述方式與資源。因為認知要素包含於社會表徵理論之中，因此有人批評社會表徵理論「即將漂向認知化約論」（Potter & Billig, 1992, p. 15），這些批評對此理論帶來更多挑戰。去除社會表徵理論中固有的認知痕跡，則必然會否定認知在建構社會真實中所扮演的角色，或者至少也會對此抱持不可知論者的態度。當然，這麼一來就喚醒了用非認知角度重新構建社會表徵的幽靈，例如詮釋腳本或是論述方式。我們現在轉而探討論述心理學如何明確地以非認知架構來探討分類與刻板化。

論述心理學與社會知覺

截至目前我們指出，運用社會類別如何被看成是一種普遍的認知傾向，其功能在於協助我們簡化過度複雜的世界（例如社會認知理論），或者讓我們把訊息變得更容易理解（例如社會表徵與社會認同理論）。儘管分類和刻板化可能產生某些負面結果——例如客體化、扭曲、刻板印象化、歧視（這

些結果都是社會心理學家十分惋惜的），分類和刻板化這組雙重歷程依然具有認知上的實用益處，因為它們可以協助我們理解這個世界，以及我們身處其中的所在位置。論述心理學運用另一種觀點來研究分類。雖然論述心理學並不否認人們使用社會類別來談論這世界（很顯然的，人們的確用社會類別來談論，並且用很有趣且具有策略的方式在談論），但論述心理學並不認為社會類別是先驗存在的認知實體，它對這種觀點提出挑戰。論述心理學認為，類別並非存在於人們腦袋裡的認知現象，類別也不是圍繞著類別的原型表徵而組織起來、預先成形的靜態結構。反之，論述心理學強調人們用論述建構類別以達成某些事情：

> 分類並不是一件自動發生的自然現象；相反的，它是複雜且微妙的社會技能……這……強調論述中，分類是具有行動導向的。它探討類別如何具有彈性地在各種言談與書寫中被明確地表達出來，以達成某特定目標，例如責備或辯解。（Potter & Wetherell, 1987, p. 116）

✍ 「類別是為了談話」

雖然截至目前為止，我們探討的理論取向對於刻板印象的正當性與「真實導向」功能抱持不同觀點，它們依然共享一項重要假設：刻板印象所建基的社會類別反映了社會世界中真實而確切的團體本質。諸如男人／女人、黑人／白人、年輕人／老人、富人／窮人之類的類別，被視為是無須爭辯、無庸置疑的社會客體，透過物理與社會特徵就能直接感知它們。雖然社會表徵與社會認同理論比較傾向於強調這些類別的社會性建構本質，但是論述心理學依舊對這些理論提出挑戰，指控它們將社會類別視為「預先定義好的總體社會局面的靜態特質」（Wetherell & Potter, 1992, p. 74），或者是可以關閉或開放的先驗性具體結構。

相反的，論述心理學關注的是「類別如何在不同社會情境中被構建，以

及構建的方式如何創造自己的主體性，並且將其他人定義為他者」（Wetherell & Potter, 1992, p. 74）。分類並不是建基於直接、真實知覺上的單純內在認知歷程，相反的，分類是一種論述實踐，是「在言談中朝向修辭目標的主動建構」（1992, p. 77）。Edwards 描述分類是「我們在言談中所做的事，為了達成社會行動（說服、責備、否認、反駁、指控……等等）」（1991, p. 517）。某些建構對我們而言非常熟悉、普遍，甚至平凡到它們「具有真實的效果」或者就是「事實」，人們因此不把類別構建視為真實的一種版本，而直接接受它們就是真實本身。Edwards 認為，類別的經驗基礎使得感知者認定它們就是真實直接的、知覺的與客觀的描述。依此，經驗真實性的運作方式就像是宣稱真實的修辭工具。

　　從論述的角度而言，談話中所使用的社會類別應該具有變動性、彈性，並且可以轉換的，取決於它們不同的功能和情境中的使用性。我們可能無法避免進行分類歷程，但我們卻能選擇任何事例中的類別或是類別內容。就如我們曾經強調過的，我們可以用許多可能的方式來將某人、某團體或某事件予以分類。例如，一名女子可以被形容為「女孩」、「淑女」、「女性」、「律師」、「母親」……等等。論述心理學的目標在於檢視類別如何在特定事例中被使用，以及當它們被運用時，它們做了什麼樣的互動或修辭工作。因此，類別被看成是一種在談話中用來執行社會行動的論述資源。類似的，類別被當成一種社會實踐，而非認知歷程。

　　論述心理學對於分類的看法受到 Harvey Sacks（1992）強烈的影響，他的俗民方法論與對話分析檢視了類別如何在自然發生的對話與社會互動中被使用。這個方法和實驗室中所使用的實驗刺激形成強烈對比，實驗方法用實驗刺激來了解那些潛藏於分類和刻板化的知覺和認知歷程。在實驗室裡，社會類別毫無疑問地被以口語刺激的方式加以呈現，目的在於引發受試者內隱或外顯的評價反應；但在實驗室外，日常生活的談話與社會互動中，社會類別或是世俗的類別被運用的方法則非常具有彈性，而且是隨著情境脈絡而變動的。這種探討日常談話如何運用類別，和類別在社會互動中做了哪些工作的溝通分析取向，已經創立了一種更具影響力的研究傳統，被稱為成員歸屬分析（membership categorization analysis），縮寫為 MCA（Lepper, 2000; Watson, 1997），這個社會學理論和分類心理學理論的發展是齊頭並進的。

所以，這些類別如何在日常談話中被使用呢？例如，一項聚焦於「澳洲原住民」這個社會類別的研究，檢視了在討論澳洲種族關係時，這個類別被運用的情境脈絡（Augoustinos, 2001）。從表面上看來，這個社會類別似乎沒有問題：它意指澳洲最早的原生居民，在澳洲社會裡，普遍被視為是一個重要且顯著的社會團體。事實上，在大多數情境中，受訪者在他們的談話中毫無疑問地使用這個類別。更確切地說，人們在討論澳洲土生土長居民的現行社會問題時，都毫無保留地使用「原住民」（Aboriginal）一詞。然而，當人們談論到某些議題，例如土地權、原住民自治與認同時，受訪者就開始出現使用「原住民」這個社會類別的問題，包括：(1)為這個類別的定義範圍設下限制；以及(2)質疑某些人宣稱自己是原住民的合法性。這個情境選擇顯示了人在不同情境脈絡下，使用不同分類以達成重要的修辭與意識型態任務。

受訪者用了一種特殊的方式，為「原住民」這個類別或者說原住民身分的合法性設下限制，他們重新展開「澳洲人」這個一致的上層類別與認同。例如，在討論種族關係時，有些受訪者表示，人們應該把彼此的差異性減到最小，然後強調彼此的共同性。以下摘述可以作為佐證。

> M：〔……〕我並不認為解決問題的方法是有人說「你有你的土地，我有我的土地，我們分開來居住」。我不認為這是真正解決問題的方法。我想我比較同意你說的，我們居住在澳洲，讓我們共同在此居住。
>
> A：對啊。
>
> M：而且身為澳洲人，嗯，要想出，想出一個辦法讓我們可以全部居住在一起。

共同的詮釋腳本（repertoires of togetherness）——共同擁有一個澳洲的國家認同——與共同性的說法都出現在上面的摘述中。這個重要的集體澳洲國家認同，被用來強調居住在同一個國家中人民的共同性，同時也削弱了任何可能破壞這個政治目標的差異的合法性。這個說法也被用來削減弱勢族群在

政治與道德上的正當性,削弱他們爭取別人贊同認可其差異身分的努力。在這種情況下,在文化、社會政治歷史與族群間的既存差異,就很可能被國族精神的重要性所覆蓋(甚至被否定),因為在國家主義之下,所有居住在此的人都擁有上一層級的國家認同,也就是「澳洲人」的身分認同。事實上,就如同 Reicher 和 Hopkins(2001)所指出的,用這種方式使用國家類別是國家主義修辭的核心特色,也是一種動員大眾支持以完成不同政治目標的強力方法(亦見 Reicher & Hopkins, 1996a, 1996b)。

受訪者還使用了另外一種方式限制「原住民」這個類別的定義範疇,那就是質疑混血者被分類為「原住民」的正當性,那些人可能都在都市中過著非傳統的生活。例如有個學生說道:

B: 部分問題在於我們不再有所謂真正的原住民,他們只含有二分之一或四分之一的血統……所以問題就來了,因為他們存在這些矛盾。我是原住民,可是我的父母其中之一是白人,或者說我有點白人血統,然後你就會被這些矛盾所混淆。

我們在這段談話中看到受訪者引用「真正的原住民」這個類別,來限制與質疑大家廣泛使用的「原住民」類別,而這位受訪者在其他情境下卻能自在、毫無疑問地使用「原住民」類別。隱含的問題在於混血兒持有原住民身分的正當性:這個議題在澳洲已經引起廣大的政治關注。這種論述分析因而顯示社會類別並非一成不變、毫無疑問,或者是「客觀的」群體本質;相反的,社會類別可以被看成是持續建構、策略性建構,以完成局部意識型態和修辭的目標(見專欄 3.1)。

專欄 3.1　**分類的政治性：尋求政治庇護者、難民還是非法移民？**

　　澳洲對於尋求政治庇護者的政策，以及對他們的強制拘禁，在澳洲境內和國際間已經引起廣大的辯論與爭議。這個議題在 2001 年 8 月 26 日引起國際關注，當時一艘名為 Tampa 的挪威貨輪從一艘即將沉沒的船中，解救了超過四百名尋求政治庇護者，但澳洲政府卻拒絕他們入境澳洲水域。這個事件被稱為「Tampa 危機」，後來也促成澳洲政府逐漸確定拒絕載有尋求政治庇護者的「非授權船隻入境」的立場。

　　澳洲政府和媒體將這項議題描述為國家「危機」，對澳洲「邊境安全」和主權造成威脅。政府的政策得到澳洲多數大眾的支持，政策內容包含將尋求政治庇護者送到澳洲偏遠地區的拘禁營，以執行強制拘禁（包含女人和小孩）。

　　這個議題涵蓋了典型社會心理學研究的所有特點：社會認同、團體間關係、刻板印象、外團體成見、偏見、說服與社會影響，全部都直接或間接牽連在澳洲大眾對於尋求政治庇護者的反應中。然而在這個議題的後續演變事件之中，有一種社會心理學概念變得最為顯著，那就是社會類別的本質不斷出現在政治修辭與媒體呈現中，用以指稱那些尋求政治庇護的人。

　　媒體和政府用了許多不同的社會類別來指稱尋求政治庇護者，但是他們最為常用的類別是「非法移民」，而不是「尋求政治庇護者」（在國際人權法上，他們具有合法地位）。為了研究不同社會類別對於受試者看待這個群體的後續態度與評價的影響，Augoustinos 和 Quinn（2003）設計了一項研究，沿用論述心理學中重要的社會構建假設（以及些許程度的社會表徵理論），但研究依然運用了傳統的問卷調查方法。

　　這項研究要求三組受試者閱讀報紙上關於「尋求政治庇護者」、「難民」或是「非法移民」的同一篇文章。這三篇文章中唯一的不同就是提到這個群體時所用的類別。在閱讀完這篇文章之後，每組的受試者表達他們對於幾項議題的態度，例如人權，以及對於「尋求政治庇護者／難民／非法移民」的處置，並且用一系列人格特質等級來評估這個族群。就如我們所預期的，這項研究確認不同的社會類別將引發不同的態度判斷。確切來說，閱讀「非法移民」文章的受試者產生最負面的態度判斷。因此這些結

專欄 3.1　（續）

果顯示，類別標籤確實對人們後續評估這個族群時會造成顯著性的影響。語言類別因此以特別的方式用極強的力量去影響對於客體、人們與議題的建構。

　　這項研究挑戰了將分類看成是認知生活中無害、自然與例行儀式的傳統認知觀點，並且指出社會分類何以成為服務於意識型態功能的政治實踐。但它卻使用了傳統社會心理學的研究方法——也就是論述心理學與社會建構論所大加撻伐的。

　　你的看法如何？是否有可能用這個方式整合分歧的研究理論，以求對社會知覺和經驗擁有更完善的理解？這些有效呈現特定辭彙和類別，或是論述建構的實驗方法，也是描述這個世界的一種特殊版本嗎？

腳本公式化

　　我們已經看過社會認知研究如何將基模視為心理結構，是個人在長期直接、間接接觸社會客體的經驗中，經由學習與歸納而建立的。在這個架構下，事件基模或腳本被視為是理解事件的範本，或是能引導人們在某些情境中如何舉止的心理規範。就跟類別一樣，論述心理學也不把腳本看成是認知範本，而是一種談話或論述的資源，可以用來以特殊的方式描述事件——這些描述的方法可以是預測、慣例，或是例外。論述心理學關注於分析事件被用某種特定方式描述的特定互動情境。當人們把某件事描述為常見慣例，或是相反的，將其形容為「非比尋常」或是出乎意料時，他們在做什麼？或是想達成什麼目標？Edwards 認為：

　　　　這些描述涉及行動的規範基礎，以及行動者的責任。意指適當性、責任和責備的道德規範議題，都和人們如何描述某人的行動或涉入某件事的方式有關。（1997, p. 144）

根據 Edwards 的看法，腳本公式化的一種重要功能，是投射出或「描繪出一幅行動者意象的圖像——也就是他們的人格、性情或者心理狀態」（1997, p. 144）。因此，腳本公式化與行動者的性情密切相關。例如，當人們的行動在某個情況下，如在餐廳用餐時，被形容為合乎規範和常例，我們就不太可能由其描述中得知該行動者的性情特質。然而，如果某人的行為被描述為「異常」或者高度不符合常規，那麼就會增加對這個人的道德描述，也就提供了推論其性情的基礎。所以，腳本並非真實事件的心理表徵，它們被視為一種在日常生活的談話與對話中執行重要的任務描述：它們關注行動者是否符合規範並且擔負起道德責任。因此，腳本公式化也執行重要的互動與修辭任務。

本章摘要

我們在本章檢視了社會認知的中心概念，例如基模、類別與刻板印象，也探討了這些概念如何被用來理解人們如何用有組織與系統化的方式來理解其社會世界。基模是認知結構，它用一種有意義的方式組織複雜訊息，使我們能隨時獲得所需的訊息。基模協助我們理解世界，它們建構我們的感知與經驗，然後儲存於記憶中以便將來提取。這些知識結構協助引導如知覺、記憶、推論與評價等重要認知歷程。實徵研究主要聚焦於個人基模（個人原型）、角色基模（刻板印象）、自我基模，和事件基模（腳本）。這類研究深植於認知處理模式中，這個模式大量借重於認知科學的研究結果。這個傳統的最近研究已經遠離社會知覺的認知吝嗇者模式，而朝向更加實用的取向，強調思考的動機與目標導向本質。雖然「機動策略者」這個比喻已經逐漸取代認知吝嗇者，這個領域過去十年最重要的研究發展在自動化和無意識處理，有些研究者主張，我們大部分的社會知覺都是不經由意識察覺而自動發生的。

有別於社會認知模式把分類和刻板化看成是簡化知覺的「省力」處理歷程，社會認同與自我歸類理論則主張，這個分類和刻板化的歷程事實上是豐富並詳述了社會知覺，將我們導向團體生活的「真實」。他們不認為刻板印象是真實的貧瘠表徵，相反的，刻板印象和類別應該是豐富與詳盡的「意義儲藏所」，用以定義社會世界以及我們身處其中的所在位置。社會表徵理論

延伸這個觀點,質問這些表徵的內容及其社會來源。基模、類別和刻板印象並非只是單純的內在認知範本,而是共享的意義系統,由文化、歷史與政治因素所組成。因此,社會表徵理論試圖了解人們如何理解其社會世界,但其研究方法為檢視較大的社會,以及社會心理歷程。所以,它不僅是一種用個人內心層次來加以解釋的訊息處理模式。就如我們在第二章說明生物科技社會表徵的研究時所提,這項研究不自限於單純認知結構的探討,它關心萌生於社會新觀念與科學發展中的複雜認知表徵。因此,它是一項具有抱負的理論,包含了許多領域的努力。當然,社會表徵理論能提供更具社會情境背景的社會認知處理模式,但是「社會表徵無疑地帶有認知現象的本質──即使它的部分特質已經脫離認知主義架構」(Codol, 1984, p. 240)。

最後,論述心理學並不認為社會類別和腳本是心智特質或是認知狀態,而是「談話的主題」,是人們用來「作為達成談話實用功能一部分」的論述資源(Edwards, 1997, p. 20)。我們在後續章節中探討歸因時,會重申這個主題。再次的,我們看見論述心理學如何顛覆傳統的「真實—認知」關係,論述或談話被看成是首要的,而真實與認知則被當成是談話的主題。

延伸閱讀

Deaux, K., & Philogène, G. (Eds.) (2001). *Representations of the social: Bridging theoretical traditions*. Oxford: Blackwell.

Edwards, D. (1997). *Discourse and cognition*. London: Sage.

Oakes, P. J., Haslam, S. A., & Turner, J. C. (1994). *Stereotyping and social reality*. Oxford: Blackwell.

Quinn, K., Macrae, N., & Bodenhausen, G. (2003). Stereotyping and impression formation: How categorical thinking shapes person perception. In M. Hogg and J. Cooper (Eds.), *The Sage handbook of social psychology* (pp. 87-109). London: Sage.

Wegner, D. M., & Bargh, J. A. (1998). Control and automaticity in social life. In D. T. Gilbert, S. T. Fiske & G. Lindzey (Eds.), *Handbook of social psychology* (Vol. 1, 4th ed., pp. 446-496). New York: McGraw-Hill.

第**4**章

態·度·

　　美國總統比爾柯林頓（Bill Clinton）是，但喬治布希（George W. Bush）不是；澳洲總理保羅基廷（Paul Keating）是，但約翰霍華德（John Howard）一定不是，而英國首相湯尼布萊爾（Tony Blair）則我們希望他是。酷（cool）是一種高度受到稱許的長處。的確，它已經取代善良、虔誠和勤奮勞役而成為現代的世俗美德。酷是一種挑戰權威和清教徒傳統的態度，是種「個人持續反抗的狀態」；是種公然表達出揉合了「自戀、冷嘲和享樂主義」的某種態度（Pountain & Robins, 2000, pp. 19, 26）。「酷」不只是當代西方年輕人的充沛活力和市場行銷所結合的產物，而且在歐陸已存在過許多世紀，是個長期且卓越的遺產。當然，它不是一直被稱作酷，但酷的態度在很多地方和很多時候都可以被辨認出來。Pountain 和 Robins 對酷的分析，讓我們看到把酷當作態度來分析的重要性。他們對酷的處理方式，對於社會心理學對態度（attitude）所有意涵的理解來說，具有很好的啟發性。Pountain 和 Robins 談論到那些被稱為酷的個人特質，類似當代社會心理學關於態度的理解。但他們也詳述了酷的發展歷史，及它的社會和政治的意義，而這些部分往往是社會心理學沒有注意到的地方。在本章節中，我們嘗試將態度的這些面向融入，且對態度這概念提出一種我們所意謂的廣泛、整合的理解。

什麼是態度？

　　在日常用語中，我們談論到人「有」態度時，有時意思是人們「有態

度」，有時甚至指的是人有「態度上的問題」。我們談論人們有態度的方式，就好像在說人們有耳朵、鼻子或腳趾一樣。我們授予「態度」名詞的地位，隱含地指稱某種真實且有形的事物，某種會影響態度擁有者表現方式的東西。的確，我們對「態度」的用法是如此普遍，對這個詞「已經熟悉到幾乎看不見」（Fleming, 1967, p. 290）。當我們這樣頻繁地使用態度這個字眼時，我們幾乎沒有停下來去思考我們的意思是什麼，但我們也不是一直都如此。有趣的是，Fleming（1967）曾追溯態度的概念，發現它大約在 1710 年透過社會學家 Herbert Spencer 和生物學家 Charles Darwin 的使用，才進入英文這種語言，而且在十九世紀常被用來指稱生理狀態或物理定向，一路演變到它現在的意義。「態度」並不是如我們現在所以為的那樣，一直都是我們常識中的一部分。

「態度」的日常使用是鬆散的，在社會心理學中也是如此。態度的定義、模型和理論很多，雖然態度已經是社會心理學中被研究得最多的題目之一，但這個專有名詞其確切的意思還是留有某種默會、含糊及不一致的狀況。因此，現在先澄清社會心理學家通常所指的「態度」是什麼，會是有幫助的：

……態度至少被隱含地定義為某種反應，這種反應使得「思考的對象」座落於「判斷的向度」上。（McGuire, 1985, p. 239）
及
……〔態度是〕關於某人、物或議題的一種普遍且持久的正面或負面的感覺。（Petty & Cacioppo, 1996, p. 7）

因此態度首要是種評價，傳達我們對於某物或態度所指事物的想法及感受。所有的態度都有一個指示對象、一個「思考的對象」、一個「刺激物」。指涉的對象可能是特殊且明確的：喬治布希、球芽甘藍，及詹姆森（Jameson）威士忌，這些都可能是態度的對象。但指涉的對象也可以是隱密的、抽象的，及不明確的；自由主義、平等、社會心理學也可以成為態度的對象，一如喬治布希、球芽甘藍，及詹姆森威士忌。透過態度持有者對於對象的傾向，態度表達了個人對於對象的評價。態度藉由「喜歡／不喜歡」、「趨／避」及

「好／壞」這類的語言來表達，這些都是具有評價性的字辭。當態度對象對一個人來說是重要的時候，對於對象的評價便會在此人身上出現情感性或情緒性的反應。

　　上述兩個定義基本上是相同的，只是強調的重點不同。這裡有幾個重要的特色。第一，態度有其特定的指示對象，因此，只有在一個特定的物品、人或議題被分類到與該態度有關的類別中，才與態度產生關聯。因此，態度的激發涉及「一個至少包括某些最低限度的認知活動在內的歷程」（Zanna & Rempel, 1988, p. 319）。雖然 Zanna 和 Rempel 認為態度需要費心力的，但有證據指出，其所需要的心力是最小的；事實上，由於態度的激發只需要微小的心力，因此態度能夠自動地運作。Zanna 和 Rempel 的觀點，跟 Pratkanis 和 Greenwald 相似，Pratkanis 和 Greenwald 在其態度的社會認知模式中，主張「態度在記憶中是以下列方式來表徵的：(1)客體的標籤與應用此標籤的規則；(2)對該客體評價性的總結；以及(3)支持該評價的知識結構」（1989, p. 249）。態度的第二個重要特色是它相當持久。雖然態度會因新經驗或後來某些具說服力溝通的結果而改變，但態度通常不會被認為是一個短暫性的評價，而是對特定事物、個人或議題表達出一種大體而言相當穩定的知識與經驗。

　　態度所涉及的評價向度可能是普遍性的或特殊性的、社會共享的或獨特的。某些向度可以適用，或原則上可適用到全部的對象。所有的對象——布希、球芽甘藍、詹姆森威士忌、自由主義、平等，及社會心理學——可以被放到一個向度上由壞排列到好，或由喜歡排列到不喜歡。但並非全部的指涉對象都能在由笨到聰明，或由「酷」到「弊」的向度上找到座落的位置。

社會認知和態度

✍ 態度的「ABC 模式」

在社會心理學領域，視態度如評價的這種定義方式越來越常見，雖然仍

未全面普及。它取代了先前廣泛流傳的態度「三元素」定義：即所謂的態度「ABC 模式」。此模式起初是源自於 1950 和 1960 年代耶魯大學的耶魯溝通與態度改變方案（Yale Communication and Attitude Change Program），但其實和很多其他的哲學傳統共享了基本的觀點（Hilgard, 1980）。ABC 模式將態度分割成三個要素：情感（affect）、行為（behaviour）和認知（cognition）。對這模式來說，「態度是指對某類的刺激做出某類反應的傾向」（Rosenberg & Hovland, 1960, p. 3）。如圖 4.1 所示，某個特定刺激的認知反應是指人對於該刺激物所擁有的知識與信念；情感反應僅是人對於該物的感受；而行為反應則是指外顯的行為。這模式容許三種反應之間出現不一致，這樣最好，因為它們多半是如此的（如 Breckler, 1984; Kothandapani, 1971; Ostrom, 1969）。就一個人對某個對象所持的態度來說，其中假定的三個要素經實徵研究發現其差異程度通常是非常大的，以致這個模型失去價值（如 Eagly & Chaiken, 1993; Pratkanis, 1989）。此外，把行為定義成態度的一個要素，如此一來，行為與態度之間的關係也就沒有什麼意義了。這對於社會心理學所要解決的長期困擾——態度能預測行為嗎？顯得一點幫助都沒有。我們稍後將會討論到態度和行為之間有問題的關係。

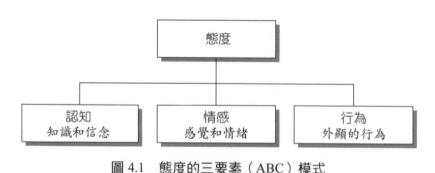

圖 4.1　態度的三要素（ABC）模式

態度是如何被組織的呢？

態度被概念化為擁有一個確切的結構。Eagly 和 Chaiken（1998）就將結構區分成兩種：一個是「態度內結構」（intra-attitudinal structure），包括了

某一特定態度的情感和認知（或許還包括行為）兩要素間的關係；另外一個則是「態度間結構」（inter-attitudinal structure），這存在於各態度之間，組織了某一特定態度和不同態度對象之間的關聯。此外，將態度視為知識結構（或基模）的這種觀點，為態度賦予一些重要特質，如：易接近性及自動激發的可能性。這一節，我們會論及態度結構的特性。

態度對於其指涉對象有所評價（evaluation），這個部分是其定義的核心部分；除此之外，在許多方面，態度都與基模（參見第三章）很像。從把態度視為如同基模的結構來看，衍生出的態度三面向是非常重要的：態度的易接近性（accessibility of attitudes）、態度的激發（activation of attitudes），及矛盾態度的可能性（possibility of ambivalent attitudes）。

·態度的易接近性·

有些態度比其他態度更加容易出現在心中。如同其他大多數的認知建構一樣，社會心理學也將態度的可得性（availability）及易接近性（accessibility）區分開來（Higgins, 1996a）。若態度存在於一個人的認知結構中，也就是說，當此人真的擁有該態度，即被視為具有可得性。態度的易接近性則反映出從記憶裡提取出某個態度的容易程度（Fazio, 1989），通常會被操作為態度能被接近的速度。在任何時刻，一個態度的易接近性受到態度的結構特性（態度的強度），以及「激發」（prime）特定態度的情境因素的影響。易接近性是態度的重要特性，因為易接近性較強的態度比易接近性較弱的態度，對行為有更強烈的影響（如 Fazio & Williams, 1986）。

人們在特定態度的易接近性上的持久差異，多半被認為是受到態度*強度*（strength）的影響。若一個態度對象和其評價之間有一個穩定、高重複性的連結，那麼這個態度會被視為是強烈的。所以，若某人經常思索約翰霍華德，而且每次都用負面方式來評價約翰霍華德，那人將會被說成對約翰霍華德建立了一個強烈的態度。要注意到一個態度的強度並不是指它的極度（如：評價的正向性或負向性），而是指其表現的頻率和一致性。當態度對象與評價透過不斷地重複連結而形成強烈的態度，其可接近性也較高（較容易且較快速引起反應）（Krosnick, 1989），因此對行為就會比較有影響力。

　　並非我們所有的態度在任何時候都會激發。幾乎不用說我們都知道，只有一小部分的態度能夠隨時被激發。態度必須以某種方式被啟動或發動，態度激發的過程已經獲得相當多的研究關注，大部分這類研究都是從認知心理學的原理推導出來的。態度被想像為記憶裡的節點，連結成相連的網絡。當我們分類某經驗時，節點會被啟動，且多個節點會透過共同激發的經驗而連結起來（例如：「小貓」和「可愛」，或「實境秀」和「單調」）。任何連結被經驗到的次數越多，其連結變得越強。Fazio（1989）明確地使用這種連結網絡的態度模式，並且主張態度是所指對象（物、人、事件）和其主觀評價之間的連結。因此，注意到環境中的物體，並將之分類成某一特定物體的實例，將會激發記憶中與之相對應的節點。接續在這最初的激發歷程之後，會按照各連結的強度，依比例將激發由物體的節點「傳播」到與之連結的評價節點。當對象和其評價的連結強度夠強時，只要注意到物體，就能使其評價被激發（Fazio, Sanbonmatsu, Powell, & Kardes, 1986）。

・自動和內隱的態度・

　　有些連結因為不斷地重複經歷，以致於當一個節點被激發時，另一個就會被自動地激發。自動化的激發歷程是指當僅只是思考或注意到態度對象時，就會產生對對象的評價，即使當下並無意對此對象進行評價（Bargh, 1997; Fazio et al., 1986）。有幾個研究發現，態度的自動激發使用了一種模式，將正向或負向的態度對象當作正面或負面的形容詞來使用（見專欄 4.1）。這些研究結果有清楚的證據指出，評價會自動激發地與某個態度對象連結，雖然對於是否所有的態度都會自動地激發，或這效果只發生在強烈態度上，這些研究結果有不同的意見（Bargh, Chaiken, Govender, & Pratto, 1992; Chaiken & Bargh, 1993; Fazio, 1993）。在一個為解決之前研究方法論上所遭遇的各種難題而設計的研究裡，Bargh、Chaiken、Raymond 和 Hymes（1996）發現，強烈和微弱的態度都會產生自動評價作用，其證據是：正向的態度對象會促使對正向形容詞的反應速度變快，而負向態度對象則會促進負面形容詞的反應。

| 專欄 4.1 | 我們如何能分辨態度是否自動地被啟動？ |

在 Fazio 等人（1986）所做的研究中，參與者對於一系列不同物體、團體和概念的態度，透過詢問參與者對每個對象的好、壞感受來加以測量。做每個評價所花的時間也被測量，而被快速評價的對象被說成是強烈的態度；若是回應的時間較長，則被認為是微弱的態度。在這第一個研究任務之後，參與者接著被要求將一些不同的形容詞分類為「好的」或「壞的」。這些形容詞用電腦螢幕呈現在參與者面前，且做出每個評價（「好的」或「壞的」）所花費的時間都被記錄下來。然而，在呈現每個形容詞之前，會快速地先呈現參與者先前被測量的態度中的一個對象的標籤作為提示（prime）。每個提示呈現的時間為 250 毫秒──這樣的時間太短，以致於參與者無法審慎地思考自己是如何評價對象的。

這個設計的邏輯是，若態度是自動的，那麼每個提示中的態度對象應該會自動地產生相對應的評價。若提示之後是接著一個評價一致的形容詞（即一個「好的」目標物之後接著一個「好的」形容詞，或一個「壞的」目標物之後接著一個「壞的」形容詞），提示的自動評價應該會促進形容詞的評價，而使得回應的時間較快。在提示和形容詞評價不一致的狀況中（即一個「好的」目標物之後接著一個「壞的」形容詞，或一個「壞的」目標物之後接著一個「好的」形容詞），提示的評價應該會抑制形容詞的評價，而使得回應的時間較長。另一方面，若態度不是自動地被評價，形容詞的回應應該不會受提示詞是「好」或「壞」所影響。

Fazio 等人（1986）發現，伴隨在提示之後的促進和抑制效果，只有當那些態度是屬於參與者的強烈態度時才會發生；如果提示是屬於參與者的微弱態度，則不會有促進和抑制的效果。根據這些證據，他們提出的結論是：態度的自動激發是由態度的強度所調節的，只有強烈的態度會被自動地激發。

接下來的證據則指出，態度不需要深思熟慮或有意識的覺察就能被啟動，社會心理學家這幾年開始思考，是否我們擁有的態度可能是在我們的意識覺察之外（Fazio & Olsen, 2003; Greenwald & Banaji, 1995; Greenwald, Banaji, Rudman, Farnham, Nosek, & Mellott, 2002; Greenwald, McGhee, & Schwartz, 1998）。如果在態度發揮其效用時，意識的過程並不是必需的，那麼或許我們不需要有意識地去覺察我們所持有的全部態度。這些內隱態度（implicit attitudes）就像那些有意識的態度一樣，在態度對象及其評價之間具有相對穩定的連結，兩者的唯一（重要的）差異是，持有內隱態度的人可能並未意識到他們有這樣的內隱態度。根據 Greenwald 和 Banaji 的定義，內隱態度是「……無法內省辨認（或不正確地辨認）過去這些經驗的痕跡，即調節個體對社會客體喜歡或不喜歡的感覺、思考或行動這類過去經驗的痕跡」（1995, p. 8）。換句話說，內隱態度指的是人們所未意識到的他們對於客體的評價。

接受了我們可能持有未意識到的態度，或接受了我們自動化的態度，可能和我們有意審慎地認可的那些態度是不相同的這樣論點之後，對態度理論家造成一個新問題：若我們內隱和外顯的態度是不一致或甚至是矛盾的，那麼，哪個應該被當作我們「真正的」態度呢？Wegner 和 Bargh（1998）主張，人們傾向視自動的反應為較真誠的，因為這些反應並沒有受到自我呈現的扭曲，不然可能受到這種扭曲而表現出較受控制的回應。Wegner 和 Bargh 也認為，自動激發的態度在某些方面較控制的態度來得更加重要，因為它們較能預測行為。然而，Dovidio、Kawakami、Johnson、Johnson 和 Howard（1997）與一般學者對自動態度的偏好不同，他們主張，內隱（自動）態度在預測自動化行為可能是重要的，但外顯（控制）態度可能更能夠預測審慎且深思熟慮的行為。

·態度的矛盾性·

假使態度具有多元認知和情感的元素，很有可能導致一種結果：這些不同元素可能不會總是導致相同的評價。當人們對相同的對象同時懷有正面和負面的評價時，他們被認為是態度矛盾（ambivalent attitudes）的人。矛盾態度特別容易出現在那些複雜且分化的對象，而且我們有很多機會與之交手的對象（例如人的團體），而不是簡單的對象（例如球芽甘藍）。態度矛盾的可能性長久以來一直是心理學家所公認的（見 Kaplan, 1972），且早已發現此矛盾性與態度的不穩定性及放大效果有關（Eagly & Chaiken, 1993）。矛盾的

態度被認為是不穩定的，因為在某一時刻所表達的評價，將會視當時哪一個態度元素最容易被提取出來而定；而且因為與該矛盾態度相關的不同元素之評價有很大的變異，所以，對標的所表達的評價也會有相對應的變化。態度放大效果（amplification）指的是，相較於態度比較簡單明瞭的對象，人傾向於對矛盾態度對象做出更為極端的評價（Katz & Glass, 1979）。

　　了解到人們常常會有矛盾的態度，讓人重新思考應該要如何正確地測量態度。傳統的態度測量方式包含以兩極的評價向度來評價客體，例如：語義上的差別（好—壞、愉快—不愉快、溫暖—冷淡……等等）。然而，這些兩極的態度測量方式出現了「中點問題」（Kaplan, 1972）：在兩極量表上的中間分數該被解釋為反應出對態度客體的矛盾，或是不感興趣呢？在兩極量表上選擇中點分數的人，他對政治人物的評價可能是：(1)相信有些政治人物是非常好的，而有些則非常差；(2)相信政治人物有一些很好的特質（如：智慧、熱心公益、熱忱），也有一些非常負面的特質（如：虛榮、不誠實、冷酷）；或(3)對於政治人物沒有強烈的評價。

　　針對人們態度上的矛盾問題，Kaplan 的解決方法是分割傳統的兩極語義差別量表，變成正向和負向特質的個別單極測量方式。雖然這方法已被許多領域的研究者所採用，尤其是在團體間態度的測量上（如 Katz & Hass, 1988），但是，兩極語義差別的測量方式對許多領域的態度評鑑而言仍是普遍的。之後，當我們討論論述心理學要怎麼說明傳統的態度建構時，我們將再回到這個態度矛盾的問題上。

態度的階層結構

　　研究態度激發的傳播問題大多是假設：每個態度如同組合網路中一個分離節點般地存在，而這組合網路除了透過重複的同時出現與覆誦而形成的水平連結之外，沒有任何結構存在。然而，除了這些相連的連接之外，我們也可以將態度想成是存在於彼此所構連的階層關係之中。依此觀點，某些特定的態度會被理解成較廣泛、較廣義的態度。例如，一個人對於帶薪產假的態度可能反映及／或源自於個人對於上班族母親的一般態度，並且可能反映出

一個人對於女性主義各方面的態度。幾位研究者已經使用不同的方法來檢驗態度的垂直結構,而非水平架構。在這兩種方法之間,沒有一定的牴觸或矛盾。想像節點(態度)是垂直結構,以及具有連結或水平的結構,似乎是相當可信的。接下來,我們將提到 Kerlinger(1984)對政治態度結構的研究作為態度階層結構的例子。

　　Kerlinger 關心社會和政治態度是如何形成的。在之前的研究中,他提議此類態度可用兩極方式來排列,範圍是由自由到保守的(如 Eysenck, 1975; Eysenck & Wilson, 1978; Ferguson, 1973)。依此觀點,自由主義和保守主義是相反對立的,在態度量表中強烈同意自由項目的人,也被推定為強烈不同意量表中的保守項目。兩極的假設架構了很多社會和政治態度分析的研究(如:對女人的態度通常被假定為由「傳統的」到「自由的」,這兩個極端彼此是對立的——Smith & Walker, 1991; Spence & Helmreich, 1972)。Kerlinger 主張,自由主義與保守主義這兩個意識型態因彼此意見相反而不會同時存在,確切地說,這兩者是彼此獨立的。

　　Kerlinger 的模式從社會性指涉對象開始——社會和政治態度的對象,例如:墮胎、不動產、工會、金錢、種族平等與愛國主義。有些指涉被說成是自由主義者的準則,而另外一些則是保守主義者的準則。若一個指涉對某人來說是有意義或顯著的,這指涉將被說成是那人的準則。鑑於兩極模式假定自由主義者的指涉準則同時也就是保守主義者的負向指涉準則,反之亦然,Kerlinger 主張自由主義者並不關心保守的指涉,而保守主義者也對自由的指涉不感興趣。換句話說,準則通常是正面或中立的,而不是負面的。作為一種意識型態,自由主義者有一套事物標準,保守主義者有另外一套,這兩者是獨立的。

　　Kerlinger 所列舉支持其理論的證據,來自於許多人對於許多不同事物的準則評分(同時包含自由主義及保守主義)所做的因素分析。也就是說,Kerlinger 所提的結構是遍及不同人之間,而不是個人內部的結構,雖然這結構可能類似於一個人內部的結構。準則評分的因素分析通常產生十二個第一級的因素,這些第一級的因素被指認為如篤信宗教、種族平等、民權、道德等等。當這些第一級的因素本身進行因素分析時,產生了兩個直交的第二級因素——

自由主義和保守主義。Kerlinger 把這些命名為意識型態,定義為共享信念、態度和價值觀的集合,而這些共享的信念、態度和價值觀大約是由某些一致的核心所形成,且通常和社會結構中的特定團體有關聯(Scarborough, 1990)。意識型態是共享的:一個人不可能「擁有」某種意識型態,它們並不「存在」或「居住」在任何一個人的內在裡面。倒不如說,它們本身就是思想。它們只存在於共享的層次上,因此它可以說確實是而且只可能是社會性的——它們是社會關係的產物。我們在第八章會詳細地討論意識型態的概念。

把社會和政治態度的結構視為是建立在意識型態上,這讓我們回到這章一開始所提的問題。在社會心理學和社會學中,多數態度的研究所關心的是個人內在的態度結構——它們的易接近性,它們是自動地運作或者是被意識歷程所控制的,它們是如何被改變去維持內在心理的穩定等等——以及,如果態度與行為是有關的話,它們是如何相關聯的。研究態度的意識型態質地相當少見,但無損於其重要性。這兩種研究傳統不但不是彼此不相容的,反而是互補。對於個人內在,或者微觀層次的研究焦點放在態度如何運作,而鉅觀層次則關心在社會情境中態度的位置,並且闡明它們的基本社會性格。不論就起源、功能,或者結果來看,態度都是社會性的。態度源起於社會生活,它們溝通意義,它們共享及擁有社會結果。當我們談到社會認同、社會表徵及論述的角度如何去理解態度時,我們會進一步詳細說明這問題。

態度的功能

態度的功能是什麼呢?社會心理學家提供兩個不同時期的答案來回答這問題,一個是在 1950 年代,而另一個則從 1980 年代中期開始。在這兩個時期中間,關於態度功能的文獻很少。不過,不管哪個時期,社會心理學家都將態度功能的焦點放在個別的態度持有者身上,而大大忽略其廣大的社會性功能。

1950 年代看到兩類分離、獨立的研究計畫,都將焦點聚焦在態度的功能分析上,而且對於為什麼我們具有態度這個問題的回答也很類似(Katz, 1960;

Smith, 1947; Smith, Bruner, & White, 1956）。1980 年代又見到功能分析的回歸，把早期的研究改換成較現代的形式。新近的研究一直也是舊瓶新裝，而無法徹底跳脫早期的研究窠臼。

Katz（1960）清楚地闡述態度的四個功能。知識功能與對態度的一般理解相似，態度幫助我們解釋與了解環繞於我們的世界。在 Pratkanis 和 Greenwald（1989）的定義中，態度是對於一個客體的記憶表徵，而與此表徵相關的是關於分類客體的規則、客體的評價性摘要，及關於客體的知識架構。態度的知識功能幫助我們認識這世界。

第二，對 Katz 來說，態度提供了功利功能（utilitarian function），這意指態度幫助我們獲得獎勵及避開懲罰。功利功能強調表達某種態度後所造成的社會結果。基於功利理由，要「政治正確」就是為了功利的目的而去持有及表達態度。態度具有功利功能的想法強調了人們在態度表達上的彈性。人們在態度上是易變的，針對同一個客體，會根據人們所在社會情境的不同而改變其「態度」。本章後面我們討論到「態度」的論述觀點時，會較仔細地討論人們在態度表達上的彈性所代表的某些涵義。

第三個功能是價值觀的表達。態度的表達有時候只不過是一個人所深信或（可能強烈地）認同的事情的公開聲明。漆在公車候車亭上的政治聲明（吃掉富人、禁止核子軍艦）、張貼在汽車窗戶上的廣告（拯救地球）、T 恤上所裝飾的標語或組織標示（「請停止」[1]、國際特赦組織）、制服或運動團隊（格拉斯哥凱爾特隊、洛杉磯湖人隊、碼頭工人隊），及展示著製造商標示的衣服（Tommy Hilfiger、Levis、Lacoste）等，這些全都是公共符號，打算傳遞其擁有者的訊息。他們用標誌告訴這世界你支持凱爾特隊，而不是遊騎隊，或者你反對鞋子製造商的勞力剝削，抑或是你會努力去買有品牌的衣服，而不是從當地的大賣場採買……等等。這樣的表達沒有真實的點出些什麼，只不過告訴世界一些關於你是誰的訊息而已。你就是你所穿的衣服，或至少代表你就是你的衣物上所宣稱的。

---

1 譯註：Just Stop It，為勞工團體抵制 NIKE 公司的著名標語，以杯葛 NIKE 公司對勞工權利的忽視。

最後且較不明顯的功能是態度能提供**自我防衛**。這樣的態度通常是深層、難以改變，對態度對象不友善的。最典型的例子是對同性戀的恐懼和對外國人的仇視，它們都表達了對某外團體的強烈敵意。根據Katz的說法，至少某些持有這樣態度的人之所以這樣做，是因為他們無意識地否定他們自己的某個面向。例如：恐同症（homophobics）的人對同性戀者或同性戀如此敵意，是因為他們否認及不希望去面對他們自己在性方面的議題。因此，態度發揮了這樣功能：將內在、內部的心理衝突投射到外界去。舉一個戲劇化的例子來說明這個假設，Adams、Wright 和 Lohr（1996）給異性戀男性觀看男性從事同性之性活動的 A 片，然後測量他們的性慾及生理上的激發程度。他們發現之前被定義為對同性戀及男同性戀者持有負面態度的參與者，在看影片時，比對同性戀持有較正面態度的參與者有更高的性慾激發程度。研究者評論說，對同性戀的負面態度的表達，是自我受到威脅的一種防衛，因為自己身為一個異性戀男性，卻經驗到某種程度上會因為同性而喚起其性慾的情形。

態度可能同時扮演一個以上的功能，也可能在不同時間基於不同的理由而被持有或表達，例如：一個人對於醫學輔助生育的態度可能主要是提供知識的功能，視個人對於試管受精、精卵捐贈等等的了解有多少而定，同時也視此人需要多少了解才能形成對於輔助生育的態度而定。但同樣的態度也可以用來反映此人與一個非受孕生育的親戚的關係，或者也可能表達了較深層的關於上帝意志及教會立場的信念，或是可能反映出此人自身，或許是在其潛意識裡，性慾及生育兩者之間的衝突，抑或是懷疑自己的血統。

由 Smith 等人（1956）發展的類型學類似於 Katz 的架構，但只描述三個功能：**評價客體的功能**（object-appraisal function）與 Katz 的知識功能相同，**外化功能**（externalization function）對應的是 Katz 的自我防衛功能，而 Katz 所提的價值表達和功利主義功能，則被Smith 等人結合成社會調節功能（social adjustment function）。

近年來，Herek（1986, 1987）和 Shavitt（1989, 1990）透過重新解釋及重新評估早期的分析，又重新點燃心理學界對態度功能的興趣。Shavitt 的貢獻是結合 Katz 和 Smith 等人的分類法，而形成一個較精簡的架構。因此，她描述的態度有**功利**的功能，這包含 Katz 的知識和功利功能，及 Smith 等人的評

估客體的功能；社會認同功能（social identity function）是結合Katz的價值表達功能，及 Smith 等人的社會調節功能；自尊維持功能（self-esteem maintenance function）是合併 Katz 的自我防衛功能，及 Smith 等人的外化功能。Shavitt 成功地讓態度、個人，及社會認同之間有較完整的關係，她也證明了要嘗試改變一個人的態度，其是否容易成功取決於態度對其擁有者所扮演的功能。

Herek 對於態度功能的重新分析較傳統突破了許多，因為他提出兩類不同的態度：評價性的及表達性的。前者的態度是指態度對象本身即是一個目的，而態度的功能是讓個體接近對象本身。相反的，表達性（象徵性）的態度是指態度對象是一個達到目的方法，藉由提供社會支持來增加自尊或減少焦慮。評價性的態度可能是經驗的及特殊的（立基並受限於單一對象）、經驗的及基模式的（立基於針對特定對象的經驗，但類化到特定類別的對象），或預期的（立基預期的，而非直接的經驗）。表達性的態度可能是社會性的表達（立基於被他人接受的個人需求）、價值表達（立基於定義自己的個人需求，其方式是透過表達重要的價值，及將自己和重要的參照團體結盟在一起），或防衛（立基於降低和內在衝突有關的焦慮這方面的個人需求）。如同 Shavitt 的分析，Herek 建議改變態度的策略必須考慮到態度的持有到底是基於評價性或表達性／象徵性的理由。

Herek 的實徵研究將焦點放在對同性戀的態度上，但事實上其關聯性遠為廣闊。舉例來說：在種族偏見的領域裡（見第七章），白人反對黑人的偏見是基於個人利益或是基於象徵性的信仰，兩者之間的差別常常被討論。而且，因不同功能理由而形成的態度彈性不一，例如：少數的澳洲白人和原住民有很多直接的接觸，但這沒有防止他們形成強烈的反原住民情懷，因為這些情懷是基於預期性的因素而非經驗因素，他們難以透過直接經驗去否證，因此難以改變。

注意上述的態度功能分析，其焦點非常聚焦在態度對個別態度持有者所扮演的功能上。可以確定的是，某些態度功能的確涉及社會層面（例如：社會調節功能），但總的來說，功能的理論是建構在個人層次。也就是說，以社會結果來說，「社會」功能被概念化為持有或表達特別態度的個人。雖然

態度也提供社會功能，但直接研究態度所提供的社會功能之社會認知傳統的研究相對較少。為了對態度和其功能有更完整的社會性理解，本章稍後必須轉向其他理論的觀點。

態度與行為

　　社會心理學家關心最久的難解事物之一是態度與行為之間的關係。態度的常識觀點是態度直接造成一個人產生特殊的行為方式。若你知道某人對於從事安全的性行為抱持強硬態度，則你可以確實地預測那人在不同時地的性行為大約是怎樣的。社會心理學家很久以來就知道態度和行為之間的關係並不是如此簡單，態度與行為之間往往並沒有什麼關聯，而且行為能「影響」態度跟顛倒過來的狀況一樣常見。此外，一些研究者主張需要區分不同類型的態度，最值得注意的是，針對對象的態度以及針對行為的態度之間的差異（Eagly & Chaiken, 1998）。因此，舉例來說：想要預測人們的防曬行為，就必須同時去考慮他們對於皮膚癌的態度和對於塗抹防曬乳的態度。

　　一位早期的美國社會學家 Richard LaPiere（1934）或許是第一位提出證據指出，一群人對一個特定對象所表達的態度並沒有符應他們對同一對象的行為。1930 年代早期，LaPiere 和一對中國夫妻到美國西岸旅遊，住在小飯店和露營地。這個時期整個美國都有強烈的反中國氣氛，然而這三人僅在一處被拒絕住宿。在這趟旅行之後，LaPiere 寫了一封信給所有他們拜訪過的機構及其他未停留的機構的管理者，詢問他們是否接受中國客人；超過 90% 的人聲稱他們不會接受中國客人，小飯店和露營地的管理者所表達的態度，和他們的外顯行為顯然是有差異的。

　　多年來，這個差異已經被很多研究關注。Wicker（1969）摘要 32 個不同研究的結果，每個研究都測量了個人對於特定對象的態度，並且直接（非自我陳述）測量了對於同一對象的行為。在這些研究的報告中，態度─行為的相關很少超過 +.3 的，通常是接近零，甚至在某些時候是負相關。因此，態度看起來頂多只能解釋（從統計學角度來說）行為方面 10% 的變異，但很少超過 10%。對態度和行為之間簡單、直接和強烈的連結就只有這樣而已。這

對態度這個構念而言指出了什麼呢？如果態度無法幫忙解釋行為，這樣的一個建構有什麼用處呢？在 Wicker 廣泛地引用文獻的幾年後，社會心理學努力去精練態度測量技術，假設低相關或許是測量錯誤所造成的，且更清楚地說明在什麼情況之下，我們可以確實預期態度和行為有關，以及在什麼情況之下這兩者應該無關。態度測量的議題不屬於本書的範圍，但 Himmelfarb（1993）提供一篇相當全面的評論文章可以研讀。我們現在將注意力轉移，簡短地討論一下在什麼情況下態度和行為會有關聯，及行為能影響態度的過程。

針對由 Wicker 所提出的挑戰，社會心理學產生兩大類的回答：很多人試圖研究單一態度—行為連結之間的關係，試圖找出這連結何時是強烈的，及何時不是；其他人試圖想要形成並且測試出態度和行為間一般性關係的更精緻之模式。接下來，我們會依序介紹這兩者。

・強化態度—行為的關係・

很多變項已被確認會影響態度—行為連結的強度，這裡列出某些較重要的變項。第一，相較於那些沒有任何直接經驗所建立的態度，那些建立在直接經驗之上的態度，其與行為之間的關聯性更加強烈（如 Regan & Fazio, 1977）。研究指出，透過直接經驗而形成的行為和態度間的連結是較強烈的，因為這樣的態度對其持有者而言，具有清楚、自信和確定的特性（如 Fazio & Zanna, 1978a, 1978b, 1981），因為這樣的態度是較易接近（能容易地帶入意識）及強烈的（Fazio, 1989），以及因為這樣的態度在對象出現之後會自動啟動（如 Fazio et al., 1986）。

第二，研究指出，較穩定的態度會比不穩定的態度展現出態度與行為間較一致的連結（如 Ajzen & Fishbein, 1980）。這個主張有兩個要素：第一，測量態度和測量行為之間的時間越長，態度—行為間的連結越不強（在 LaPiere 的案例中是六個月）。這其實是很合理的，一方面在這段期間態度有可能發生改變；另一方面，行為也容易受很多非態度因素的影響。第二，甚至當態度和行為被好好地一起測量時，仍舊是穩定的態度具有更加強烈的態度—行為之間的連結——通常指的是較普遍而非特殊的態度（如 Schwartz, 1978）。

最後，研究者也發現，有幾個個別差異的因素會影響態度－行為連結的強度。有自我覺察的人（當他們在完成態度量表時，通常會在他們旁邊放置一面鏡子）比沒有自我覺察的人典型地顯示出較好的態度－行為之間的一致性（如 Gibbons, 1978）。被形容為高度自我監控的人（也就是透過他人反應來監控及調整自己反應的人）比低度自我監控的人（監控內在反應而非他人反應的人——如 Zanna, Olson, & Fazio, 1980）典型地顯示出較低的態度－行為一致性，雖然效果的強度可能也會受到其他變項的影響，例如，態度的易接近性（如 Snyder & Kendzierski, 1982）。要求人們對態度提供解釋可能會減低人們態度和行為的一致性（如 Wilson, Kraft, & Dunn, 1989）。對於態度應該和行為相符這樣的信念而言，有日益增多的跨文化研究證據顯示出文化之間的差異性（Kashima, Siegal, Tanaka, & Kashima, 1992; Nisbett, 2003）。

這份影響態度－行為連結的變項清單並未竭盡，它們只不過是暗示了與問題有關的文獻有很多而已。此處的目的只是透過較詳盡地談到許多影響態度和行為之間關係的因素，讓 Wicker（1969）的悲觀主義可以稍微有點平息。然而，態度會導致行為的證據通常還是相當薄弱的，至於態度因行為而產生的證據則強多了。

認知失調理論

Festinger（1957）的認知失調論（theory of cognitive dissonance）是簡單的，但可以用來解釋人們是如何根據行為來改變他們的態度，而不是反過來根據其態度來改變行為。這理論僅是說，若一個人持有兩種心理上（不需要是邏輯上）不一致的想法時，會因不一致（失調）造成人的不舒服，而促使人有動力去降低失調。失調可透過改變其中一個或兩個想法，或採用新的想法來降低。例如，若我抽菸且同時也知道抽菸對我的健康不好，我應當會經驗到失調，因為這兩個想法在心理上是彼此矛盾的。請注意，這兩個想法沒有邏輯上的不一致，只有心理邏輯的矛盾。我所經驗到的失調可以透過改變其中一個想法，或採用某個新想法來減輕，例如，我可以放棄抽菸，但這是不容易且不太可能發生的事；另外，我也可以改變抽菸對我的健康不好的想

法,對抽菸者來說,不令人意外的,一定會比公共衛生運動者更容易認為吸菸的壞處沒那麼多。或者,我可以採用某個新想法,例如,我可以接受我抽菸及抽菸對我的健康有害的想法,但藉由聲稱我抽菸可以釋放壓力及獲得愉悅,或聲稱我已經有菸癮而無法戒除來避開認知失調。

認知失調論的原則應用到態度與行為之間的關係,我們可以看到若人們從事一個特別的行為,不論什麼理由,他們都有可能改變態度來符合剛剛所做的行動。例如,假定一個年幼孩子進入一所幾乎是白人及少數原住民的小學,他加入一個年長孩子的團體去戲弄原住民孩子。這年幼孩子或許在戲弄原住民孩子之前,沒有任何對於原住民的態度,但要那孩子保持對原住民的一無所知是不太可能的,尤其若老師、父母或其他孩子指出其行為的不當,則孩子將改變(在這例子中是去編造)他或她的態度以符合其行為。任何失調將會藉由其他認知的改變而被取代——在此例中,通常都是藉由發展對原住民孩童或原住民的負面評價來消除失調。借用某一章的標題來舉例,這個案例有類似的歷程,但規模則盛大得多——美軍對越共的非人性及美國步兵在美萊(My Lai)村莊內對越南百姓的大屠殺——「這絕對不會發生的,就算有也是他們應得的」(Opton, 1971)。態度跟隨著行為,而非以顛倒的方式進行。對認知失調論的擁護者來說(Aronson, 1968, 1989; Festinger, 1957),這原則適用於任何符合以下情況的案例:即當一個人從事一個行為,而這行為無法符合行為者在表現該行為之前身上所持有的任何相關的態度。認知失調特別容易被喚起,當其中的一個認知想法是關於*自我*的時候。

認知失調論是*一致性*(consistency)理論家族中的一員:它假設不一致是不愉快的,而人們有動機去達到一致和平衡。這假設被幾個評論家所挑戰(特別是 Billig, 1987),他們認為想要達到或維持一致的渴望,是一個特殊的西方文化建構,而人對於認知或者人際間不一致的容任度,要遠遠超過於認知失調論所假定的。這是論述心理學的核心主題,我們稍後將對此進行討論。

自我知覺理論

認知失調論對態度改變及態度與行為之間關係的解釋上，不是沒有受到挑戰。尤其是由 Daryl Bem（1967, 1972）所發展的**自我知覺理論**，可以精確地解釋那些認知失調理論意圖去解釋的相同事件，然而卻不用訴諸對 Bem 來說是不必要的心理過程。Bem 認為，我們推論自己對於特定客體的態度，就跟我們推論他人態度的方式是相同的——藉由在第五章會討論的歸因過程。歸因理論提到觀察者歸因行動者具有某種態度以符合其行為，而且當行動是由行動者自由地選擇的時候，這種傾向更為強烈。Bem 主張，人們在推論自己的態度時，也是基於一個相似的歷程。以 Bem 的話來說，自我知覺理論的主要假設是「在辨認他或她自己的內在狀態時，個體在某種程度上會依賴外在線索，跟推論別人的內在狀態時所使用的外在線索一樣」（1970, p. 50）。

要如何解決這兩個理論的高下呢？這裡我們有兩個非常不同的理論，每個都意圖精準地解釋相同的一套事件。兩個之中哪一個對呢？1960 年代後期和 1970 年代的研究者，設計並且執行了實驗企圖讓兩個理論分出高下。遺憾的是，要設計一個決定性的關鍵實驗是不可能的。有數個實驗做出了嘗試，但對於觀察到的結果來說，每次總是有超過一個以上的可能解釋。那不就是科學——廣義的定義包含社會心理學和其他「比較軟性」的社會科學在內的科學——一直在做的事情嗎？事情就是這麼一回事。

在態度改變方面所累積的研究，已由 Fazio、Zanna 和 Cooper（1977）完美地總結出一個圖像。當行為落在「可接受的範圍」內，自我知覺過程就會運作；但當行為落在那範圍之外的時候，則似乎是認知失調過程在運作。「可接受的範圍」及「拒絕的範圍」是社會判斷理論的術語（Sherif, Sherif, & Nebergall, 1965）。社會判斷理論認為，對某特定對象可能有的態度可以用某個向度來描繪，並且區分成上述兩種範圍。任何一個人的可接受範圍包含他所發現的那些可接受的所有態度，而他所發現的那些無法接受的所有態度，則組成拒絕的範圍（第三個領域，但通常被忽略的區域是「非承諾的範圍」，是由個人不在意的那些態度所組成的）。因此，根據社會判斷理論，指出一

個人的可能態度範圍，似乎要比精確地指出其態度要來得更有成效。

理性行動理論

針對 Wicker（1969）嚴厲評論所產生的第二個反應，是企圖比較全面地建立一個關於態度—行為之間關係的理論，而不只是去探查在哪些情況下態度可以預測行為，在哪些情況之下態度無法預測行為。這方面的主要代表作品是 Fishbein 和 Ajzen 的理性行動理論（theory of reasoned action）（Ajzen & Fishbein, 1980; Fishbein & Ajzen, 1975）。如同理論的標題所指出的，這是一個關於行為（「行動」）的理論，因此這理論處理的態度是針對行為的態度。

Fishbein 和 Ajzen 主張，態度本身並無法預測行為，但卻可以預測行為的意圖，行為意圖才能夠用來直接預測行為。行為意圖本身是態度對行為，以及 Fishbein 和 Ajzen 所謂的主觀規範（subjective norms）對行為的一個函數。主觀規範指的是個別行動者相信他或她的重要他人相信他或她應該做的事。理性行動理論僅適用於自由意志控制（volitional control）下的行為。

理性行動理論已經被廣泛地使用，且獲得相當多實徵研究的支持，所涵蓋的研究領域，範圍從墮胎的決定（Smetana & Adler, 1980）到餵母乳或餵牛奶的決定（Manstead, Proffitt, & Smart, 1983）、從抽大麻（Ajzen, Timko, & White, 1982）到參加教會（King, 1975）。後設統計分析的結果顯示，關於態度和主觀規範之間的相關係數是 .53 到 .68，而關於態度和行為意圖之間的相關係數正好超過 .50（Sheppard, Hartwick, & Warshaw, 1988）。這些相關都比 Wicker（1969）所報告的最大值 .30 高了許多。

儘管有實徵資料的支持，但這模型並非沒有受到批評。例如，一直有人主張個人規範（個體關於特定行為的適當性之信念）和行為規範（其他每個人所做的行為，而非被期待會做的行為）對於行為的形成，和主觀規範同樣重要（如 Schwartz & Tessler, 1972）。

另一個批評是，即使受到意志控制下的行為也不一定會符合這模型。一些慣常的行為是如此腳本化（Abelson, 1981）及重複操演，以致於它們是如此不花心思地被堅守著（Langer, 1989）。同樣的，Bentler 和 Speckart（1979）

用實徵研究證明了他們的主張，即過去已表現過的行為較可能再度發生，單純因為它們曾經被表現過，即便行動者有不一樣的行為意圖。新年新希望或許就是個好例子，可用以說明要終止某些行為是如何困難，縱使有強烈想要改變的意圖。

計畫性行為理論

最後，上述理論的創始人之一 Icek Ajzen 後來修訂了該理論模型，變成了計畫性行為理論（theory of planned behaviour）（Ajzen, 1988, 1989, 1991; Ajzen & Madden, 1986），以因應下列的事實：行為通常不是像理性行動理論所假設的是在意志的控制下。計畫性行為理論保留了行為意圖是態度和行為之間連結的中心這部分，且仍然認為行為意圖是態度對行為和主觀規範的結果。不同的是，加進了一個重要的第三因素——知覺到的行為控制（perceived behavioural control）（見圖 4.2）。此因素所涉及的是行動者對於執行行為的容易或困難的覺察。有些行為一旦你決定要做，去做是很容易的，但某些行為則是較困難的；有些行為一旦你決定不做，就很容易可以停手，可是某些行為要喊停則是較困難的。知覺到的行為控制影響了行為意圖的形成，而且

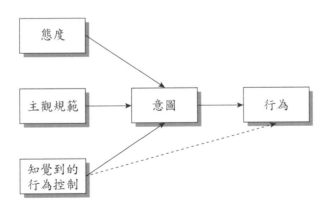

圖 4.2　計畫性行為理論：知覺到的行為控制影響行為意圖的形成和行為本身的產出（無關乎行為意圖）。然而，知覺到的行為控制並不總是與確實的行為控制相一致，所以用虛線來表示。

重要的是，它也會直接影響到行為本身的表現與否，不須經由行為意圖來影響行為。Armitage 和 Connor（2001）運用計畫性行為理論來針對 185 個研究進行後設分析，發現這模型在解釋人們的行為及行為意圖方面，各自可以達到平均 27% 和 39% 的變異解釋力。他們也發現，計畫性行為理論在預測行為意圖的變異上，比理性行動理論要來得好——也就是說，在態度對於行為和主觀規範的效果之外，知覺到的行為控制也對預測行為意圖有所貢獻。

態度和社會認同

到目前為止，我們已經談到了態度的功能，基本上是扮演將「『思考中的對象』放在『評判的向度』上來定位」的功能（McGuire, 1985）。然而，態度還有另外一種重要的「定位」功能：表達（及隱匿）某種態度是一種強而有力的方法，讓人們在一個社會空間中定位自己與他人的關係位置。也就是說，態度可以在社會脈絡中定位一個個體。當較早期的理論家在談論價值表達的功能時，是從態度持有者的角度來看。但從另一方面的觀點來看，社會的凝聚及評價是需要透過態度來進行價值表達的（Dornbusch, 1987）。對一個團體的重要議題來說，團體的成員通常是不被允許對此議題保持沉默的，團體會強迫或設法促使其成員將態度表達出來。這種表達是個體與團體有關位置的重要標誌。對團體來說，其成員所選擇的位置沒有離團體的「原型」位置太遠，是一件非常重要的事。從個人那裡要求得到對團體忠誠的保證，強迫或設法取得一個態度，可以是社會控制的有力形式。

的確，在很久以前，態度就已經被認為是嵌在社會關係中。在 Heider（1958）具有影響力的平衡理論中，他認為，人們想要在他們對於特定他人的態度，及他們對於事物和議題的態度之間，經驗到一致性。具體地來說，Heider 認為，我們會想要跟我們所喜歡的人擁有類似的態度，而跟我們所不喜歡的人有不同的態度，但我們對他人的喜歡或不喜歡，也可以經由我們覺察彼此共享相同態度的程度而產生。社會認同理論（Tajfel, 1982）和自我歸類理論（Turner et al., 1987）已更進一步延伸這種想法，認為相同的態度可以

提供心理團體形成的基礎；換句話說，共享相同的態度能形成一個基礎，讓我們將世界劃分成「我們」和「他們」。主張墮胎合法化和反墮胎的團體提供了一個基於共享態度所建立的心理認同的清楚案例。團體也提供了一個脈絡，讓人們得以比較他們和相似他人所持有的態度，以評估他們自己態度的適當性。Festinger 強調態度基本上所具有的社會性特性，並且強調社會團體對態度發展的影響，主張「一個正確、有效及適合的態度，可以將擁有相似信念、意見和態度的人繫在一個團體中」（1950, p. 272）。

在思考 SIT 和 SCT 如何能幫助我們了解人們的態度時，區辨對社會團體的態度和對其他類別社會或非社會對象的態度是有用的。由於 SIT 和 SCT 根本上關心一個人對自己和其他社會團體的態度之發展和表達的情形（見第七章），它們很少提到身為此類團體中的一個成員，如何影響到他／她對於其他事情的態度。SCT 可以被解讀為提供了一個理論，說明社會認同對態度的影響：某種程度上來說，某種特定態度的表達構成了團體的一個規範，SCT 預測認同自己身為某個團體的成員，將會導致那些規範態度的表達。然而，關於社會認同與態度這方面的實徵研究極為有限，且著重在團體共享態度容易變得更為極端這方面（團體極化），及社會認同所扮演的角色：即讓某些態度和規範在某種社會脈絡中變得顯著。我們接著一個個來細談。

✎ 團體極化

社會心理學家長久以來覺察到在討論過後，人們的態度容易變得更加極端。團體極化效應（group polarization effect）這名詞用以說明的現象是：當跟某些和自己在一開始就共享態度相同傾向（如：一開始是正向或負向評價）的人接觸過後，態度會變得較極端。雖然並非所有關於態度的團體討論都會產生團體極化，但這是讓很多理論家企圖去解釋的一個強韌現象。團體極化效應的解釋多數所依賴的概念是：團體討論提供(1)具說服力論證的新訊息，以利於原初的位置（訊息性影響）；或(2)關於他人觀點的訊息，以提供社會參照的基礎（規範性影響）。根據有說服力的證據（如 Burnstein & Vinokur, 1977），和別人進行態度的討論提供了接觸到論點和訊息的機會，而這些可

能是當初個體在發展初始態度時沒有考慮到的。假設某個態度最初傾向於某個特定方向（這是團體極化發生的條件），接下來的新論點也傾向於支持初始態度，這就導致了跟初始態度相同方向但更為極端的位置。團體極化的社會比較說法則主張，人們企圖增加他們和團體之間的正向差異，透過在團體所偏好的態度方向上提高自己與團體其他成員的差異來達成。根據這觀點，極化會產生是因為人們一開始低估其他人態度的極端性，所以「重新調整」他們自己的態度，以便維持一個比其他團體成員更為贊同（更為極端）的位置（Isenberg, 1986）。例如，在環境保護的討論中，剛開始表達「關心環保」態度的人可能看到團體中成員的態度，而逐漸變得更加贊成環保，當他們競爭時，就將自己定位成「比你更環保」！

這兩者的解釋均被自我歸類理論家所挑戰（Turner et al., 1987）。根據SCT，團體極化是由團體運作所產生的，沒辦法化約為訊息或社會比較的過程。團體極化只會發生在人們在其所認同的團體裡討論他們的態度時，而這其實是SCT所主張的團體認同過程的一個結果。也就是說，當認同自己是團體的成員時，人們將團體的原型特徵，就此處的例子而言就是態度，套到他們自己身上。所謂的原型特徵，所遵循的是極大化團體之間差異，並且極小化團體內差異的後設對比原則。因此，在那些一開始態度就已經傾向一個特定方向（正向或負向的）的案例中，比較極端的態度（而不是團體的平均態度）容易被視為是原型態度，而且這些極端的態度將扮演一個可以用來區辨團體和持相反觀點的外團體的功能（Turner et al., 1987）。因此，SCT的解釋明顯和社會比較的解釋有矛盾，SCT主張，團體極化是由順從一個極端的團體規範而產生的（Hogg, Turner, & Davidson, 1990），而不是由社會比較解釋所假設的基於正向區別性的需求所產生的結果。證據指出，團體成員覺察他們團體內的規範比非團體成員所判斷的更為極端（Mackie, 1986），這證據支持SCT的解釋。

態度—行為關係和社會認同

如同我們所見的，態度和行為之間的關係是一個有問題的關係。從 SIT

和 SCT 的觀點來進行研究的研究者，認為要了解態度和行為之間的關係，需要謹慎地注意顯著的社會認同，及與這些身分認同有關的態度及行為規範。不同的社會認同關聯到不同的態度和行為規範。儘管理性行動理論和計畫性行為理論已經強調主觀規範在態度—行為的連結中所扮演的角色，然而 Ajzen（1991）在他對 19 篇研究所做的評論中，依然如此總結：這類社會因素的影響和個人因素比起來是相對薄弱的。然而，Deborah Terry 和她的同僚（如 Terry & Hogg, 1996; Terry, Hogg, & McKimmie, 2000; Terry, Hogg, & White, 1999）對這個結論提出挑戰，他們認為，在這些模型中的社會規範概念是有問題的，而且跟 SIT 和 SCT 所理解的社會規範不一致；它們的規範是和特殊參照團體連結在一起的，對個體而言，這些參照團體是在特定情境脈絡中行為層面上有所關聯的團體。就其本身來說，特定的社會規範要能夠預測行為，只有在當與其有關的社會認同在特定場合中是顯著的時候。Terry 等人（2000）研究團體規範在減少態度—行為連結上所扮演的角色，在一個研究中操弄關於心理系學生未來生涯決定的規範性訊息，學生被要求從名單中的三個選項（臨床心理學、組織心理學和運動心理學）指出在心理學領域裡他們喜歡的職業，然後提供給學生的規範訊息是：其他心理系學生的職業喜好是和他們自己的喜好相似（規範相同）或不同（規範不同），接著提供學生機會去參加三種職業途徑的其中一個（唯一）訊息研習會，並詢問他們是否願意採取多種步驟，以獲得他們所喜愛的職業途徑的進一步訊息。雖然多數學生選擇參加他們已表達出興趣的職業研習會，然而初始態度（喜愛的職業）和接下來的行為（所選擇的職業訊息研習會）之間的一致性的確出現差異。相較於那些接觸到與其態度不一致的團體規範的參與者來說，那些接觸到與其態度一致的團體規範的參與者（如：這些參與者被引導去相信其他心理系學生和他們共享相同的職業興趣），其態度與行為的一致性明顯地較為強烈。在一個稍早的研究中，Terry 等人（1999）發現，知覺到團體規範是「支持家庭資源回收」這件事，對於資源回收的意圖能夠有所預測，但這情況只有對強烈認同團體的人（在此例中是「朋友和同儕」）才會成立。綜合來看，這些發現對於下述論點提供一些支持：態度性規範在引導行為上所扮演的角色，視一個人認同與規範相關的參照團體之程度而定。

態度和社會表徵

在這整章中，社會心理學主要將態度這個建構當作一個個人的現象，這是昭然若揭的。態度主要被概念化成個人及內在的認知與情感狀態，或被概念化成行為的意圖與傾向。這表明了態度這個建構起初進入社會科學界的時候，是如何被闡述的。

早期對於態度的社會科學取向（如 Thomas & Znaniecki, 1918-20；Wundt, 1897）認為，態度提供連結來將個人和他們的社會團體聯繫住，給他們一個社會定位和社會傳統，及讓他們可以社會性地過日子。對先前的這些理論家來說，態度並不是心智的結構。符號互動論的社會學傳統（Stryker & Statham, 1985）採納了這樣的觀點，並延伸此觀點以主張態度就像所有的意義形式一樣，透過社會互動和溝通而產生。主流社會心理學逐漸將態度這個建構個體化（Jaspars & Fraser, 1984），直到最近才分析重建態度的社會本質（Eiser, 1994; Fraser & Gaskell, 1990; Lalljee, Brown, & Ginsburg, 1984）。與 Thomas 和 Znaniecki（致力於了解波蘭移民在美國的錯置經驗）及符號互動論學者的早期研究相一致，越來越多的理論家正再次強調態度源自於社會生活本身，並透過我們日常和他人的互動與溝通來表現。尤有甚者，一些態度被廣泛地共享，為每天的生活提供了文化意義與本質。共享的態度讓我們得以理解社會世界，並且得以在世界之中定位自己。

社會心理學的歷史學家將態度這個建構的日益個體化歸因於 Gordon Allport 的《社會心理學手冊》（*A Handbook of Social Psychology*, 1935），這本手冊對態度這個主題有經典並且深遠的影響。Allport 定義態度完全就是一個刺激—反應的傾向，其目的是解釋在客觀上相似的情境中行為的差異。這個看待態度的觀點十分接近當時行為學派的精神，而與態度這個建構的社會學起源則有較大的距離。Allport 的觀點，加上測量態度的技術有重要的發展（Thurstone, 1928），標誌著支配的實證主義立場的開始，象徵著拜物者式的想望，企圖測量個人關於各式各樣主題的態度，並且尋找個人在態度上的差

異，以預測其行為的差異。態度變成客體化及具體化的認知實體，在人們的腦袋中有其自個兒的生命。當被視為是個體認知和情緒的一個傾向時，態度這個建構即占據了一個方法論上的個人主義的位置，也就形塑了後來社會心理學的態度理論的本質。就 Graumann（1986）的觀點來看，這不只造就「社會的個體化」，甚至造成了「個體的去社會化」。

當代的態度理論可以和較晚近出現的社會表徵理論做個對照。社會表徵理論針對態度、信念及價值觀此類的認知建構，都恢復了其集體及社會性的本質。如我們先前已下的定義，社會表徵涉及共享常識及信仰的累積，讓身處於集體中的人們得以使用來在社會世界中定位自己。有位社會建構主義者強調，社會表徵是用來建構並藉此了解社會現實的構成要物。雖然有一些評論提出社會表徵的概念和傳統的態度建構是接近的（如Jahoda, 1988），Moscovici 提醒，社會表徵並不僅僅是對於社會客體的「態度」。相較於傳統的態度建構概念，社會表徵的概念具有不同的認識論位置，這個位置復興了對於社會、文化和集體的強調。

首先，相對於傳統的態度建構，社會表徵被理論化成較為複雜的認知結構，近似於「理論」或「知識的分支」及信念。因此，社會表徵遠不只是對於特定目標或對象的評價或意見而已，它們是理解的架構，從中產生了許多特定的評價性判斷。舉例來說，在第二章我們討論到對歐洲生物工程學的一個表徵（再現），我們談到為何「歐洲民意調查」（Eurobarometer Survey）的一份量化問卷，本身無法被用來了解人們對於生物工程學的贊同、負面或曖昧矛盾的態度。為了了解人們如何了解並且評價這種先進的科技，必須先檢查人們對於諸如「自然」和「生活」這類複雜概念的表徵及理解。這些表徵和理解其實又是被社會中激增的宗教、科學，及流行的「科幻小說」的說法及敘事所形塑。人們對於生物工程學的「態度」本身，被普遍的文化理解和一般理解世界的方式所塑造及框架了（Gaskell, 2001）。的確，態度的階層模型，如 Kerlinger 所發展的，明確地被發展來涵蓋態度複雜的組織和結構。但，如同我們也解釋過的，Kerlinger 辨認了特定且分立的政治態度其實與意識型態的框架有關。

雖然社會表徵不能僅僅等同於「態度」，但毫無疑問的，社會表徵確實

具有評價性的向度。如 Moliner 和 Tafani（1997）指出，包封在社會表徵中的共享理解也提供表達評價性意見的方式，並且看起來像是基於目標對象的客觀特徵，而非主觀的意見。例如，就「家庭價值」被視為正向的角度來說，將一個政黨描述為具有促進家庭價值的政策，這就用了一個隱微的方式來表達對該政黨的支持。

Moliner 和 Tafani（1997）已經檢驗了社會表徵的結構是否能有效地解決阻礙態度被理論化為社會表徵的障礙：即共識性（consensus）。在試圖去理論化態度和社會表徵關係的嘗試中，他們寫道：

> ⋯⋯表徵的評價性成分可以視為一種訊息，個體會依賴這訊息來表露他們對於被表徵對象的態度。在這種觀點裡，表徵的評價性成分構成了態度的基礎架構。（Moliner & Tafani, 1997, p. 691）

這裡特別關注的是對於社會表徵能有多元評價性成分的主張，所以舉例來說，墮胎的表徵可以包括對腹中胎兒權利的評價，及女人控制自己身體權利的評價，可以確定的評價至少有兩個。Moliner 和 Tafani 主張，即使當一個社會表徵其每個正向或負向成分都有廣泛的社會共識的時候，若那些態度是基於那表徵的不同成分，則對於被表徵對象的態度仍舊會不同。因此關於墮胎的辯論，人們通常不直接將焦點放在挑戰對手論點的優點上（例如，站在反墮胎立場的人，在墮胎的辯論中，不會爭論女人不應該對她們的身體有權控制），反而是去宣揚他們的態度所奠基的表徵的核心成分（例如，墮胎辯論根本上是關於未出生者的權利，相對於原先所提的女人對於生殖選擇的權利）。

表徵和態度的重要及核心功能（如傳統上所理解的），在於它們是被用來傳播與溝通社會信念與知識的一種機制。溝通和互動完全是種社會過程，而態度的功能取向相對地忽略這點。個人公開表達一個態度通常導致從周遭而來的某種反應形式──態度通常不是只對上帝表達，然後在社會中消失。態度表達的公眾回應同時把個人和公眾捲入修辭性的對話中，立場、觀點、信仰、疑慮、不一致、相關的議題等等都被交流及辯論。這些過程迫使個人

或許是在不知情的狀況下，去解決不一致、去思考一個態度與其他許多態度之間的關聯性、去想出他或她相信什麼且有多強烈、去公開承諾採取一個立場——簡言之，批判性地去思考其個人的態度及其態度對象。這溝通和對話的功能在社會表徵理論中是一個重要焦點，但對態度的社會認知模型來說卻鮮少得到注意。的確，將越來越多的興趣及重要性放在態度的自動運作上，就會忽略對於態度表達背後所具有的互動性及對話的特色。

社會信念和表徵的其他社會功能是扮演解釋及辯護的角色，讓人得以在社會世界中定位自身。對於窮人、失業者、不同階級的人、不同膚色的人的不喜歡和輕視的「態度」，不只讓個人針對特定的社會對象進行定位，同時也使得該社會對象，不管是一個人或一個團體，在社會空間中的位置定位下來。這有助於解釋、辯護，並再生產出可以製造社會位置的社會系統，並去捍衛個體自己的社會位置。這個領域是社會心理學家（尤其是那些沉浸在社會表徵框架的社會心理學家）最近發展出興趣的一個領域。我們將在第八章深入討論這些意識型態的功能。

再扼要重述，社會表徵是一種集體建構且共享的知識，用來理解特定的主題、爭議，或論題。這幾乎是種氛圍，且必然是文化性的。這是一個集體的所有成員能夠進入，並用來理解他們周遭事件的東西。它使人們得以定位自己與社會對象之間的關係，因此，從這個角度來看，是一個社會性的「態度」。重要的是，正是作為社會表徵的態度所具有的共享本質，讓集體的成員可以辨認出特定種類的表達和行為係屬於評價。沒有這種共享性，我們用來溝通我們態度的許多精妙方法就無法運作，因為它們不能被其他人所辨認。

論述心理學和態度

態度的傳統概念，及假定態度能被包封在問卷量表題目的回應中的這個假定，全都假設了內在認知實體的存在，而且就如最近態度研究所呈現的，可以自動地被引發，而且通常不需要管它們被激發的情境。相反的，論述社會心理學認為，社會心理學應該去檢視自然的交談或談話，以了解在日常生

活中評價是如何被建構及放置在一起的。對於採用論述來研究態度所隱含的反認知主義認識論，Potter 和 Wetherell 做了最好的摘述（1987, p. 4）：

> 我們無意於利用論述作為一個可以通往超越文本之外的本體或現象的途徑。論述分析不會理所當然地認為，說法理應反映出潛在的態度或性格，因此，我們並不期望個人的論述是一致且協調的。相反的，焦點是放在論述本身：它是如何被組織起來的，以及它在做什麼。論述中的條理將被視為論述被要求發揮條理功能的一個產物。

✍ 論述的脈絡變異性：態度是脈絡化評價的實踐

當論述取向的社會心理學家對於人們每天身處的社會世界日常談話的細節，進行了詳盡分析之後，他們發現人們的觀點既零碎、不一致，而且矛盾。這種混亂部分通常被傳統量化及質化的研究方法所弭平，因為這些傳統的量化及質化研究方法一直在人們的態度上尋找潛藏的一致性及連貫性。匯總式量化方法的使用，例如問卷資料中平均數的結果，以及使用總類別來將質化資料編碼，這些作法都將人們的反應予以同質化，並且抑制了變異（Potter & Wetherell, 1987）。對於人們在日常生活中實際進行的評價實踐，這些研究方法呈現了一幅過於簡化的圖像。論述社會心理學企圖「理解攜帶著所有矛盾及模稜兩可的日常評價是如何被使用的」（Potter, 1998, p. 242）。

潛藏在傳統社會心理學理論下的認知主義認識論，假定人類有與生俱來的動機想獲得認知的平衡與一致，而人的混亂、不一致也就跟著被掩蓋。這些傾向在我們前述所回顧的態度理論，尤其是在 Festinger 的認知失調理論，及圍繞在態度—行為之間關係難以理解的謎中，都有清晰可見的證據。傳統社會心理學的研究企圖測量及揭露穩定、一致的態度，好讓我們能夠預測人們的實際行為，這過程的確就好比尋找「聖杯」一樣。為了預測人們實際的行為實踐，Fishbein 和 Ajzen 將焦點從「態度」的概念轉變到「行為的意圖」。

就如同 Billig（1982; Billig, Condor, Edwards, Middleton, & Radley, 1988）提到的，社會心理學家們很少有興趣去理論化人們觀點和意見中的矛盾及「兩難」本質，其實人們可以忍受生活中相當多的矛盾，而不會產生不舒服。論述社會心理學認為，人們的觀點和意見視特定的論述脈絡而定，特定的論述脈絡決定了人們做出什麼樣的評價，以及這些評價被設定來做什麼用途：

> 評價沒有被當成是參與者可以隨身攜帶的製成品，而是因目前正要進行的目的而被動員起來的東西。對論述社會心理學而言，態度是被表現（performed）出來的，而非預先形成的（preformed）。（Potter, 1998, p. 246）

於是，從這個觀點來說，人們被預期會在不同的脈絡或場合中，展示他們對相同議題或對象的不同看法。例如，一項針對澳洲種族關係所進行的焦點團體討論的研究，Augoustinos、Tuffin 和 Rapley（1999）發現，參與者普遍地鋪陳澳洲殖民過往歷史的故事，用來解釋及說明既存的社會問題及澳洲原住民所經驗的不公平。在這個論述的情境中，參與者強調歷史因素在了解原住民的現代困境上所扮演的重要角色。然而，矛盾的是，當討論話題轉移到澳洲人是否應該承認原住民所遭受的歷史不公平時，相同的參與者卻主張，聚焦在歷史上是沒有建設性的，甚至會成為讓澳洲人無法前進到更為美好的未來的一個限制。對論述社會心理學來說，這樣的變異性是可以預測的，並且顯現出修辭的定位及功能。在前面的情境中，澳洲的殖民過往被用來辯護及合理化既存的不公平，特別是去責備英國帝國主義者造成了原住民的現代困境。在後面的情境中，歷史被否定了，其功能是去貶低原住民在當前所經驗到的不公平，因此也就大大減低了當代澳洲人對這些不公平所須負擔的責任。由此來看，評價為了修辭的目的被組織起來，以完成諸如責備、找藉口、辯護和合理化等社會行動。

把態度和論述資源放在一起

在第二章，我們詳述了論述社會心理學如何取代傳統的態度建構，其方式是藉由辨認出人們在日常談話活動中，在表達意見、主張和辯論時所使用的論述實踐和資源（Potter, 1998）。這些論述材料包含談話的重複模式，例如：詮釋腳本（Potter & Wetherell, 1987）和修辭的老生常談（Billig, 1987），這些都是參與者藉以推動談話前進的東西。從這個觀點來說，談話和論述都被視為社會實踐，並且以顯現各種語言材料和修辭設計如何構成特定的現實建構為目的而被分析。的確，現在有一大堆的論述研究，這些論述研究被用來分析詮釋腳本和修辭的老生常談，以及範圍廣泛的相關主題，包括種族和偏見（Augoustinos et al., 1999; Nairn & McCreanor, 1991; Wetherell & Potter, 1992）、性別和不公平（Riley, 2002; Wetherell, Stiven, & Potter, 1987）、男性氣概（Edley & Wetherell, 1995）和民族主義（Billig, 1995; Condor, 2000; Rapley, 1998）。

以第二章曾經討論過的 Wetherell 等人（1987）的研究為基礎，晚近 Riley（2002）針對性別和不公平做了一個研究，為我們展示了在了解性別與不公平這個社會議題的態度上，論述和傳統取向之間的差異為何。Riley（2002）針對職業男士對於工作場合中性別和不公平的觀點實施開放式訪談。在分析了訪談文本的一些細節之後，Riley 發現，公平主要被定義為以相同的方式來對待每個人，不論其所屬的社會類別為何。在這些說法中，社會團體被剝奪了他們在社會中的歷史及社會位置，而被放到相同及可替代的位置上。歧視被視為違背公平這個抽象的理想，而且任何一個讓社會團體類別變得凸顯的社會實踐或原則都被建構成歧視。「個人能力」的腳本強調優點的重要性，不論哪個社會團體類別都能普遍地用來解釋工作場所的受雇機會。Riley 展示了這些個人主義和性別（社會類別）中立的腳本如何運作，使得工作場所中既存的性別歧視合法化，以及破壞那些被用來改善女性機會的各種介入。更進一步，她認為如此一個團體中立的解釋否定了諸如女人這類在歷史上的弱勢團體不同或特殊待遇的需要，並掩飾了權力和地位關係的差異。在男人的

談話中明顯缺乏的就是：涉及（享有特權的）男人和（弱勢的）女人之歷史地位的結構性和社會層面的公平及歧視的另類建構。

如我們前面所指出的，論述分析的一個重要特色是，它有能力去解釋人們如何處理所擁有關於性別和公平的矛盾立場。一方面，這些職業男士非常支持工作場所的性別平等；但另一方面，他們並未準備要支持介入方案，例如：促進平等的肯定婦女行動。的確，這被建構成歧視性的實踐，違反了平等對待每個人的抽象原則。如 Wetherell 等人（1987）的研究所言，這些男人可以被描述為「不平等的平等主義者」。

此刻，清楚地知道論述社會心理學的主張是重要的。例如，它不是主張人們無法產生類別式的回應，如問卷反應量表中典型公式化的回應。很明顯的，人們能夠產生如此「獨立式」的評價及個人意見，當他們被研究者要求要這麼做的時候（Puchta & Potter, 2003）。然而，在平常的談話與對話中，評價會被參與者修辭地組織並引發，來完成諸如辯護、解釋和防衛等社會行動及功能。人們可能同意或不同意，但通常他們會如此做是有附帶條件、限定條件、解釋，或者辯護等等。在論述心理學裡，評價的修辭組織與社會功能對分析者來說是很有用的東西。

專欄 4.2　測量對女性的矛盾態度

仔細想想，使用問卷量表測量性別平等態度的傳統認知取向，如何能碰觸到矛盾性和曖昧性。以下狀況是非常有可能的，例如，在 Riley 的研究中，當參與者被要求針對下述這類平等主義的問題做出回應時：「男人和女人在工作場所中應該有相同的機會」、「歧視在工作場所中是不能被接受的」，有可能會獲得高分。毫無疑問的，很多人會以「強烈同意」來作為他們偏好的回應。如我們在 Riley 的論述研究中所見，當在關鍵的時刻，人們能完善地迴避這類平等主義的承諾。

當然，這可能會被反駁說，好的問卷量表會在建構時就已經將這些問題納入考量，而將測量較隱微的歧視形式的問題涵蓋在內。的確，解決方法已經由那些設計來測量矛盾的性別歧視（Glick & Fiske, 1996）或隱含形式的種族歧視（McConahay, 1986）等量表建構所提供。

專欄 4.2　（續）

　　下列是我們從 Glick 和 Fiske（1996）所發展的「矛盾性別歧視量表」（*The Ambivalent Sexism Inventory,* ASI）所做的取樣。回應者被要求對 22 題「關於現代社會中的男性和女性，及他們的關係的陳述」，以六點量表〔從強烈不同意（0）到強烈同意（5）〕來表明他們的意見，例如：

1. 不論男人如何完美，除非他擁有女人的愛，不然他無法真的像個完整的人。
2. 多數女人要不是被視為純潔的，就是被性別歧視的。
3. 女人應該被男人珍惜與保護。
4. 女人企圖透過控制男人來獲得權力。
5. 當女人在公平競爭中輸給男人時，她們一般來說會抱怨被歧視。
6. 和男人比較起來，女人傾向有較高的道德感。

　　題目 1、3 及 6 被用來代表親善型性別歧視，針對的是擁護傳統性別角色的女人；而題目 2、4 及 5 是敵意型性別歧視的代表，主要是針對非傳統的女性。

　　想一想這些陳述，你或其他人可能會如何回答。

- 這些陳述在掌握對女人的矛盾態度上的表現如何？
- 使用這種量化的量表來測量公眾態度有些什麼好處呢？
- 用這種方法來測量態度有哪些不利呢？
- 可以把矛盾視為一種個人內在的心理狀態嗎？
- 把矛盾視為座落在意識型態的論述中，而不是在個人身上，會有什麼好處呢？又有什麼缺點呢？

　　此外，如我們將在第七章進一步討論的偏見和種族歧視，矛盾不是被視為個體內在的認知或心理狀態，而是如 Billig（1996, Billig et al., 1988）所主張的，矛盾是位於社會裡較廣泛的意識型態論述中，而這些意識型態論述是圍繞著諸如正義、自由、公平和個人權利等自由派個人主義原則而組織的。

這些自由原則能被彈性地加以調整，並且以一種矛盾的方式去做重要的修辭潤飾：在一些情境中，這些原則能被喚起去為賠償缺失及改善團體地位的變革進行辯護，而在其他情境裡，這些原則能被用來辯護和證明既存的社會關係。當任何自由民主社會的成員在爭吵及辯論公正、公平與正義的理念時，自由主義原則的彈性並置會產生很多意識型態的兩難處境（Billig et al., 1988）。

　　如同Potter（1998）指出的，論述社會心理學強調將人們的觀點和意見加以脈絡化，將之放在社會中較廣大的意識型態論述的脈絡來加以考慮，這種作法類似於社會表徵傳統把態度視為從廣泛共享的表徵浮現出來。然而，這兩個傳統背離的地方是社會表徵理論保留認知主義的認識論，不但將表徵置於心智中，也置於世界中；論述社會心理學沒有安置基礎的認知裝置來服務人們關於世界的講述。

　　態度的社會認知取向假設態度是東西（things），它們能被定義、測量、改變，並且能對其他的東西（如：行為）發揮因果效力。所有這些未必明晰、也不必然意味著 McGuire 對態度的定義：「是把思考的物體放置在評價向度上的一種反應。」但非常清楚的是，這些全都被另類的論述取向挑戰了，後者視「態度」為沒有本體論的位置，容易隨著情境而改變，而無法維持任何一致性的推論。取而代之的，「態度」被視為談話中表達的評價實踐（evaluative practices），以完成特定互動環境中的社會行動（見專欄 4.3）。

專欄 4.3　「態度一致性」的議題

　　態度的個人主義、心靈主義、社會認知取向的主要限制是，它們努力解釋態度的內容和態度的共享性。透過把焦點放在過程上，例如激發作用和易接近性，它們忽略了態度內容的起源與功能。此限制是社會認知分析旗下的所有分類歷程，如基模、刻板印象和態度，所共同擁有的一般限制。然而，論述心理學家宣稱諸如「態度」這種穩定和持久的認知架構，難以在如日常談話與對話這些自然資料中找到座落的位置，其確切的主張到底為何？

專欄 4.3　（續）

　　毫無疑問的，人們在互動中對於同樣對象所表達的評價是不一致的，例如，不喜歡湯尼布萊爾的人並不總是以相同的程度討厭他，或甚至可能在不同的情況下一點也不討厭他。表面上相同的負面評價在不同情況下會意指不同的事，甚至類別或對象「湯尼布萊爾」會依所處情境脈絡而改變，這造成態度的社會認知式標準解釋的問題。然而，像這樣的變異必定是對一致性的駁斥嗎？想想湯尼布萊爾在擔任英國首相期間有多少公開演說。毫無疑問的，在他的公開言論中，對於廣泛的政治、經濟和社會議題有相當多的變化性和靈活性。然而，我們同時也看到相當程度的一致性。舉例來說，想想布萊爾對伊拉克戰爭所表達的立場。去爭論布萊爾對戰爭沒有態度及沒有一個強烈的態度，這是無法想像的！

　　那論述取向如何解釋及說明跨情境的一致性？論述心理學訴諸「詮釋腳本」的概念來處理這個問題。若我們回到湯尼布萊爾及他贊成對伊拉克發動戰爭的立場，我們將可以，例如，辨認出布萊爾當時普遍運用了兩種腳本以捍衛他的出兵立場。第一，有「大量毀滅性武器（weapons of mass destruction, WMD）腳本」。當然，當 WMD 沒有出現時，這個詮釋腳本就被一個強調需要移轉海珊胡笙（Sadam Hussein）政權，以及在伊拉克引進「自由和民主」的腳本所取代。

　　如 Potter 和 Wetherell 所描述的，詮釋腳本的概念更多是屬於描述性質，而非分析或者解釋性的性質。這概念引起很多議題：關於這樣的腳本如何被當作一個集體現象而生產出來、它們彼此之間如何競爭或協商、它們如何在互動過程中與個人產生關聯。此外，很多人可能會認為，這概念也需要對「論述以外的東西」有些讓步。

🦋 本章摘要 🦋

　　在這章中，我們檢驗了社會心理學中最常被研究的概念之一——態度。對於態度，傳統的社會認知取向認為態度是評價特定事物、人或問題的持久且穩定的認知結構。有些態度比其他態度更容易接近，因此也更容易被激發。與最近在社會認知領域中對於自動化的研究趨勢一致，研究已證實有些態度是隱含的，能夠無意識地被激發，在我們有意識的覺知之外被激發。態度研究的傳統取向對於態度議題的長久謎團——態度和行為之間的問題關係，已做了處理。能夠更好地預測這個複雜關係的理論模型已經被發展出來，包括：理性行動理論，及後來的計畫性行為理論。

　　如早期態度的功能取向所強調的，態度也是社會認同的重要標誌。社會認同和自我歸類理論認為，共享態度是心理團體組成的一個基礎。社會團體對於特定態度有特殊的規範，所以，某一個時刻特定社會認同的凸顯將影響規範性態度與行為的表達。在相似的脈絡中，社會表徵理論強調態度所具有的團體定義及共識性共享的本質。社會表徵理論學者已經針對社會認知領域裡日益個體化傾向的態度建構提出批判，堅持應該重返態度的互動性及對話性特色。

　　論述心理學對於態度建構提出了一個基進的理論性重新闡述。取代視態度為持久及穩定的認知結構，係用來組織人們對一個事件的觀點及感覺的這種立場，態度被理解成評價的實踐，是在日常的社會互動中實踐的結果（Potter, 1998）。人們所表達的評價本身被認為是多變的、不一致，甚至矛盾的，取決於他們談話的行動方向。

🦋 延伸閱讀 🦋

Eagly, A. H., & Chaiken, S. (1998). Attitude structure and function. In D. T. Gilbert, S. T. Fiske & G. Lindzey (Eds.), *Handbook of social psychology* (4th ed. pp. 269-322). New York: McGraw-Hill.

Fazio, R. H., & Olson, M. A. (2003). Attitudes: Foundations, functions, and consequences. In M. A. Hoff & J. Cooper (Eds.), *The Sage handbook of social psychology* (pp. 139-160). London: Sage.

Gaskell, G. (2001). Attitudes, social representations, and beyond. In K. Deaux & G. Philogène (Eds.), *Representations of the social: Bridging theoretical traditions* (pp. 228-241). Oxford: Blackwell.

Potter, J. (1998). Discursive social psychology: From attitudes to evaluations. In W. Stroebe & M. Hewstone (Eds.), *European review of social psychology* (Vol. 9,pp. 233-266). Chichester: John Wiley.

Terry, D. J., & Hogg, M. A. (Eds.). (1999). *Attitudes, behaviour, and social context: The role of norms and group membership*. Hillsdale, NJ: Erlbaum.

第**5**章
歸·因·

　　事情發生了，如車子故障、考試不及格、運動隊贏或輸、人們談戀愛、以離婚結束婚姻、失去工作、親愛的人過世、在街上爭吵、在戰爭中殺人、種族團體嘗試消滅其他團體等，大多數人多半不接受他們所生存的世界是善變、反覆無常或無規則的。對多數人來說，事情的發生大多時候是有緣由的，事件是有起因的。為了讓生活有秩序且可預測，人們對事件的原因和解釋進行歸因，用以了解為何人們會這麼做。人們行為的方式、他們歸因的理由、如何進行歸因，及他們做歸因和不做歸因的情況，這全部形成了歸因理論（attribution theory）的主要內容。

　　像前面一章的態度，我們將從四個不同的理論架構來回顧歸因或因果解釋的研究：社會認知、社會認同、社會表徵，和論述心理學。像多數的社會心理學主題一樣，歸因的研究主要是在社會認知研究的傳統之下，其主流觀點為反映人們如何對日常生活事件及行為進行因果歸因。然而，我們將看到其他理論取向企圖對日常生活的歸因因果提供一個較社會性及脈絡性的解釋。

社會認知和歸因

　　在 1970 和 1980 年代期間，歸因理論支配社會心理學，且在那時期產生大量的研究成果。Kelley 和 Michela（1980）報告在 1970 年期間發表了超過九百個歸因研究；到了 1994 年，Smith 估計這數字要再乘四倍。最近，因果歸因研究已經衰退，雖然這傳統大部分已經被納入「人格學」（ordinary personology）領域之下。人格學是由 Daniel Gilbert（1998）所創造的新詞，它談論的是普通人理解其他人的過程，普通人透過對他人的臨時狀態與感覺，來推論其穩定與持久的特質與特徵。如我們下面將看到的，這種理解他人的方式共享了大多數歸因理論的核心重點。儘管大多數研究者把注意力耗費在歸因研究上，社會心理學仍無法發展出一個單一、統一、整合的歸因理論（Gilbert, 1998），而是有數個歸因過程的「小理論」。後來，其中三個小理論被視為是最重要的——Heider、Jones 和 Davis，以及 Kelley 所提出的理論，在這一章我們都會談到。這些小理論不是相互競爭的理論，它們沒有針對相同的社會現象來相競解釋，反之，它們互相補充，使它們有可能被整合進一個單一且包羅萬象的歸因理論，雖然這件事尚待完成。

Heider（1958）的素樸心理學

Fritz Heider 是一個奧地利猶太人，他逃離戰爭時期恐怖的歐洲，到了相對安全的美國。Heider 最重要的成果是在 1958 年的書《人際關係心理學》（*The Psychology of Interpersonal Relations*），後來的許多研究都可在此書中看到影子。在此書中及一篇較早的文章裡（Heider & Simmel, 1944），Heider 清楚地表達「常識心理學」（common sense psychology）或「行動的素樸心理學」。

Heider 的常識心理學把人視為素樸科學家。人們直覺地或以常識的方式推論或演繹周遭事件的起因，他們自然地認為世界是有因果關係的，甚至如我們在第二章開頭所講，就算沒有絲毫的因果關係，人也會以擬人方式來解釋（Heider & Simmel, 1944; Michotte, 1963）。把客體與事件放入因果關係的排列中，人在認知構造裡組成一個因果系統（Krech, Krutchfield, & Ballachey, 1962）。其中最重要的問題是，哪些客體與事件被當作因、哪些被當作果，這幾乎界定了歸因過程。Heider 認為，我們傾向把一個原因及其結果知覺為一個知覺單位，有些客體及事件比其他的更容易結合在一起，而形成一個因果單位；尤其當客體或原因是人類行動者，且事件或結果是社會行為的時候。「知覺單位」的兩個主要決定因素是相似性和接近性。在我們的直覺因果系

統中,兩個事件若是接近而非疏遠的話,較有可能被看作因果相關。時間的接近性尤其在影響所覺知的因果關係上是強而有力的。同樣的,兩個事件間的相似性較大,讓它們和不相似事件比起來,較可能被覺知成一個因果單位。

再者,因果推論有兩個原則是重要的:第一,人們傾向把行為歸因到一個單一的原因,而非多個相關的原因;第二,行為的原因不是被想成存在於行動者內部,就是被想成存在於行動者外部的某處情境裡。在行動者內部的原因被說成是**性格原因**(dispositional causes),包含的因素如:人格特質、動機、能力和努力。在行動者外部的原因是**情境**(situational)原因,包含的因素如:社會脈絡和角色義務。根據 Heider 的想法,這兩大類的原因是自比性的(ipsative),也就是其中一個被偏愛用來解釋特定行為時,另外一個也將較少被用到。Heider 注意到當人們解釋行為的時候,人們傾向強調性格或內部原因,而忽視了情境原因。這樣的傾向已經是大家所熟知的「基本歸因謬誤」,我們之後將會回到這點討論。

✍ Jones 和 Davis(1965)的對應推論理論

歸因理論在北美社會心理學的抬頭,可以追溯到 1965 年 Edward Jones 和 Keith Davis 發表的報告,這報告概述了他們的對應推論理論(theory of correspondent inferences)。這理論是第一個將 Heider 一些較早期的想法組織化的。理論的基本假設是,在某情境之下,人們表現出強烈的傾向去推論人的行動是對應到其意圖和性格。那就是說,人們喜歡做推論,把一個人的行為和人身上的基本穩定特性相配在一起,舉例來說,對應推論會把某人的好鬥行為歸因到人內在穩定的特質,例如:「野心」。Jones 和 Davis 認為,我們需要將人的行為視為有目的和可預期的、反映他們基本的特質,所以激發了這樣的推論。因此,接著增加我們能預測及控制其他人行為的判斷力,所以我們的社會互動可以較為一般化。

然而,在日常生活中,做如此的對應推論可能不是簡單易懂的。必須做這種推論時,可能資訊是含糊不清的,需要我們利用最多訊息的線索(減少那些行為原因的不確定性)。Jones 和 Davis(1965)概述三個影響對應推論

過程的主要因素：行為的社會期望性、個人的行為選擇，以及包括利害關係和個人主義等動機變項。

　　相對於那些不是社會所期許的行為，被認定符合社會期望（socially desirable）的行為往往提供較少訊息。當行為是社會期望的（即行為發生在某情境並令人稱許），也就是說，它是合乎規範或被預期的。觀察這樣的行為對覺察者並不具有資訊性，因為有其他幾個同樣很可能的原因來說明為何行為會發生，例如：某個行為的發生，可能是因為行動者本質上是個好人，願意長期從事這種社會稱許行為（也就是一個性格或內在的歸因）；或者僅僅是因為每個人都認為這麼做是對的（一個情境或外在的歸因）。這兩種解釋都同樣可能，所以行為無法提供有意義的訊息，因為它無法幫助覺察者對於好、稱許、被期望、合乎規範行為，判斷出兩種相競爭的解釋何者正確。

　　以社會不喜歡的行為來看，情況並非如此。這樣的行為是不合乎規範的，它們並不是被期望的行為，它們的確因此比社會稱許行為提供較多訊息。在社會期許的行為中，對於性格及情境的解釋是同樣可能；對於不被社會所喜歡的行為，情境的解釋會被忽略，我們往往更傾向性格解釋。因此，覺察者就像是科學家，會運用直覺來降低訊息的不確定性，協助我們從兩者之間選出其一的解釋。不受歡迎的行為比稱許行為有較多訊息，且讓感知者有信心對行動者做性格歸因，但是這種以行動者性格做出的歸因，有可能像這些不被社會期許的行為一樣過於負面。

　　對應推論的第二個重要決定因素是，行動者是否自由地選擇行為，也就是**非共同效應原則**（principle of non-common effects）。當我們覺察到需要在數個行為之間做選擇，而行動者是有自由選擇的權力時，這個原則就會發生作用。這是因為在這些情況之下，行為提供了一些訊息，因此，我們往往會暗地偏愛某一種行為的解釋來減少不確定性，使這個原則產生作用。

　　行為結果的稱許性及非共同效應原則都是影響歸因過程的認知因素，在Jones和Davis的對應推論理論中，最後的因素是動機的，包含兩個相關的建構——**利害關係**（hedonic relevance）和**個人主義**（personalism）。利害關係是指若行動的結果會影響感知者，對於感知者具有利害關係，感知者有可能被行動傷害，或是從行動中得利。個人主義的行動是利害關係行動中的一種，

其特色是某個行動者進行某行動的「意圖」，對感知者有利害關係。不管是我們覺知到有利害關係或個人主義，這些行動和其他行動相比，較有可能對行動者產生對應推論。

Kelley（1967）的共變模式

Heider 首先明確說明了專業科學家和日常感知者之間的相似性，這也成為 Harold Kelley 歸因共變模式的前提。這模式最重要的就是共變原則（principle of covariation），而共變原則主張，在兩事件可被接受成有因果關係連結之前，這兩個事件必須隨彼此而共同變化；若兩個事件沒有隨彼此而共同變化，它們無法有因果關係的連結。

Kelley 提出的共變原則有點類似人們在日常生活中推論因果關係的方法。Kelley（1967）主張，在進行共變性評估時，有三個因素是重要的；且根據我們有興趣的行為不同，這三個因素會有不同排列組合，並導致不同類型的因果結論。這三個因素是「一致性」（consistency）、「區別性」（distinctiveness）和「共識性」（consensus）。假使把它們視為彼此獨立的，這三向度會形成一個立方體，因此，Kelley 的模型通常被說成是一個歸因立方體。當某人在某時對某刺激做出反應，感知者對其所做出的歸因，都可以用這三個向度作為脈絡，找到符應的點。「一致性」指一個人在不同時間對相同或相似刺激是否用相同的方式回應。「區別性」是關於行動者對其他、不同刺激是否用相同的方式表現，或行動者的反應在不同刺激之間是否有區別。「共識性」強調的不是行動者的行為，而是著重在其他人的行為，例如：各行動者對於相同刺激的回應有共識嗎？或人們的回應是不同的嗎？根據共變模式，察覺者幾乎會以二分的方式來進行決定：行動者在不同的時間不是以相同的方式表現（一致性高），就是以不同的方式表現（一致性低）；行動者不是對不同刺激表現相似反應（區別性低），就是只針對特定刺激有相同的回應表現（區別性高）；行動者不是和多數其他人表現相同的方式（共識性高），就是表現得不一樣（共識性低）。

這三個因素不同的排列組合對於行為的原因會導致不同的歸因。當一致

性高、區別性低及共識性低的時候，很有可能是內在或性格歸因。當一致性高、區別性高及共識性低的時候，很有可能是外在或情境歸因。其他種的排列組合則會導致較不清楚的歸因。

在 Kelley 提出這個原始公式（Kelley, 1972）的五年之後，兩個重要因素被加進共變性模式中——「折扣性」（discounting）和「擴大性」（augmentation）。一個事件會有很多原因，有時候事情的發生是數個貌似有理的原因共同存在的，但有些原因被認為是擴大或較可能造成已知的影響，有些原因則被認為是抑制或較不可能造成已知的影響。儘管當事件發生時，抑制的原因也出現，但擴大的原因會比在僅有擴大原因與效應出現，而無抑制原因時，還要更強。假使也有其他貌似有理的原因存在，任何單一因素作為一個事件的原因會被打折扣（Kelley, 1972）。

Kelley 的共變模式有一個感知者的重要必要條件，這沒有被包含在 Heider 或 Jones 及 Davis 的模型中，那就是，感知者在不同的時間點、不同的情境和不同的行動者上如何運用訊息。沒有這樣的訊息，要進行一致性、區別性和共識性的判斷是不可能的。相反的，在素樸科學家模型及對應推論模型中的察覺者做因果歸因，是基於單一行動者在單一情況完成的單一行動。這對於要評價理論與日常實務的關聯性是非常重要的。人們不會常常接觸到要指派一個原因給某個行動這種問題，所以，「其他人是否對相同刺激有同樣的行動來反應」，或者「同樣的人是否做出同樣的行為」，或者「行動者對其他刺激怎麼做出反應」，這些問題的可能性人們大多會無意識或忽視掉。人們不會把每一個事件當成像新的一樣來思考。另一方面，每次人們分派一個原因給一個行動的時候，並不像 Kelley 共變模式所描述的那樣致力於複雜的心智計算，解決這困境的一個方法可以用「因果基模」（causal schemas）概念（Kelley, 1972, 1973）。Kelley 的概念可以用來說明人腦內一套關於「原因和影響」之間關係的知識是如何儲存的。我們每個人透過社會化獲得事件的內隱因果理論，這內隱理論提供我們一天所遇到的大多事件的現成解釋，大多數時候，我們可以靠此來發揮作用，只有在不平常、例外或重要的事情上，才需要我們特別去注意。當我們對生活中歸因現象談到文化或社會表徵的取向時，我們將再回到這因果基模的概念。

Heider、Jones 與 Davis，以及 Kelley 的著作構成歸因理論的主要理論基礎。同時，這三個解釋提供廣泛的觀點，解釋人們如何著手去理解他們世界的因果事情。對於一般人如何探索周遭世界來進行因果理解，這三個理論家都明確地採用某種類比，即我們是專業科學家，使用系統化方式來尋找自然界事件的因果。這比擬的結果是人類感知者的觀點是理性的，以及讓歸因過程是完全符合系統與邏輯的方式。但我們只要稍加回想，會發現到人們一般是不會用這方式表現，甚至科學家自己平常也不會如此表現。我們有理由認為歸因理論是具有時效性的，進行歸因時也許應有那些限制。的確，實徵研究發現人們不會以如此系統及計算的方式做歸因，而是社會感知者在對事件和行為歸咎因果時，會呈現出持久的偏見。下面我們要談談這些歸因偏誤是什麼，以及它們可能出現的理由。

歸因偏誤

當我們做出一個偏離常規的歸因，這被認為是一種有偏誤的歸因。有些歸因研究者提到偏見是錯誤的（error），這意味著研究者知道行為的「真正」原因，但在所有情況下，我們都不可能知道「真正」的原因，因此沒有效度可作為評估歸因真實度的基準。然而，僅是把它認為是歸因偏誤而非錯誤，這是比較好的。

基本歸因謬誤

〔基本歸因謬誤〕是歸因者在控制行為上傾向低估情境因素的衝擊及高估性格因素的角色。（Ross, 1977, p. 183）

近年來，Gilbert（1995, 1998; Gilbert & Malone, 1995）認為這現象是「對應偏誤」（correspondence bias）。「基本歸因謬誤」（fundamental attribution error, FAE）的最早期實徵論證，是由 Jones 和 Harris（1967）的研究中提到

的，受試者根據行動者對某議題的陳述，做出對此行動者態度的對應推論。就算參與者知道行動者在做說明時沒有其他選擇，這樣的推論也會發生。在第一個實驗裡，參與者閱讀一篇關於卡斯楚（Castro）的古巴之短篇文章，然後指出他們認為這篇文章作者的真正態度是什麼。每位受試者只閱讀一篇論文，但有其中一半的論文是贊成古巴強人卡斯楚，另一半論文是反對卡斯楚。只不過在 1960 年代中期的美國北卡羅來納州，沒有很多卡斯楚的擁護者，使贊成卡斯楚的文章成為不太可能的行為（但因此提供更多訊息），這種特定的時空背景，使得文章的方向（贊成或反對）構成行為的優勢可能性操作。除了在論文方向操作，第二個操作為是否自主撰寫的選擇。受試者被告知他們所閱讀的論文是由參加政治學考試的考生所寫的，其中一半的受試者被告知文章作者可以自由選擇寫一篇為卡斯楚的古巴辯護或是批評的文章；另外一半受試者被告知有些文章作者被強迫去寫一篇批評卡斯楚的古巴之文章，或是被強迫寫一篇為卡斯楚的古巴辯護的文章。換句話說，受試者被引導去相信文章的立場是被強迫的（無選擇，沒有太多訊息的），有些則是作者可選擇的（選擇，有更多訊息的）。在閱讀完兩百字的文章之後，受試者回答關於他們認為文章作者對於卡斯楚的古巴之「真正」態度的問題，接著表明他們自己對於卡斯楚的古巴之態度。

對於擔任觀察的受試者而言，如果行為的訊息多寡是決定對應推論的最重要因素，那麼，在閱讀贊成卡斯楚文章，且這文章的作者能選擇批評或擁護「卡斯楚的古巴」，這組受試者會有顯著的推論證據；而在閱讀反對卡斯楚文章，且這文章的作者被強迫寫的，這組受試者的推論證據最不明顯。在表 5.1 裡，我們可以看到「歸因態度分數」平均值，分數的範圍從 10（反對卡斯楚）到 70（贊成卡斯楚）。這裡的確有證據顯示參與者做對應推論，對態度的推論和文本方向相配，且在有選擇的情況下，比無選擇的情況下推論較強烈。但「基本歸因謬誤」最重要的部分是，在無選擇的情況下對應推論仍舊是明顯的，甚至當參與者被告知文章作者是被指定去寫贊成或反對卡斯楚的論文，他們仍然推論文章作者的態度和論文所表達的觀點一致，這是「基本歸因謬誤」：歸因者（實驗中的參與者）明顯地低估情境因素的衝擊，及高估性格因素的角色對行為的影響。此外，Jones 和 Harris（1967）所做的實

表 5.1　歸因態度分數的平均值（括號內是變異數），根據論文的方向和選擇
　　　　的程度

	文本的方向	
選擇的情況	贊成卡斯楚	反對卡斯楚
有選擇	59.62　（13.59）	17.38　（8.92）
無選擇	44.10（147.65）	22.87（17.55）

資料來源：Jones & Harris, 1967, p. 6.

驗二證明「是否有選擇」的操作不會削弱態度歸因的效果，甚至在「無選擇」
這個條件下的受試者，他們仍能對文章作者是否有選擇產生同樣的覺察，就
算文章有矛盾，也不會改變受試者這種歸因的傾向。

・性格歸因是自發及自動的・

　　Gilbert（1995, p. 106）將行為歸因到性格而非情境的結論，是「在人類
的歸因研究紀錄中最確實及健全的發現」之一。而且，近來的研究將重心放
在社會知覺的自動性，有些研究提到做對應推論是如此自然，以致於我們常
自發地做性格歸因，而不需要意識的知覺（Gilbert, 1995, 1998; Newman & Ule-
man, 1989, 1993; Uleman, 1999）。在社會認知的說法中，性格歸因是「預設
選擇」——察覺者自動地將行為歸咎到人的特質，因為這樣的歸因是「快速
和習以為常的」（Fiske, 2004）。Quattrone（1982）是第一位提出歸因的模型
是系列的，這模型認為一旦行為被辨認，通常第一個會做性格歸因，自發地
且沒有透過意識深思；若察覺者被激發且有時間去思考兩者之一的解釋，這
些歸因後來可能修正為情境歸因。因此，雖然做出個人特質歸因是容易而不
費力的，情境歸因是需要更多心力和認知資源來進行修正的（Gilbert, Pelham,
& Krull, 1988）。這一系列的歸因模型有三個階段，如圖 5.1 所示。Trope 和
Gaunt（2003）進一步補充，他們認為若感知者有下列三種狀況，較有可能做
出情境歸因：

圖 5.1　Quattrone 的歸因三階段模型
資料來源：改編自 Gilbert, 1995.

1. 要為他們的推論負起責任；
2. 沒有追求其他目標而造成認知上的忙碌或分心；
3. 當情境歸因是明顯的、可被接受和有相關的時候。

　　但性格歸因為什麼比情境歸因如此不費力及較少認知的需求呢？現在我們再來談這個問題。

「基本歸因謬誤」的解釋

　　已經有數種方式來解釋「基本歸因謬誤」或對應偏誤（Gilbert & Malone, 1995）。這些解釋有兩種不同的傾向：其中一種解釋是基於心理或認知的過程，另一種則在社會、文化和意識型態裡尋找偏見解釋。Heider（1958, p. 54）是第一位提出認知解釋的人，他主張「行為有種明顯的性質，它是特質化的，具有場域的主導性」。Fiske 和 Taylor 支持這認知解釋，他們描述情境因素如何引起行為，例如：社會脈絡、角色或情境壓力，「當和行動者的動力性行為比較的時候，情境因素相對呆板及黯淡，且不太可能被注意到」（1991, p. 67）。因此，「基本歸因謬誤」在知覺領域中主要被行動者的支配性所解釋。

　　另一個是動機的解釋，它強調個人歸因給了我們對於其他人行為的預期控制感的程度。Jones 和 Davis（1965）強調這方面的對應推論：這種推論是被我們的需求所誘發的，將人們的行為視為是有意向性的，且反映出他們潛在的人格特質。若我們支持人們的行為會根據他們所處的情境而不穩定及變

動,那麼,這使得預測他們的行為及控制我們的環境這些全都變得較困難。因此,性格歸因或對應推論提升我們日常生活的預測及控制感,那就是我們喜歡它們的原因。

其他人認為,性格傾向的偏誤並不是一種認知功能性的宇宙性法則,而是反映了在歐洲和美國文化中,個人主義的具支配性意識型態(Bond, 1983; Farr & Anderson, 1983; Moscovici & Hewstone, 1983)。Ichheiser(1949)是第一位注意到偏向個人而非情境之因果關係的傾向,但他沒有視這種現象為認知判斷上個人「錯誤」或偏誤,他把此現象視為一種植基於美國社會的集體和文化意識的解釋(Farr & Anderson, 1983)。在西方自由民主國家中的個人支配性表徵是重要的關鍵因素,遠遠超越情境和脈絡考慮之上。那麼,「基本歸因謬誤」可能不僅僅是認知或知覺的偏誤而已,更重要的是,西方、工業化將「個人」建構視為行為的根源所造成的產物。如果歸因和解釋的確是基於個人的文化表徵,那麼在個人歸因的普及率上,跨文化的差異應該很明顯。的確,像我們之後將討論的,如果比較個人主義者文化和集體主義者文化中性格歸因的盛行率,這些結果已經大量地由研究證實(Miller, 1984)。像我們將看到的,住在集體主義社會裡的非西方人士們,這些人似乎未具有這樣主宰性的知覺傾向。

✍ 行動者—觀察者效應

> 行動者普遍有將他們的行動歸因到情境條件的傾向,然而觀察者傾向將相同的行動歸因到穩定的個人性格。(Jones & Nisbett, 1972, p. 80)

Fritz Heider 注意到行動者和觀察者對於行為、情境和情境中的行為原因有不同的觀點。「人們傾向將他自己的反應歸因於客體世界,而那些其他的人因為他們和他自己是不同,則相對地將之歸因於個人的特質」(Heider, 1958, p. 157)。想想我們解釋自己在社會上不良的行為(例如:粗魯或不禮貌)很容易用情有可原及緊張的情形來說明;但當別人有相同的行為表現時,

卻抱持較少的同情心，而將之歸因於人的性格。Heider 將此歸類為「歸因的極化傾向」；Jones 和 Nisbett（1972）稱之為「行動者―觀察者效應」（actor-observer effect, AOE）。

一個證明「行動者―觀察者效應」的古典實驗由 Ross、Amabile 和 Steinmetz（1977）執行，這實驗採取機智問答的遊戲形式，由相同性別的參與者成對參與。每對中的其中一位成員隨機被分派到問問題的角色，另一位則扮演競賽者的角色，所有的受試者都是採隨機分派的。有十二對參與者是在實驗組，有六對則是控制組。在實驗組裡，提問者被告知去編造十個「具挑戰性但有解」的常識問題問競賽者。當提問者這樣做時，競賽者被告知去組成十個簡單的常識問題，只要有「參與研究的精神」就好。在控制組中，提問者與競賽者都一樣被要求想出十個簡單的問題，然後在機智問答遊戲之中，提問者可能對競賽者問十個由別人事先擬好的問題。

在參與者組成他們各自的問題之後，他們參加機智問答遊戲。在「機智問答遊戲」期間，實驗組中的提問者向競賽者問他們那十個困難但有解的問題；控制組中的提問者被提供十個問題去問競賽者。實驗者會正確地記錄答對問題的數目，根據提問者的答案，平均答對的題數只有十題中的四題。在完成機智問答遊戲之後，提問者和競賽者用一些向度來評分自己和夥伴，我

表 5.2　在機智問答實驗中，提問者和競賽者對自己和他人普通知識的平均評分

評分者	評分	
	自己	他人
實驗組		
提問者	53.5	50.6
競賽者	41.3	66.8
控制組		
提問者	54.1	52.5
競賽者	47.0	50.3

資料來源：Ross, Amabile, & Steinmetz, 1977.

們要求他們參考「一般史丹佛學生的常識水準」（這實驗是在史丹佛大學執行），參與者以 0 到 100 的分數來評分自己和他人，50 分是代表「史丹佛學生的平均數」。參與者所提供的平均分數呈現在表 5.2 中。

在控制組中，就相較一般史丹佛學生的常識水準，提問者和競賽者對於自己和他人沒有明顯的區別，每個人評分自己和他人大約和平均值一樣。另一方面，在實驗組中，配對中的每位成員看待自己和他人有很大的差別。提問者沒有真的區別自己和他人，兩個評分都大約在平均值附近。雖然競賽者把自己評得比平均值低分（大概是從平均只答對十題中的四題來推測），但把提問者的分數評得比平均值高分（大概是承認提問者所提出的常識問題的困難度）。

對於這結果，有什麼令人吃驚的呢？分派到提問者或競賽者的角色是隨機的，且參與者知道這分派是隨機的，所以據推測，若角色顛倒，原先的競賽者編造十個困難的問題，而原先的提問者要從中答對四題。以表現「聰明」行為的機會來說，角色之間有不對稱。提問者掌控全局，而競賽者只能乖乖配合而已。提問者的角色讓提問者比競賽者處於優勢，提問者顯然知道這點，沒有提高自己的地位也沒有降低競賽者的地位，但競賽者似乎沒有覺察到或未正確知道優勢被賦予在提問者身上。

在實驗的第二部分，Ross、Amabile 和 Steinmetz 找了一些同謀扮演提問者─競賽者的工作。在憂心實驗是否可靠的狀況下，真的參與者目擊這些互動，接著這些受試者根據一般史丹佛學生的常識水準，同時對提問者和競賽者進行評分，讓他們以為是可靠的，這些參與者表現得完全像觀察者，明顯地透過競賽者的眼睛來看機智問答遊戲。他們給提問者的平均分數是 82.08、給競賽者的平均分數是 48.92，因此反映了競賽者自己先前所提供的評分。

・「行動者─觀察者效應」的解釋・

對於「行動者─觀察者效應」的解釋有不同的觀點。像「基本歸因謬誤」一樣，一種解釋是知覺的，且本質上主張行動者和觀察者確實有「不同觀點」（Storms, 1973）。行動者無法看到自己的表現，從行動者的觀點，情境對於行為的影響是最顯著和可見的，如物、人、角色規定和社會環境。然而，從

觀察者的觀點，行動者的行為感覺上比情境或背景更為顯著。行動者和觀察者對於這些「有利位置」的差異造成不同的歸因傾向：行動者做情境歸因，而觀察者做性格歸因（Taylor & Fiske, 1975）。Taylor 和 Fiske（1975）的一個研究試圖檢驗知覺顯著性假設（perceptual salience hypothesis），請參考圖5.2。

兩位男性共謀者彼此對坐，並交談五分鐘。有兩位觀察者坐在共謀者 A 的後面，這兩位的視野裡都是共謀者 B，不是 A。另外還有兩位觀察者坐在 B 後面看著 A。還有兩位觀察者坐在桌子旁邊，位於 A 和 B 之間，可以同時看到 A 及 B 兩人。在目擊 A 和 B 互動五分鐘之後，所有觀察者被要求對每

圖 5.2 研究的圖解，試圖檢驗知覺顯著性假設。兩位共謀者彼此面對面坐著及進行交談，他們被從三個不同有利位置觀察──從共謀者 A 的後面、從共謀者 B 的後面，及從 A 和 B 中間。和知覺顯著性假設一致，結果顯示，坐在 A 後面看著 B 的觀察者們評價 B 較有影響力，且坐在 B 後面看著 A 的觀察者們看待 A 較有影響力，而從 A 和 B 中間看的觀察者察覺兩方都有同樣的影響力。

資料來源：Taylor & Fiske, 1975.

位共謀者評分親切、愛說話和焦躁等向度的程度，及每位共謀者行為是由性格特質和情境因素所引起的程度。他們也要評分每位共謀者掌控話題次數有多少，決定在談話過程中要交換什麼樣的訊息，以及引起他人什麼樣的行為。若 Taylor 和 Fiske 是正確的，在 A 後面看 B 的兩位觀察者應該視 B 比 A 較具有關鍵性，而在 B 後面看 A 的兩位觀察者應該視 A 比 B 較具有關鍵性，在 A 和 B 之間的觀察者應該視 A 和 B 大約有同樣的影響力。這正好是我們所發現的結果。在相似的實驗中，McArthur 和 Post（1977）使用強烈燈光來操縱行動者的相對凸顯性，再度發現對行動者行為的歸因會受到行動者凸顯性所影響。

針對此現象，另有一個個人化的解釋被提出。例如，Jones 和 Nisbett（1972）起初建議行動者和觀察者對於事件持有不同的訊息，而這就是造成不同歸因的原因。行動者不但知道他們自己的感覺、渴望和動機，而且也知道自己的跨情境行為過程，而這些是觀察者沒有意識到的。行動者和觀察者之間的資訊差異由 Idson 和 Mischel（2001）提出證據，他們發現，若行動者對觀察者來說是熟悉且重要的，觀察者對於行動者的行為較有可能去做情境推論，而較少做特質歸因。那麼據推測，我們認識某人較久，我們可能對於他們在不同情境的行為有較多的知識。

另外一個可能的個體化解釋（雖然較社會性及互動性的），是關於行動者和觀察者的語言活動（Guerin, 1993; Semin & Fiedler, 1988, 1989; Slugoski, Lalljee, Lamb, & Ginsburg ,1993）。不同的語言種類對於一個事件會傳達不同的訊息，Semin 和 Fiedler（1988）主張，人際關係有四種語言種類：描述性的行動動詞（例如：A 正在和 B 談話）、解釋性的行動動詞（例如：A 正在幫助 B）、狀態性動詞（例如：A 喜歡 B），及形容詞（例如：A 是一個外向的人）。形容詞比描述性的行動動詞傳達了更多關於個人的訊息，因此造成較多的性格歸因。如果都使用「A 正在和 B 談話」這樣的陳述，很難做任何種類的對應推論，但當出現「A 是一個外向的人」，很難不進行推論，往往就是採用性格推論。Semin 和 Fiedler（1989）複製了 Nisbett、Caputo、Legant 和 Maracek（1973）的第二個實驗，他們證明行動者易於使用較具體的語言形式（描述性和解釋性的動詞），而觀察者易於使用抽象的語言形式（狀態

性動詞和形容詞）來構成及表達性格假設。與純粹的歸因認知模式相較，這研究強調語言本身如何引導歸因（但下面論述心理學對此有所批評）。

「行動者─觀察者效應」和「基本歸因謬誤」都是最積極被研究的歸因偏誤。如我們發現的，行動者和觀察者對於相同事件，他們推論及做的歸因明顯有分歧，且有時十分顯著。然而，這節所回顧的證據無法支持「行動者─觀察者效應」或「基本歸因謬誤」的形式何者為對，這看來好像歸因者不是做性格歸因就是做情境的歸因；或者應該說，這些研究所反映的是只用「行動者─觀察者效應」或「基本歸因謬誤」的限制。其實，歸因者同時使用性格和情境因素來構成他們對於周遭事件原因的感覺，但相對地依賴其中一個勝過另一個，這會視他們對事件的觀點而定。有證據指出，改變人們的觀點後，會影響他們對事件的歸因解釋，這不是意指具有某種固定不變、天生、心理或認知的必然歸因機制。發展及跨文化上的證據指出，人們必須學習他們所屬社會文化環境偏愛的歸因解釋，這學習很可能會非常有效率，而使得特定的歸因解釋變成自動和不須思考。「行動者─觀察者效應」和「基本歸因謬誤」可以被視為相同事件被做不同歸因的偏誤，這是依賴歸因者對於那事件的立場而造成的。我們現在接著要來談論另一種歸因偏誤，就是所謂的「自利偏誤」（self-serving biases）。

✍ 自利偏誤

歸因理論容易將歸因者視為一個事件的冷眼旁觀者，客觀地處理他或她手邊的訊息。當然，這忽視了一般人類的情感部分，人們涉入周遭的事件有可能很熱情或是冷冷的，他們所做的歸因會影響別人和這個事件，且歸因也會反過來被他人和事件所影響。通常人們所做的歸因不可避免是自利偏誤的，這往往有意無意間提升自我的自尊（不管是自己或他人眼中的）。

· 對成功和失敗的歸因 ·

人們傾向接受成功的榮譽而否認失敗的責任，這是一個太常見的現象。學生在通過或不通過一門課之後會這樣做；運動員在贏得或輸掉一場比賽之

後會這樣做;甚至學者有手稿被接受或拒絕出版之後也會這樣做(Wiley, Crittenden, & Birg, 1979)。雖然這個效應的強度隨文化而異,但伴隨成功或失敗而來的歸因不對稱,已經被全球許多研究者注意到了(Fletcher & Ward, 1988; Kashima & Triandis, 1986; Zuckerman, 1979)。

對於這種歸因的不對稱性,我們可以再度使用認知和動機來解釋。例如,Weary(1981)認為有兩種認知機制可能是有關的:注意力是否針對自己與訊息的有效性(Duval & Wicklund, 1973)。然而,多數研究者更習慣一個不證自明、常識的解釋,即動機的解釋——人們接受成功的榮譽及否認失敗的責任,是因為這樣做讓他們感覺起來更優秀,這提供了一種自我彰顯(self-enhancement)的動機。例如 Miller(1976)證明,當受試者認為任務成功或失敗對他們是重要的時候,歸因的不對稱會凸顯出來。Schlenker 和 Miller(1977)同樣證明當團體成功或失敗時,多數派成員和少數派成員會有不同的自我中心歸因,這可以用自我彰顯觀點來解釋,而較無法用訊息處理偏誤的觀點來解釋。

自我中心的歸因不只支撐自尊,也影響其他人對歸因者的印象。雖然後者效應的證據比前者效應的證據較清楚,但有個例子,Schlenker 和 Leary(1982)指出,旁觀者一般會對那些把成功「正確」歸因到自身的人印象非常深刻,即較喜歡優越表現而謙虛的人,而不是那些表現一樣但顯然自吹自擂的人;旁觀者不喜歡那些預測自己將成為表現不好的行動者,即使那預測證明是精準的。很清楚的,成功或失敗之後,使用不同歸因模式會讓旁觀者有不同的印象,某些歸因的確讓行動者有更好的印象,至於行動者自己是否喜歡就是另一件事了。

使用自我彰顯解釋來說明歸因偏誤的重點在於,使用自利歸因(成功之後用內在歸因或失敗之後用外在歸因)之後,自尊將會提升;使用自貶歸因(成功之後用外在歸因或失敗之後用內在歸因)之後,自尊將會下降。有強烈的證據(Maracek & Metee, 1972; Shrauger, 1975)指出,長期處在高自尊的人比長期處在低自尊的人做較多的自利歸因,而長期處在低自尊的人傾向做較多自貶歸因。對憂鬱的病因學與治療的臨床應用來說,這有可能是重要的啟示,但自尊的不同是否歸因就會不同,目前並沒有其他的研究證據,雖然

更多的證據顯示自我彰顯解釋是很重要的。

　　缺乏研究證明歸因對自尊的影響，這點不免令人好奇，但或許是基於兩個因素。首先，很多研究者似乎接受這樣的影響是顯著的，因此不需要實徵上的證明或證明是假的。第二，要設計一個沒有混淆的實驗去檢驗這假設，有方法上的困難。一個純粹的實驗研究需要把受試者隨機分派到成功或失敗與內在或外在歸因所構成的四種不同情況，去觀察自尊受到的影響。受試者可以被分派到成功或失敗情況，但他們會做自己的歸因，無法以相同的方式被分派到內在或外在歸因的情況。所以，歸因的方式無法被實驗所控制，它只能在受試者做自己的歸因狀況之下被研究，但這樣做會造成受試者的歸因方式和他們原有自尊兩個變項之間的混淆，因為我們知道長期處在高自尊的人會接受成功的讚揚，及偏向在失敗時指責他人，而長期處於低自尊的人則是相反。無人知道這些歸因風格是否造成自尊的持久差異，因此，對於自我彰顯解釋的重要假設目前沒有直接的檢驗。追蹤接續在特定歸因類型之後的自尊變化仍舊提供了間接的證據，或許是由參與者之前的長期自尊所區分出來的，還是有價值的。

·憂鬱·

　　在歸因偏見的自我彰顯解釋中隱含某種想法，認為做這樣的偏誤歸因是正常、有功能的，且具有生物適應的意義，因為它們協助人們去創造及維持正面的自尊。Weiner（1985, 1986）的動機與情緒的歸因理論主張，人們對成功和失敗的歸因種類會引發不同的情緒結果，這些歸因具有三個基本向度的特徵：歸因方向、穩定性和可控性（見表 5.3）。歸因方向是指我們把成功和失敗歸因為內在或外在；穩定性向度則是指對原因的知覺是固定、穩定的東西（如人格或能力），或是會變動、不穩定的東西（如動機和努力）；可控性是指我們是否感覺到我們對原因有控制的能力。和自我彰顯的偏誤一致，將成就歸因於內在、穩定和可控制因素的人較有可能對自己感覺到不錯；相反的，將負面結果歸因於內在、穩定和不可控制因素，這和負面情緒如無望感和無助感有關。的確，對負面事件和結果的這種歸因模式已提出一種「憂鬱的歸因風格」（depressive attributional style），並且和臨床上的憂鬱症有關

表 5.3　對於成功和失敗的成就歸因

	歸因方向	穩定性	可控性
自己能力	內在	穩定	無法控制
自己努力	內在	不穩定	可控制
運氣	外在	不穩定	無法控制
任務困難	外在	不穩定	無法控制

資料來源：推論自 Weiner, 1985, 1986.

（Abramson, Seligman, & Teasdale, 1978; Kuiper, 1978; Lewinsohn, Mischel, Chaplin, & Barton, 1980; Peterson & Seligman, 1984; Sweeney, Anderson, & Bailey, 1986）。憂鬱的習得無助模式（Abramson et al., 1978）認為，歸因風格會直接造成憂鬱；但有些人卻主張這種歸因傾向只不過是憂鬱的症狀，反映出人憂鬱時的情感狀態。不管認為它是原因或是症狀，透過歸因重訓課程（attributional retraining programme），人們開始被教導去學習如何做自我彰顯的歸因。後來這種訓練課程被廣泛用在治療憂鬱症上，被認為是重要的臨床介入方式（Forsterling, 1985; Wilson & Linville, 1985）。

人們歸因是自發性的嗎？

有些心理學家建議把歸因理論擴大到人們對於日常瑣事及事件追求因果的解釋：我們要知道，多數的歸因研究都是接受研究者所提供的歸因陳述，受試者只能同意或不同意，這種研究的方法學只能是反應式，被研究者的歸因活動程度所決定。所以，值得懷疑的是，人們是自發地致力於因果思考嗎？還有，他們是在什麼狀況下進行因果歸因呢？有兩個研究直接提出這些疑問。

Lau 和 Russell（1980）檢驗 33 個運動事件的新聞報導，包括在 1977 年世界棒球對抗賽中的六場比賽和一些大學和職業的足球比賽。雖然這研究的最初意圖是了解其他人對戰勝和戰敗的歸因種類，研究者發現，出乎意料之外的結果比預期的結果之後會做更多的因果歸因。有件更嚴肅的事情，Taylor（1982）發表一個研究報告發現，在一個癌症患者樣本當中，有 95% 的人會

自發地對他們癌症的原因做歸因，癌症患者的親密家庭成員有 70%也會自發地做出歸因。這兩個研究說明，事實上人們的確自發地對他們周遭的事件做因果歸因，至少在事件是非預期或是負面的時候更容易發生。Weiner（1985）對自發性歸因研究進行回顧，他的結論是，人們的確致力於自發性的因果思考，但多數是對於未預期的事件，尤其是面對失敗的時候。這結論和其他研究的主張是相同的，也就是人們對於非預期或不同事件主動地尋找因果解釋（Forsterling, 2001; Hewstone, 1989b）；且在非預期或不同狀況的事件發生時，歸因的複雜性增加（Lalljee, Watson, & White, 1982）。毫無疑問的，在社會生活中有很多事情是普通的、平常的、日復一日的，我們不需要進一步的歸因分析。對於這類事件，它的運作無須特別注意（Langer, 1989），或本來就自動運作。然而，人們在一些情況之下「的確」會做因果歸因，甚至當不用腦子運作的時候，但只要是他們有需要這麼做時，人們就會對他們經歷的事件產生因果歸因。然而，前述的歸因理論無法對所有的現象都能闡述得夠好，以下是對它的批評。

古典歸因理論的評論

在這章節之前，對行為和事件的歸因一直主要被認為是個人內部的認知現象。在傳統的歸因模型中，個體被當作是訊息處理者，個體專心並從環境中選擇訊息、處理訊息，接著對有疑問的行為或事件進行因果分析。這種看法太簡單了。如同我們都知道，社會生活之所以具有難以分析的複雜性，是因為包含許許多多的個人、夫妻、團體、黨派、種族、國家等，全都相互作用和協調出一個百變的、再生產、再現和重建的社會現實。我們沒有任何人是跟一個仿若抽象、固定的「個體」互動，我們全都是社會性、脈絡化的，無法假定每個人的互動和知覺都是相同的。然而，就像其他領域的心理學一樣，歸因理論堅持去社會、去脈絡化的路線，把理論化的虛構物當作是個體。

利用社會心理學中 Doise（1986）的「分析的層次」來看，Hewstone（1988, 1989a）認為，大量的歸因研究都已經對「個人內部」（intrapersonal）及「人與人之間」（interpersonal）的層次做細緻的陳述。Kelley（1967）的

歸因共變模式是「個人內部」的好例子，在其中，個人知覺到一個事件（通常行為是由另一個個體扮演），及進入心智計算以評估此一事件的一致性、共識性以及區別性，最後才達成關於此事件的因果結論。歸因者只會直接轉進到歸因的搜尋過程中，而沒有參照人與人之間的關係、具支配性之社會表述、因果關係的語言，及他們相關的團體成員的關係和認同感，除了觸發歸因搜尋的事件之外，其他部分都在個體內部做心智運算。「行動者─觀察者效應」和「基本歸因謬誤」是所謂「人與人之間」的歸因研究的例子，雖然個人間有互動，但嚴格來說這僅是以個體在互動，個人沒有歷史、沒有權力或地位差異、沒有社會脈絡，他們是可被替換、反社會、去脈絡化的及脫離現實的個體。

因此，這些因果歸因的模式很少去談社會的、互動的和文化的脈絡。所以很明顯的，歸因理論被評價為個人主義理論，需要有較多的社會觀點（Hewstone, 1983）。幾個社會心理學家試圖去發展一個較社會的歸因解釋，這正是我們現在接著要做的努力。在本章的後半段，我們將以證據說明 Doise 所表達的歸因取向，是他所謂的「人與人之間」和「社會的」解釋層次；之後，我們談到以論述傳統來研究，它提供一個非認知的論述心理學取向來理解歸因和解釋。

社會認同和歸因

2001 年令人震驚的 911 事件，紐約的世界貿易中心和華盛頓的五角大廈遭到攻擊，這無疑被視為二十一世紀初政治上最重要和最特出的事件。這些攻擊和電視中觸目驚心的畫面（仿如歷歷在目）令全世界震驚。如前所述，這樣一個負面和未預期的事件有可能產生相當多的歸因活動，的確，當我們聽到這麼重大的攻擊且影響深遠，人們試著尋找為何會發生的理由來理解這個事件。為什麼一群人計畫用飛機撞向高樓，來執行如此的謀殺和自殺的無恥行為呢？下文是英國首相湯尼布萊爾在 911 的演講中，他如何試圖去理解這事件：

現在全世界都知道國際恐怖主義充滿邪惡及能力，而這會危及整個民主世界。恐怖份子毫無人性、憐憫和公正，去做這類的行為需要盲從與邪惡，超出我們一般的想像之外。

當然，過了一些時間，我們獲得更多進一步的消息，包含其他世界領導者、政治家、傳播媒體和社會分析者的多種解釋。這些解釋包含了一種說法像布萊爾一樣，將 911 的原因主要歸咎於「邪惡」恐怖份子的宗教盲從和極端主義，還有另一種說法將原因歸咎到地緣政治論的因素和國際關係的現況（Jellis & Gaitan, 2003）。人們對這重要事件的歸因，不是僅僅透過訊息加工的單一認知過程而達成的，人們的社會、文化和政治的認同深深地塑造他們的因果分析，以及對 911 事件的反應。

使用社會認同（或團體之間）的取向來說明，會談到歸因團體成員、社會認同和群際關係如何影響人們所做的歸因。雖然我們之後在刻板印象及歧視（第七章）的討論，會較廣泛地詳細說明這部分，在這裡，我們先要介紹 Pettigrew（1979）首先提出的「終極歸因謬誤」。

✐ 「終極歸因謬誤」

Pettigrew 整合了 Ross 的「基本歸因謬誤」和 Allport（1954）關於群際關係的古典研究，用以分析偏見如何形塑群際「錯誤歸因」。Pettigrew（1979）注意到人們如何做出偏見的歸因，和維護他們所屬的團體（內團體），並做出貶抑不屬於他們團體（外團體）的歸因。Ross 曾對「基本歸因謬誤」這個稱謂開了個玩笑，在社會科學裡，不太可能有東西稱得上是「基本」。Pettigrew（1979）把這種內團體的自利及外團體的貶抑歸因模式，命名為「終極歸因謬誤」（ultimate attribution error）。當一個人遇到討厭的外團體成員做了確實是正面行為時，那人將難以把此和他們團體的負面刻板印象調和在一起，且不可能做出性格歸因。外團體成員的這種正面行為可能被解釋為受到外在的情境壓力，要不就是認為這是特殊，並不會以內團體成員的代表性本質來解釋或打發。相較之下，外團體成員的負面行為將被歸因為和外團體有

關的刻板印象性格和特質。這種歸因的模式對內團體則是完全相反：正面的內團體行為被歸因為性格特質，而負面的內團體行為被歸因為外在的情境因素。的確，從世界各地的研究證明我們對周遭事件的解釋，可能是一種普遍、必然的自利且種族中心主義的模式。在第七章，對這些研究將有一些詳細的回顧，但為了對這種歸因偏見有基本的觀念，我們會談到一個有意思的研究，它是探討北愛爾蘭真實世界中的群際衝突。

Hunter、Stringer 和 Watson（1991）發表一個簡單的研究，用來說明在北愛爾蘭構成宗教狂熱行為的社會心理過程，潛藏著明顯的不同知覺。在這研究中，Hunter 等人蒐集北愛爾蘭天主教徒和新教徒暴力的新聞片段。一個鏡頭出現新教徒攻擊天主教葬禮，而另一鏡頭出現兩位在車裡的士兵被一個天主教徒群體圍攻。兩個鏡頭同時被西班牙和德國的外籍交換學生來評價，比較它們內容的暴力程度，用以確保兩個短片是相同的暴力程度。Hunter 等人接著讓厄爾斯特大學（University of Ulster）的天主教徒和新教徒學生看兩個短片，這兩個短片被呈現時是沒有聲音的，以便控制任何媒體偏誤的可能效應。接著，這些學生被要求「以他們自己的話來解釋他們認為影帶中發生了什麼，及他們認為為什麼他們會表現出這些行為」（Hunter et al., 1991, p. 263）。對於影帶中人們所呈現的行為，學生所說的理由會被編碼為內在或外在的歸因。歸因的模式非常清楚，且呈現在表 5.4 中。

顯然的，天主教徒學生視天主教徒所做的暴力行動的起因是因為情勢所致，但卻將新教徒所做的暴力行動認為是性格因素造成的。新教徒學生也以

表 5.4　天主教學生和新教學生對於天主教徒和新教徒犯的暴力行動所做的內在和外在歸因模式

	天主教徒的暴力		新教徒的暴力	
	天主教學生	新教學生	天主教學生	新教學生
歸因				
內在	5	15	19	6
外在	21	6	5	15

資料來源：Hunter et al., 1991, p. 263.

相同的方式表現，視天主教徒的暴力是由於天主教徒的行動者本身所致，以及為了屈從情勢來解釋新教徒的暴力。然而，兩個團體的學生目睹相同的行為，而這行為之前是由西班牙和德國學生公正地判斷為相同的暴力。所以對於北愛爾蘭的問題，需要這麼長的時間尋找和平的解決方法是不令人意外的。

在 Hunter 等人的實驗中，受試者的這種行為並不少見，如 Hunter 等人所做的研究證明，社會知覺（尤其是涉及黨派偏見的情境）很少是中立且冷靜的；而且，把社會「真實」看成有一個「正確」解釋的說法是非常令人質疑的。這個研究也建議，這類對於內團體和外團體暴力的歸因差異，可能和群際衝突的維持和存續有關。內團體將兩個團體的暴力做自利的外在歸因，也許能夠將自己所屬團體所做的暴力正當化，而且視之為合法的。此外，對其他團體暴力的內在歸因會永遠存在敵意，且或許甚至會導致自我實現預言，外團體成員會以內團體所預期的方式來行動（Hunter et al., 1991）。

✍ 在解釋社會議題上的團體差異

不令人意外，有相當多的研究也指出，社會團體喜歡對一系列的社會爭議和問題（如貧窮和失業）有不同的解釋。例如：有研究發現，對這些社會爭議的解釋和政治認同及選舉行為有關聯（Furnham, 1982a, 1982c）。因此，英國的保守黨支持者比工黨支持者更重視貧窮和失業的個人性解釋，而工黨支持者卻把社會結構因素視為比較重要（見表 5.5）。因此，解釋不純然是認知現象，而是透過相似的政治和社會身分的人集體共享。在下面社會表徵和歸因的章節中，我們將再談到這個研究。

社會表徵和歸因

Doise 提到「社會層次」（在他的研究的解釋層次是屬於第四層次）關注社會表徵如何影響歸因過程和結果。若我們接受對日常事件和經驗的解釋是社會現象，而這現象是在社會互動時被協商和溝通出來的，那麼我們需要有

表 5.5　比較英國保守黨和工黨投票者對於貧窮的解釋

解釋	保守黨	工黨
個人的		
1 窮人缺乏節儉和適當的理財	3.07	5.17*
2 窮人他們自己缺乏努力且懶惰	3.57	5.02*
3 窮人有懶散的品行和酗酒	4.62	5.82*
4 窮人沒有試圖自我改進	3.42	4.65*
社會的		
1 在一些公司及工廠中領低工資	3.27	1.95*
2 社會無法提供好的學校教育	5.52	3.72*
3 對窮人的偏見和歧視	4.93	3.95*
4 產業無法提供窮人足夠工作機會	4.30	3.07*
5 優勢被富人占去	4.70	3.50*
6 工會的無效率	5.21	4.10*
7 國家的高賦稅和沒有獎勵措施	4.93	3.95*
宿命論的		
1 窮人缺乏能力和天賦	3.92	4.80
2 疾病和身體殘障	3.82	3.20
3 就是運氣不好	5.67	5.25
4 窮人缺乏智慧	4.25	4.67

* 顯著等於或小於 $p < 0.05$。

註：數字是七點量表的平均值，其中低平均值指的是強烈同意敘述。

資料來源：改編自 Furnham, 1982a, p. 315.

個強調社會知識內容的方法，即一個以社會表徵理論（social representations theory）為重點的方法。在此章節，我們將利用社會表徵理論來說明一個強調社會及文化的歸因模型應該是如何。

　　如同歸因理論，社會表徵理論也強調人類基本上需要去理解和解釋日常生活的事件。有鑑於此，前者企圖去辨認涉及做因果解釋的內在認知過程，後者將這些因果歸因不是放置在個人心智去看，而是放置在社會表徵所包含的文化意義系統來看待。雖然這兩個理論同時強調社會生活中解釋的重要性，

但這兩個理論是以不同的分析層次來陳述（Doise, 1986）。與歸因理論的傳統信念不同的是，社會表徵理論強調解釋的社會和集體本質。

Moscovici 和 Hewstone 主張，社會表徵應被視為進行歸因的基礎（Moscovici, 1981, 1984; Moscovici & Hewstone, 1983）。

> 社會因果關係的理論是一個我們歸咎責任和歸因的理論，和表徵有關……任何因果解釋必須被視為在社會表徵的脈絡裡，而且受此界定的。（Moscovici, 1981, p. 207）

社會表徵構成人們期望和規範傳統的基礎，因此，在歸因過程中的行動有如調停者（Hewstone, 1989a, 1989b）。在相似的脈絡中，Lalljee 和 Abelson（1983）主張「知識結構」（knowledge structure）的取向來研究歸因。已經學習好的和被接受的結構，就像高度組織的事件基模或腳本（Schank & Abelson, 1977），通常不會引起因果解釋，因為他們已經預期到接下來會發生的事件。人們先前的預期、信念、知識或基模，將決定他們從事因果歸因需要接收到什麼樣的社會訊息。就像我們在第三章所提到的基模運作原則，跟一個人的基模或表徵相一致的訊息，不需要深度地被探索因果關係，訊息是有預期且因而會自動地處理。然而，訊息和預期或已存在的知識不一致時，才需要詳細地加以思索和解釋。

> 因此，社會表徵會強加一種自動化的解釋。在詳細的思索及訊息的分析之前，原因會被挑選和提議出來。不需要太多的主動思考，人們的解釋就被社會表徵所決定。（Hewstone, 1989b, p. 261）（請注意，原著是法文；上述是 Hewstone 翻譯為英文的譯本）

如此自動化解釋的社會基礎，這些都是透過學習而來的，因而可以透過語言社會性地溝通。Hewstone（1983, 1989a, 1989b）主張使用文化假定來解釋行為和事件，這可以被認為是一種「社會化過程」（socialized processing）。最終，文化上同意的解釋會被認為是常識解釋。每個社會有它自己文

化和社會上所認可的解釋,不管是疾病、貧窮、失敗、成功和暴力,這些現象都有可以接受的解釋範圍。我們將在這章的後面看到西方工業社會裡人們所造成的社會問題,現在,我們想要強調的重點是,人們不會總是需要主動地進行認知思索來解釋各種行為和事件,相反的,人們會喚起他們的社會化過程或社會表徵。

✐「基本歸因謬誤」的社會起源

想在歸因理論中找到因果關係的研究,它關心的重點在於人們平常是如何進行社會解釋,這理論的核心是,人們對於因果關係解釋所做的兩種主要歸因類別:性格(或人格)歸因及情境(或脈絡)歸因。這兩類的歸因對應到Billig(1982)所指的部分是「個人」和「社會」原則。前面我們討論到在歸因研究中最一致的研究發現是「基本歸因謬誤」,也就是將另一個人的行為過度歸因到那人的性格特質的傾向,而非歸因到情境或脈絡因素(Ross, 1977)。我們也指出,這偏誤主要可由認知和知覺的因素來解釋,即在知覺領域中行動者的優勢;其他人則主張,這種個人歸因的偏好可能植基於個人主義的文化因素。

政治哲學家如 Lukes(1973)和 Macpherson(1962)則強調,個人主義的重要性如同一種意識型態的教條,這是自由民主社會特有的,尤其是在美國人的社會、文化和政治生活裡。例如,Lukes(1973)論證了政治、經濟、宗教、道德、認識論和方法論的領域,是如何被灌輸個人主義者的教義。十九世紀的哲學理論是隨著生產資本主義模式的到來而出現,自由個人主義的中心教義強調個人的重要性超過且在社會之上,並且視個人為所有行動和過程的核心。因而個人的表徵似乎是不證自明且沒有特別好爭論的,人類學者Geertz指出它的獨特性:

在西方,對於人的概念是有界限的、獨特的,主要是動機和認知的整體,把覺察、情緒、判斷和行動等動態過程組織到區別化的整體裡,這是與社會和自然背景相對的,然而對我們來說似乎是根

深柢固的，植基於某個世界的文化脈絡的獨特觀點。（1975, p. 48）

的確，若歸因和解釋是根植於社會知識，那麼文化變異對個人表徵的影響，會使我們看到個人歸因跨文化上的普遍差異。我們現在移轉到少數研究上，藉以幫助我們了解文化表徵在歸因上的重要性。

文化和歸因

早在那些探討文化對歸因影響的研究之前，人類發展的研究已經論證在西方文化裡，性格歸因有隨著年齡增加的顯著傾向。西方的兒童主要會參照情境因素來解釋社會行為，但西方成人較有可能著重在行動者的性格特質上（Peevers & Secord, 1973; Ruble, Feldman, Higgins, & Karlovac, 1979）。例如，人類學家 Shweder 和 Bourne（1982）也表示，相較於西方成人，非西方的成人較少強調行動者的性格特質，較強調脈絡或情境因素。特別有趣的是，社會心理學家一般都不喜歡從社會建構主義的框架解釋發展和跨文化差異，而這些效應基本上是以認知和實驗的術語來解釋的。例如：兒童很少做出個人的歸因，這狀況被解釋為年輕孩子做性格歸因會受限於他們的認知能力，因為這需要時間才有認知能力，能將行為一致性加以概化，所以主張孩子直到較年長才學到認知能力去做性格歸因。同樣的，非西方成人較不可能去做性格分類，是因為要這麼做的認知能力可能和複雜的現代社會經驗狀況有關（Miller, 1984）。

Joan Miller 是第一個社會心理學家指出這樣的解釋忽略發展和文化上差異的可能性，而這發展和文化上的差異可能是「人在兩個文化中學到的不同文化概念所導致，而不是歸因者認知或客觀經驗差異所造成的」（1984, p. 961）。西方人的概念本質上是個人主義的，強調個別行動者在所有行動中的中心位置和自主權；然而非西方人的概念傾向整體的，著重個人和他或她周遭環境的互依性。發展或年齡的歸因差異只是反映了對某種文化的適應過程，在這逐漸的過程裡，兒童採用了他們文化對人的重要概念。

的確，Miller（1984）的研究證實了這文化的假設。一項進行跨文化的研

究比較美國和印度三個不同年齡層（8、11 和 15 歲）的樣本和一個成人團體
（平均年齡 40.5 歲）對於合模社會行為及越軌行為的歸因。Miller 發現，較
年長的美國人（$M = 40\%$）比印度人（$M < 20\%$）顯著地較會參照一般的性
格，而這些性格大多指涉行動者的人格特質（見圖 5.3）。然而，8 歲和 11 歲
的美國兒童和其對照的印度兒童的反應沒有顯著的差異（差異平均是 2%）。
雖然兒童在他們所做的情境歸因中呈現無跨文化差異，但這些情形常常會在
年齡較長的印度和美國兒童上看到。

　　從個別文化的發展趨勢來看，美國人當中指涉一般性格有隨年齡增加而
顯著上升的趨勢，而印度人指涉情境有隨年齡增加而顯著上升的趨勢，印度
人強調社會角色和人際關係模式。如 Miller 指出：「這種歸因風格可被視為
反映印度文化概念中強調要把人、事或物關聯到其他人或其他事件上。」
（1984, p. 968）例如：下列的解釋是由美國受試者和印度受試者對同一個故
事所提出的，這故事的內容是關於一名律師在一椿摩托車擦撞意外事件之後，
將坐在後座的受傷乘客留在醫院，就接著去工作而沒有陪著對方看醫生：

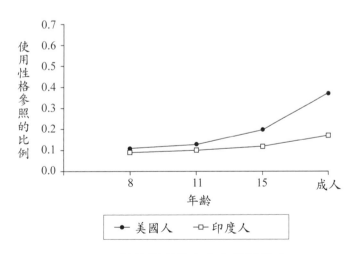

圖 5.3　性格歸因的文化和發展模式
資料來源：Miller, 1984.

美國人：駕駛顯然不須負擔責任（行動者普遍的性格）。他積極追
求事業成功（行動者普遍的性格）。

印度人：要為他的客戶上法庭是駕駛的責任（脈絡－社會／空間／
時間位置）。乘客可能看起來沒有那麼嚴重（人的脈絡
面）。（Miller, 1984, p. 972）

後來的跨文化研究普遍地證實 Miller 的文化假設（Menon, Morris, Chiu, &
Hong, 1999; Morris, Menon, & Ames, 2001; Morris & Peng, 1994）。因此，看來
行動者對於個人／性格因素過高評價的傾向，無法單單以認知和經驗的詮釋
來適當解釋。歸因「偏誤」不僅僅是心理功能的認知特性或普遍原則，它可
能是文化特有的。雖然英語系美國人普遍傾向採用行為的行動者作為知覺對
象，但在非西方人中，這種對「人」的特定知覺並不普遍。

提出對社會議題的解釋

很顯然，對行為及事件歸因或提出解釋不只是內在認知過程的結果，而
是社會現象，這社會現象是基於以社會和集體表徵為形式的廣泛持有和共享
信念（Fraser & Gaskell, 1990）。如 Moscovici 提到的「思考社會」（thinking
society），或 Hewstone（1989a）提到「歸因社會」（attributing society）——
傾向使用我們支配性的文化架構去尋找解釋。我們對社會現象的解釋不只被
文化所塑造，也被科學和專門知識所塑造。社會上的科學概念正在擴散和普
及，並透過大眾傳播媒體快速地發生，所以專門知識慢慢累積成常識，讓人
們用以理解社會真實。因此，人們可被視為「業餘」專家、「業餘」經濟學
家、「業餘」心理學家等，他們利用這訊息來解釋一系列現象，例如：癌症
的原因、令人沮喪的經濟，或在他們個人關係中的問題。有些知識變成大眾
文化的組成部分，最終將被視為「常識」（Moscovici & Hewstone, 1983）。

人們對社會事件和社會問題所做的歸因，使我們對於一個社會的普遍解
釋和意義系統有豐富的了解。對於社會問題因果歸因的研究，包含對貧窮（如
Feagin, 1972; Furnham, 1982a）、失業（Feather, 1985; Furnham, 1982c）、暴動

（Litton & Potter, 1985; Schmidt, 1972），及健康和疾病（Herzlich, 1973; Joffe, 1999; Pill & Stott, 1985）的日常解釋。之前我們討論貧窮和失業的社會團體在解釋上的差異，相同的研究發現，在西方工業社會的人們較可能將貧窮歸因為個人的性格因素，例如：不努力及懶惰，較少歸因為情境社會因素（見專欄 5.1）。也就是說，人們主要會認為窮人得為他們的困境負責。相對的，儘管社會團體的差異，失業卻會顯著地被歸因到社會性和結構性的理由，例如：經濟衰退和政府政策。

| 專欄 5.1 | Lerner（1980）的正義世界假設 |

　　當我們考慮到西方文化對他人行為做性格歸因的普遍趨勢（「基本歸因謬誤」），和有些社會團體對多樣的社會問題（例如：貧窮、失業、暴動和疾病）的個人主義解釋有所偏好時，我們來看看這樣的解釋如何強調及促進個體決定他們自己「命運」的信念。這和 Lerner（1980）所描述的正義世界假設（just world hypothesis）的現象有關：普遍相信世界是一個正義的地方，在這樣的地方好事會發生在「好」人身上、壞事會發生在「壞」人身上。「人有需求去相信他們所住的世界是『人普遍會得到他們應有的』，『相信世界是正義』的信念使人能夠去面對生理及心理環境，好似它們是穩定且有條理的。」（Lerner & Miller, 1978, p. 1030）因此，正義世界的信念是被功能性及防衛性的需求所激發，某種程度上用以觀察他人應得的不幸。經由把世界看成是穩定及有條理的，身在其中的我們不會隨便受事情影響，我們保護自己免於遭受不幸的可能性。正義世界信念時常會造成責備受害者（victim-blaming），責備窮人的懶惰且對金錢不在意、責備精神疾病者沒有嚴謹的性格來掌控他們自己、責備受到強暴的婦女等等。因此，這樣的信念提供了正當理由對社會中個別受害者和邊緣團體更進一步且持續的壓迫。

　　然而，應該說明「責備受害者」不只是這種想法的一個特徵，而且在心理學中也是許多理論的普遍特徵。我們已經強調包含在許多社會心理學取向中具有強烈的個人主義者要素和假定，但或許我們還沒有說清楚的是責備受害者傾向，通常和這種理論及概念上的取向有關。舉一個著名的社

會問題為例，在回顧所有發表超過六個月期間的文章，關於非裔美國人的生活經驗文章，Caplan 和 Nelson（1973）注意到，82 % 的這些文章將非裔美國人的社會問題歸因於這個特定社會團體的個人缺點。這樣以人為中心的解釋提供重要的合法化政治性功能（Jost & Banaji, 1994; Jost & Major, 2001），我們需要改變或「治療」的是個人或團體，而非社會、經濟和政治的結構及社會機構。在政治上要改變個人比改變社會是更為權宜方便的。

論述心理學和歸因

　　到目前為止，我們前面談到三個理論取向，基本上都假定歸因日常生活事件和行為的因果關係主要是一種知覺認知過程或活動。相較之下，論述社會心理學則將「解釋」視為人們在每天的說話和交談都會做的事情，用以完成某種社會行動，例如責備、原諒、推卸責任。論述社會心理學採取一個非認知認識論，而且是強調交談或日常講話的行動方向。到目前為止，關於歸因的論述取向最具理解力的代表之作，是 Edwards 和 Potter 的《論述心理學》（*Discursive Psychology*, 1992；亦見 Antaki, 1994; Edwards & Potter, 1993）。基於在這種傳統的先前研究成果上，Edwards 和 Potter（1992, p. 3）將歸因定義為：

　　　　論述主題，是人們自己想要設定的主題或朝向的事物，或在他們講話中隱含的東西，這些表達不是潛藏在說話者之後的認知狀態，它們被視為為了完成社會行動因情境、因時機而產生的建構。在這模式中，回憶被理解為過往事件各種版本因地制宜的產物，歸因是從可能的版本所進行的推論，以及推論參與者隱含的作為。

　　和 Heider 相同的是，論述社會心理學把對事件的因果歸因視為日常社會生活的核心。然而，與 Heider 及多數追隨他的歸因理論家不同的是，歸因不被理解為基於知覺事件訊息推論這種自然認知過程的最終產物。多數社會心理學都堅持知覺實在論的立場，尤其在社會認知模式中，即便關於事件本身的議題（就算是有疑問）也很少被討論。在論述社會心理學中，歸因是隱含和假設在事件的真實描述或報告之中。因此，當人們描述及報告周遭發生的事，我們都可以在這些每日的談話裡發現歸因推論。

　　社會心理學家大多數依賴人造的文本及創造的劇本或小品文，來研究這被假定的、產生因果歸因的基礎認知過程，而不是在日常講話過程中研究自然發生的歸因現象。先前我們討論實驗刺激物（如：「John 嘲笑喜劇演員」）如何用來決定人們做個人或情境歸因，諸如行為的區別性、協調性和一致性等因素被實驗操弄。然而，在真實世界中，自然發生的談話鮮少以如此去脈絡化的方式來被描述，因果意涵或講者自己在這事情上利害關係往往被忽略了。論述心理學主張：「事件的描述無法跟歸因工作相區隔，也無法在其之前完成，但是相反的，歸因工作是藉由描述來完成的。」（Edwards & Potter, 1992, p. 91）

歸因的描述

　　歸因的傳統模式（如 Kelley 的共變模式）假設因果歸因是始於中立事件的知覺，不是以自動化的方式，就是以複雜的計算方法，然後被認知地運作著；論述社會心理學則是堅決認為描述或事件的報告絕非中立的，每個描述或解釋都帶著歸因的推論和意涵。為了說明這點，Edwards 和 Potter（1992, p. 97）提供一篇報紙文章（引自 Brown, 1986）報導 11 人死於搖滾音樂會，來當作一個好例子。

　　　昨晚在接近結冰的天氣中，有 8,000 名想參加音樂會的人等候在辛辛那提市的河濱劇場外面，其中有 11 個人被踐踏而死，接著大家都「失去所有的理性」衝撞大門。搖滾樂團 The Who 繼續和場內

多數的 18,000 名樂迷持續了三小時的音樂會,而未注意到一位生還者所稱的場外「噩夢」。

　　儘管報導的語氣相對客觀,Edwards 和 Potter 解釋說,這報導仍舊是一個事件的特定描述,「因果構想及歸因已經充滿在這個論述建構中」(p. 98)。描述本身對於死亡提供了可能解釋,包含那些在音樂會外等候的人經驗到「接近結冰的天氣」,及參加音樂會的人「失去所有的理性」。值得注意的是,後者帶有歸因的描述。被放在引號中,用來表明它如同評論一般的地位,而不是作者自己的描述,讓作者和這歸因疏遠。作者採用遠離的立場來促進文章的中立色彩,然而,也同時強烈推斷參加音樂會的人自己要為死亡負責(Edwards & Potter, 1992; Goffman, 1981)。

　　然而,當我們有「怎麼回事」(what happened)的問題出現,就會提出一個事件的真實描述或說明,這通常是一種論述建構的版本,很少是完全中立或獨立的。人們在日常的文本和談話中產生事件的版本,都隱含著動機和歸因。然而,過去的歸因理論從未把描述的問題認真看待,歸因理論遺漏它,沒有進行理論探究,且沒有考慮到描述的修辭變動性和彈性。論述心理學認為:「人們描述事情,並因此做了歸因。」(Edwards & Potter, 1992, p. 103)歸因未被視為認知實體,根據感官訊息裡的知覺模式和規律性在心智中計算著,而是當作具有社會脈絡真實活動,以朝向某種社會行動為目的,例如:責備、設定動機和推卸責任。Edwards 和 Potter 對於歸因研究的立場更激進,開始研究在其自然環境中的日常談話。為了採取這種取向,他們主張:

　　　　一旦我們開始研究情境談話,那些過於理性的抽象模式就無法提供太多的意義解釋,而我們開始發現版本、解釋和推論如何被建構、隱含及嵌進談話中。正是在完成某種社會行動的過程中,而非在潛藏認知表徵的展示過程中,才讓我們在談話中找到規律性。(1992, p. 103)

內在歸因 vs. 外在歸因：一個有問題的區分

Edwards 和 Potter（1992）對歸因理論提出質疑的另一個核心議題，是內在（性格）和外在（情境）歸因的區分。當我們使用論述取向（情境談話的研究）來研究日常生活的文本或談話中的解釋時，這樣的區分並不容易去維持。回到報導音樂會有人死亡的報紙文章，去脈絡化的閱讀可以讓我們將文章中「接近結冰的天氣」歸類為一個明顯的外在歸因，及將「失去所有的理性」的音樂會參加者歸類成典型的內部或性格原因。然而，即使我們接受擁擠的群眾才是事件的直接原因（人的歸因），但他們的行為能以外部情境因素來說明和解釋，例如：他們必須在寒冷天氣下長久在室外等待，或主辦單位對於人群的差勁處置。的確，（報導記者）Brown（1986）原本的歸因分析對此事件是可行的，包含人的歸因，例如：常參加音樂會的人會濫用酒精和藥物，強烈表示音樂會參加者是會造成悲劇結果的人。然而，如 Edwards 和 Potter（1992）所做的澄清，這些因素也可能被改變成外部因素，「取決於它們是如何被論述的」（p. 98）。我們必須在合法的系統內進行論述（不管是指責或卸責），而藥物和酒精的影響可提供一個人的行動強而有力的防禦。在這樣的脈絡下，藥物和酒精被建構成外在因素，而非原本的個人意圖和規範行為（內在因素）。如 Edwards 和 Potter 的解釋：

> 它們作為內部或外部原因的狀態，主要是看它們如何把行動結果整合成一個有功能的論述，例如：責備或打圓場、辯解或指控。這種操作最重要的是「意圖」，而非「因果」，我們無法僅是知覺地讀取訊息，或自動地推論，就計算出事件的內在或外在來鋪陳原因。它們是各種陳述的建構，其本質和運作都是論述的，且根據它們對活動結果的想法（責備、辯解等等），並成為其中一部分。（1992, p. 99）

論述心理學的焦點在情境，生活中的論述也可以和歸因的認知語言取向做對照，例如：動詞語義學的研究（如 Au, 1986; Brown & Fish, 1983; Semin &

Fiedler, 1988）和那些根據 Grice（1975）會話模式的研究（如 Hilton, 1990; Turnbull & Slugoski, 1988）。但是，這些研究同樣被批評其忽略自然脈絡下真實對話的研究，以及依賴實驗環境中去脈絡的經驗素材的運用。雖然這類研究在傳統上已嚴謹看待語言在歸因的角色，但它還是把語言視為一個語意系統，透過固定的結構來賦予意義，但仍非一個彈性且隨機應變的工具或資源，來讓人在不同的對話脈絡中去達成多種事情。

建構事實及利害關係的兩難

由於論述社會心理學採取了建構主義的認識論立場，一個非常重要的問題是，如何將描述組合起來去呈現事實或客觀，猶如再現出一個事件的真相或本質。Potter（1996）認為，這個部分就像是一種描述或說明的「外在性」（out-there-ness）。已知在各層面的社會生活中（從人際上到結構上的），相競爭的利益和關注很可能產生不同的解釋或觀點，利害關係的兩難是相關的人普遍重視的。的確，在日常論述中，人們對於自身關注之事所產生的描述及建構，這些談話可被視為「有利益的」。說話者可以運用很多論述的策略來描述出不同的事件版本，讓事實看起來好像和他們自己的利益、動機和慾望無關（Potter, 1996）。例如，要確保一個事件的特定觀點或說法有效，說話者可以強調他們之間的關係（或其與特定人事的關係、其屬於某種類別身分），讓他們有權力知道並權威地說某些事情。例如，醫生被期望擁有關於健康和疾病的特殊知識，所以引述這種專家的話去建立特定宣稱的真實性或實在性，如：「布朗醫生說一天兩杯酒對你是好的。」這策略被稱為「類別權利」（category entitlement）。一個說法的實在性也能被雙方確認而產生足以信服的建構，如同每人都同意某事情，如：「每個人都知道男人和女人是不同的」，這種策略被稱為「共識保證」（consensus warrant）。講話者在日常論述中所依賴的其他保證手段，包含：使用生動描述或報導演說、系統性的含糊、證據的提出、極端案例的表述、修辭化的主張、利害關係的提醒，以及用列表和對照法。要更進一步討論這些策略，請參閱 Edwards 和 Potter（1992）及 Potter（1996）。

〜 本章摘要 〜

　　在這一章，我們回顧了主流、古典的歸因理論，他們主張在人們日常生活中，人的功能好像是直覺的科學家。若依循 Heider 的想法，人會建構日常行為的內隱理論；若他們接受 Kelley 的論點，則會忙碌地把行為的變異從共識性、一致性和區別性三向度，分割出主要的效果；或者倘若他們是 Jones 的追隨者，會從某些行動者的受限或無受限的行為試圖去做最好的性格推論。歸因偏誤的研究證明我們是多麼糟的直覺科學家，尤其當要分辨我們自己的行為和其原因時，從周遭的社會環境中，我們似乎會竄改並形塑、扭曲和解釋訊息，最後使我們看起來同時對自己和其他人都好。大多數的古典歸因理論將這些偏誤歸咎到內部認知和知覺機制，縱使我們有了解日常生活的需求這種社會動機，但提升我們的控制感和感覺我們自己不錯才是重要的（Fiske, 2004）。

　　社會認同理論延伸了歸因的社會動機解釋，談論到團體成員、社會認同及內團體關係如何影響人們所做的歸因種類。基於階級、種族、性別、宗教和性取向所構成的社會團體，理解事情方式往往是不同的，且對世界有不同的說法，而這反映出他們特定團體的歷史、權力和利益（亦見第七章）。社會表徵理論把因果歸因定位在全體人們和團體共享的文化意義系統上，而非個體心智的知覺和認知運作功能上，它採用了社會的觀點來討論，跨文化研究的重要發現已證明「基本歸因謬誤」或對應偏誤不是普遍的認知現象，而是個人主義意識型態所支配的文化和社會所特有的。Moscovici 提醒我們，解釋也會被科學和專家知識所塑造，而科學和專家知識廣泛地在社會裡擴散。最終有些解釋將變成被接受的普通常識，讓人們以此知識去了解和解釋他們日常生活的各層面。

　　最後，我們討論論述社會心理學在歸因和解釋上的回應。論述社會心理學對認知（即潛藏的認知過程和本體）不感興趣，而是對人們植基情境的鬆散談話活動有興趣。歸因被視為人們在他們談話中所做的事，用以完成某種社會行動，例如：責備、指控等等。歸因被嵌進日常談話中所發生事件的報

導和說明裡，嵌進「怎麼回事」的描述裡，接著被植基在社會互動中綿延連續的活動裡。客體、事件及行為的報導和描述從未中立，但是以朝向參加者的利益、利害關係和連帶責任的各種方式論述地建構。因此，論述心理學強調研究自然發生在日常談話和社會互動中歸因的必要性。

延伸閱讀

Edwards, D., & Potter, J. (1992). *Discursive psychology*. London: Sage.

Forsterling, F. (2001). *Attribution: An introduction to theories, research and applications*. London: Psychology Press.

Gilbert, D. T. (1998). Ordinary personology. In D. Gilbert, S. T. Fiske, & G. Lindzey (Eds.), *Handbook of social psychology* (Vol. 2, 4th ed., pp. 89-150). New York: McGraw-Hill.

Hewstone, M. (1989a). *Causal attribution: From cognitive processes to collective beliefs*. Oxford: Blackwell.

第6章
自·我·與·認·同

　　你是誰？對很多人來說，這問題的第一個答案可能是「視情況而定」。有時候，這問題的答案可能依據我們對自己人格的描述：我是仁慈的、我是堅定的、我是善於社交的、我是聰明的。有時候，對角色和關係的描述似乎和我們是誰的感覺非常相關：我是老師、我是母親、我是教練、我單身。而有時候，在回答「我是誰」的問題時，會使用個人成就（或其缺點）或未來抱負；或者，作為某個社會類別的成員可能是最重要的一件事，如：當身為移民或者出國旅行時的國籍，或在競選活動期間的政治立場。所有這些自我的描述都是我們的自我與認同的一部分。本章將討論對以下議題有所闡述的各種觀點：自我和認同如何形成，它們又如何影響我們的行為和經驗，以及在一般社會生活中，這些概念如何被喚起以完成某種社會行動。

　　自我與認同，是我們在日常生活中用來談論我們自身在世界上作為實體存在的經驗，以及用來界定我們自己和我們環境中的人、事、物之關係的概念。雖然這些專有名詞常常混為一談，且有時會交叉使用，但社會心理學家在對這些專有名詞的使用是有微妙差異的。自我（self）較常用來指稱人們相信他們自己是誰的信念、認為他們是誰的自我概念，及他們的個人特質、能力、經驗、情緒和日常工作事項。在這個不同團體所組成的世界中，認同（identity）將我們有所定位，通常關注的是我們所歸屬及未歸屬的社會團體和類別。我們的認同受到這些團體對我們是誰所界定的重要性，及我們對這些團體的依附程度所影響。

　　精確地定義自我到底是意指什麼，以及建立一個自我知識可以奠基於其上的基礎，是一項眾所皆知並且困難重重的任務，至少自從笛卡爾（Descarte）

那個有名的嘗試開始（我思，故我在），哲學家們（近期也包括心理學家）就一直被這個問題所占據。儘管如此，根據 Gordon Allport：「一個人自我的存在是每個凡人（包括每個心理學家）完全確信的一個事實。」（1943, p. 451）多數的當代自我心理學理論家似乎都同意此觀點。因此，自我的存在如同一個可知的實體已被廣泛地承認，且理論和實徵研究所做的努力都全神貫注在說明自我概念的結構（內容和組織）及其功能。或者換句話說，自我的社會心理學研究容易朝向兩個主要問題：(1)自我是什麼樣子的；及(2)自我在做什麼？如同我們將看到的，有很多不同的取向在處理這些問題，結果也產生了很多不同的答案。此外，近來的「自我」這個類別的論述研究則引進了第三個問題：藉由使用「自我」的概念可以完成什麼樣的社會行動呢？

　　在討論社會心理學對於自我和認同的理論化工作時，思考社會心理學領域中關於「人」的支配性的隱喻——認知吝嗇者、機動策略者、文化的成員——如何塑造這類理論是有用的。我們將主張在 1980 年代晚期和 1990 年代，關於自我的研究興趣重新復甦，且大部分較採機動策略者立場，而非認知吝嗇者立場。嚴肅地思考人們的經驗和行為方式如何被他們的動機和日常工作事項所塑造，從這角度來說，社會心理學需要一個方法來思考人際之間的差異，必須是一個比傳統個別差異變項所能提供的方式還要更加細緻的方法。對自我這個概念越來越多的關注和發展，為了解人身上的特殊動機提供了概念資源，因此，在容讓我們針對社會經驗和行為開展一個新的理論化的可能性方面，扮演了重要的角色。我們認為有一種轉變已經開始發生，對「人」的看法，從有動機的個體轉移到視人們是文化的成員，而這需要對自我有新的思考方式。

　　在心理學的歷史中，有很多的研究嘗試想去發展自我的全面性模式，企圖將人的過去經驗，以及這些過去經驗對於人們的當前理解，和他們與世界的互動所產生的影響統整起來（如 Greenwald & Pratkanis, 1984; Markus, 1977; Mead, 1934/1962）。本章從當前的自我認知模式開始討論起，然後討論到自我結構和內容如何隱含在社會行為和情緒經驗之中的證據。接下來我們則會談到社會認同理論（Tajfel, 1981a; Tajfel & Turner, 1986）對以下焦點的強調：自我的社會鑲嵌性本質（socially embedded nature of the self），我們的自我由

専欄 6.1   二十個陳述句測驗

在一張空白的紙上，寫下二十個「你是誰？」的答案。把這二十個答案一一分類到下列四個種類中的一個。

身體性的自我陳述──這些陳述僅僅以身體特質來識別自我（例如：「我是男性」、「我是黑頭髮的」）。

社會性的自我陳述──這些陳述將自我放在社會架構中，用社會身分或地位來識別自我（例如：「我是一個心理系學生」、「我是『電台司令』樂團的歌迷」）。

反映性的自我陳述──這些陳述所描述的特質並沒有和特定的社會位置相關，而只是從社會的角度來說具有意義（例如：「我是一個快樂的人」、「我能容忍其他人」）。

廣包的自我陳述──這些是整體性的陳述，而這些陳述無法將一個自我和另一個自我區別開來（例如：「我是一個人類」、「我是神的子民」）。

你的回應很普遍地出現某類或另一類的陳述嗎？關於你是一個什麼樣的人及你是誰，這個測驗說明了什麼？在你周遭的其他人用同樣的方式描述你嗎？若你的自我概念和其他人對你的描述不同，對你的認同來說，這意味著什麼呢？

二十個陳述句測驗（Twenty Statements Test）是由 Manford Kuhn（1960; Kuhn & McPartland, 1954）所發展的。Louis Zurcher（1977）提出在人們思考自己的不同方式中，上面描述的分類是一個簡單的方式。Zurcher 注意到，從 1950 年代、1960 年代，到 1970 年代，越來越多的人提出反映性的自我陳述，而不是身體性或社會性的自我陳述（至少在美國是如此）。他把此歸於那幾十年的社會和文化的快速變遷，造成越來越難在社會地位上定義一個人的自我，因為這麼做需要一個相對穩定的社會結構。因此，當一個人以一種似乎非常個人式的措辭來思考自我時，這樣的思考方式其實是有賴於一個特定的社會關係和社會結構模式──即便是以一種非常個人主義式的方式來思考我們自己，也總是受到更廣大的社會力量所制約。

我們所認同的社會團體和類別而社會性構成的程度，我們的社會認同如何讓
我們得以在一個與他人的關係網絡中溝通我們自身的認同與位置。最後，我
們將以社會建構主義和論述觀點的討論來結束本章，社會建構主義和論述觀
點質疑了穩定和持久的自我概念，認為這種自我概念將我們與所生活的社會
脈絡分開來，他們並且主張我們的自我感沒有和任何「真實存在」的東西相
符應，而是在與其他人的關係中得到建構及具體化（如Gergen, 1993, 1994）。

自我和認同的社會認知取向

✐自我如同一個知識結構

　　自我的認知模式現在支配著這個研究領域，在這模式中，自我一般被認
為包含了一個人關於自己的所有知識（如Cantor & Kihlstrom, 1987; Greenwald
& Pratkanis, 1984; Higgins, 1987, 1995; Markus & Wurf, 1987）。包括對於特殊
事件和經驗的記憶、特質、歸因、習慣、偏好、信念、價值、計畫、希望和
害怕，以及我們的社會角色和關係的知識。在此觀點中，我們所知道的關於
自己的每件事就是我們的自我：即我們的自我概念。這自我的知識通常被認
為是一套符號表徵，以一種表徵相互連結的方式儲存的（如Bower & Gilligan,
1979; Greenwald & Pratkanis, 1984; Higgins, Van Hook, & Dorfman, 1988;
Kihlstrom & Cantor, 1984; Kihlstrom & Klein, 1994），且這些表徵之間相互關
係網絡的不同層面，會被我們偶遇的不同情境和人們所「開啟」。

✐自我基模

　　在第三章，我們將自我基模定義為人們所持有的關於自己的知識結構。
自我基模的研究起初聚焦在這種結構對自我相關訊息的處理速度和效率的影
響方面（Higgins & Bargh, 1987; Markus, 1977; Markus & Wurf, 1987）。如果個

人在某個面向上被說成是「有基模的」（schematic），則會被認為這向度是他們自我概念的重要且顯著的特徵；而如果被說成是「缺乏基模的」（as-chematic），則會被認為這向度不是其自我的核心。例如：若你對自己有多少野心有一個清楚的認識和概念，那麼你會依著這特質面向被歸類為是「自我基模的」（self-schematic）；若你依據這面向來評估自己的結果是不確定或者猶豫的話，那麼你會被歸類為對野心「缺乏基模的」。

在探究自我基模概念的效用，以及其對於處理與自我有關的訊息涵義的一個早期研究裡，Markus（1977）在獨立性這個面向上，把作為樣本的女學生歸類為有基模或缺乏基模的，並以此做了自我描述、行為和預測等測量評分上的比較。她發現，有基模的受試者（將自己評定為獨立性或依賴性高的人）顯著地較可能以基模相關的形容詞來作為自我描述，且回應這些形容詞的速度明顯比較快。因此，有獨立性基模的人較可能贊同跟獨立性相關的形容詞，且贊同這些獨立性字詞的速度明顯較依賴性字詞快。相反的，依賴性基模的受試者較可能去贊同跟依賴性相關的描述，且回應這些描述的速度明顯較獨立性字詞快。至於那些缺乏基模的參與者，他們以比較多的依賴性字詞（相較於獨立性字詞）作為自我的描述，而其反應時間在這兩套字詞之間並沒有不同，顯示他們沒法像依賴性基模者一樣容易做出區辨。在後來的研究任務中，要求參與者去描述過去行為的例子及對未來行為做預測，Markus發現，有一致的回應模式可以區別獨立性、依賴性和缺乏基模的受試者。同時，這些結果被解釋為概化的認知結構運作——對那些發展出此基模的受試者來說，依據獨立性—依賴性這個向度來組織、選擇和解釋關於自我的訊息，提供了實徵證據。

自我基模概念強調自我概念的穩定、持久和自我保護的本質（如 Green-wald & Pratkanis, 1984; Swann & Read, 1981），因此，自我基模和那些已在社會心理學中普及的自我認知概念一致。

✍ 自我概念的穩定性和可塑性：運作的自我概念

自我的認知模式假設人們的作為事實是以一種可以預測的方式表現的，

是與他們穩定的自我概念相關聯的。然而，一個穩定自我的存在已經被視為是自相矛盾的事，雖然證據顯示，人們會積極抵抗那些和他們對自己的看法不一致的訊息（如 Markus, 1977; Swann, 1985, 1987），很多其他研究顯示，不同情境的自我概念有很大程度的變異（如 Gergen, 1965, 1967; McGuire & McGuire, 1982; Mischel, 1968）。事實上，心理學界發現到自我的變動本質已有很長的歷史，至少可遠遠追溯到 William James 著名的主張：「一個人社會性自我的數量，就跟認識他的人數一樣多。」（James, 1890/1952, p. 179）Markus 和 Kunda（1986）在他們的「運作的自我概念模式」中，為自我看似不一致和可塑的特性提出了一個統整的模式。他們從自我概念作為一個認知結構的模式開始，這個認知結構包括了一套相互聯繫的自我基模，它們自身都和記憶、信念和價值的特定表徵有關，這些東西提供了自我知識的基礎，然後自我基模從中建立起來。「整體的自我概念」（global self-concept），這結構基本上被認為相當穩定，雖然當一個人獲得新訊息和經驗，或根據新的經驗來重新解釋已存在的訊息時，它可以經過時間而逐漸改變。從這基本的立場來看，Markus 和 Kunda 認為，因為表徵自我知識的認知結構是如此龐大，受限於人類訊息處理的能力，在特定時刻只有一部分潛在可得的自我知識可被接近。在特定時間內，自我系統可接近的部分就是「運作的自我概念」（working self-concept），而且這些自我概念在當下可被接近的元素，是影響一個人在當時能夠注意、處理和回憶訊息的唯一部分。因此，「運作的自我概念」是「整體的自我概念」的一面，且在特定的時刻會影響行為和經驗。

在特定時間內，運作的自我概念的內容被認為會受到許多因素影響。有些自我表徵和其他多種表徵有相互關係，且在過去時常被使用，那麼對某些人來說，可能會長期地具有易接近性（Bargh, 1989）。這些自我表徵和 Markus（1977）的自我基模概念相似。其他自我表徵的使用可能會受到較短暫的因素所影響，包含情境線索、動機因素或心情（Kunda & Sanitioso, 1989）。某些自我表徵則可能透過它們和其他易接近的自我表徵的連結而變得易接近（如 Bower & Gilligan, 1979），抑或是某些自我表徵可能為了各種目標而被蓄意地提取出來，包含意欲對抗不受歡迎的自我表徵，或去管控情感或行為（Markus & Nurius, 1986）。因此，這模式能夠同時解釋自我的穩定性和可塑性：穩定

性是可獲得的自我知識其相對不變的本質所造成，以及在「整體的自我概念」中，某些核心自我基模的長期高接近性所促成的；至於可塑性則是在「運作的自我概念」中，那些較邊緣的自我表徵擁有不同的接近性所造成的結果。

　　「運作的自我概念」並非遵從認知吝嗇者隱喻的自我模型，在此模型中，自我知識被組織起，使得關於自我訊息的提取可以達到效率的最大化，藉由指派給動機一個重要的角色，依動機來決定運作的自我概念的內容。在 Kunda 和 Sanitioso（1989）的一個研究中，學生被隨機分組，並被引導去相信個性的外向或內向與學業及事業的成功有關。在做完這個簡短的介紹之後，在一個看起來像是沒有關聯的研究中，讓參與者填寫一項自我概念的問卷。被分派到外向—成功情境的參與者，明顯地評價他們自己比在內向—成功情境參與者的個性更為外向；反過來，被分派到內向—成功情境的參與者，明顯地評價他們自己比在外向—成功情境的參與者更為內向。這些發現顯示，「運作的自我概念」的內容受到人們想要相信自己是什麼樣的人的動機所影響，在其他條件都一樣的狀況下，人們的「運作的自我概念」傾向於轉換到合乎情境需要的方向，並且遠離不合乎情境需要的方向。

　　「運作的自我概念」認可自我如同一個多面向動態結構的想法，在不同的地方及不同的時刻可以顯露出非常不同的樣子。以表面價值來看，這讓自我的矛盾，以及各種不一致的自我呈現方式得到容納，這也是以往自我認知模式所主張的，在行為和經驗底下有首尾連貫、穩定的自我這樣的觀點所受到的批評和質疑（如 Gergen, 1967, 1993）。然而，雖然「運作的自我概念」模式比很多其他自我模式更具有社會性，它允許自我隨著不同的社會脈絡而有戲劇性的改變，但它仍然在個人的、內在的、認知的自我，與自我所遇到的外在社會脈絡之間維持了一種必要的區別。在這觀點中，社會情境被視為「引出的條件」，會影響一個自我之中各種元素的相對接近性。在本章的稍後，我們將會提出對於這個觀點的批評。

✍ 可能自我

　　自我最具有創造力的一面是，它具有想像尚未發生的未來的能力。在一系列可能的未來中勾勒自己、評價這些未來，並且渴望去認識或迴避它們的能力是一種強有力的力量，可以引導我們當前的行為和經驗。的確，關於未來的自我表徵，或「可能自我」（possible selves），已經被認為是動機的重要面向，提供一個人現在和未來之間的連帶性，指引和組織我們的行為（Markus & Nurius, 1986）。「可能自我」表徵一個人所希望、期望或害怕的東西。就其本身而言，它們提供一個脈絡，當前的行為選擇可以藉由其可能造成的未來結果來加以評價，或藉由它們是否有可能使有價值或害怕的「可能自我」在未來出現，以此來考慮不同的選擇。「可能自我」不僅僅是抽象的願望、經驗或害怕，而是基於個人目前自我的觀點，對於自己將成為一個什麼樣的人去提供自我的整合性表徵。Markus 和 Nurius 認為這些目標和自我的整合性表徵，與完成它們的行為表徵是相關聯的，為實際的自我和未來的自我之間提供了一個認知橋樑。以這種方式，「可能自我」表現了自我概念的動態以及時間上延展的本質。Markus 和 Nurius 主張，因為「可能自我」是跟行為計畫和策略有關之目標，其生動且個人化的表徵，比起較抽象、非自我參照的目標或價值的表徵，更能夠成為較強而有力的行為動機。產生正面「可能自我」的能力，與產生完成它們的一般計畫的能力，被發現與跟正面的情感及主觀的動機有關（如 Gonzales, Burgess, & Mobilio, 2001; Oyserman & Markus, 1991; Ruvolo & Markus, 1992）。

　　其他幾個研究者也已經發展出關於未來的建構，雖然在某些重要的方面和「可能自我」不同，但皆同樣假定人們對未來的意圖和抱負，對於理解他們現在的行動和自我概念是重要的。這些建構包含個人奮鬥（personal strivings）（Emmons, 1986, 1996）、個人計畫（personal projects）（Little, 1983）和人生課題（life tasks）（Cantor, Norem, Langston, Zirkel, Fleeson, & Cook-Flanagan, 1991; Cantor, Norem, Niedenthal, Langston, & Brower, 1987）。在所有的這些說法中，目前（或實際）的自我概念都被視為從其與這些未來為本

（future-based）的自我表徵的關係中得到大部分的意義。這些自我的未來表徵在日常情感、認知和行為經驗的組織中扮演一個重要角色（Markus & Wurf, 1987），且研究者發現，把某種未來自我表徵的存在作為一個人努力目標，與高度的主觀安適感（subjective well-being）（如 Brunstein, Schultheiss, & Grassmann, 1998; Emmons, 1986; Little, 1989）及動機（Bandura, 1989a, 1989b; Gonzales, Burgess, & Mobilio, 2001）有高度關聯。基本上，所有這些自我概念的觀點都假定自我是一個動態性本體，能夠做出有意圖性的改變，由自我可能變成其他可能性表徵所啟發而改變（Markus & Wurf, 1987）。

自我差距理論

　　自我差距理論（self-discrepancy theory）首先由 Higgins 提出（Higgins, 1987; Higgins, Klein, & Strauman, 1985），可以當作一種工具，用來統整許多旨在處理自我概念衝突之情緒後果的理論。Higgins 致力去整合一些主要來自於精神分析傳統的概念，包含 Horney 的「理想自我」（1950）、Sullivan 的「好我」和「壞我」（1953），及佛洛伊德的「超我」概念（Freud, 1925）這類的建構。Higgins 企圖去發展一個歸類的體系來整合這些理論的重要面向，透過系統性地闡述下列這一組關係來達到他的目的：關於真實自我和各種標準之間差異的程度和質地，及與這些自我差距有關的效應。Higgins 和同僚主張，自我系統不只包含個人「實際自我」的表徵，還包含了個人獨特的「理想的」（ideal）與「應該的」（ought）自我導引（self-guides），這些自我導引形成用來評價「實際自我」的內在標準。「理想自我」代表「一個人的渴望、希望或目標」，而「應該自我」則代表了關於個人自己的「規則、命令……義務和責任」（1985, p. 52）。理論的關鍵是「實際自我」會根據這些內化的理想與應該自我導引，來接受評價與調整，而且「實際自我」和這些自我導引之間的差距程度，與人們負面情感經驗的強度與質地有關。實際—理想的差距被視為會讓個人易受到沮喪相關情緒的襲擊，而實際—應該的差距則會與不安相關的情緒有關聯。

　　在許多情境中都發現到，自我差距理論的預測得到了支持。實際—理想

的差距與沮喪相關的情緒之間、實際—應該的差距與不安相關的情感之間的
預測關係，已經在幾項針對大學生的研究中發現（如 Higgins, Bond, Klein, &
Strauman, 1986; Higgins et al., 1985; Strauman & Higgins, 1987），也在其他族群
中發現，其中包含懷孕婦女和新手父母（Alexander & Higgins, 1993），及患
有飲食障礙的人（Strauman, Vookles, Berenstein, Chaiken, & Higgins, 1991）。
舉例來說，使用統計技術來檢驗每種自我差距和情緒之間的獨特關係，Higgins
等人（1985）發現，實際—理想的差距單單只與沮喪相關的長期情緒經驗有
關，而實際—應該的差距則單單與不安相關的長期情緒有關。然而，其他的
研究者對於差距的特定類型（理想或應該）及不同的情緒經驗（沮喪或不安）
之間獨特關係的證據提出質疑；取而代之的是，他們主張人們自我差距的大
小和他們的負面情感經驗之間的關係，是一種一般性的關係（Tangney, Nied-
enthal, Covert, & Hill-Barlow, 1998）。

　　Markus 和 Nurius（1986）的「可能自我」取向和 Higgins（1987）的自我
差距理論所共享的假定是自我的未實現部分，其可能以計畫、目標或標準的
形式呈現，為某個特定時間點的自我經驗提供一個重要的了解脈絡。然而，
雖然這些理論家都同意考量自我未實現的表徵的重要性，但對於這些表徵的
主要功能為何，則有相當不一致的見解。「可能自我」之取向所立基的論點
是，未實現自我的表徵在提供自我發展的動機上扮演了一個重要的角色；Mar-
kus 和 Nurius 認為，「可能自我」提供目前的自我和未來的自我之間一個認
知的連結，因此，它們能表現出自我的動態本質。從這個觀點來看，未實現
之自我被視為有一個實質上的正面功能，提供行為的動機和方向（在未受到
想要避免負面情感的慾望所驅動的情況下）。相反的，自我差距理論的中心
前提是，「實際自我」和理想或應該的自我導引之間的差異會產生負面情感。
雖然自我差距理論認為，某些（有益的）自我調節過程可能在自我差距覺察
之後發生，以降低與差距有關的負面情緒，但它所聚焦的概念是，與實際自
我表徵不同的重要自我導引先天就是一種負向的心理情境。近日的研究企圖
去調和這些相對的觀點，主張未實現的自我表徵的心理結果，視一個人相信
自己在未來會變成一個什麼樣的人的可能性而定（如 Boldero & Francis, 2002;
Donaghue, 1999）。換句話說，一個人在現在沒有變成另一個可能的自我所可

能引發的結果，關鍵性地取決於這個人相信自己在未來變成另一個可能自我
的信念而定。

自我的功能

自我的一個關鍵特徵是它是反身性的（reflexive），即擁有自我覺察的能
力。對於如同客體之自我的覺察的重要意涵是：它創造了自我評價（evalua-
tion）的潛在可能性，以及基於此評價而做出具有意向性的自我調節（regula-
tion）。

自我評價

我們如何知道自己是哪種人呢？多數的評斷是人們至少毫無疑問地能把
自己和其他人做某種形式的比較。高、聰明、有條不紊、神經質或友善，全
都是相對而非絕對的狀態，如果不知道其他人在這些方面的表現如何，則上
述說法根本毫無意義。因此，將實際自我與某種標準相比較是自我評價的要
素。有大量的證據指出，自我評價不是一個「冷酷」的認知過程，牽涉到自
我可用資訊的客觀編織；相反的，相當程度上會受到人們之所以評價自己的
動機所影響（Taylor, Neter, & Wayment, 1995）。自我評價的動機會影響到人
們尋找、注意、回憶，及歸因那些與自己有關的資訊的方式（Swann, 1987;
Taylor et al., 1995）。

傳統上，研究者主張人們有三個重要的自我評價動機：自我評估（self-
assessment）、自我彰顯（self-enhancement）和自我證實（self-verification）。
自我評估動機旨在引導個人去找出精確和具診斷性的訊息，以便人們對於自
己實際是什麼樣的人發展出看法（Festinger, 1954）。自我彰顯的動機則被假
定是用來引導個人聚焦於那些可以讓自己看起來盡可能討好的資訊上（如
Kunda & Sanitioso, 1989）。而自我證實則被視為鼓勵個人去證實關於自己的
既存信念（如 Swann, 1987）。近年來，Taylor 等人（1995）所主張的第四個

自我評價動機也必須加以考量，叫作自我改善（self-improvement）。他們主張帶著改善自我目標的自我評價，在概念和實徵上皆與上述所提的其他三個動機不同。尤其，自我改善的動機為自我評價的過程開展了一個未來導向，掌握了自我改變的可能性及自我的抱負部分。

自尊

對於自我的評價產生了關於我們自己的經驗的另一個層面：我們的自尊。自尊是「個人自我評價的正向性……它基於自我知識來做價值判斷」（Baumeister, 1998, p. 694）。雖然自尊和自我評價相關，但並不是相同的東西。自我評價表徵了一個人關於自己的相對表現、能力，或擁有某種屬性的判斷，自尊是根據評價所形成的關於自己的推論，可以透過下列的因素而被調節，如對自己成就所做的歸因，以及該受到評價的面向對於個人而言的重要性等。所以，舉例來說，看到自己體型不佳和超重會造成自尊的嚴重後果（「我不遵守紀律、懶散又醜，沒人想跟我出去」），或輕微後果（「好，我生活中有其他事情更為優先，等我通過這些考試後，我再來把心思放在身體健康上」），端賴所做的歸因和在個人自我概念中這個自我面向的重要性而定。

自尊在社會心理學中是一個重要的解釋建構，維護和增加自尊的慾望在許多理論中被當成潛藏在社會行為中的基本動機。Tesser（2000）在文獻回顧中發現，自尊的維持隱含在許多心理過程中，包含社會比較（Taylor et al., 1995）、歸因（Brewin, 1986）、恐懼管理（Greenberg et al., 1992）、詆毀他人（Brown, Collins, Schmidt, & Brown, 1988）、訊息處理（Tafarodi, 1998）和人際間的暴力（Bushman & Baumeister, 1998）。然而，雖然個人自尊的發展在西方社會廣泛地被認為是一個重要的目標，但是 Baumeister（1998）注意到，我們其實並不清楚人們為何這麼投入去維持他們的自尊，且很少有證據指出擁有高自尊確實和其他正向的行為有關係。然而，高自尊和正向情緒經驗的相關倒是非常清楚，看來似乎高自尊本身就是一個有價值的目的，而非是一種可以達成其他社會想望結果的工具。

自我調節

　　大多時候，人們的行為背後都會有個目的。社會心理學家一般都認為，行為主要是受到人們關於他們行動（或不行動）的可能結果之信念所致。從事那些被設計來達到某個特定結果的行為所涉及的過程，可以用「自我調節」這個一般性標題來命名。也就是說，自我調節包含謹慎地履行及監控行為，並帶著促使自我渴望的結果發生或避免不喜歡的結果出現之意圖。到圖書館開始研究老師所指派的作業、早起去運動、不畏擁擠的人潮在購物中心買一張給朋友的生日卡片、捐贈金錢給慈善事業，以及去找牙醫做檢查等，全都是自我調節的例子，因為它們全都具有人們所需結果而激發的行為。自我調節理論被分成兩大類：一類是聚焦在趨力（drives）；另一類是聚焦在獎勵（incentives）。

　　根據趨力的自我調節理論，個體所致力的行為是被設計來降低需求未滿足時所產生的激發程度。這樣的理論是透過個體從一組常見的需求（如成就需求，或親和需求）中，經驗到一個或多個需求被激發起來，以此來解釋動機的出現原因。無法滿足這些需求被認為會跟一種不愉快的張力狀態相關聯，個體會因此促發做出某種行為來消除這種感覺。這種基於趨力的動機模式有一部分是奠基於 Festinger（1957）的認知失調理論，這理論認為當人們覺察到他們擁有不一致的態度和／或行為時，他們經驗了所謂失調的負向喚起狀態，並產生某種心理上不舒服的感覺，接著就激發了態度或行為的改變，所以當失調被移除後，不舒服就減輕。

　　這種降低失調模式（dissonance-reduction models）強調目標沒有完成時的負向結果，相較之下，獎勵的模式則強調目標完成時的正向好處。例如 Markus 和 Nurius（1986）主張，目標表徵會和自我表徵（包含在「可能自我」的建構中）整合在一起，並提供方法來評估自我對目標渴求的程度，也協助澄清達成目標所需的行為策略，接著「可能自我」的吸引力（或無吸引力）則提供動力讓人們努力去達成（或避開）它。因此，根據這觀點，自我調節不需要被某種心理不舒服或緊張的經驗所激發就會發生。

·自我調節的控制過程模式·

獎勵模式的「趨向動機」和降低失調模式的「避免動機」，這兩種已結合到 Carver 和 Scheier（1981, 1982）廣泛被接受的控制過程模式（control-process model）中。此模式認為，人類自我調節系統類似於電腦控制回饋系統，這特定系統的狀態會規律地跟具有參照值的目標系統狀態做比較。這比較過程的結果完全視參照點的價數（不是正價就是負價）而定，當前狀態和正價的參照值之間有差異時，產生了趨向行為，用以減少差異；然而當前狀態和負價的參照值之間有差異時，則產生了迴避行為，用以增加差異。

參照值與相關的回饋圈機制，形成了在控制過程模式中的主要隱喻，並符應各種不同的目標抽象化層次（Carver & Scheier, 1981）。參照值會從一個抽象原則（如：「我想要見多識廣」）來設定各種目標，包括像某些較特殊的例子（如：「我將利用空閒時間閱讀，而不要看電視」），到表現相關行為的目標（如：關掉電視、拾起書本）。Carver 和 Scheier 區分了原則和方案的差異，原則代表人們想要完成的特殊結果狀態，而方案代表他們計畫（或希望）獲得某種結果的策略。他們並反思到兩者會因抽象化的層次，而階層性地套疊在一起，所以，某些原則反映的是「較高」或較抽象的（例如：正直的原則下可能包含誠實和公平的兩種次級原則），而漸漸特殊化的各種方案全都是為了達成某個特定原則。根據 Carver 和 Scheier（1981），不同抽象化層次的參照值和回饋圈（將實際行為與參照點做比較）的輸出功能有連結，因此，將參照點和實際行為之間的差異回饋給整套系統，會產生一個輸出機制來用以減少差異，而且在這套系統中，輸出機制會採行慢慢能夠接近目標且最特殊的參照值，並活化它的回饋過程。這整個過程會持續到參照值讓所欲行為被操演出來時，或某個方案的操作招致失敗時。

自我調節行為被預期是知覺到「實際自我」和其他自我之間的差異造成的，而控制過程模式則更進一步要解釋的是自我調節行為如何被發動。儘管如此，某種程度也可以將這模式擴展用來探討「差異降低系統」（discrepancy-reducing system），對一個人「感覺」他們自己時（例如：對他們的情緒）所扮演的角色。Carver 和 Scheier（1990）認為，情緒是由第二級自我監控系統

所產生的，第二級自我監控系統負責監控自我實際狀態和其參照值之間差異降低的發展速度。他們認為在這速度監控系統（rate-monitoring system）內，會將差異減少的速度跟某標準相比較。在這模式中，當實際上差異減少的速度勝過標準時，正面影響會發生，而當減少的速度實際上未達標準時，負面影響會發生。Carver 和 Scheier 模式中的這部分未被許多理論家所採用，而它對「其他自我的理論」的意義將在本章後面進一步討論。然而，應該注意到在此模式中，情緒被概念化為行為企圖降低差異時，是否成功被降低的結果，而不僅僅是差異知覺的自動化結果。因此，在他們的模式中，一個人可能擁有自我差距，卻未經驗到負面情緒（差異降低速度比那人所要求的標準相同或者更快速）。Carver 和 Scheier 模式也提供了自我差距的知覺和正向情緒之間概念上的連結，以及與負向情緒（自我差距理論的焦點）概念上的連結（如 Higgins, 1987）。

·調節焦點理論·

近幾年，自我差距理論的重點已有所改變，從它所聚焦的「實際自我」和理想、應該自我之間的關係，轉變為人們為了達到他們的渴望狀態而調節他們行為的方法。Higgins 將自我差距理論重新論述和延展為調節焦點理論（regulatory focus theory）（Higgins, 1997），並強調追求「理想自我」牽涉到被用來引起正向、有價值結果的自我調節過程，而追求「應該自我」則牽涉到被用來避免負向或其他不喜歡結果的自我調節過程。Higgins 和 Tykocinski（1992）為了檢驗上述這種預測，讓已經帶有實際—理想或實際—應該差異的受試者閱讀一篇文章，是關於有無獲得正向或負向結果而構想出來的事件。他們發現，已帶有實際—理想差異的受試者記得較多具有正向結果的事件（如：和朋友午餐聚會），及沒有正向結果的事件（如：去看電影並發現它下片了）；然而，已帶有實際—應該差異的受試者記得較多具有負向結果的事件（如：為了早上的課起床），及沒有負向結果的事件（如：有個考試取消）。因此這研究提供證據指出，人們所記得的負向或正向結果的事件是有差異的，這要視他們先前的自我差距而定。

Higgins（1995, 1996b, 1997）努力將這些發現結合那些以自我差距理論為

基礎的研究，並提出一個模式，他認為先前的自我差距和情境（藉由正向或負向結果所框架）的對應傾向，都是一個人潛在自我調節系統的表現。根據這模式，兩個不同系統各自對調節愉悅和痛苦負起責任，或者以自我差距理論的語言來說，各自對調節正向和負向結果負責。

Higgins（1995, 1997）主張，個體會發展系統來同時調節正向和負向結果，這正是為了適應所需要的。然而，他主張先前的自我調節系統通常在幼年時期發展，是孩子與其照顧者擁有經驗的概化。運用Bowlby（1973）的研究，Higgins主張兒童有兩個基本需求：撫育和安全感，而這兩個需求對照顧者來說通常有不同的價值。主要以撫育為主的照顧者傾向將焦點放在協助兒童完成照顧者理想上需要的東西，因此優先地讓兒童適應這些自我引導類型。他進一步指出，希望兒童擁有這些理想目標的照顧者，傾向透過撫育、對期望行為的正向回應（有正向結果），以及當兒童表現出非期望行為時則停止這些回應（無正向結果），來引導兒童的行為，因此，長期暴露在此互動風格的孩子變得會適應正向結果的有無。當他們的認知能力增加時，他們能理解別人對於他們行為的可能回應，將焦點放在正向結果的兒童被期望能自我調節行為，以最大化這些正向結果的出現，並最少化這些正向結果的喪失，聚焦在正向結果會反映在「理想自我」的快速發展。Higgins（1995）指出，這種風格的自我調節就好比是「促進型」（promotion-focused）。對照於撫育的互動風格，關心安全的照顧者就會以兒童應該或不應該去做來回應兒童，有這傾向的照顧者被認為較有可能對兒童身上不受歡迎行為，以直接的處罰或斥責（有負向結果）來回應。當兒童表現了受歡迎行為，這些負向結果則不會出現（沒有負面結果）。Higgins認為，長久暴露在這種互動風格的小孩會優先去適應負向結果的有無，因此朝向「應該自我」快速發展。這種風格的自我調節被歸類為「預防型」（prevention-focused）。

基本上，促進型的人是以正向結果為方向的，Higgins預測他們會運用可以讓他們接近正向結果狀態的自我調節策略；相對而言，預防型的人其負向結果傾向被認為會讓他們使用避免經驗到這些負向結果的自我調節策略，一些研究證據支持這樣的預測。Higgins、Roney、Crowe和Hymes（1994）要求受試者選擇他們會用來完成一般目標（「做一個好朋友」）的策略，發現一

般偏愛接近策略（如：「開放自己及願意奉獻自己」），而非避免策略（如：「不失去聯繫」）。然而，他們也發現預防型的受試者（那些先前有實際—應該差異的受試者）比促進型的受試者（那些先前有實際—理想差異的人）選擇較多的避免策略及較少的接近策略，這和其他的研究（如 Higgins et al., 1994; Strauman, 1996）同樣都主張有證據來支持下列想法：人們在自我調節方面有各自偏愛的策略，這與 Higgins 所提的促進型和預防型系統相符合，雖然對於 Higgins（1995）所提的發展解釋尚沒有直接證據。

自我社會認知模式的評論

　　雖然自我的認知模式無疑支配著目前自我本質的概念化和研究，但它也一直是許多其他取向持續評論的目標。來自社會建構主義者及批判論述觀點的評論家都質疑下列這項假設：「自我」是存在個體內在的一種認知的「自我結構」，且得以在各種社會情境中被激發，並藉由影響那情境中個體的經驗和行為來展現自身。這些評論認為，這樣一個自我的個人主義解釋並不具足社會生活的組成和創造的本質，「自我」是人們在社會生活中從社會結構、關係和脈絡中浮現出來的。在這個觀點中，自我並非來到這世界展現他們之前已存在的特質，以及強加他們先前已設定好的生活程序；更確切來說，人們與情境的遭逢中，某種社會行動才可能出現，而且主體的自我才會從這些偶遇中浮現（而不是創造）。我們稍後將在這章詳細地討論這些自我的其他解釋。

　　到目前為止，其他評論自我社會認知的模式主要是依據跨文化的觀點，這觀點不像建構主義者的評論，並沒有反對主流的認知論解釋，而是反對自我表徵（被認為是形成自我概念的基礎）的個人主義、去脈絡特性。人類學者 Geertz 最常被引用的觀察（見第五章），明顯地將自主、有界限的西方自我概念和其他文化所發現的概念相對照，這就隱含了理論的價值。在 Markus 和 Kitayama（1991）的知名研究中，他們將這些爭論帶進自我的社會心理學研究的主流中。根據他們的論點：在很多的世界文化中（雖然他們的研究特別將焦點放在日本和其他東亞的文化），自我的概念較不固定，而且自我比

較可能使用關係式的辭彙來描述，而不像西方普遍去脈絡化的特質描述（亦見 Nisbett, 2003）。在 Markus 和 Kitayama 的分析中，他們區分了兩種自我構念，一種叫作獨立性的自我構念（independent self-construal），特徵是「個體的行為是有組織的，而且主要參照他自己內在的思考、感覺和行動等來呈顯意義，而不是參照他人的思考、感覺和行動」（1991, p. 226）；另一種則叫作互賴性的自我構念（interdependent self-construal），包含「……視自己為周圍社會關係的一部分，且認為一個人的行為大部分是受到關係中所知覺到的他人思想、感覺和行動所決定、組織」（p. 227，楷體為原作者強調）。然而，雖然這些自我構念的區分已經廣泛地被研究者用來做詳盡的跨文化比較，但很多人仍然繼續用非常個人主義的自我概念來引導對自我的研究。

自我和認同的社會認同取向

社會認同理論（SIT）很明確的是一個群際行為的理論，且就其本身而論，它主要是專注社會認同對於人們在對待沒有共享相同社會認同的他人所做行為時，會產生什麼樣的影響。我們將在第七章深入地討論這理論。在本章中，我們想要明確地探究當研究者採取「社會認同理論」傳統時，他們談論的「社會認同」意指什麼，以及提及這傳統的認同觀點和其自我概念的模式之間的關係為何。

社會認同理論所依據的前提是：我們所屬的社會團體和類別，形成了我們對於自我和認同感覺的一個重要部分。根據 Tajfel（1981a），社會認同是「……個人自我概念的一部分，是來自於個人所擁有關於其從屬之社會團體（或多個社會團體）類別的知識，還包含扣連著這從屬關係的價值感和情感」（p. 251）。因此，身為澳洲人、身為女人、身為原住民、身為老虎隊球迷、身為會計師、身為素食者或屬於綠色和平組織的人，這些都不是關於一個人的客觀社會事實，但重要地提供了一個人如何看待、理解及感受他們自己的方式。雖然這些團體類別對於認同的重要性是社會認同理論的重要原則，但認同的概念有點不足以形成理論，而且總是不清楚為何團體類別對於認同是

重要的，且如何可能隨著自我和認同的其他層面而變化。

　　「社會認同理論」主張人們會有動機把自己往好處想（Tajfel, 1981a; Tajfel & Turner, 1986），並假設自我的一部分是被綑綁在他們的社會認同中（他們所屬的社會團體和類別），且會被促動去尋找他們團體的正向區別性。「社會認同理論」特別著重於呈現正向區別自身所處團體與他者間的差異，如何造成對內團體的偏袒和（或許較不可靠，見Brown, 2000）對外團體的詆毀。藉由看到他們所屬團體優於其他團體（至少在某些方面），人們會繼續持有他們的社會認同，並且提升他們的自尊。這「自尊假設」已由某些研究中獲得支持，研究顯示有機會做正向區別後，自尊會提升，但這些研究也被強烈質疑（見Brown, 2000; Long & Spears, 1997; Turner, 1999，在「社會認同理論」中自尊所扮演角色的評論）。

身分認同

　　雖然社會認同通常會聯想到特定社會團體，但是在 Tajfel 的原始定義中強調：「……扣連著這從屬關係的價值感和情感」，所以很清楚的，知道所屬團體類別對了解社會認同是不夠的。一個人從屬於哪個特定團體類別可能或多或少是一個社會事實，但這時「社會認同理論」重提個人心理學的重要性，強調身分認同（identification）在協調社會認同影響自我時所扮演的要角；因此，「社會認同理論」中的社會認同同時包含從屬於特定團體的成員，以及對該團體的身分認同兩層意義。多數「社會認同理論」的實徵研究傾向將一個人對某個團體的身分認同看成固定屬性，並依此部分地決定為內團體比較的心理結果（喜歡或不喜歡）。然而，會有研究主張身分認同是較有彈性，這是有可能的，而且也可能會有研究主張一個人身分認同的變化或許是一種工具，端賴在特定脈絡下某個身分類別被支持程度，控管個人的社會認同以達成與特定團體結盟或疏遠的目的。的確，身分認同的策略運用是一個避免負向社會認同結果的方法，這在早期的「社會認同理論」裡是 Tajfel 一直強調的（如 Tajfel, 1974, 1976, 1978），但近期從社會認同觀點的理論和實徵研究，都傾向主張身分認同是所有團體成員的穩定特質。

例如：Doosje 和 Ellemers（1997）發表一系列研究，調查高認同者或低認同者在他們的社會認同受到威脅的情境中的反應。「社會認同理論」主張，社會認同受到威脅時的一般反應，是在群際比較的向度上做內團體提升和／或外團體貶抑的評價。然而，這些評價中的偏誤容易受到社會現實的限制，而且在某些環境中，一個人可能無法貌似有理地做偏袒的群際比較。例如：一個足球隊的球迷在連敗中將發現，很難貌似有理地認為他們所支持的隊伍，比起本屆冠軍隊更具有冠軍相。Doosje 和 Ellemers（1997）主張，整體來看認同高的人較認同低的人有可能在其社會認同受到威脅後，藉由尋找替代的、「社會上有創造性的」方法來正向看待他們的團體，以此保持團體的整體性。認同低的人有可能透過其他的「個人流動」（individual mobility）策略來維持正面的認同，例如：疏遠他們自己原有團體，或強調他們團體內的變異性。

·歸屬的 vs. 習得的社會認同·

團體或類別的從屬關係這個向度的變動，某程度是端賴個人歸屬某個團體或類別時是否能選擇。在「社會認同理論」中，當我們幾乎沒辦法控制自己歸屬於某團體或類別的成員（例如：種族或性別）時，我們會說這種從屬關係是歸屬的（ascribed）；如果團體或類別的從屬關係是我們或多或少能自由選擇時（就像職業、政治傾向、運動團隊成員），我們會說這種從屬關係是習得的（acquired）。但重要的是，這種區分並不是依賴團體或類別的從屬關係是否真的可以自由選擇而定；相反的，是依據這從屬關係是如何被人所覺知的。雖然習得的和歸屬的從屬關係同樣慣常地被當作評價人的基礎，但這些評價的基礎在方法上非常不同。習得的從屬關係（如：一個人「自由地」選擇）可能被視為是個人屬性、喜好、信念和價值的表達。例如，一個人屬於「素食者」的團體身分，可能被視為表達出他們對於動物權利和生活的（隱含的）信念，而另一個人被任命為導遊，可能意味著他們喜愛冒險及認識新的朋友。基於歸屬的從屬關係所做的判斷較有可能反映某種特質假設，即自然地相信某團體會具有某種特質，例如，女人會比男人情緒化的假設。假設在某些團體之間有自然且必然的差異，這被稱為本質主義（essentialism），而這種基於歸屬所界定的特質屬性，正是對某團體的刻板印象與偏見的重要

基礎（見 Yzerbyt, Rocher, & Schadron, 1997，有關於團體知覺的本質主義之進一步討論）。

自我歸類理論

大多數的人都有許多潛在的社會認同，只有某些會在特定時刻凸顯出來。什麼讓我們這些社會團體和類別的身分在某些時刻而非其他時刻凸顯出來，並影響我們的行為及經驗呢？更進一步說，為何我們有時候用特質來思考我們自己，以區別我們和他人，並讓我們看起來很獨特，但有的時候我們卻又會意識到我們擁有和（某些）其他人一樣的東西呢？自我歸類理論或簡稱SCT（Turner, Hogg, Oakes, Reicher, & Wetherell, 1987）是社會認同理論的延伸，而且過去社會認同理論也已提出這個疑問。它的核心前提是社會認同並不固定，且我們會在社會環境中對脈絡（例如：當我們遇到自己的團體成員或其他團體成員時）的相關面向做評估，並依此有所回應，在這覺察的過程中社會認同會有所轉變。自我歸類理論認為，我們的社會認同反映我們在世界的位置，在這世界裡有許多重要議題正處於水深火熱中，特定團體的利益和生活事件通常是衝突的。社會認同最容易顯現的特定情境是那些在互動中涉及彼此利益的情境。

如同我們在第二章強調的，「自我歸類理論」主張在任何時刻，我們將經驗到三個質地不同的認同層次之一：個人的、社會的或全人類的（見圖6.1）。這些層次間的差異依靠我們覺察自己和他人之間相似處和差異處的程度來區分。在全人類的認同層次指的是我們將自己和所有人類相比，並看到某種相似性，這形成我們認同的重點。在個人的層次上，我們的認同集中圍繞在我們獨特、個人化的特質上。在社會層次上，這也是自我歸類理論主要關心所在，認同聚焦在我們對相似性和差異性同時所做的覺察上；我們自己和內團體成員的相似處，會與我們自己和外團體成員的差異處相對照。

在某個層次或另一個層次的自我歸類都遵循著後設對比（meta-contrast）的原則。歸類總是在社會脈絡中發生，從未是缺乏脈絡的。在任何脈絡中，

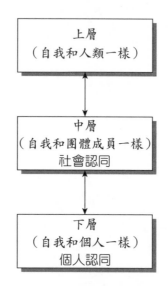

圖 6.1 自我歸類的不同層次

名詞解釋 總是存在著數種歸類的可能性，選擇這個而不選另一個是由「**後設對比的比值**」（meta-contrast ratio）來決定。後設對比的比值是指知覺到類別間差異和類別內差異相比的比值。當情境中的社會類別對情境中的個人有意義時，而且當「後設對比的比值」小時（也就是，知覺到類別間差異沒有大大超過類別內差異），那麼個人的自我歸類就會變得較顯著；然而，當「後設對比的比值」大時（也就是，知覺到類別間差異大大超過類別內相似），社會的自我歸類變得較顯著。

名詞解釋 　　團體內部的個別成員或多或少都是團體的一種典型，但**典型性**（prototypicality）是相對的，隨著比較的脈絡不同而改變。一個人的典型性被定義為個人知覺到和其他內團體個別成員之間的差異，與個人和外團體成員之間差異相比的比例。個人和其他內團體成員越類似（也就是，個人和其他內團體成員的區別是小的），這個人就越不像外團體成員，也更是內團體的典型，而團體內部某個成員的受歡迎程度和社會吸引力，是個人典型性造成的影響（如 Hogg, 2001）。

　　因此，不論是個人或社會的，認同是一個流動和脈絡化的現象。同樣一

組人之間的關係可以因為彼此的差異，而強迫他們進入不同的社會類別，或者因為彼此相似，而把他們綑綁在相同的社會類別上，端賴比較的脈絡而定。例如：社會心理學家在他或她工作的地方參與的心理系會議中，將可能察覺到他或她在會議室裡跟其他人沒什麼共同性，除非這個系能夠聘到幾位社會心理學家。然而，同一位社會心理學家現在出席一個大學的校級委員會的會議，有可能知覺到自己和其他心理學家有較多共同性，因為跟其他人相比差異更大。另一方面，當這個社會心理學家參加一場社會心理學家的研討會，這些社會心理學家彼此之間的差異就有可能在心理學範圍中被放大。可見得自我歸類多麼依賴社會脈絡，在一個脈絡中的差異到另一個脈絡中變成了共同性。

✎ 去個人化及自我刻板印象化

在「自我歸類理論」中，將一個人的認同從個人層次改變為特定社會認同的過程，稱為**去個人化**（depersonalization）：

> 去個人化指的是「自我刻板印象化」（self-stereotyping）的過程，人們在這個過程中變成將自己視為可流通的社會類別之一種範例，而非由他們和別人的個別差異所定義的獨特人格。（Turner et al., 1987, p. 50）

因此，根據「自我歸類理論」，辨認出特定社會團體的成員意味著將那團體的社會刻板印象套在某人身上。Hogg 和 Turner（1987）在一項研究中證明了這個效果，他們找了大學生來完成一系列的自我描述評量，接著進行一個為了操弄他們性別認同顯著性而設計的活動。操弄性別顯著的方式是讓受試者去辯論一個有爭議的問題（例如：安樂死或錄影帶審查制度），並設計兩種情境：一是跟自己同性別的一名成員同組與另外兩個不同性別的成員（性別顯著情境）相辯論，或是與一位跟自己同性別的成員（性別不顯著情境）辯論。辯論之後，在性別顯著情境中的受試者比在性別不顯著情境中的受試

者用了更多的性別刻板印象字眼來描述他們自己。然而，更進一步檢視其贊同的刻板印象項目發現，雖然同屬於性別顯著情境，但是男人會同時將正向和負向的性別刻板印象套在他們自己身上，而女人則只傾向偏好運用正向的刻板印象。事實上，女人在性別顯著的情境比性別不顯著的情境，較不可能套用女人的負面刻板印象到她們自己身上。如 Hogg 和 Turner 提到的，正向和負向的刻板印象會有不同的接受度，顯示套用刻板印象到個人身上，並不是依據自我歸類的顯著性而自然而然地發生作用。Hogg 和 Turner 主張，社會邊緣人或低地位團體（如女人）也許對他們所擁有的負向團體刻板印象特質特別敏感。

因此，我們可以看到人們會依據自我刻板印象發生的脈絡，而有所差別地套用團體不同的正向和負向刻板印象到自己身上。其他研究者顯示，刻板印象的內容有相當大的彈性，所以，刻板印象的內容會由相同團體成員視不同目標來展開。在 Reicher、Hopkins 和 Condor（1997）以蘇格蘭國會權力下放的爭論脈絡來研究蘇格蘭人的認同研究中發現，蘇格蘭的受試者會利用意指蘇格蘭且非常鮮明對比的「刻板印象」來敘述，且刻板印象的內容被策略地和他們的政治立場結盟。例如：蘇格蘭人描述他們國人是非常固執或小心謹慎的，是非常獨立自主或溫和富有人情味的，這些不同的描述取決於他們在評論時的政治立場。

此外，沒有理由讓我們可以假定，自我歸類的凸顯和自我刻板印象化之間的關係是單向的。自我歸類理論家認為，在特定時刻影響社會認同顯著性的重要因素，是自我和相關社會團體的適配性（Oakes, Turner, & Haslam, 1991）。把自己（如：一個人的「個人」認同）視為擁有特定團體的刻板印象特質，會增加自己和團體的適配性，因此增強一個人以社會認同的方式看待自己的可能性。例如：Donaghue 和 Fallon（2003）研究在多年異性戀關係中伴侶的關係滿意度，他們發現以傳統的性別刻板印象來描述自己的男人和女人，較可能根據他們所屬團體對性的規範來評論他們和另一半的關係（也就是，跟其他傳統男人或女人來做比較），而非直接用他們和另一半的關係來比較。對照之下，較少性別刻板印象特質的男人和女人較可能直接拿自己和不同性別的伴侶比較，而非相較於和他們相同性別的人。這些發現主張，

男人和女人以性別刻板印象觀看自己的程度，造成他們以群體間的脈絡（涉及一個男人和一個女人之間）來理解他們的親密關係，而非人與人之間的脈絡（涉及兩個個體）。

✎ 社會認同和自我的結構模式

　　Deaux 和她的同僚主張，最好將「社會認同」理解為「自我認知」（cognitive self）中，用來組織的重要概念（Deaux, 1993; Deaux, Reid, Mizrahi, & Ethier, 1995; Reid & Deaux, 1996）。在他們的模式，自我特質的認知表徵藉由相關聯的社會認同來建構，並儲存在自我系統中。因此，他們主張自我系統中包含了具階層結構的自我認知表徵，而自我特質和個人特定的團體或類別，或他們的社會角色都關聯在一起，並表徵在相同的認知結構內。從這角度來說，當某個社會認同變成易被接近的，那麼關於認同的這組個人特質也變成易被接近。因此，個人和社會認同之間關係的模式明顯不同於「自我歸類理論」的主張，即人們以他們的社會認同來運作時，會發生去個人化的現象。然而在「自我歸類理論」中，人們被認為會在個人和社會認同之間游移，但Deaux 的模式則主張一個較統整的自我概念，用 Deaux（1992）的論文標題來闡述，即個人化的認同（藉由和各種認同聯想在一起的特定人格特質）及社會化的自我（藉由把自我特質概念化並連結到特定社會認同）。

　　Deaux 的自我概念結構模式中主張，不是要區分（社會）認同和（個人）自我的差異，而是強調以特定認同的自我表徵方式，來談論自我概念的好處（如 Deaux, 1993; Marsh, 1993）。Deaux 等人（1995）主張，特殊的生活方式有可能和特定的社會認同有關聯，因此，也會跟特定的個人特質有關，且自我表徵中彼此類似的部分有可能以相關聯的方式改變可接近性的程度，所以，他們也很可能共享許多相同的情境和動機的線索。因此，潛在成為「運作的自我概念」，即從自我系統中的自我表徵結合所建構出來的自我概念，會有無限多種，但實際上這大部分會被減少成一套較小型跟認同有關的自我概念，而這也反映出認同只能在某種情境和動機的形構中才得以呈顯，人一般也在這當中發現了自己的樣子。

認同政治

　　主張或拒絕某種社會認同並非是一個社會中立或政治中立的行為，如同我們在自我歸類理論中的討論所看到的，認同不僅僅是表達某種關於我們自己和他人的社會事實，它們也足以界定什麼樣的人是自己人或是敵人，而且順著這個界定來做出社會評價和分配社會獎賞。雖然在社會心理學和日常的社會生活中，對於使用「認同」相關的術語來辨認人和團體都是無所不在的，但是身分類別常常很有問題。舉例來說，仔細思量「種族」這個身分類別（見 Hall, 1992; Hirschfeld, 1997; Sampson, 1993，對此議題做進一步的討論），在工作申請函、戶口調查表、心理學的調查，及其他許多普通事件，都時常要求人們在方格上打勾，或給一個簡短回答來表明他們的種族。隱藏在這些東西背後清楚地指出種族類別的「存在」，即他們一定符合了在世界「那邊」（out-there）的某個東西，且陳述一個人的種族似乎報告了一件無所辯駁的事實。但種族類別絕不是那麼清楚的：一個人要當「原住民」、「白種人」或「非洲人」有什麼條件？對於這些歸類沒有清楚的確定標準，更何況有越來越多人是「種族」混血的，這讓這些歸類的界線又變得更不清楚。然而，儘管有這些根本的問題，種族仍舊是一個很重要的社會類別。原因何在？

　　種族的例子凸顯了認同政治中的重要議題。有個兩難的議題可能被簡化如下：一方面，利用「種族」作為社會認同，會扭曲和簡化很多人多元和複雜的種族淵源，及鼓勵「種族」內部成員更同質性（homogenization），這也足以去本質化和合理化團體間的差異。接受種族類別是真的及自然的，需要在這個基礎上對人們形成刻板印象、偏見和歧視。依此觀點，對於要促進有建設性的社會互動及和睦的人際關係，鼓勵放棄種族類別是較有用的。然而，這樣的去歸類化〔decategorization，或去認同化（de-identification）〕的方法忽略了一個事實，那就是雖然「種族」是生物學上虛構出來的，但它是一個社會現實，相同「種族」的成員可能有很多共有的經驗，而且他們的興趣也可能用很多方式結合在一起。當一個人的團體是弱勢的話，這個議題就變得特別重要。為社會改變進行有效的社會行動需要承認這些群體的「現實」，

而且需要認同其他群體成員，這樣才能在除了透過個體流動性外，用其他方式來達成社會改變。因此，兩難是：對改變之有效行動有時需要採用一種身分認同，這身分認同沒有辦法符合大多的團體成員，所以反過來，這身分認同又強化了一開始就非常含糊的歸類方式。對於有效的社會行動，簡化論和有時候嚴重扭曲人們生命經驗是必須付的代價嗎？

專欄 6.2　認同政治和防止種族與性別歧視的積極行動

認同政治一開始的立場是認為人們如同社會中的成員，並非全都相同的。表面特質的差異（例如膚色或性別）和政治傾向的差異有關聯，所以，如 Alcoff（2003）所解釋的，建立在「民族」、種族淵源、性別、性徵、殘障、宗教、社會階級和年齡的基礎上所做的分類，命名了一些人，同時也標誌了在社會中的地位和機會。她寫道：

「……一個人在『這些』身分社會歸類中的定位，對一個人的生活有巨大的影響，決定了工作前景、生涯發展、可居住的地方、可來往的朋友及愛人、警察的對待、陪審團的信任，及根據一個人的老師、學生、鄰居和同事來推測的可信程度。」（2003, p. 3）

認同政治其核心的嘗試是同時讓人注意到，並補救其基於認同所造成的系統性不公平。

針對這種認同的壓迫最廣泛、有豐富經驗的補救法是「防止種族與性別歧視的積極行動」（affirmative action），這種積極行動的政治最常見於教育機構和場所，而通常它們是為補償一些不利條件的低地位成員，或其他在這些機構內的邊緣團體所設計。一般來說，這種積極行動政治採取定額的形式（如：在某個層次上雇用了某個百分比的人，或能夠進入大學上某種課程的人限定是來自某某團體），或對於少數團體成員有不同的篩選標準。這種積極行動政治也會用來作為部分地補償不同身分團體的成員所經驗到的機會不公平，他們同時在個人層次上（讓一些邊緣團體的成員較容易進入教育及獲得工作），以及在團體層次上（在這些團體中，透過宣導個別團體成員的成功來達成刻板印象的改變）加以規劃。

專欄 6.2 （續）

　　然而，這種積極行動政治和認同政治無法普遍在擁有「人人平等」想法的自由民主國家安穩無虞，因為這種積極行動政治明顯地根據團體成員的身分，而對待人有不同的方式，批評者常主張這些政策本身是有差別對待且不公平的（對於高地位團體的成員），並主張確保一個對所有成員皆公平的社會之唯一方法，就是讓所有的政策都變「色盲」（或都變成「性別盲」等等）；也就是說，讓人們僅僅根據個人才能來獲得成功或招致失敗的機會，而不要設定其他的保護政策。「膚色意識」政策的提倡者拒絕這種主張，他們認為基於身分認同的壓迫在機構和社會其他活動中是非常根深柢固的；而且若沒有明顯認可和積極努力，即承認不同認同身分的成員所有經驗和機會是有差異的，那麼這問題將無法被矯正。「膚色盲」政策企圖去呈現團體差異是膚淺及不合理的：表面的外罩可以被輕易地解除，達到去除偏見和歧視的效力。「膚色盲」政策主張「表面的」差異將絕對不可能被忽略，而且這麼做時，才能真正把邊緣團體努力同化到主流團體中。認同政治是一個包含差異的政治：人們在各自的差異中受到公平的對待，而沒有差別待遇（Kruks, 2001）。

自我和認同的社會表徵取向

　　即使當代西方社會的唯我論價值讓我們相信，自我是我們自己、獨特的原創，而非憑空出現的，但在前面的章節中，我們已經討論到客體和觀念的共享社會表徵是存在於文化中，並提供我們如何看待那些客體和事物的方法。現在，我們的討論轉到「自我」的概念本身如何成為共享社會理解的主體，以及有一個自我到底意味著什麼，而且擁有自我到底被視為什麼樣的特質，這些都需要依據自我的社會表徵和論述來了解。

　　我們已經討論了支配自我的社會認知模式的一些評論，這自我模式採用的是個人主義的觀點。這些評論一直強調在文化上大家將個人主義視為理所

當然，並且成為支配的自我模式，但其無法掌握到居住在較集體主義文化中人們自我的重要特色。我們已經提及一些實徵的證據（見第五章），在其中我們談到了「人」是深深地捆綁在文化中的模式（如 Geertz, 1975; Lukes, 1973; Markus & Kitayama, 1991; Triandis, 1995）。關於人們基本上是什麼的共享社會信念，會界定「做自己」的任務：在個人主義文化中，發展「自我」牽涉到要辨認一個人穩定的特質和天資，以及形成一個穩固的熟練感和自主感；但在集體主義文化中，要創造一個自我需要去理解一個人對於其他人的角色和責任。諷刺的是，雖然社會認知研究者在最近十年左右，已經變得對自我概念的文化差異較敏感，但這樣的敏感性沒有真的鬆開後設的個人主義的控制；在自我的跨文化研究中，個人主義者／集體主義者的自我建構慣常被當作是一個個體差異變項。因此，文化對於組成自我概念的重要性變成「個體心理文化」層次，這自我概念甚至在文化中是被認可的（Ratzlaff, Matsumoto, Kouznetsova, Raroque, & Ray, 2000；亦見 Kwan, Bond, & Singelis, 1997）。但社會表徵並不僅僅提供「基礎材料」，讓個體可以選擇要不要使用來建構自我；社會表徵也形成了脈絡，讓自我可以存在並與他者相逢，因此這些表徵的影響不會從分析的社會層次被化約掉（見 Donaghue & Ho, 2005，對於這點有更進一步討論）。

在某個社會裡，環繞在自我發展過程中的社會表徵與特定個體自我之間，我們如何概念化它們的關係？Breakwell 和 Millward（1997）主張，「真實」的共享建構是以社會表徵形式展現，並形成了「……個體認同發展時的背景」（p. 30）。在此觀點中，雖然社會表徵不會以一種不可避免或禁止的方式，直接控制一個人的自我感發展，但是跟某人的團體認同連結在一起的社會表徵會構成一種社會預期，必定會在一個人的自我概念中所包含。因此，例如作為一個女人不需要做出特定的女性刻板印象的行為，但這的確意指人必須站在自己所謂女子氣質的位置上來協商思考。社會表徵可被視為組成的「社會事實」，而這在世界上發展一個人的認同時是必定要被協商的。

心理學科和自我的論述

到目前為止在這本書裡，當我們談論到論述（discourse）時，主要都一直聚焦在分析日常溝通（會話、報紙、娛樂媒體等等）中的特定解釋是如何被建構出來的，以達成特定的社會行動。這類的分析易將焦點放在事物被說的方式，以及在特殊事例下事件的版本是怎麼出現的，都會鉅細靡遺地分析，而不是普普通通將焦點放在溝通的典型內容上。另一方面，傅柯式的論述分析（參見第二章）關心的是各種公共機構的實務運作方式（例如：「科學」的實踐，或人的規訓與管理），會產生一系列的社會論述，也就是所熟知的「真理政體」（regimes of truth），這會形成那些他們所「描述」和規訓的主體性。在此觀念中，主體性指稱的是人們自己的私有經驗，關於我們是誰的特殊深刻感覺。傅柯式分析的要點主張**系統產生主體**（systems produce subjects）；也就是說，社會論述讓人們主體化，在他們身上產生一種主體性，或多或少地符應那些論述創造的權力／知識政體所要求的部分。在傅柯式分析下的社會論述會將日常經驗、專家知識、機構活動和象徵表徵編織成一座高大的建築物，同時剝奪了什麼是正確的、有道德或有益的公權力，並且為將偏離常軌的人提供揭露和規訓的方式（Foucault, 1970, 1972, 1986）。這些多層次的、社會共享的，以及滲透文化的論述，跟 Moscovici 的社會表徵相類似（至少在某些重要的方式上是相似的）。

在心理學對自我的研究中，可以說它已經變成一種支配性的力量，製造我們對自己的現代經驗。根據傅柯的觀點，我們變成這些「知道」我們為何的論述客體，而且藉由這些論述所賦予意義的特質和才能來製造出我們。例如，像當代西方社會的成員一樣，我們把自己看作有某種性傾向（通常是異性戀的、同性戀的或雙性的），這不是因為潛在的性傾向是我們性喜好和行為必然的源頭，而是因為心理學以這種方式來思考性行為，並發展出有權力的論述和規訓的活動，這致使我們成為具有特定性傾向的人。不知道（如：「感到困惑」或「否定」）一個人的性傾向會變成現今生活中的心理問題，這是因為背後有一種論述認為性傾向是人們穩定的特徵。但這不是說性傾向

就像我們主體性的其他面向一樣，都不是「真實的」；相反的，我們用來談論自己的所有話語，以及我們認為自己所擁有的特質、信念、情緒和渴望，這些相對應的東西全都是透過社會（在這個例子上，是心理的）論述給了我們，並組成了我們。

　　除了創造我們談論自己的語彙之外，傅柯（Foucault 1970, 1980）主張，關於自我的權力／知識政體（和特別是「心理」學科；主要包括心理學、精神病學和心理分析）提供我們方法對自己監控或監督（surveillance）。傅柯採取一個邊沁（Bentham）的圓型監獄的模型作為隱喻，即一座假想的監獄，在裡面個別囚犯的牢房圍繞著一座中心的觀察塔，以便於中心看守員可以看見每位囚犯的移動。圓型監獄只要少數看守員就可控制大量的囚犯，因為監獄的設計牽涉到囚犯要監督他們自己的行為。囚犯的行為將被極少數但明顯具有權力的看守員所控制，因為囚犯不知道他們什麼時候會被觀察。連續觀察的可能性來自於不間斷的能見度，實現這一可能性意指囚犯變成自我監控且（理論上）不需要高壓控制。傅柯主張「真理政體」是藉由特定領域中的專業知識而產生的，被個體所內化，並且以某種形式顯現（因此易於監督）。然後，個體會主動監控他們自己，因此不需要外力強迫就產生順從行為。下面自我的論述提供了相對應的內涵：

> 　　自我的技術允許個體以他們自己的方法或他人的幫助，來對他們的身體和靈魂、思想、行為及存有方式造成若干作用，以便於轉換自己來獲得某種愉快、純潔、智慧、完美或不朽的狀態。（Foucault, 1988, p. 2）

　　接在傅柯之後，Nikolas Rose 廣泛地撰寫關於心理學科的興起如何產生某些特別的觀念，而後又成為強而有力地形塑當代西方社會的成員經驗自己的模式。他寫道：

> 　　……在這些社會中，人類已經了解到自己是種「心理的存有」，並將自己與之相關聯，且藉由心理的「內在生活」來質問和敘述他

們自己所擁有的認同祕密,發現它們後要付諸實現,用來作為評斷「真實」生活的生存方式的標準。(Rose, 1996, p. 22)

Rose 主張並不只是發現和探究到人們「早已(在)那裡」的部分,而是認為心理論述創造了自我概念,這自我概念對於喪失功能的狀態有某種特質及傾向的界定,它也創造了專業知識,好讓這樣的問題可以被管理。因此,心理論述使人們有一套可認識和可預測的偏好、熱情和問題,若他們注意到「心理」專業人士的建議,或多或少有相搭配的技術讓他們能管理和控制他們自己。在現代生活中,認真地套用這些技術到一個人身上,就能成就某種美德;或者透過某種堅持不懈的意志也能追求到完美:

現代人被激勵要過得像為自己設計生存方案一樣:他們必須在自己的情緒世界辛勤奔波、在組織他們的家庭和婚姻安排上費盡心力、在他們的雇傭關係和追求性愉悅技巧上努力奮鬥,以發展出一種生活「風格」,來盡可能地追求對他們的存在有價值的事物。(Rose, 1996, p. 157)

雖然就認識形成社會生活的共享理解形式來說,「典型的」社會表徵研究和傅柯取向之間有很大的不同,但它們都強調關於世界(包含存在於其中的「自我」)的社會共享觀念會提供客體在世界上(包含「自我」)被組成的形式。這些形式影響了關於自我「可思」的部分,及我們思考自己和他人擁有的特質與能力的種類,還有我們尋找自己和他人之間變異的向度。雖然主體性似乎是私密的,但是考量到圍繞在自我經驗外的自我表徵與社會論述時,會使我們注意到原來自我感基本上是社會生活的產物。

| 專欄 6.3 | 認同方案：你的廁所清潔工怎麼講述你？ |

Nikolas Rose（1996）主張，當「心理─論述」（psy-discourses）在社會生活中變得更無所不在時，完美、創造真實「自我」都變成我們生活中必須追求的事情，傳遞那些自我便成了非常重要的意義。大部分我們的生活中，都由日常活動承擔了向世界展現我們是誰的責任：消費者決策被換成了認同方案（identity projects）。

消費者被組成行動者……透過在商品世界的選擇行為而匯集成一種「生活風格」。每種商品被灌輸一種「個人」的意義，光芒照在購買者身上，餘光吸引著他們這種人或想要來的人。（Rose, 1996, p. 162）

運用自我和認同的論述在行銷學上的不同方式，請找出三、四個例子，對於購買者，每個產品（內隱地或外顯地）希望說明什麼？你能覺察產品所希望的認同訊息在這些當代的廣告及十年或二十年以前的例子之間有差異嗎？

自我和認同的論述取向

社會建構的自我

社會建構主義者和論述理論家就解釋自我概念的取向上，和社會認知理論家是相當不同的。社會建構主義者通常較關注理解人們經驗到一個自我的方式，或說他們的主體性，而不是追求解釋自我對行為的影響。如我們上述已討論的，主體性涉及一個人生命的內部經驗，或一個人主觀私密的自我經驗。運用建構主義觀點的心理學家關注這麼一個顯然是私人的經驗，如我們的主體性，它是如何受到我們居住的社會環境的影響所產生。更進一步，建構主義觀點解釋自我和認同時，並不去尋找橫跨時空的一致性和連續性，反而強調各種自我的解釋都是情境性的（situated）（發生在特定的物理和社會

脈絡）和偶發性的（occasioned）（為回應某些特殊的社會要求而產生）。

·自我呈現·

　　人們時常在不同的脈絡中以戲劇性變化的方式，來表現我們的技能之一，就像我們好比是文化中稱職的成員，有能力合理地預測他人可能會怎麼解釋，以及對我們所言或所行做出怎樣的回應。根據這些預測，我們可以修改我們的行為去測試和誘出我們想要從其他人身上得到的某種回應。這種自我的操作稱為自我呈現（self-presentation）。

　　自我呈現不是一種新的現象，符號互動論者，包括 George Herbert Mead 和 Erving Goffman，在上世紀前葉的階段開始論述自我呈現；且 Goffman（1963）有個著名的隱喻：社會生活如同一場表演，指的是演員會想辦法在特殊脈絡中，為聽眾留下特定印象而演出，這對社會心理學非常有影響力。符號互動論基本上認為人們象徵性地表徵世界，然後根據他們的符號表徵來和世界互動，所以，若你和我正在談話，我並不是在和你互動，而應該說是我正在和關於你的符號表徵互動，而你也正在和關於我的符號表徵在互動。此外，符號互動論強調我們所發展的世界上事物的表徵，包含我們自己和其他人，都建立在我們和那些人及事物的互動中。我們所發展的世界表徵是社會性的，因為它們全都在社會脈絡中被發展，並反映了特定社會脈絡賦予意義的方式。

　　這跟自我和認同有什麼關係呢？符號互動論者認為，我們自己的符號表徵的發展是我們和他人互動的結果。Cooley（1902）廣泛地採取「鏡像自我」（looking glass self）的隱喻，認為透過其他人所反映出的評價，我們發展一種對自己的感覺，以及擁有某種特性和質地的感覺。所以，別人如何看我們變成我們看自己的方式，於是我認識到我自己是精明或有趣，或嚴肅或自私的，這全是由其他人與我互動的方式而暗示了這些事情。就像看見自己反射在擦亮的玻璃碎片上，因此我們形成了自己的身體感覺，透過看見自己反射在我們周遭人們的社會鏡子上，我們發展了我們心理自我的感覺。然而，如同我們為了照出最有吸引力的影像，會在鏡子前面擺出一個漂亮姿勢，所以符號互動論者認為，我們也會在我們的社會鏡子前面「搔首弄姿」，並可引

導我們社會生活中遇見的人產生令自己滿意的回饋，透由這種相信我們依此來呈現自己。就是這個行為被指稱為自我呈現，而符號互動論者關心的是研究如何操作我們自我呈現方式，來符應（我們所知）社會情境的不同要求。

　　符號互動論者的傳統形成了近年來發展自我和認同的社會建構論及論述理論的基礎，雖然仍有一些重要的差異。Kenneth Gergen（1991, 1994）在他所寫關於社會建構自我的著作中，主張當代（西方）生活的情況隨著其越來越精良的通訊技術，已經根本地改變自我的主體經驗。簡單地說，他主張當代生活的工作和社會實踐已經戲劇性地增加我們所互動的人的數目和種類，結果造成在自我呈現上變得越來越頻繁和複雜，如同我們企圖在廣泛的不同社會環境範圍內呈現出自己最好的優點。當我們致力於將自我呈現做策略上的操作（strategic manipulation）時，Gergen 認為，這對我們來說變得越來越難去保持一個協調的、根本的、「真實的」自我的想法（見 Rose, 1996）。然而，儘管如此，一個整合的、真實自我的理想典範在西方文化是如此根深柢固，以致於覺察到人在不同情境中會有策略呈現自我的部分時，最初的反應是內疚；而且在經驗到跟「真實」自我斷裂時，會有不滿的感覺，所以自我的存在仍舊是毫無疑問的。根據 Gergen，很多人依舊深陷在此內疚中，但其他人透過拋棄內在某處有一個整合的、「真實」自我的信念來解決內疚，反而開始享受在不同情境中建構和扮演角色的機會。Gergen 將這種自我的經驗稱為「混成人格」（pastiche personality）。混成人格著迷於扮演不同的身分，「避免回頭去找到真實且持久的自我，只要在即將到來的片刻中充分地表現出潛能」（1991, p. 150）。然而，在這整個認同扮演的變換期間，仍然對自我有一個固有的、連貫性的基本感覺，內在「自己的自我」（self of selves）（James, 1892）正指揮外在認同的扮演。在混成人格中，個人的概念、內部的動力仍然在場。

　　Gergen 主張，像這類混成的自我經驗在當代西方生活中正迅速變成基準，而這轉換也將容易腐蝕對真實內在自我概念的堅持。這腐蝕本身將有進一步的影響。Gergen 寫道：

　　當自我建構停止去擁有一個他們所指涉的客體（一個真實自我）

時，一個人就會把這些建構視為在社會世界生活的工具，在他們身上的自我建構就會慢慢鬆綁，它們就會慢慢停止變成一個人的私有財產。使用某個建構而不用另外一個建構，畢竟都是從周遭的社會環境中所決定的；而且，這建構的命運也會被其他人所決定。因此，人的角色在社會過程中變成參加者的角色，而遮蔽了個人的本質。一個人的潛能之所以被理解，是因為潛能受到他人的支持和鼓勵；一個人會有某種認同，只因為他從屬其中的社會儀式所認可；一個人被允許做某種人，是因為這類型的人對較廣大的社會遊戲來說是必需的。（1991, p. 157）

這種意識的轉變標誌了 Gergen 所謂的「關係自我」（relational self）的轉換。自我不再被認為是某些必要、個人的特質組成的基座，而是「關係的呈顯」（1991, p. 146）。社會生活的現代主義觀點必須被推翻：並非個體遇見、互動和「擁有了」關係，依照這個觀點，關係是首要的，而且建構了參與人的自我。然而，Gergen 很快地認定自我的這個觀點不會再這麼普及。的確，我們語言的本質和我們用來解釋經驗和行動的這些可用形式，都需要和增強這種個別主體的觀念存在，其意圖、信念、情緒和其他內在狀態都必須負責生產日常的行動，以組成社會世界。如 Gergen 指出，當我們可以輕易地談到「個體」參與關係中的感覺、希望或意圖時，我們就沒有語言去問這「關係」想要什麼、希望什麼，或打算做什麼。如許多學者所主張的，語言的限制強烈地形塑我們可能所想到的，所以語言產生了個體所演出的主體性，雖然在語言中，能動性仍植基於個別行動者身上。儘管如此，仍然有慢慢遠離「自我」的自主觀點而重新定向的跡象，並且逐漸增加強調行動的模糊性、行動多元解讀的可能性，以及文化和脈絡在產出「個體」行動的角色。

正因為企圖超越混成人格概念的框架之外，讓社會建構論「色彩濃厚」的學者大大突破了符號互動論者的傳統。因此，我們可以看到符號互動論者會隱含地倚賴一種「自己的自我」，來監督我們變動的自我呈現，但社會建構論色彩濃厚的理論家則明確地否決這樣的想法，或至少會質疑這「自己的自我」是否可能在社會生活之外或之前就存在。

| 專欄6.4 | 「真實的」自我 |

　　Nikolas Rose（1989, 1996）認為，在當代西方生活中，人們有強大的規範壓力，要去擁有一個整合且真實感的自我。

　　你能從流行文化中（電視節目、書籍、電影等等）發現例子來說明這句話嗎？什麼類的道德內涵會和發現或表達一個人的「真實自我」（authentic self）有關聯呢？

　　你能發現相反的例子來顯示人們表現 Gergen「混成人格」想法的證據嗎？這裡有什麼道德涵義呢？

談論自我

　　一個人不需到很遠的地方去尋找人們談論自己的例子，在當代社會生活中，就已經普遍存在著口耳相傳地談論關於一個人的特質、動機、意圖、感覺、渴望、思想、信念、價值觀、記憶或經驗。如同其他研究的主題一樣，論述心理學有興趣的是關於自我的陳述可以完成什麼樣的社會行動，而不是關注所揭露的講話者的內在生活。人們陳述關於自己個人特質（如：「我是這樣的一個完美主義者」）、感覺（如：「我真的對此很心煩」），以及能力（如：「我從以前就很不擅長數學」），被認為並非反映了還算穩定的內在狀態，而是有特定的互動目標，是希望在被說的特殊情境裡發揮作用（Antaki, Condor, & Levine, 1996; Antaki & Widdicombe, 1998）。根據脈絡，像「我真的對你感到很心煩」的陳述，可能被用來引起同情心、責怪他人、解釋表現不好的原因、為罪行找藉口等等，毫無疑問會有許多其他的社會行動。

　　在廣義的論述傳統中，各種理論家對於語言在產生我們的自我和認同（因此成了我們對自我和認同的經驗）所扮演的角色，強調的重點不盡相同，但都集中在語言允許人去談論他們自己的事情種類上。像 Gergen 一樣，這些理論家都源自一個前提：「……我們都沒辦法透過假定有某種實體與文字相符應，即有種在自然層次上代表『自我』的事物，並抽離脈絡之外，我們無法

在這種假定下進行自我的研究。」（Lewis, 2003, p. 228）的確，Rom Harré 主張，自我的概念是和在語言中可用來談論自己和他人的辭彙綁在一起，而「自我」事實上是一種「理論」，允許「選擇」和「能動性」，以及因此而來的「道德性」等概念，都可以進入我們自己和他人行為的解釋之中。「我」這個字沒有和某存在的實體相符應，即代表並非「在心理空間內有個點」（Harré & Van Langenhove, 1999, p. 7），但提供了反思的可能，讓人對於自身的行動，包括一個人決定、選擇、意圖、意願等等而去完成的某些社會行動，都可以產生對它的解釋。如 Harré 指出的，「我」允許一個人和他們的行動及經驗（或「我」的活動）有某種距離，而使得有可能去考慮、判斷，以及重要的是讓自己從多元的行動中做選擇。如 Lewis 所寫的：「沒有假定選擇的存在，能動性就是一個無意義的概念，而且選擇需要有人能夠採取上層觀點（即能夠反身覺察）。反覆使用人稱代名詞提供的反身可能性，才讓這樣一個自我展現。」（2003, p. 232）這樣的解釋讓人們被認為該對他們的行動負責，因此允許談論論述的社會責任和道德規範。

‧道德規範和社會建構的自我‧

重複批評自我建構論的論點之一是道德上的相對論者，即它沒有任何基礎，讓世界中某些行動或解釋可以比其他來說更受喜愛，相同的，也沒有基礎去建立某些行動是道德或者不道德。如果沒有呼籲任何原則、觀察或價值可以作為最終或普遍的真實，那麼根據一些實在論評論家（如 Parker, 2002），我們被遺留在「什麼都可以」的道德渾沌世界。然而，這個分析認為沒有宇宙性真實，就可能會沒有任何社會真實或價值，存在於組織社會生活和私人主體性時的背景中，但「真實」、「價值觀」、「正確」和「錯誤」的概念，沒有因為社會建構論解釋主體性和社會行動而被排除。的確，存在著一方社會協商後的土壤，讓事物可以建立成「真實的」、「事實的」或「客觀的」，而且人們使用這些概念，並引導著自己和周遭他人行為的解釋方式，這是許多論述心理學家很有興趣的。相對論者的觀點（相較於實在論者）的重要差異是，真理被視為在社會生活中所生產出在地、協商後的理解，而不是以永遠不變、客觀的原則來秩序化和導引社會生活發展的模式（Edwards, Ashmore, & Potter, 1995）。

～ 本章摘要 ～

我們在這章一開始談到人們會用多種不同的模式描繪他們自己，並檢視日常生活中自我這概念如何在社會心理學中被理論化。社會認知模式把自我視為「自我知識」，也強調組織自我知識的模式，以及特定自我表徵如何在不同的情境中出現。除了談到人們將自己視為真的擁有這些特質外，研究者也變得對人們關於他們現在可能選擇的模式的想法有興趣。這些可能的、理想的和應該的各種自我，被視為提供許多脈絡來理解人們當前的自我經驗。人們不但有在未來要達成這些另類自我的計畫，而且這些自我目前的差異，被認為是人們現在自我經驗中重要的動機因素。我們也討論了自我的反思性質如何讓（或許是強迫）人們從事自我評價和自我調節的過程、一個人如何和他人做比較的評估過程，以及企圖調整一個人自我的過程。所有這些自我的社會認知模式關注的是，人們所擁有關於他們自己的知識，在特定情況下發揮影響力的方式，以及這自我知識如何引導行為和情感的方式。

自我的社會認同觀點關注的是，我們所屬的社會團體如何衝擊到我們的自我感。此觀點將社會生活中的所有經驗都視為發生在人際到群際互動的光譜上。進一步的，我們將移向群際互動這端，當我們的自我感變得更去個人化時，那麼我們思考自己時，也就越來越會用我們跟其他團體成員所共享的特質來描述自己。雖然「社會認同理論」強調社會團體的認同對一個人自我感的重要性，但它仍然是回到個人的分析層次，來強調團體認同對影響一個人的社會認同經驗的角色。

社會表徵研究認為，是「自我」和社會團體的社會共享表徵促成了一個人的認同感，並形塑人們發展他們的自我概念的脈絡。雖然個體在使用哪些特定社會表徵的要素，而彙整成的自我概念會有所不同，但在形成圍繞在他們自我周遭的社會環境上，社會表徵的重要性是不可能被化約為個別差異變項。社會表徵提供了一種氛圍讓「自我」彼此相遇，並可以投身於他們的生活事業中，所以社會表徵是不能簡化為社會現象的。我們討論到 Rose 的研究，他延伸了傅柯式分析對論述在產生主體性的角色，他主張關於自我本質

的主流心理學觀念，被用來產生現代的主體性，而這現代主體性清楚地將焦點放在辨認一個人「真實的」內在能力，以及實現心理的慾望。

最後，我們把焦點轉向有影響力的社會建構論者對於自我和認同發展的研究上。跟隨著符號互動論的傳統，學者如 Kenneth Gergen 分析當前生活情況的模式正逐漸破壞一個整合和穩定自我的理念，他反而主張自我的建構性質被展現在每日生活的平凡經驗中，而且正引起一種危機，即自我的本體論基礎顯然被破壞了。Gergen 主張，人們在後現代世界的挑戰是去建構一個認同感，這認同感不要求「自我」忠實地反映出內在能力和特性，反而視自我就像一個有關係的社會生活所建構的成就。

延伸閱讀

Antaki, C., & Widdicombe, S. (Eds.) (1998). *Identities in talk*. London: Sage.

Baumeister, R. F. (1998). The self. In D. Gilbert, S. T. Fiske & G. Lindzey (Eds.), *Handbook of social psychology* (Vol. 1, 4th ed., pp. 680-740). New York: McGraw-Hill.

Gergen, K. J. (1991). *The saturated self*. New York: Basic Books.

Markus, H., & Wurf, E. (1987). The dynamic self-concept: A social psychological perspective. *Annual Review of Psychology, 38*, 299-337.

Onorato, R. S., & Turner, J. C., (2004). Fluidity in the self-concept: The shift from personal to social identity. *European Journal of Social Psychology, 34*, 257-278.

Rose, N. (1996). *Inventing ourselves: Psychology, power and personhood*. Cambridge: Cambridge University Press.

第7章

偏·見·

　　偏見（prejudice）是一個有害、普遍且長久的社會問題。雖然它的危害性大多是受害的那一方才能敏銳地經驗到，但是每個人都會受到偏見的傷害。研究偏見已是近一個世紀來社會心理學重要的焦點，而且社會心理學對偏見的關注只會與時俱增。這麼說或許不夠公平，但偏見的重要性用團體間最極端的暴力方式說明，是再清楚不過的，例如，第二世界大戰中屠殺猶太人、柬埔寨的大屠殺、盧安達的大屠殺，以及前南斯拉夫境內的大屠殺等等，而且這些事件的殘酷都不斷挑戰任何人性的理論。某種程度來說，社會心理學不會（或者說不能）提供一個適當的說明來解釋這樣的殘暴行為，這讓背負著適當理解人類經驗的招牌有著名實不符之憾。

　　用一般的口吻來說，偏見時常被說成是「預先判斷」（to pre-judge）某人或某事的意思。也就是，指稱缺乏直接對某人或某物的經驗，卻對他們或它們形成了一個意見（opinion）或價值判斷。這個意思是源自於拉丁字根（pre + judicium）。社會心理學在這幾年的期間，已經針對偏見提供了許多不同的界定以及概念化方式（如 Duckitt, 1992; Milner, 1981）。儘管存在著差異性，當代社會心理學大致上還是直接或間接地依循著 Gordon Allport 對於偏見的傳統定義，即在他 1954 年的書《偏見的本性》（*The Nature of Prejudice*）提到：「種族歧視是基於一個不完整且沒有彈性的類化過程（generalization）所萌生的反感，它也許只是種感覺或明顯表達出來，而且它也許會針對整個團體，或者某個團體裡的個人。」（p. 9）

　　Milner（1981）曾寫道，這個定義簡潔地捕捉到在主流社會心理學當中有關偏見的定義的五個主要特徵，幾乎涵蓋所有不同的定義。

1. 偏見是種態度。

2. 它是基於一個不完整且沒有彈性的類化過程。

3. 它是一個前概念（preconception）。

4. 它是僵固的，且不易被改變的。

5. 偏見是不好的。

如同我們已經在本書其他章節所探討的主題一樣，這一章將從社會認知、社會認同、社會表徵，以及論述取向等角度，來探討偏見這個主題。

社會認知和偏見

以社會認知取向來理解偏見的話，會強調個人心理運作方面，大致上會探討個人如何運作有關自己和他人的訊息這個部分。認知的分析很接近人格的分析，例如人格的穩定個別差異就很像認知過程的差異性。的確，在概念上，很難把「人格」和「認知」的綑綁解開。基於這個理由，在這節裡我們首先要看的是人格取向，它關注的是權威主義和社會支配對偏見的影響。第二個部分是有關社會認知研究的範圍，檢視刻板印象與偏見的複雜關係，這多少會跟第三章所討論過的內容有所重疊。

偏見的人格

偏見常被認為是某種特定人格的展現，我們應該都可以聯想到某個冥頑不靈的人（拒絕任何或者說所有外團體的人），只重視他或她自己的團體，且個性偏執，對外團體的個人充滿敵意，對上位者卑躬屈膝。像這種人，依據我們的刻板印象可能是男性、藍領階級、失業者、低教育程度者，以及未出過國者。這樣冥頑不靈的人是有種清楚可辨認的人格特質類型，或者我們容易傾向相信有這個部分。但是假使你在群眾中要求所有頑固的人舉手，沒有人會舉手。我們知道有這種頑固形象的人，但是卻沒有人會認為自己是一

個冥頑不靈的人。

有所謂的頑固或者偏見人格這種想法始終非常具有吸引力，讓社會心理學已經探索了超過半個世紀要找出頑固者，以及探討頑固人格如何容易造成了偏見問題（如 Adorno, Frenkel-Brunswik, Levinson, & Sanford, 1950; Altemeyer, 1981, 1988, 1996, 1998; Stone, Lederer, & Christie, 1993）。在此將要討論兩個取向：權威型人格和社會支配傾向性（social dominance orientation）。這兩種取向都很難恰好地符合一般對於「人格」的理解，因為都牽涉到較廣的社會和意識型態過程，而且嚴格來說，它們也都不屬於「社會認知的」，雖然它們都跟認知歷程中跨個人的一致性個別差異看來有關聯。

・權威型人格・

德國法西斯主義的出現提供了一個動能，讓加州大學柏克萊分校裡一群工作者，開始探究是什麼樣的心理因素允許法西斯政權的運作。透過大規模的調查和晤談研究，以及心理動力理論取向的引導，這些研究者發展了一個「權威型人格」的圖像（Adorno et al., 1950）。

Adorno 等人辨認出有九個不同的向度可以用來界定權威主義（authoritarianism）（1950, p. 228）。

1. 保守主義（conventionalism）：頑固地墨守傳統的、中產階級的價值。
2. 屈從權威：對團體內的理想道德人物採取屈從的、不加批判的態度。
3. 捍衛權威：傾向擔任監視的角色，以及對違反傳統價值的人進行責備、抵制和懲罰的動作。
4. 抗拒內省：與內省、有想像力、溫柔體貼等特質相反。
5. 迷信和刻板印象：相信個人的命運被某種神祕力量決定；傾向以僵固的類別來思考。
6. 權力和「頑固」（toughness）：關注支配—順從、強—弱、領導者—跟隨者等面向；認同有權力的人物；過度強調自我的傳統屬

性；誇大力量與堅持的重要性。

7. 破壞性和犬儒主義（cynicism）[1]：廣泛性地對別人進行攻擊和毀謗。

8. 投射性：傾向相信某種瘋狂、有危險性的東西可以繼續留在世界上；主張可以把潛意識的情緒衝突投射出來。

9. 性：過度關注性發生的「經過」。

在這些傾向之中，有三個特別重要：保守主義（對傳統社會價值等等墨守成規）、屈從權威（一種不問是非地屈從自己所認同的道德上和社會上的優位者），以及捍衛權威（對於違反傳統社會價值等等的人採取警戒、敵意抵制的動作）。根據Adorno等人的說法，權威型人格類型是因為具有特定的家庭結構和教養小孩的過程，而形塑成具有以上所提到的特質。這種特定的家庭結構可稱之為權威型家庭，通常有一位嚴厲的、嚴格的父親，會任意地進行體罰，並且以這位父親為中心而階層地組織起來。權威主義被視為一種人格傾向，這種傾向高的人都容易有偏見的情事發生。

這種權威型人格的研究後來受到了廣泛地評論，包括理論以及方法論上都有（見 Billig, 1976; Brown, 1965; Christie & Jahoda, 1954）。當中特別有名的評論，是透過研究某個因偏見和歧視而惡名昭彰的地方，例如南美洲或南非等地，但這研究發現，這些地區不見得比其他地區來得更接受權威主義（如Minard, 1952; Pettigrew, 1958, 1959）。

經過了一段長期較不受重視的時期，這個構念（construct）因為Altemeyer（1981, 1988, 1996, 1998）的關係而重新獲得振興和改頭換面，這將會在下個部分談到。Adorno等人對權威型人格的研究，常會被批評把偏見解釋為「僅」是一種人格違常，這是不公平的。相反的，它應該建築在人格結構和功能，

---

1 譯註：犬儒主義的本義是指人應當摒棄一切世俗的事物，包括宗教、禮節、慣常的衣食住行方面的習俗等一切世俗，提倡對道德的無限追求，同時過著極簡單而非物質的生活。現在，「犬儒主義」一詞通常用來描述那些認為「人不為己、天誅地滅」是人類行為的原動力，並且拒絕認為利他主義及道德考量是人類行為的原始動機的人。

與另一邊的社會結構和功能，這兩方所交織的關係分析上。上述後者的分析
受到 Marx 的啟發。這種研究方向因著它在方法上的擴大而令人信服，並且
比起同時期的研究都遠遠超越許多。但儘管如此，我們仍可以說這種研究是
一種以人格取向（personality-based approach）來探討偏見，即便這種取向的
「人格」概念跟一般人習以為常的比起來較社會化。

　　Adorno 等人明顯地就是要開始理解法西斯主義的心理學，以回應法西斯
政權於二次世界大戰前後，在德國或其他地方所造成慘絕人寰的事端。他們
認為，法西斯主義的意識型態可以在任何社會中都發現到。然而，問題是什
麼讓法西斯主義在某個時間點、某個地方會廣為接受，而不是其他時空呢？
他們以人格傾向來尋找答案。然則，他們也都很清楚人格並不是「憑空」浮
現的。人格是家庭結構和權威的功能樣態，是這個國家組織的功能樣態，也
是其他社會結構因素的功能樣態。他們主張，如果法西斯主義要變成一個像
1930 年代德國所產生具支配的政治勢力，必須有某種意識型態的可接受性
（ideological receptivity）和個人容許性，才有辦法讓法西斯主義的反民主特
質被接受。他們所謂的意識型態，指的是意見、信念、態度以及價值這種較
廣的認知組織。意識型態「存在於」個人之中，且更重要的是也存在於個人
之外，成為某個特定時間點特定組織的特徵（參閱第八章將會更充分地討論
意識型態）。

　　Adorno 等人不是第一個描述他們所稱的權威型人格特質的人。Brown
（1965, pp. 477-478）指出，1938 年 E. R. Jaensch（一位德國心理學家，同時
也是一名納粹黨員）就曾描述過兩種人格類型：S 型和 J 型。前者我們今日
可以稱之為自由型（liberal），崇尚自然的教養方式，可以當作一種行為的解
釋，解釋某個寬宏大量的人，或者是某個不贊成死刑和體罰的人。後者「J
型」幾乎等同於 Adorno 等人所說的權威型人格類型：頑固的世界觀、明確的
價值判斷、堅決且穩固。Adorno 等人的觀點和 Jaensch 的描述是類似的；但
在行為背後的價值卻是相對的。例如，對 Adorno 等人以及絕大多數的當代西
方社會來說，行為如果是頑固和沒有彈性，卻被 Jaensch 當作是可信的和穩定
的價值；如果是寬宏大量與富有同情心，在 Jaensch 看來卻是軟弱與無能。
Duckitt（1992）引述了一個在南非類似的研究報告，是由 MacCrone 所進行

的，他敘述一種「開拓者」的人格類型，很類似權威型人格類型。Brown（1965）的例子則凸顯了我們很容易把文化價值轉化成「客觀」社會科學研究結果，卻錯失辨認這個部分的危險。

·右翼的權威主義·

Altemeyer（1981, 1988, 1996, 1998）想了解 Adorno 等人權威型人格的九種向度為何沒有太多的表面效度，甚至鮮少有實徵資料支持。因此，他建議只需三個可信且可靠的向度，他花了許多年的時間從事大量的研究，費盡心力提出這三個向度（其他向度他也花了同樣的心力）。Altemeyer的三種權威主義向度是：

1. 屈從權威：高度順從權威。在某個人的生命裡，順從一位社會所樹立且公認合法的人。
2. 捍衛權威：廣泛的攻擊性、直接針對不同的人，這樣做某人會認為可以受到某個確立的權威的認可。
3. 墨守成規：高度信守社會規範，遵守某人覺知到社會樹立出來的權威所讚許的規範。（1996, p. 133）

Altemeyer的解釋基礎是基於社會學習理論，而非立基於佛洛伊德的心理動力理論。他主張，大多數的兒童簡直就是權威主義者。這也許僅反映出小孩在家庭和社會中所居於某個完全無權力的位置，所以他們才會如此深刻地依賴著權威，尤其必須依賴他們的雙親以及其他撫養者，而且面對某個暴力傾向的權威時，也才會有很強的約束力束縛著他們，並渴望學習某種社會措辭可以讓他們變成社會中能獨立生存的人。這個普遍性的論點也符合「偏見發展階段」的研究文獻，即主流團體中的小孩一出生就會有相當明顯的種族優越思想，直到十歲左右，他們（或者他們當中某些人）才會變得比較不會有種族優越感（Aboud, 1988; Nesdale, 2001）。

Altemeyer 的理論與 Adorno 等人的理論是相對的，而且也不同於其他大多數關於偏見和偏執的社會心理學研究。Altemeyer的理論假定我們想要解釋的這些問題（權威人格）本來就存在，我們要理解的是人們如何變成有容忍

力的;相反的,Adorno等人則假定了容忍力本來就存在,需要被解釋的是偏執的情形。

根據Altemeyer,小孩透過經驗,慢慢「失去」他們的權威主義性格。與少數族群、同志、藥品使用者、激進份子等等的接觸(這些人往往與眾不同,並成為權威主義量表設計題目的對照樣本),以及被權威者不公平對待的經驗,尤其是發生在青春期,等他們成長到成人時就會變得較不權威。那些屬於「生活圈狹窄」的人和那些沒有上述經驗的人,則容易變成權威人物。

Altemeyer花了幾年的時間建構了一個量表來測量權威主義,這個量表具足所有心理計量的優點,而這正是Adorno等人的F量表(F-scale)所欠缺的地方。Altemeyer的量表得出的分數跟其他測量偏見的工具求相關,得到相當一致、高且正相關(相關係數大約有 .5 到 .6 左右)。這樣的相關性跟F量表與其他偏見測量工具之間的相關性比較起來等級差不多。尤其,Altemeyer一直無法找到左翼政治的權威主義的相關證據,所以,他的量表也就被認為是右翼的權威主義(right-wing authoritarianism, RWA)量表,而他的理論自然就被認為是右翼權威主義的理論。這不必然意味著與西方民主國家之外的國家毫無關聯,「右翼」和「左翼」的意義在社會制度、歷史時期以及政治系統與意識型態等方面都是不同的。舉例來說,在蘇俄主張採取強硬路線的史達林派社會主義時常常被稱為「右翼」,因為這時他們正要建立一個新的政治權威,可是同樣的一群人如果到了華盛頓卻會被說成是「左翼」。Altemeyer的權威屈從的定義倒是隱含了一個重點,概括來說,權威屈從指稱「高度屈從於權威者,而所謂的權威者指的是某人在所處的社會裡所覺知到被建立起來以及有合法性的權威」(Altemeyer, 1996, p. 133)。顯然,權威者「指的是某人在所處的社會裡所覺知到被建立起來以及有合法性的權威」,這樣的定義必須依據某種歷史和地區性的事件。在蘇聯戈巴契夫(Gorbachev)以前所塑造及合法的權威者樣貌,跟美國所選出的雷根(Reagan)總統就不太一樣。

然而,Altemeyer似乎找出權威主義的建構,將這建構鑲嵌在一個與之前不一樣,且比起來更令人喜歡的理論之中;他發展出一個有效的心理計量量表,並建立好一個具有右翼政治色彩的權威主義,更重要的是符合我們當前的目標,即已經找到了存在於權威主義和偏見之間穩定一致的、重要的且正

向的關聯性。

Altemeyer 也將權威主義的建構，從 Adorno 等人所發展出對法西斯主義的政治學分析脫離出來，這樣的改變對某些人來說，是有額外的好處。這是一個可以輕易解釋許多種個人行為的理論，解釋個人如何被他們的社會經驗所形塑，變成具有一種傾向要去找尋某個（或另一個）權威，也可適用於理解為什麼有死刑存在、移民潮，以及其他當代各種的社會議題。但這樣的理論卻也無法解釋Adorno 等人設定要解釋的問題，即某個支配性政治組織的興起。把權威主義跟法西斯主義分離，我們就不能解釋超出個體範圍外的現象，特別是一些社會議題。我們不能解釋一個國家怎麼可以變成具有極權形式的政治和社會組織。

關於 Altemeyer 右翼權威主義理論的另外一個關注焦點，是由 Duckitt（1992）所提出。Duckitt主張可以用一個潛在的建構來解釋Altemeyer的「右翼權威主義」中的三個向度。Duckitt 說：

> 每一個（指 Altemeyer 的三個向度）都可以被看成對某個或者多個重要的社會團體（通常是國家、種族、族群或者社會）表達一種強烈（且不安全）的認同感，並演變成對團體凝聚的強調和要求。權威主義因此可以被定義為一組信念，圍繞著某規範性的預期而組織起來，使得團體成員的純粹個人需求、喜好以及價值都應盡可能地完全附屬於團體，以使團體得以凝聚，並且服從團體的各項要求。（1992, pp. 209-210）

這是一個很好的且到目前為止仍在研究中的論點，提供了許多優於Altemeyer的取向以及 Adorno 等人論點的重要長處。

第一，如同 Altemeyer 的取向一樣，這論點也把權威主義與種族中心論從錯綜複雜的心理範疇中抽離出來，而且使它們（盡可能）具備有社會環境的「普通」特性。第二，不像 Altemeyer 的取向的地方是，這論點解釋了 Altemeyer 的三個向度為什麼會共變。第三，與 Altemeyer 取向不同的是，它回過頭將權威主義與種族主義相連結。Duckitt建議：「以強烈的團體認同將權

威主義概念化，也就是說，這樣的團體認同會要求團體中個別成員為了團體凝聚而屈從，這樣可以澄清為什麼種族主義者的意識型態純粹是權威主義的展現。」（1992, pp. 210-211）然後最後一點，Duckitt 與 Altemeyer 不同的是，它幫助解釋權威主義為什麼跟偏見有關：權威主義與偏見會透過社會認同的中介影響而連結起來。

　　Altemeyer 將 Adorno 等人所做的權威主義的概念化加以修正，而 Duckitt 又繼續將 Altemeyer 的概念重新修訂。雖然就某個面向而言，Duckitt 重新概念化的工作仍有缺陷，但是仍然引領我們進一步採用個人取向來處理偏見這個議題。Duckitt 講到對一個或多個重要社會團體的某種強烈且不安的認同感，是權威主義的基石，規範著個人從屬於團體之下。他對於「團體」的本質並沒有多說什麼。很明顯的，並非所有團體在施行權威時是相同的，有的是個人心理作祟，要不然就是團體施展了某種社會權力與威望。法西斯主義需要認同（強烈且不安地）某個特定團體——尤其是國家，但也有可能是「種族」。強烈且不安地認同某些團體，例如對美國心理協會（American Psychological Association）的認同，跟法西斯主義所遇到的政治運動無關（至少就目前為止我們所知道的）。它只是對某些自己重視的團體產生強烈且不安的認同感，或甚至只是認同了自己所重視的某社會階層內的團體。如果往團體間的社會階層模式想，那麼我們接下來就要談到「社會支配理論」（social dominance theory, SDT）。

· 社會支配理論 ·

　　社會支配理論（SDT）近幾年已經由 Sidanius 和 Pratto（1999; Pratto, 1999; Pratto, Sidanius, Stallworth, & Malle, 1994; Pratto, Stallworth, & Sidanius, 1997; Sidanius, 1993; Sidanius, Devereux, & Pratto, 1992; Sidanius, Pratto, & Bobo, 1996）發展出來。Sidanius 和 Pratto 聲稱，「社會支配理論」是團體間衝突的普通性理論，它整合了權威型人格、社會認同理論，以及其他相關研究成果而成的。

　　Sidanius 和 Pratto 一開始就先觀察所有人類社會是如何組成以團體為基礎（group-based）的社會階層。這種階層成形的過程是有幾個演化的緣由。在

階層頂端的團體比其他團體來說，擁有不相稱且更為正向的社會價值（指生活中擁有所有美好的事物，包括物質層面以及抽象層面，而且還擁有財富、地位以及權力）。在階層底端的團體則是擁有不相稱且更為負向的社會價值，包含貧窮、病苦、較沒機會受好教育和找到好工作，以及較容易犯罪服刑。SDT 的焦點是探討再生產出社會不公平的社會心理機制為何。

在所有的社會裡，社會階層化過程（social stratification）都會沿著三個向度組織起來：年齡、性別，以及 Sidanius 和 Pratto 所講的「武斷組成」（arbitrary-set）的向度。前面兩個向度在所有人類社會中是不變且必然存在的特色。然而，最後一個向度在這裡卻有特別的重要性。武斷組成的階層只有發生在生產過剩的社會裡，也就是說，不可能發生在狩獵和採集的社會中，而且可以用幾乎任何的標準來組成，只要能做團體區分（group differentiation）就可以構成武斷組成的階層。標準可以是廣泛且一般性的，例如「人種」（race）、「種族」（ethnicity）、「宗教」、「階級」、「民族」（nationality）等等，或者也可以是小型且較地區性的，例如特定的街頭幫派、家族，或特定學校的畢業生等。年齡和性別很少製造出極端形式的暴力社會控制。最極端的團體間暴力形式——種族屠殺，僅是武斷組成階層的一個特徵。Sidanius 和 Pratto 聲稱，種族屠殺以及所有其他團體間衝突的形式，同樣都是人類傾向建立和永遠存活在以團體為基礎之社會階層的展現。

建立與保有以團體為基礎的社會階層是人類的普遍傾向，同時存在的還有抗拒弱化社會階層的傾向。後面提到的這種傾向會導致跨團體間的階層消除，而且團體間也比較公平。雖然 Sidanius 和 Pratto 認為促進階層（hierarchy-enhancing）產生的動機是出自於演化的趨力，但他們還是沒有詳述弱化階層（hierarchy-attenuating）的動機來源何在。雖然他們的確注意到弱化階層的動機是許多意識型態的一個特徵，從基督教教義到馬克思主義都是如此。我們或許也就不意外，這樣的公平性意識型態會成為革命性的意識型態，反抗著某一時空的現狀（亦見第八章討論支配與反抗的意識型態）。

在許多社會中，有一個值得注意的特徵是，他們常常會以最小團體間摩擦的方式來維繫著不公平。但這並不能說，社會沒有時常訴諸國家認可（state-sanctioned）的力量，來維繫著不平等的現狀，通常是無需用到這樣的暴力手

段。根據 Sidanius 和 Pratto，這可以用「合法性迷思」（legitimizing myths）所發揮的基本功能來達成。這迷思包含了態度、信念、價值、偏見、刻板印象，以及意識型態等，而且「提供道德和知識上的辯護給社會活動之用，讓社會價值散布到社會系統之中」（Sidanius & Pratto, 1999, p. 45）。合法性迷思也可能會逐漸損害團體階層，因而足以促進團體間的公平，所以合法性迷思到底是增益或者是削弱團體階層，要視迷思的功能型態（functional type）而定。

合法性迷思有另外一個重要的特徵——它們的「效力」（potency）。效力指稱迷思協助「促進、維繫或者廢除一個既定的團體階層」（Sidanius & Pratto, 1999, p. 46）的程度。一個迷思的效力端賴它的共識性、鑲嵌性、必然性，以及調解的強度。「共識性」（consensuality）指的是迷思在整個社會中共享的程度（參閱之後有關社會表徵的章節）。在這裡有一個重要的議題是在團體階層中，不同位置對於迷思的共享程度不同（例如，在「底層」的人接受迷思的程度是否如同「頂層」的人一樣）。當從屬的團體接受了合法性迷思時，那麼，社會就比較不需要高壓統治來維繫這個團體階層。

「鑲嵌性」（embeddedness）指的是某個合法性迷思，成為這個社會中其他意識型態一部分的程度，例如，種族主義的論點就深深地鑲嵌在許多當代西方社會之中，因為它跟個人主義以及一般清教徒工作倫理信念的文化規訓是息息相關的。合法性迷思的「必然性」（certainty）是指在這個社會中有多少人會質疑的程度，而且迷思的「必然性」也關係著是否被主流的文化機構如科學或者宗教所支持，還是被挑戰。最後，合法性迷思的「調解強度」（mediational strength）指的是迷思與社會政策結果的連結程度。

某些人會一致性地支持團體階層，其他的人則一致性地反對這個階層。這種穩定的個別差異也就是知名的「社會支配傾向」（social dominance orientation, SDO），可以由「社會支配傾向」量表（Pratto et al., 1994）測量出來，在這個量表上高分者代表有比較高的傾向支持團體階層。SDO 分數隨著性別（男性分數比較高）、個性與氣質、教育程度、宗教等而變化，而且並不令人意外的，SDO 分數也會跟某人是否是支配團體成員或從屬團體成員而隨之不同。

　　對 Sidanius 和 Pratto 來說，「社會支配傾向」在概念上並不等同於合法性迷思，相反的，它是一個穩定的傾向，可以看出對合法性迷思的接受程度。社會支配傾向是「一個普遍存在的動機，驅使人們保有最符合團體的社會態度，以及做出應有的決定」（Sidanius & Pratto, 1999, p. 57）。社會支配理論的特徵相似於權威型人格的概念。

　　男人在社會支配傾向的分數上，一般來說比女人還要高，而且社會支配傾向分數高者更容易從事某些維繫既有社會階層的工作，就像企業人士、警察以及軍人（Sidanius & Pratto, 1999; Sidanius et al., 1996）。社會支配傾向分數高者在維繫階層的工作上表現比社會支配傾向分數低者還要好，但是在弱化階層的工作上卻是顛倒過來（Pratto, Stallworth, Sidanius, & Siers, 1997）。「社會支配傾向」的分數與「右翼權威主義」分數一樣，跟偏見的相關性都是非常正向的，但是「社會支配傾向」分數與「右翼權威主義」分數之間的相關性卻很微弱。Duckitt（2001）已經提出一個意識型態以及偏見的雙路徑理論，在這個理論中，認為權威者強調的是在某個危險的世界中，對於內團體「價值」所感受到的威脅感；而在社會支配傾向分數高者，則是強調在一個競爭的世界裡對於內團體「位階」所感受到的威脅感。因此，雖然表面上「社會支配傾向」與「右翼權威主義」很相似，但是這兩個建構實際上是強調了團體位階的不同面向（因此這兩者間只有輕微的相關），而且也導致偏見（以及其他結果）走不同的路徑。

　　雖然「社會支配傾向」與「右翼權威主義」兩者似乎都是以人格為基礎的偏見理論，但是社會支配傾向實際上跟社會認同取向的連結更強（參閱之後的敘述）。的確，社會認同理論提供主要的理論基礎來發展社會支配傾向的理論（Sidanius & Pratto, 2003）。最近已經有許多關於「社會支配傾向」理論與「社會認同理論」間共通點與差異處的激辯（Sidanius & Pratto, 2003; Turner & Reynolds, 2003）。「社會認同理論」理論家聲稱在社會支配傾向理論與社會認同理論之間有根本的不同；「社會支配傾向」理論者則是反對社會認同理論的評論，認為他們誤解且扭曲了社會支配傾向的本質。這些激辯當中有許多是關注社會支配傾向受到情境改變的程度，以及團體中低地位與高地位是否擁有相同系統辯護的共享意識型態。這些激辯似乎已經快要忽略社

會支配傾向不過是個個別差異（例如個性）的變項，而且也已經忽略這建構
在理論上的精進之處，例如合法性迷思的效力、鑲嵌性，以及調解強度等概
念。這場辯論似乎也不可能透過實徵資料來解決，相反的，需要在理論上有
更長足的研究思考才能解決（見專欄 7.1）。

專欄 7.1　社會支配傾向量表

下面你可以看到最初 Pratto 等人所發展的「社會支配傾向」量表的七
個題目。每一位受試者都固定被詢問對於每個題目的反應，以七點量表來
表示，從 1 代表強烈同意到 7 代表強烈不同意。

- 某些群體的人就是跟其他人的地位不平等。
- 如果我們較不去關心所有人的公平性，那麼國家就會變得較好。
- 有些人就是比別人更值得拿到他所得到的。
- 假使有某些人真的比其他人有更多機會，這並不是個嚴重的問題。
- 為了讓生活更好過，有時就必須踩在別人頭上。
- 所有人都應該被平等對待（反向計分）。
- 在理想的世界中，所有國家都會是平等的（反向計分）。

你認為社會支配應該被當成是一個人格傾向或特質變項，如同 Sidanius
以及他的同僚所建議的嗎？

你認為如果這樣將社會支配概念化的話，會遇到什麼樣的困難？

你認為階層式的社會系統中，支配團體壓迫附屬團體這種無法避免的
情形，是因為他們就演化的術語來說是比較適應環境嗎？

團體階層的維繫端賴低階層的團體對現況的支持傾向，以及認同合法
性迷思的程度，但這種陳述又說明了什麼？

想看看有關這些議題有趣且激勵人心的辯論，可以參閱《英國社會心
理學期刊》（*British Journal of Social Psychology*）中的文章：Schmitt 和
Branscombe（2003）；Branscombe 和 Kappen（2003）；Sidanius 和 Pratto
（2003）；Turner 和 Reynolds（2003）；及 Wilson 和 Liu（2003a, 2003b）。

✍ 偏見作為一種態度

我們在這章以 Allport（1954）對偏見的古典定義作為起頭，把偏見視為對某一團體以及其成員的一種反感心態，這就很自然地會把偏見視為態度。在第四章中，我們看到態度一般被理解為對客體的評價，於是偏見就是一種特別的態度，而被評價的客體就是某個團體及其成員。當代社會認知取向研究偏見的文章，大多都採取把偏見視為態度的論點。

種族主義是一種偏見。偏見是對某一團體以及其成員的一種反感心態；種族主義是當團體是以種族為基礎而定義出來時的一種偏見。雖然「種族」在一般用法中常被使用，並在科學論述中被認為理所當然、不可或缺的類別，但是遺傳學者與生物學家早在 1930 年代的時候，就已經懷疑「種族」當作一個科學類別的有效性（Richards, 1997）。儘管如此，「種族」這個概念繼續被心理學毫無疑問地繼續使用，當作一種「自然」的變項，而繼續堅持著把它當作是生物和基因真實的看法（Tate & Audette, 2001）。如同 Hopkins、Levine 和 Reicher（1997）主張的，尤其是在社會認知的研究中，會把種族類別和種族類別化當作是基於實徵研究中「可觀察或理所當然的生物差異」（p. 70），反而不是社會和意識型態的建構。但這個意思並不是說種族這個類別在其結果上不是真的，或者人們並沒有將它們當成「真的」。

許多社會心理學研究偏見的文章都會聚焦在種族主義，但是都一直依賴著一個未曾言明的假設，就是認為我們對於種族主義的知識可以平等地適用到其他形式的偏見上，例如對性別、階級、宗教或社會階層的反感心態這些形式的偏見。這是一個有問題的假設，需要被社會心理學更充分地加以討論。我們在這章節呈現的結果大多是關於種族主義的研究，而且其中大多數都是在美國所進行的種族主義研究，是否可以適用到其他形式的偏見上，或者甚至是適用到其他國家的種族主義上，仍然是一個待解的問題。

種族主義曾是單純的，它通常就是一種對少數團體的直接拒絕和敵意。像這種種族主義有時候被叫作「舊式的種族主義」（old-fashioned racism）（Sears, 1988），屬於種族隔離主義者式的，被公開接受和提倡的白人優勢

論。它曾經是支配的、被接受的，以及規範式的一種種族的觀點。在大多數
西方國家中，這種規範式的偏見和種族主義的觀點，近來已經很明顯地改變
了。現在它不再是社會認可所相信的種族優越論，而被當作是種偏見。平等
主義的規範現在是更穩固了，但這不代表種族主義已經消失。相反的，種族
主義的形式已經改變，舊式的種族主義已經被一種更隱微的變形所取代。

　　調查大多數西方國家之種族議題的公眾輿論（Schuman, Steeh, Bobo, &
Krysan, 1997），現況顯示從第二次世界大戰後的數十年間，已經有相當程度
的改變。曾經對於多數團體成員來說（甚至包括少數團體成員），表達支持
種族隔離政策、反對異族通婚，以及相信白人的先天優越性這些想法，是共
通且被認可的，但是現在表達這種觀點卻會招致辱罵。在這些話題上，公眾
的態度已經改變，很明顯地變得更開放、接納以及包容。這樣的變動在 1970
年代早期被社會心理學以及其他學科注意到，雖然最早提出這個議題的社會
心理學研究，早在十年前左右就已經出現，如 Pettigrew（1964）。現在大家
變成可以接受區分「舊式」與「現代」（modern）兩種的種族主義。有許多
不同分析「現代」種族主義的方法，針對不同的現象，每一個都有不同的名
稱，而且每一個分析方法都想研究「現代」種族主義是如何以及為什麼會發
揮作用。這些取向大致都同意種族主義不僅沒有消失，反而變得更隱微，而
且依舊認為種族主義（因而是偏見）是種態度。在這節裡，我們將會關注某
些主要的社會心理學取向，是如何研究這種現代的種族主義。

・象徵式和現代的種族主義・

　　第一個將這「新的」種族主義進行社會心理學式的概念化工作，是所謂
的象徵式種族主義（symbolic racism）（Sears & Kinder, 1971; Sears &
McConahay, 1973）。現代種族主義這個建構正是 McConahay 從象徵式種族主
義這個概念發展出來的（McConahay, 1982, 1986）。這兩個取向是非常相似
的，但仍有些微差異。

　　在美國種族關係的脈絡中，象徵式種族主義像舊式種族主義一樣，都對
非裔美國人以及他們最近獲得的權利存在著拒絕的心態。但這是基於價值觀
以及意識型態之故，而非直截了當的厭惡感。Kinder 和 Sears 對象徵式種族主

義下了這樣的定義：

> 反黑的情緒和傳統美國道德價值雜混在一起而包含在清教徒的
> 倫理之中，象徵式種族主義代表一種對於種族現況改變的反抗，而
> 且這是基於道德感使然，認為黑人違反了美國傳統價值，例如個人
> 主義和自力更生、工作倫理、順從以及紀律。白人也許會覺得人應
> 該因為他們的功勞而被獎賞，接著是勤奮工作以及勤勉服務。因此，
> 象徵式種族主義（會表達出反對）的政策議題，包括政府對黑人「偏
> 袒」的協助、社會福利（「詐取社會福利者只要他們去找工作都會
> 找得到」）、倒轉的歧視與種族定額規定（「黑人不應該得到他們
> 沒有花費任何努力就得到的地位」）、強迫的公車接送制度2（「白
> 人一直為他們的鄰居做很多事，而且也為他們鄰近的學校做很多
> 事」）。（1981, p. 416）

因此，象徵式種族主義強調對非裔美國人的憤怒，是包裹在較廣且說教
式的美國價值之中，如清教徒工作倫理。Kinder 和 Sears 發現，在有非裔美國
人候選人的市長選舉當中，投票偏好這種政治行為比較可以由象徵式種族主
義的測量工作來預測，比用現實中所知覺到對非裔美國人的威脅感更真實。
的確，對人們來說，直接威脅到「美好生活」是具體有形的（從工作以及教
育來看）；而且對人們來說，因非裔美國人地位的提升而受到的損失是鮮少
的。Kinder 和 Sears 總結認為種族式的偏見是受到象徵式的憤怒所促發而非受
到有形的威脅感。

象徵式的種族主義有兩個不同的特徵。第一個是徹底拒絕舊式種族主義
的原則。象徵式種族主義拒絕了種族隔離主義和種族優勢，而且還贊同平等
主義。但是第二個，有點自相矛盾的，它也拒絕了非裔美國人（以及其他外
團體）。這種拒絕心態是反黑情感作祟，以及強烈信奉個人主義的傳統價值

---

2 譯註：美國為了平衡學童的種族比例以達成種族融合，而將學童載送到外區上學的
  制度。

使然，這往往也造成反對社會設計方案來面對社會的不公義。在象徵式種族主義的框架中，這種反對並非是一種慾望想要維繫在雇傭或教育上的種族隔離，相反的，是因為這些表示接納行動的社會方案，違反了根深柢固、珍愛、傳統的價值，而這些最重要的價值包括「⋯⋯個人主義和自力更生、工作倫理、順從以及紀律」（Kinder & Sears, 1981, p. 416）。象徵式種族主義者種種反對社會支持弱勢的行動，以及強迫的公車接送制度的作為，是出自於相信非裔美國人從社會方案中獲利是不公平的，而這違反了個人主義、自力更生、工作倫理、順從以及紀律等，從某個意義上來說，這些正是構成了「美國人人格」，這些方案促成的是「非美國人」。

雖然許多（也許甚至是大多數）歐裔美國人都贊同公平主義，但是他們文化上依然殘留著反黑情緒。然而曾幾何時，原本一直是直接的不喜歡或是討厭，現在卻變成很可能是焦慮、不信任、敵意，或也許只是亢奮（Stephan & Stephan, 1985, 1993）。這些情緒也許不像以前的形式那樣強烈，但是它們未曾稍減，且一直是負向的，所以造成負向情緒感染了行為。

現代種族主義這個概念跟象徵式種族主義相近。身為現代種族主義者會否認他們是種族主義者，而且也會認為種族主義已經不是問題。然而，這不代表他們就沒有偏見，他們仍然反對非裔美國人。他們相信非裔美國人已不再被種族主義所環伺，而且現在他們與其他所有的人站在同樣的立足點，公平地在人力市場上競爭。他們相信，非裔美國人被「太過用力、太過快速推向他們不想要的地方」（McConahay, 1986, p. 93），這也是不公平的，非裔美國人得到了他們所不應得的社會資源。現代種族主義者並不會把他們的信念視為種族主義。對他們來說，種族主義包含了相信有生物上的劣勢，相反的，他們把他們的信念看成經驗上的「事實」。人們接受這個不同的現代種族主義教條的強度有所不同，因此，現代種族主義可以被當作一個個別差異的變項來測量。

在現代以及象徵式的種族主義上的研究與理論工作，大多數是針對歐裔美國人以及非裔美國人之間的關係進行探討，然而，這個概念也已經應用到南非（Duckitt, 1991）、英國（Brown, 1995），以及澳洲（Pedersen & Walker, 1997）的「種族」關係；而在其他團體的脈絡中，也可以看到這概念應用的

身影，例如，性別議題以及現代反性別歧視的運動中（Glick & Fiske, 1996; Swim, Aikin, Hall, & Hunter, 1995; Tougas, Brown, Beaton, & Joly, 1995）。

·矛盾的種族主義·

現代種族主義假定了單向度的種族主義者的態度，這觀點已經受到挑戰，包含用實徵研究對現代種族主義理論家所使用的資料重新分析（如 Bobo，1983），以及概念上的挑戰（Katz & Hass, 1988; Katz, Wackenhut, & Hass, 1986）。Katz 和 Hass（1988）主張，白人對黑人的種族態度已經變得複雜且多向度，他們建議矛盾性才是種族態度的普遍特徵——贊同和反對黑人的態度常常並肩存在於某個（白人）個人之中。此外，他們主張憤怒是基於兩個核心且獨立的美國人價值：支持黑人（pro-black）的態度反映了人道主義和平等主義者的價值，強調公平性與社會正義的理想；相反的，反黑人（anti-black）的態度反映了包裹在清教徒倫理中的價值，例如努力工作、個人成就以及紀律。Katz 和 Hass（1988）發表了一篇研究，用來說明支持和反對黑人的態度同時存在於白人學生的樣本之中：反黑人的態度跟包裹在清教徒倫理的價值有正向的相關，而且支持黑人的態度也跟平等主義暨人道主義（egalitarian-humanitarian）觀點的價值也有正向的相關；但是反黑人的態度跟平等主義無相關，而支持黑人的態度也跟清教徒倫理的信念無相關，這些結果有很重要的社會和理論性的意涵。他們主張種族主義和反黑人偏見的持久本性，也許是因為跟某些核心、重要的價值有連結，深深地鑲嵌在美國文化之中；他們也主張要增強社區中支持黑人的態度也許會有效，但要改變反黑人態度卻是很不容易的事。理論上，這結果強調單一向度的不適當，以及態度概念（在這個例子中，是種族態度）的雙極性。

·反感的種族主義·

矛盾的種族主義觀點發展了一個多向度的、動力的模式，用以理解個別的歐裔美國人如何表達對非裔美國人的態度。大約同時期發展的是反感的種族主義觀點，此主義提供了另一種觀點，但卻是對同一種現象的類似說明。基於 Kovel（1970）的精神分析立場，Gaertner 和 Dovidio（1977, 1986）區分

「反感的種族主義」與「支配性的種族主義」（dominative racism）。支配性的種族主義類似於現代種族主義所謂的舊式種族主義：是公然的、「易怒的」且徹底的差別對待。對照來說，被描述為反感的種族主義者是：

> ……同理過去不公義下的犧牲者；原則上支持有關促進種族平等，以及改善種族主義後果的公共政策；認同更解放的政治議程；認為他們自己是沒有偏見及沒有歧視的；但是，幾乎無法避免的，對黑人仍有負向情感和信念。（Gaertner & Dovidio, 1986, p. 62）

反感的種族主義指涉一種矛盾性的結合，混合了對非裔美國人之普遍正向信念以及負向情感。這種矛盾性的結合持續不斷存在於反感的種族主義者心中，雖然不像現代種族主義的觀點，Gaertner 和 Dovidio 假定反感的種族主義者將負向的感覺排除在覺察之外，而且努力維持一種形象，給自己以及他人認為他是個自由主義和無偏見的人。這種矛盾是非常容易受到情境的影響，而且在任何時刻中如何被決定，端視種種的情境因素而定。在某一時刻被決定的方式並不必然跟其他時刻相同，而且，除非情境讓矛盾性凸顯，否則這種矛盾性不必然都可以解決。

根據 Gaertner 和 Dovidio 的說法，反感的種族主義者意欲維持一種平等主義者的自我形象，這支配了每位反感的種族主義者。在情境中，自我形象也許會被挑戰，但反感的種族主義者會做些動作去避免這樣的挑戰發生，然而，雖然負向情緒仍然會驅動反感的種族主義者的行為，但是他們的自我形象依然未失去光澤。反感的種族主義者並不是作為一個個別差異的變項而建構起來的，所以，它並沒有對現代種族主義聲稱的內容加以檢驗，來進行測量的檢驗，因此，這理論的立場需要以實驗方式來進一步探究其現象。

反感的種族主義的描述與矛盾的種族主義相類似。對反感的種族主義者以及矛盾的種族主義者來說，都得努力維繫一個形象，讓他們自己以及他人都以為他們是沒有偏見的。這兩種說法都建立在個人內部衝突的論點之上，而且都暗指衝突的化解完全是非意識的。不過，這兩種說法之間仍有差異，即矛盾的地方是不同的，對矛盾的種族主義觀點來說，衝突是發生在支持黑

人與反對黑人的態度結構之間，以及各自底下潛藏的價值系統之間；對反感
的種族主義而言，則存在於公開讚揚的平等主義的態度和價值系統，與負向
情緒之間，而這些「不舒服、不安、討厭，以及有時是害怕等負向情緒，都
會傾向做出逃避而非有意破壞的行為」（Gaertner & Dovidio, 1986, p. 63）。
但 Gaertner 和 Dovidio 並非像 Katz 和 Hass 一樣寬宏大量和樂觀地認為真誠地
支持黑人的態度可以普及。

·隱微的種族主義·

　　基於 Allport（1954）對偏見的古典分析，Pettigrew 和 Meertens（1995; Pet-
tigrew, Jackson, Ben Brika, Lemaine, Meertens, Wagner, & Zick, 1998）區分公然
的（blatant）和隱微的（subtle）兩種偏見。Pettigrew 和 Meertens 並非用實徵
資料來推導，反而是以理論分析來歸結，他們假定公然的和隱微的偏見兩者
都是多面向的模式。公然的偏見是「熱情、親密以及直接」（Pettigrew &
Meertens, 1995, p. 58），並有兩個要素：「恐懼且拒絕」，以及「反對與外團
體親密接觸」。隱微的偏見是「冷酷、疏遠和間接」，並有三個要素：「防
衛傳統價值」、「誇大文化差異」以及「否認正向情緒」。Pettigrew 和 Meer-
tens 使用總計四千個受訪者的調查資料，這是來自四個西方歐洲國家所抽出
的七個獨立樣本，他們聲稱公然的和隱微的偏見是「分開但卻有相關的」建
構，而且他們還指出來自結構方程式支持他們所提出的多面向結構的證據。
他們也以受訪者在公然的和隱微的測驗上所得的分數將他們交叉分類，形成
不同的類別：「頑固者」（兩個分數都高）、「隱微者」（高隱微，低公
然），以及「平等主義者」（兩個分數都低），至於低隱微高公然所組成的
類別，被認為是不可能存在的。Pettigrew 和 Meertens 報導頑固者、隱微者以
及平等主義者彼此之間，對於七個不同處理移民政策的提問上有很大的差異。

刻板印象化

　　在以社會認知取向理解偏見時，刻板印象（stereotypes）占有重要的地
位。如我們在前面第三章時所看到的，刻板印象是一種基模。在這節裡，我

們仍舊將刻板印象這概念視為基模，而且我們會談到幾個研究，聲稱以基模來思考團體的認知結果。最後，我們將找到一些證據說明刻板印象如何導致偏見。

・什麼是刻板印象？・

刻板印象是某個社會團體及其成員的心理表徵（Fiske, 1998; Hamilton & Sherman, 1994; Nelson, 2002）；它如同「在腦中的照片」（Lippmann, 1922）。但是，不只是腦中的一張照片而已，刻板印象在心靈裡是有著生命力的一個認知結構。刻板印象是一個基模，擁有如同第三章所討論的各項基模的特性——它組織和整合所有進來的資訊；它也會把注意力從其他事件上轉移，並集中到特定事件上；而且，它會在提取的訊息上加油添醋。但是，如果刻板印象就只是這樣的話，社會心理學家就不會對它們這麼關注和重視。刻板印象跟其他基模不同，正因為它們所造成的結果不同。刻板印象從環伺在個人周圍的社會脈絡中得到它們的形式與內容，而且它們的運作會造成社會的不公義。

「刻板印象」（stereotype）這個字是由 Walter Lippmann（1922）引介到社會科學界的，他是一位記者，從印刷界借了這個字來用。在印刷界，stereotype 是金屬鑄的模子，使紙上重複印出相同樣子的字。Lippmann 用這個來類比指出人們會用同一個字到某個團體以及其成員身上，表達出他們的印象。當某人說一個白人是英國撒克遜的清教徒（Anglo-Saxon Protestant），或視所有黑人都是愚笨的，或視所有猶太人都是能收買的，抑或視所有女人都是情緒化的，這時他們就是將他們對某一特定團體的印象，把同一個模子運用到所有成員身上。

刻板印象化是指激發和使用某個刻板印象的過程。刻板印象以及刻板印象化本質都是社會性的，它們絕對具有社會性的特徵，而且正因為它們是社會性類別中的一種，所以它們是共享的。有關某個團體的社會或文化表徵就是一種社會性的刻板印象。自從 Katz 和 Braly 在 1930 年代提出研究之後，刻板印象就已經為人所熟知，而且或多或少也已經被文化中所有的成員認可了。因此，在澳洲大部分的人可以輕易地描述原住民（Aborigines）這種刻板印

象，正因為原住民這種社會性的刻板印象是有社會性的生命，存在於文化之中，超越正在述說這種刻板印象的個人及團體之外。同樣的，大多數澳洲人就無法分辨亞伯丁人（Aberdonians）、模里西斯人（Mauritians）或祖魯人（Zulus）這種刻板印象，因為這些團體沒有實際存在於澳洲社會中。但是，如Devine（1989a）指出，要能夠辨認及再生產一個社會性的刻板印象，不需要某人也相信這個刻板印象（參閱下文所述）。任何人對某個社會類別擁有的刻板印象，就是個別性刻板印象。毫無疑問的，社會性和個別性的刻板印象之間有很強的連結，但是不能太過簡化而假定它們是等同的。

　　「不管是受喜愛或是不受喜愛的，刻板印象都是一種誇大的信念，它被連結到某個類別上。它的功用就是要辯護（合理化）我們與那個類別相關的舉止。」（Allport, 1954, p. 191）當然，在這裡Allport談論的是個別性刻板印象。他的觀點非常重要且持續了二十多年或者更久：社會心理學把刻板印象想成錯誤、或不適合、或誇大的一種對某社會團體的心理描述。這個觀點超過了Lippmann所謂的「腦中的照片」，而把刻板印象當作是不正確的照片。雖然Allport強調刻板印象有時反映了這世界的某些如實之處；就是說，刻板印象有時包含了「核心的真實」（kernel of truth）。我們將會在下一章「意識型態」再來討論有關「核心的真實」假設，這其中有許多非常爭議的辯論。

　　如我們在第三章描述的，刻板印象通常使用認知心理學的技術來研究，把刻板印象當成基模作為研究的基礎。在這傳統中，最近的研究通常不是關注刻板印象的內容，與描述其特別細節，反而是聚焦在什麼刺激使刻板印象激發，以及刻板印象激發後如何影響後來的訊息處理、個人知覺，以及解釋性的判斷——這類研究主要是關注過程，而非內容；關注刻板印象化，而非刻板印象本身。刻板印象本身無法測量，相反的，我們會測量反應的潛在時間（response latency）、促發效果（priming effect），以及其他各式各樣認知心理學的專門術語被用來檢測刻板印象化訊息處理時的運作過程。

　　如同第三章所列，刻板印象（如同基模一樣）指揮心理的資源，引導訊息的編碼和提取，以及貯存認知的能量；簡而言之，它們就是讓人和團體的知覺更有效率（Quinn et al., 2003）。刻板印象只是說明了它們這些特性曾經被激發。假如某個刻板印象或任何基模沒有被激發，那麼它就是不重要的。

這種重要性往往是自動且無意識地跟隨而來。刻板印象變成激發的，通常是因為有與刻板印象相關的訊息，呈現給刻板印象持有者。訊息可能是跟刻板印象相一致（stereotype-consistent）或不一致（stereotype-inconsistent），但一定都是跟刻板印象有關。不管哪種訊息，只要這類訊息曾經出現，那麼刻板印象就會被激發。

· 刻板印象激發過程 ·

如我們所見，近年來的研究意指刻板印象式的思考可能是潛意識和自動化地被激起。自動化（automaticity）在認知心理學中有一個特定且嚴密的意義，而且習慣被用來指稱認知過程以及認知效用。舉例來說，前者指的是閾下呈現的團體標籤如何影響我們訊息編碼的方式，使我們與這些標籤相一致。第二章所描述 Macrae 等人（1994）的研究，就是自動化和潛意識編碼的好例子。參與者並沒有覺知到他們如何編碼訊息，或者他們的編碼過程如何被出現在他們心中的閾下團體標籤所影響。的確，大多數人通常無法覺知到他們的認知系統所從事的過程，但如果要舉例說明自動化的效用，可以看某個人對某個不喜歡的外團體成員最初的反應。典型的，一個人都會有關於某個特定社會團體的訊息庫，那就是這個團體的社會性刻板印象，而且當他面對那團體的成員或者那團體的符號，訊息庫就會被自動地激發起來，刻板印象的自動化激發的例子描述如下。

認知過程或效用要被視為自動化，必須滿足下述標準之一（Bargh, 1984, 1989; Hasher & Zacks, 1979; Schneider & Shiffrin, 1977）：它不一定需要明顯的意圖、注意力或努力；或它必須抗拒有意圖的操作；或它必須發生在超出任何覺知之外的。自動化的過程和效用發生得非常快速，而且不會使用認知運作能力。假使過程或效用無法滿足這些標準之一，它就會被認為是受到認知控制的。受到控制的過程容易受到意識干預的影響，也需要認知投入心力，以及必須禁得起意識的檢驗。

現在有相當成熟的證據顯示，關於某團體刻板印象式的特質訊息，也可以受到暴露在跟團體有關的刺激下而自動地被激發起來（Augoustinos, Ahrens, & Innes, 1994; Bargh, 1999; Devine, 1989a; Dovidio, Evans, & Tyler, 1986; Fiske,

1998; Gaertner & McLaughlin, 1983; Kawakami, Dion, & Dovidio, 1998; Kawakami & Dovidio, 2001; Locke & Johnston, 2001; Locke et al., 1994; Locke & Walker, 1999; Macrae & Bodenhausen, 2000; Perdue, Dovidio, Gurtman, & Tyler, 1990; Quinn et al., 2003）。既然大多數真實存在的刻板印象在具支配力之前就已經是負向的，那麼這樣的刻板印象自動激發過程就不可避免地會造成損害。刻板印象的激發過程以及基模運作過程假使是跟偏見無關的話，那麼就會變得不重要，而且也因此跟歧視無關，所以，現在我們要轉而關注負向刻板印象的激發與偏見的關聯性。

·刻板印象與偏見·

在許多社會認知研究中所隱含的模式是簡單的，例如，刻板印象受到與團體相關的刺激而激發，然後造成了偏見，接著又造成歧視行為。然而，把刻板印象與偏見以這種方式相連結，是相當不完整的。著名的「刻板印象—偏見」連結的理論模式，當然非 Devine 的分離模式（dissociation model）（Devine, 1989a）莫屬，這我們在第三章的時候已經接觸過了。

Devine 的模式有個前提，那就是社會性刻板印象要依附到我們社會中主流團體裡的大多數人身上，不一定要全部的人。身為社會的一份子，透過社會化的過程，我們都暴露在這些社會性刻板印象之下，而且因為接觸頻繁，所以，我們都會建立一個關於這個社會性刻板印象的內在、心理的表徵。這社會性刻板印象的訊息會公平地被社會裡所有人接收，而且不斷地複述，以致於跟它所代表的團體自動化地連結起來。這不是說社會中所有的成員都贊同這個社會刻板印象，個人對目標團體的偏見程度會有所不同：某些人的偏見高、某些人的偏見程度低。然而，先前的研究及「常識」會認為刻板印象化的個別差異是跟偏見程度的個別差異有關，而 Devine 的模式卻認為，社會中所有的人跟大家所熟知的社會性刻板印象的接觸是平等的，且刻板印象的心理表徵會自動受到任何與團體相關的符號的出現而激發，這激發過程是公平地發生在高偏見與低偏見的人身上。只有當刻板印象的內容被激發的時間夠久，才會受到意識干預並檢驗，然後高與低偏見的個別差異才會產生。高偏見的個人會允許自動激發的刻板印象內容繼續保留，但是低偏見的人會干

預這訊息的運作過程，故意抑制那自動激發的東西，而且還蓄意激發其他較正向的東西。因此，Devine 的模式提供了包含樂觀主義以及悲觀主義的原因：前者是因為他去除先前關於刻板印象無可避免導致偏見的假設；後者則是因為他認為每個人（不管他們的信念和偏見的程度如何）都會有刻板印象式的負向訊息庫存在心裡，等著被跟團體有關的訊息自動激發。

雖然Devine的模式有某種直覺性的吸引力，而且也已經引起廣泛的、方法論上的，以及概念上的評論，其效度的有限性仍受到批評。合併這些評論之後，形成一個更複雜、有條件的社會認知模式，用以連結刻板印象以及偏見。這修改後的模式假定任何跟團體有關的刺激，都會一直觸發訊息的自動激發歷程〔雖然 Lepore 和 Brown（1997）所做的一項研究，認為觸發這個效用是因為跟刻板印象有關的刺激，而非跟團體有關的刺激造成的〕。然而，觸動激發的訊息並不是每個人都相同。高偏見的人對目標團體有著詳細的認知表徵，會激發支配前的、負向的刻板印象式訊息庫；低偏見的人則會激發正向以及負向的訊息。換句話說，這兩個團體的人所擁有的心理表徵是不同的。潛藏在這差異底下，高偏見的人欠缺對目標團體詳細的認知表徵，仍舊會激發一組負向的訊息，但是這組訊息是統稱的，由其負向性所定義和激發，而非出自於任何與這目標團體的基本關係。這是一種神經元式種族優越主義（neuronal ethnocentrism），此論調是說，高偏見的人其認知系統會自動拒絕和貶損任何的外團體。一旦這激發的訊息開始啟動，除非它受到意識操控所檢驗，否則高偏見的人會覺得沒有需要修正它，因為它並沒有與任何個人信念系統衝突，或者也沒有跟個人所擁有的社會認同感有所衝突。對低偏見的主體而言，雖然其自動激發訊息包含正向與負向部分，而且負向的部分的確與他們個人信念牴觸，也與他們視自己是接納、沒有偏見的人的社會認同相左，但是他們會盡可能抑制這個負向訊息，甚至變得已經可以覺察到這樣的內在動能，可是他們還是會被驅使做一些事。

這模式提議個人信念系統、個人認同以及社會認同都會在刻板印象式訊息運作中扮演一個不可或缺的角色，而這提議所指出的刻板印象激發過程，比起用一個「認知吝嗇者」做的隱喻，即不管他或她何時面對某個團體的象徵符號時，都會自動且不經大腦地激發刻板印象式訊息，與這種被動且簡單

的模式相較起來，前者是比較有條件性、策略性，以及對於改變更有檢測性。的確，現在人們似乎較不把「自動的」激發過程視為「自動的」，即視為無可避免與永遠不變的意思（如 Dasgupta & Greenwald, 2001; Rudman, Ashmore, & Gary, 2001; Wittenbrink, Judd, & Park, 2001）。現在有個適當的證據指出即使某個團體符號出現時，當人們的認知太過忙碌的話，刻板印象也許不會被激發（Gilbert & Hixon, 1991）；或者是當人們因為人際互動需求而要用個性的字眼思考某些人的時候（Pendry & Macrae, 1996）；或者是當脈絡並不需要人們去「評判」別人的時候（Locke & Walker, 1999）。從這些研究所得到的重要學習就是，刻板印象的激發過程的自動化是有條件的（conditional automaticity），總是發生在某個人際互動的脈絡之中，並且依賴著脈絡中所運作的認知過程。

在過去社會認知研究中，把刻板印象到偏見的路徑視為簡單、直接、未調節，這種模式太過簡單了，而後來才看見這路徑是有條件且雙向性的，只有當那些刻板印象置身在相關的脈絡之中時，與團體有關的刺激才會激發刻板印象。這激發的刻板印象的內容，對不同的人來說是不同的，甚至雖然在任何的文化中，對於附屬於那社會主流團體的社會性刻板印象，還是可以認可其內容，但對於那曾被激發的刻板印象式材料，最終人們都分別準備好要壓抑、修正或者不去干涉；至於是哪一種處理方式，則端視他們對於刻板印象化的信念與價值為何。

這些關於刻板印象與偏見之複雜關係的結論，在 Dovidio、Brigham、Johnson和Gaertner（1996）所報告的後設分析研究中，也獲得了共鳴。Dovidio等人說到，在檢查非裔美國人的種族偏見以及種族歧視關聯性的研究脈絡中，個人刻板印象化和偏見有若干相關性，但另外也與種族歧視有若干相關性，雖然這些關係都是適度的，但有可能因為研究者所使用的測量工作是強調刻板印象化的情感面，或者是認知面的問題所致，而且這也跟測量工具是否允許人們做蓄意或不自主的反應所致。

社會認同與偏見

在這節當中，我們會詳細闡述「社會認同理論」以及「自我歸類理論」幾個一般性的原則，並且會把它們應用到偏見的分析上。某些研究者已經解析社會認同理論，而且認為理論上，偏見、刻板印象以及其他形式的負向團體間關係，都無可避免地要從社會認同理論的觀點出發。的確，「最小團體實驗」是最基本的第一步，可以用來了解內團體歧視與偏見是如何將人分類成內團體與外團體。許多研究者已經使用最小團體實驗的發現來談內團體的歧視與偏見，並且聲稱這個現象是一個不幸且無可避免的副產品，是人們成為他們各自的團體成員的認知需求所衍生出來的（Hamilton & Trolier, 1986; Messick & Mackie, 1989; Stephan, 1985; Wilder, 1981）。其實這樣的結論太過簡單，而且誤讀了社會認同理論。在這節中，我們會重新考量「社會認同理論」與「自我歸類理論」如何挑戰偏見的理論。

分類化激起團體間恨意嗎？

在某一篇由 Oakes 和 Haslam（2001）所發表名為〈扭曲或意義：分類（categorization）的蔓生煽動了團體間的恨意〉令人激賞的文章中，明顯地挑戰了社會心理學中一個普遍的觀點，即認為分類是偏見概念的核心認知機轉。在第三章中，我們詳述了社會認知的立場，認為社會分類化把社會區分為「我們」和「他們」，而且受到我們對社會環境中「亂糟糟、一片混沌」（blooming, buzzing confusion）的簡化認知需求的驅使。然而在同一時刻，以團體為基礎或以類別為基礎的知覺被視為是扭曲的，因為人們並沒有以自己的角度來回應，相反的，而是把自己當作是典型的團體成員來反應。用 Oakes 和 Haslam（2001, p. 184）的話來說，社會認知聲稱：「當我們透過社會類別作為媒介來知覺的時候，我們沒辦法看清楚真實存在的是什麼。」這當然導致刻板印象化，而大多數社會認知研究認為這現象可能是自動出現，並在意識覺察

之外運作。而且想當然耳，刻板印象化跟造成歧視與偏見只是一步之遙。存在於分類、刻板印象化與偏見之間的線性關係，如圖 7.1 所示。儘管社會認知學者已經在這方向性中展示出某些限定條件，而且也意指了這三個過程當中的因果關聯（如 Devine, 1989），但仍然顯示分類是偏見的認知基礎，主要受到我們有限的運作能力所驅使。

圖 7.1　在分類、刻板印象化與偏見之間所假設的線性關係

　　為了揭開從「社會認同理論」和「自我歸類理論」觀點所衍生的假設，我們需要回到第三章所提到關於分類與刻板印象化的某些素材。明顯的，社會認同理論和自我歸類理論提出一個不同的觀點來看這些心理運作過程。的確，在「自我歸類理論」中，並沒有存在所謂非類別化（non-categorical）的知覺，所有知覺都是分類的，即使自我知覺也是一樣。當我們知覺自己的時候，甚至當我們以最個人化的字眼來思考自己的時候，我們都在分類。以個人字眼而不是以團體字眼來思考人（包含自己），這只是從高層次的分類化到低層次分類的差別而已（見第六章圖 6.1），終歸一句都是在做分類。高層次的類別知覺與低層次的類別知覺既沒有哪個比較好或比較差，也沒有哪個比較正確或比較不正確。根據「自我歸類理論」而言，分類總是緊盯著知覺者的目標，而且分類化過程的功能也總是為了精進和豐富知覺（如 McGarty、Yzerbyt, & Spears, 2002; Oakes、Haslam, & Turner, 1994; Reynolds & Turner, 2001）。這些文章都認為，把刻板印象化應用到個人自己和內團體的次數，與應用到他人和外團體的次數一樣多，而且把刻板印象化的過程視為在某個特定脈絡下團體間社會和心理關係的產物。因此，刻板印象化並不是像吝嗇者般認知這個世界時所衍生的副產品，相反的，是充分且積極地涉入這個世界的社會真實，了解到這個世界是由社會和地位的團體階層所構成的。

　　此外，如 Oakes 和 Haslam（2001）所主張，分類過程應該不是有害的，

因為它也是個重要的過程，透過這種上層的分類過程以及認同過程，某種合作性、和諧性以及相依性的關係才有可能實現。回到圖 6.1（第六章），人們可以把自我沿著下層（個人認同層次）到上層（自我如同全人類）所構成的連續面來分類。這種上層的分類過程使得不同的單一民族所構成的國與國之間，可以發揮同理心、合作，以及集體性的動員。舉例來說，美國就是一個具體的例子，是一個沿著上層的分類化過程動員起來的社會，要求各單一民族建立起一個統一的國家，來取代他們建立特殊且特定的國家興趣（社會認同），成就了廣泛的全球化興趣和關注。人類權利的立法工作則是另外一個例子，在上層的分類與認同過程，可以使追求公義與人類行為準則這種普遍法則讓大家共享。然而，單就分類過程而言，是不可能對全世界所有的病態負起責任，像團體間的恨意和敵意、戰爭、種族大屠殺等等。

相對於「人類」這個上層類別，要在國家的層次上分類自我與進行自我認同，會隨著所處的特定社會和政治脈絡而更迭與轉變，而且這也牽涉到人們如何賦予所處脈絡的意義。所以，分類過程以及認同過程都不是固定且靜態的。舉例來說，在奧運會的游泳比賽場合，自我分類和認同為「澳洲人」，但是在奧運會的開幕式時，卻要自我分類且認同為世界村的一員。前者可以促使團體競爭，而後者則是強調團體之間的合作與和諧。另外，要注意的是，國家認同並不總是用來分化彼此的，相反的，「國家」這個類別可以利用上層類別來喚起，而使國家內部不同的社會群體和種族群體加以聯合與統整。因此，「國家」這個類別可以被彈性地使用，而且運用於不同的政治籌劃（Reicher & Hopkins, 2001）：一方面國家認同以及「歸屬議題」可以被啟動來煽動團體間的敵意和衝突；但是，國家認同也可以被用來促進一個有包容力和文化多樣性的社會。這又再次說明了社會性類別和認同不是固定不變的，它們本質上是政治性的，而且可以被當成政治武器作為策動分化或相互包容的政治目的（見第三章專欄 3.1）。

✍ 偏見是一種團體現象，源自於團體間對社會結構的覺知

在社會認同理論下有三個核心原則：團體間的分類、認同以及比較。這

些原則的聯合運作有可能使偏見成了任何團體互動下不可避免的結果，因為在這種互動下，都會促使人們透過某些團體所強調的向度來進行團體間的比較，而加強了對某一個團體的認同，並排斥另外一個團體。即使從以上的分析來看，自尊的動機已經被移除，而且被一種找尋某種差異性的動機所取代（由 Brewer 提出，1991），或者是被一種降低主觀不確定性的動機所取代（Mullin & Hogg 的立場，1998），但是偏見和其他團體間張力依舊常常被視為一種無可避免的結果。然而，其實社會認同理論並沒有那麼絕望。

Tajfel 堅信，增加自尊動機並不必然導致內團體強化和／或外團體輕蔑（例如偏見）的現象。相反的，社會認同理論假定人們努力要促成的是「團體間的正向分化」（positive intergroup differentiation）。這跟內團體強化或外團體輕蔑是不一樣的，雖然這兩種都是「團體間的正向分化」常有的例子。然而，團體和團體成員努力追求與其他相關團體之間的某種區隔，但這種區隔受到團體間脈絡的本質所形塑。團體和團體成員努力追求「團體間的正向分化」，透過他們團體所重視的向度來進行，例如，可能強調的是忍耐、寬容和慈愛等向度。正向的團體間分化有許多種方式，端賴團體規範性地接受了什麼成為他們界定自己的特性，以及團體間脈絡的本質。例如，現在的人如果對他們的國家非常認同，那麼，也許可能會致力去確認他們的國家優於其他國家，因而輕蔑「外國人」，但對非常認同自己當地社區的資源回收中心的人來說，就可能不致於這樣；或者對於那些非常認同他們亞利安人的文化遺產，且希望妥善保存的人來說，就不可能會對其他人熱情，可是對於認同設立世界語運動的人來說則會。

在這些例子中，特別要注意的是，不管是認同國家，或認同資源回收團體，或認同某一種族群體，或認同一項推行世界語運動，社會認同理論和自我分類理論都沒有說這是源自於某人穩定且持久的人格特性所致，也不認為這像是某張腦中的照片被環境中相關刺激所照亮的過程。相反的，這些認同化過程都是社會性類別，都只有在特定脈絡中才有心理和社會性意義，而且這只對身處在某個特定脈絡下的人才顯得格外重要。至於到底有什麼樣的意義，必須看這脈絡複雜且共享的真實是什麼。

「社會認同理論」認為當社會認同被威脅到的時候，追求正向的團體間

分化就變得非常重要（Tajfel & Turner, 1986）。一般來說，危及到社會認同的情況是發生在當知覺到有一個團體在社會上被貶低時，雖然這有可能是出自團體內部的壓力造成一種內團體凝聚力和順從性所致。人們會如何回應這種社會認同的威脅，必須看所處的內團體在團體間脈絡中屬於較高或是較低的位置。

較低位置的團體成員其社會認同常常會被其較低的地位所威脅到，但我們並不能說所有低地位團體的成員都會感到威脅，即便只是說他們有時會受到這樣的威脅，應該單獨看成是種永遠不會結束的重擔。畢竟團體地位是與脈絡有關且會變動的，而且社會認同依靠的是某個人在整個團體中的地位，以及某人所處的內團體相較於某些外團體的地位，有時前者更為重要。社會認同理論預測人們面對社會認同的威脅仍然會採取與相關外團體的正向區隔的方式，他們會怎麼做是依據幾個相關的因素：第一是知覺地位差異的「合法性」，再者是知覺團體間階層的「穩定性」，以及知覺團體界限的「可滲透性」。這些重要因素的結合可以被視為主觀的信念結構（Hogg & Abrams, 1988），會導致不同的行為結果。

低地位的團體成員如果相信團體間結構是穩定的，且團體之間的界限是可以滲透的，那麼他就可能會試圖離開原本的團體到別的團體去，而且這樣地位差異的轉變有可能合法也可能不合法。「偽裝」（passing）3 是這種策略的一個例子，但是更普遍的例子是透過努力工作，或者認真念書、考取證照來往上爬。這些行為都是個人而非團體的，策略的使用大部分出於知覺到團體滲透性。

當團體間結構被認為是不穩定且不合理的時候，較容易發生挑戰團體間「現況」（status quo）的情形，尤其是當團體界限被認為是不可滲透的時候。在這些條件下，低地位團體成員很少有機會往上爬，不是接受他們這一生悲慘且不公平的命運，要不就是去挑戰這種團體間的階層。這些都是有可能會產生的團體間互動的行為，甚至有可能設計來挑戰高地位團體所享受的特權。

---

3 譯註：在美國，種族偽裝指稱的是某一種族被另外一個種族所接納的意思，尤其是指某一個混血兒被接受為多數種族的一員，也被同志社群用來假裝是異性戀者。

這些「社會改變」的行為主要有兩種形式：第一，在社會認同理論中叫作「社會創造力」（social creativity），致力於重新界定團體間差異所使用的向度。在 1960 年代的美國是民權運動高漲的時代，其中「黑就是美」的政治運動常常被當成典型的例子，來說明如何將汙名化的標籤重新界定。第二，是「社會競爭」（social competition），指的是低地位與高地位兩群體之間直接的對抗，但目標很清楚是為了在政治上重新界定地位階層。這種團體間協調所做的努力需要政治協調，而這又可以分成合法或不合法，依據是否有利用一般接受的政治程序來達成社會改變。有一件非常有名的例子可以用來說明合法的方式，那就是在 1954 年美國最高法院針對 Brown 控訴堪薩斯州托皮卡市（Topeka）的教育委員會一案所做出的判決，這判決起因於 NAACP 協會要直接挑戰公立學校的種族隔離政策所發起的訴訟案。最後判決認為這種種族隔離政策是違憲的，而且要求所有學校全面禁止種族隔離政策。至於以不合法的方式製造政治上的改變的例子，小從國家內部的騷動，大到產生內戰全都數之。

地位高的群體知覺地位差異時會有不一樣的反應，一般來說，是比其他群體更容易顯現內團體的偏誤（Bettencourt, Dorr, Charlton, & Hume, 2001）。他們也可能比地位低的群體更容易相信地位差異是沒那麼嚴重的（Exline & Lobel, 1999），認為他們地位較高是合法的，而且相信團體間的界限是穩定的。Leach 和他的同僚最近發展出一個關於高地位群體成員可能會有的反應模式，用來說明當高地位群體辨認出自己優勢時的反應（如 Leach, Snider, & Iyer, 2002）。在這個模式中，當高地位群體成員關注到低地位群體成員時，若地位差異是合法的話，那麼可能有憤怒、鄙視或同情等三種反應；而地位差異是不合法的話，則會有害怕、罪惡以及幸災樂禍等反應。跟我們所討論的偏見議題最有關係的是輕蔑這種情緒反應，這種反應基本上包含了討厭別人以及拒絕他人等部分（這容易顯現為歧視行為），至於道德義憤基本上是需要由高地位的人採取縮減他們權利的政治行動，以及努力追求團體間公平性的作為。

✑社會認同與偏見式歸因

　　在這一小節裡，我們要重回到團體間歸因的相關研究上，這個主題我們曾經在第五章提及；但特別的是，我們會談到北愛爾蘭的 Hunter 等人（1991）所做的研究。這個研究的結果以及其他類似研究（本節後面會提及）的結果，都顯示對行為和事件的解釋會受到團體關係的形塑。實際上，在 Hunter 等人所做的研究中，同樣的暴力行為在歸因者或在加害者（天主教徒式或清教徒式）面前會有完全不同的解釋方式。這並不像基本歸因謬誤理論所說那麼簡單，只是歸因者會高估情境因素在控制行為時所扮演的角色。從這個研究可以得出幾個重要的意義：第一，社會知覺，尤其發生在具有黨派成見的人身上時，很少可以是中立且冷靜的。第二，可以得出單一的社會真實的可能性被質疑。第三，在這實驗中，由受試者所製造出的解釋和歸因模式，顯示一般建構出來的歸因理論是不適當的。

　　在 Pettigrew（1979）所說明的團體間現象——又被反諷地稱之為「終極歸因謬誤」（UAE），他認為這些歸因模式較容易發生在當團體成員關係清楚時；還有當知覺者相信他或她是所關注行為的目標時，或是高度投入於行為當中；抑或是當牽涉到的團體有劇烈衝突的歷史，及對彼此都有強烈的刻板印象；以及當團體的成員正好與人民的社經地位差異一致時。這些前提都是「社會認同理論」與「自我歸類理論」視為偏見概念核心的重要因素。

　　最早直接聲稱團體在歸因上的效力，大概是由 Taylor 和 Jaggi（1974）所寫的研究報告，他們給在印度工作且坐在辦公室的印度人一系列小圖片，圖片上面描述幾件行為事件。其中有一半是描述一個正向行為（例如，停下手邊工作去救人），而另外一半則是描述負向行為（例如，從一位需要幫助的人身邊走過去）。跟行為的正向負向做交叉比對的是圖片主角的宗教，一半是印度教，另一半則是回教。當信仰印度教的受試者被要求對他們所讀到的小圖卡上描述的行為做出歸因，他們就如同 Pettigrew 的「終極歸因謬誤」所預測的那樣做出反應。由一位信仰印度教（內團體）的主角做出的正向行為會被歸因於主角的性格傾向，然而負向的行為則會被外部歸因；如果主角是

回教徒的話，反應模式則顛倒過來。

因此，現在許多研究都顯示，把正向或負向、成功或不成功的行為歸因到行為主角個人身上，或歸因到主角所處環境的某些部分上，這些過程都不僅是個個人的歷程（Greenberg & Rosenfield, 1979; Mann & Taylor, 1974; Stephan, 1977）。歸因者以及行為主角背後所屬的群體，都是做行為歸因的重要因素。雖然這些研究並沒有提供很明確的證據支持 Pettigrew 的論點，認為歸因總是偏好內團體。由 Hewstone 和 Ward（1985）所做的兩個研究報告強調較大的社會因素，如同團體層次的因素，對於決定歸因模式來說都是重要的。

Hewstone 和 Ward 的第一個研究企圖重現 Taylor 和 Jaggi（1974）的研究成果，他們找來在馬來西亞的華人和馬來人的受試者。使用原本的研究程序，呈現給受試者一張小圖片，圖中有一位華人或者是馬來人做出一個正向或負向行為，而且最後要詢問他們對於行為的歸因所持的理由。檢驗大家所持的歸因比例顯示出，馬來人的受試者大多做出典型的內團體偏好的歸因型態，而華人的受試者則不會做出偏好內團體的歸因方式，反而做出類似馬來人的反應。Hewstone 和 Ward 的第一個研究呈現在表 7.1 中。

表 7.1　Hewstone 和 Ward（1985）的兩個研究中內在歸因的比例

	華人受試者		馬來人受試者	
	正向行為	負向行為	正向行為	負向行為
馬來西亞的樣本				
華人的行為者	0.39	0.54	0.27	0.46
馬來人的行為者	0.57	0.24	0.66	0.18
新加坡的樣本				
華人的行為者	0.40	0.49	0.39	0.44
馬來人的行為者	0.48	0.37	0.70	0.27

資料來源：Hewstone & Ward, 1985, p. 617, 619，表 1 和 3。

　　Hewstone 和 Ward 後來又在新加坡重新做了同樣的實驗,找來當地的華人和馬來人的受試者。再次發現馬來人的受試者偏好內團體歸因,而華人受試者則只顯示輕微地偏好內團體的傾向。所以,在歸因上團體效果並不一致是明顯的,不見得都會偏好內團體,於是 Hewstone 和 Ward 從新加坡和馬來西亞樣本中,看到華人受試者以及馬來人受試者在歸因上團體效果的不同,而主張這反映出在兩個社會中,這兩個團體真實的社會地位。在馬來西亞的華人處在少數族群的位置,同時被刻意打壓,但在經濟上屬於「中產階級」地位,這些都是馬來西亞政府政策所建立出來的;然而,在新加坡雖然華人也具有「中產階級」的地位,但由於社會是非常開放多元的,而且政府政策也沒有刻意提升特定族群的地位。

　　以上所描述的各種研究都是基於種族,即以「人種」或宗教來聲稱歸因上的團體效果,但這種團體效果在使用其他種社會類別團體來做研究時也很明顯。有一個大規模關於不同團體間成就歸因的研究,就發現受試者有一個非常明顯的傾向,當要解釋成功或者失敗的原因時,比較偏好歸因為男性而非女性。Deaux 和 Emswiller(1974)的研究就是這類最有名的研究之一。這兩位研究者發現,圖中男性主角做的是刻板印象中典型的男性工作(手持機械性的工具)時,比起女性主角來說,更容易將其成功歸因於主角本身的才能。然而,在刻板印象中典型屬於女性工作(手持家庭裡的器具)時,歸因不同性別的圖片主角的成功原因就沒有發現有任何差異。如同使用「種族」——不管是人種或宗教——所做的研究,現在已經有大量的研究公布並顯示出普遍存在一種男尊女卑的歸因模式,在解釋什麼導致成功或失敗的緣由;而且這種模式不僅發生在男性身上,在女性身上也同樣發現到(如 Etaugh & Brown, 1975; Feather, 1978; Feather & Simon, 1975; Feldman-Summers & Kiesler, 1974,實驗 2;Garland & Price, 1977; Nicholls, 1975;Sousa & Leyens, 1987)。並非所有研究都發現到這種效果,而且最近更有 Swim 和 Sanna(1996)的研究質疑了這效果的強度和大小程度。

　　因此,有一個相當重要的證據顯示,歸因是基於做解釋的人與歸因的目標物之間的團體關係所決定的,不管這團體是「種族」、人種、性別,或甚至是社會階級(Augoustinos, 1991; Hewstone, Jaspars, & Lalljee, 1982)。然而,

如 Hewstone（1990）在回顧了 19 篇已發表且針對 UAE 做檢驗的研究之後，下結論認為這種效果並非依據簡單的方式在運作。UAE 是藉由內團體與外團體的概念來公式化的，而且主張歸因會跟團體有關（group-serving），然而這種「偏誤」似乎是以更精緻且複雜的方式來運作的，並非僅只是依據內團體─外團體的分類方式來進行。所有上述提及的研究，其找到的受試者都是包含了所處社會中的主流團體和少數團體的成員，而且也發現少數團體的成員並不會有偏好內團體的歸因。這種主流團體和少數團體的成員所做成的歸因方式，似乎不僅僅反映了潛在偏好內團體的動能，而且也似乎反映了更大的社會刻板印象，以及團體的社會地位等等。

歸因隨著歸因者與目標物所屬之團體關係而改變的這一項事實，但其重要性並非因為這件事情的存在，而是它引發的社會性後果。團體間的歸因依賴的是刻板印象或團體的文化表徵，但這往往又會對團體間的互動造成危害。在一篇較早的論文中，Tajfel（1981b）強調刻板印象不管是有關個人或團體的，其社會功能是可以增強自身，所以，它就跟非社會性的類別所建構出的基模不同。Tajfel 主張刻板印象可以維繫和防衛人們的價值和認同系統；它們也可以隨時出來幫忙為團體階層的普及性做解釋和辯護；而且，它們也可以幫忙將內團體與相關的外團體正向地區辨出來。這些想法中只有一部分在最近已經充分的發展：刻板印象的解釋功能已經被 Yzerbyt 和他的同僚（Yzerbyt & Rocher, 2002; Yzerbyt, Rocher, & Schadron, 1997）加以細緻化；而刻板印象的系統辯護功能則已經由 Jost 等人（Jost & Banaji, 1984; Jost & Kramer, 2002; Jost & Major, 2001）發展成系統辯護理論（system-justification theory）。刻板印象的系統辯護功能會產生意識型態的議題，將在第八章中細談。

社會表徵和偏見

到目前為止，我們已經探討了幾種偏見的理論取向：有的強調個人傾向，某些人就是比其他人更容易會快速地以自身所屬的團體對他人做出評判（社會認知的觀點）；另外，也有強調基於團體效標的認同性、相關性（relatedness）以及分離性（separateness）（社會認同觀點）；Moscovici 和 Perez（1997）建議有兩個不同的方式將偏見加以概念化，我們建議這兩種方式要在社會認知以及社會認同觀點下來看待。其中一種概念化方式是根據「類別化偏見」（categorical prejudices），另外一種則是根據「意識型態的偏見」（ideological prejudices）。前者，他人的特徵會透過團體類別化過程而被簡化，而且也是透過這種類別化過程所產生的某種自己與他人之間的距離感，而依此完成對別人的毀謗。後者，社會以及團體所構成的社會會廣泛分享某種概念（例如：意識型態），讓團體成員用來簡化和設立次序，而且都是武斷地使用。這兩種方式都已經將社會表徵取向滲透到偏見之中，類別化偏見足以標記著自己與他人（尤其是他人所屬的團體）之間的距離；意識型態的偏見則足以第一步建立起距離。這種團體之間的社會距離，反映出背後所共享的刻板印象，而且它並不會存在於或者抽離自對那些團體的認知和意識型態式的理解之外。Moscovici 和 Perez（1997）經常主張團體建立社會距離，是為了使相似的他人變成不相似，換句話說，偏見並不是因為對他人類別化知覺到某種距離而產生；相反的，社會距離是由於把偏見當作一種工具，用來區分自己和內團體以及他人才產生的。這也可以被間接的達成。舉例來說，Hraba、Hagendoorn 和 Hagendoorn（1989）聲稱，荷蘭的學生是繼續維繫原本存在於種族之間的社會階層，而非虛構一種階層橫亙在他們之間，但是間接的，原本存在的階層又被拿來架在他們之間。

因此，這種對於偏見的社會表徵取向跟我們在這章前面已經討論到的社會認知以及社會認同觀點，並非完全不同，它只是因為強調的面向不太一樣，而非屬於完全不同的方法論或概念。

刻板印象是社會表徵

前面的社會認知取向描述到刻板印象的訊息運作功能，從這個角度來看，刻板印象可以很容易被視為社會基模：它們是記憶中理論推進的、穩定的知識結構；它們有內在組織的性質；而且它們是個人早年經驗學習而來的，這一直是社會認知中關於刻板印象的文獻的主流概念。相對來說，我們比較少

留意到刻板印象的符號、政治、意識型態的特質,以及它的功能。所以,刻板印象並非只是一個認知基模,而是一種社會表徵:它們是一種認知和情感的結構,具體針對某些存在於社會中的團體,而且被廣泛地共享著,並且是在某個歷史時刻、某個特定社會政治脈絡下所產生和蓬勃發展的。刻板印象並不單單存在於個人的腦中,它們是社會性的,並且論述地建構在每天日常對話的過程之中,而且一旦被客體化後,就被設定成一個獨立且有點規範性的真實。所以,如果說刻板印象僅是為了簡化真實而存在的認知需求所形成的副產品,這麼說又過於天真。是什麼提供了刻板印象特殊的形式和內容?為什麼刻板印象可以保護團體,而且在許多案例中,可以保護系統?為什麼少數族群的成員常常會內化負向的內團體刻板印象?使用這種對刻板印象和刻板印象化的基模式或認知式的說明,非常難以回答這樣的問題。只有當我們把刻板印象概念化為社會表徵或者意識型態表徵時,這樣刻板印象原先就存在的社會性和政治性的本質以及功能才能被理解。這部分我們將在第八章的時候再多談一些。

　　一般人所熟知的群體的刻板印象,無庸置疑在任何社會中都會被社會中的成員所共享。的確,早期由 Katz 和 Braly(1933)所做的實徵研究,曾經使用眾人之間對某個特定特質(例如,「喜愛音樂的」)的共識程度,看這個特質能不能描述一個特定團體(例如,「非裔美國人」),依此來當作是否已經刻板印象化的效標。同樣的原則也存在於當代研究刻板印象的社會認知研究——共識性被用來當作特質刻板印象化的界定效標,除此之外,很難想像社會認知研究如何用其他方式來研究刻板印象。社會認知研究區分「個人的刻板印象」(任何人所持有對一個團體或其成員的某種「圖像」)以及「社會的刻板印象」(某個團體的社會「圖像」,那是不管相不相信但每個人都知道的)。Devine(1989a)的分離模式也是依據這種區分方法。但縱使有了這些研究成果,社會認知研究仍舊很難(事實上是幾乎不能)說明刻板印象的共享性;相對來說,社會表徵研究則幾乎完全專注在刻板印象的共享性上。

　　刻板印象透過語言,透過在不同的大眾媒體上傳播各種觀念,以及透過社會角色和常模而被共享著(Stangor & Schaller, 1996)。共享的刻板印象不

只反映了「在那裡的」某個世界，而且事實上，它們更是團體互動、團體協商、政治角力、設置意識型態的產物，它們也是社會表徵自身的一種功能。刻板印象表達了團體的真實關係和物質關係，這一點與「社會認同理論」的觀點相一致，但是團體關係反過來又被社會中較廣泛的社會生活模式給制約，因而被統整成整體。團體關係並不可能存在於某種抽象、去脈絡化的真空中，因此，社會表徵研究堅信，刻板印象總是那社會中存在的較廣泛之社會、政治和意識型態關係模式中的一部分，而不可能被視為超然於外。

　　這一切並不意指刻板印象如同社會表徵，都是制式地被共享著，而且是統一且具支配性的。這理論確實考量到在知道與支持刻板印象下團體間分化的現象，以及考量到因為團體間關係變化而會有的刻板印象持續性的轉化作用。所以，我們提出一個在社會表徵傳統上由 Gina Philogène 所發展的新興研究計畫，他蒐集了跟美國黑人努力透過政治運動改變其刻板印象相關的文獻資料，最後引進一個新的社會表徵──「非裔美國人」。這個研究明白地使用社會表徵取向來研究刻板印象與偏見，尤其是還研究了團體之間刻板印象式的分化作用，以及共享的基本角色在建立團體認同上所扮演的重要性。

「非裔美國人」：一個新的社會表徵的出現

　　過去我們常習慣使用一些名字或稱謂來認定和指涉非洲後裔的美國人，這包括使用像「奴隸」、「Coloreds」、「Negros」、「黑人」（Blacks）、「有色人種」（People of Color）、「Afro-American」、「非裔美國人」（African Americans）等，在經歷過漫長的歷史之後，我們已經看到有很明顯的改變，如 Philogène（1994, 1999）所說，這些名字的進化過程反映了在美國團體之間的關係，經歷了歷史和政治動能的變化。很明顯的，非裔美國人自己一直在這連續不斷的政治角力中位居前線，挑戰那具支配性的白人主流群體所持的刻板印象式，且主要是負向的建構，重新界定和表徵他們自己。在 1988 年的 12 月，有一個非裔美國人領袖會議，決議要把這個團體的名稱從「Blacks」改成「African Americans」，如 Philogène 所說，這代表著一個非常顯著的改變，彰顯著一直使用種族特徵，像膚色等，作為自我分類化和社會

認同的時代已經過去。對照來說,「非裔美國人」這個類別強調的是文化和民族,而非人種,並且這種運動也引起了其他在美國本土的種族群起效尤,於是有了像「日裔美國人」、「墨西哥裔美國人」的名稱出現。

這個新類別很快被廣泛採用,不只是非裔美國人會用,連白人美國人也會使用,而且變成公眾論述時較被喜愛且社會可接受的字眼。到了 1990 年,有四分之一的非裔美國人社區已經在使用這個字了;而 1991 年時,則達到三分之一的比例(Smith, 1992,引自 Philogène, 1994)。Philogène 的研究解釋這個新表徵將既存的美國黑人的表徵重新定位,並且在美國人的公眾意識中變得客體化和習慣化,所以才有這樣的效果。如 Moscovici 所強調,命名的過程(以特殊的方式指派名字來分類人和社會客體)不僅具有符號意義,而且還提供了一種結構和組織,讓人們可以深化意義、改變認同,以及啟動不同的解釋。這個新的標籤(非裔美國人)不僅代表與過去強調人種和顏色的方式有種象徵式的決裂,而且還考慮到一個新的位置,讓非裔美國人可以在與其他種族的關係中,尤其是具支配性的白人主流群體,重新界定和重新定位自己,同時也讓白人主流群體發展出另一種對於美國黑人可以有的不同知覺、態度和意見。

然而,如 Philogène(1999)所解釋,這新的表徵仍然不能完全取代既有的表徵和所有的實際活動,畢竟要認同自身的黑人血統,在美國有一個漫長且驕傲的歷史,這與公民權運動以及跟這個類別有關的各種政治運動有關,都是要朝向稱頌自身種族的路走。儘管如此,非裔美國人這個概念的引進與凝聚團結,變成較受喜愛的類別,並使得原先靜態且本質主義者式的種族類別可以變化。原先的類別只會造成分化和衝突,後來的類別也使非裔美國人可以表徵成一種具某種文化和種族的群體,如同在這多元種族多元社會中的其他種族一樣,這種新類別的採用和內化,在年輕、都市且受過大學教育的非裔美國人中特別普遍。Philogène(1994, 1999)主張這種新的社會表徵對於這個特殊的群體有定錨作用,而且在此過程中投射了一種非裔美國人的形象,可以對抗和取代先前美國黑人這個名稱有關的負向刻板印象。這個群體於是可以跟社會能動性、專業提升,以及政治參與等特性產生連結,這些特質就足以強調非裔美國人社群內部的類別區分,而且看見這個群體的異質性。非

裔美國人因此在美國的政治和社會上，就不再被視為一個未分化且同質性的社會類別。

Philogène（1994）的實徵研究發現，在 1994 年時，參與研究的「黑人」和「白人」大多數都指出，「非裔美國人」這個字是對這個團體的形象最為正向的。在這相對來說較短的期間，這個新的類別已經變成大家廣泛可以接受的情形。此外，在日常溝通以及社會互動中逐漸增加這個字的使用頻率，使得原本抽象的類別被轉化為「物質真實」，最終「非裔美國人」可以變成規範性、習慣化，並「視為理所當然」的類別，挑戰了先前的表徵和刻板印象，並以整體方式重新表徵這個團體。Philogène 說：

> （非裔美國人）這種原型式的表徵明顯的是非常靠近美國主流的，相較於過去使用黑人等字眼來說。跟「非裔美國人」相關聯的形象，受到這個字在多元文化社會的意識型態脈絡中被幾乎獨占式地使用而強化，並凸顯出其受到大眾的喜愛和共享的價值。（1994, p. 106）

論述心理學與偏見

論述心理學視種族主義為互動性且溝通性的，而且要放在某個社會的語言對話實務和論述之中來看。它是透過語言的實務，包括正式和非正式的對話，使得權力關係、支配關係以及剝削關係得以再生產及合法化。對論述心理學來說，分析的重點在於探討論述的材料與修辭方式如何結合在一起，以建構出不同的社會和「種族」的認同，而且提供說法來合法化這些差異，並讓人覺得這些認定都是「真實」且「自然存在的」。它也以某種細緻的方式來檢討語言素材如何以彈性且矛盾的方式被結合起來，而且因而再生產種族和社會的不公義，並為之在西方社會裡辯護。我們將在稍後再回到這些主題，但是在此之前，我們會詳述這個研究傳統是如何討論當代種族主義論述的本質。

✍ 種族主義：偏見的語言

　　大多數的西方國家已經見證了某些議題的辯論和爭辯再度復甦，像是關於種族、種族主義、多元文化論、民族主義，以及移民。論述心理學關心的是在這些辯論中，到底針對「種族」、人種以及團體關係，人們說了些什麼、爭論或討論過什麼的種種細節，這牽涉到不僅僅會分析每天談話和會談，也包含例如政治演說、國會議堂上的辯論，以及報紙的社論中找到的正式機構的談話。在荷蘭（Essed, 1991a, 1991b; Van Dijk, 1991, 1993; Verkuyten, 1997, 1998）、比利時（Blommaert & Verschueren, 1993, 1998）、法國（Taguieff, 1998）、英國（Gilroy, 1987; Reeves, 1983）、美國（Goldberg, 1996, 1999）、紐西蘭（Nairn & McCreanor, 1990, 1991; Wetherell & Potter, 1992）以及澳洲（Augoustinos, Tuffin, & Rapley, 1999; Rapley, 1998），論述的研究已經發現到，當代種族主義（或種族主義者論述）的語言是彈性、矛盾且情緒複雜的。這些研究已經辨認出共有且循環的比喻以及修辭設計，被主流群體的成員用彈性且矛盾的方式加以結合，而且主要是用來否認種族主義的帽子所建構出少數民族的負面形象，以及為既存的社會不公義辯護和合法化。

· 否認種族主義的帽子 ·

　　如 Van Dijk（1993）所說，當代種族主義者的論述最普遍的特徵之一就是否認。在日常生活的談話中，這種否認通常可以在俗套的陳腔濫調中發現，像「我並不反對移民，但是……」，或最熟悉的話：「我不是種族主義者，但……」認同偏見或種族主義已經不再是有價值的，但主流群體成員仍然在他們的談話中展現出他們參與咒罵社會的痕跡（Condor, 2000）。人們在談話中會使用的典型論述策略，包括緩頰、辯護、顛倒式的責備，以及責備受害者等方式（Van Dijk, 1992）。

　　舉例來說，Augoustinos 等人（1999）在他們對澳洲學生有關當代種族關係的談話中，發現雖然參與者知道在澳洲社會裡存在著種族主義，而且這並不可取，但是他們也仍然讓自己遠離控訴這種公然的種族主義的位置，而採

取「中立」說明的立場，並把這種（文化上可理解的）種族主義主要歸因於前人所造成的。有幾種修辭策略可以被辨識出來，企圖降低我們認為原住民是種族主義的犧牲者這種觀點的合法性。這些策略包括：主張原住民也是種族主義加害者之一、對種族偏見過度敏感，以及使用不公平待遇等說辭來當作藉口，就好像這事情從來沒這樣發生過。這些論點都看得到論述的轉移，並伴隨著某種修辭策略而加以展開，而且它們還能讓說話者自以為是個平衡、中立且公平的人。舉例來說：

> A： 我認為那是另外一種歧視，嗯無論何時，只要某些事情無法符
>   合某個族群要的方式，他們就會泣訴大家歧視（嗯）。嗯，與
>   原住民因為沒有得到某件東西就對女性歧視的事情是相同的，
>   其他少數族群也都是一樣（嗯）。而且我認為歧視是人們現在
>   會使用的一種藉口，或者像是一種靠山，當事情不能如他們所
>   願時，就像個小孩亂發脾氣，他們就會泣訴歧視。我知道這件
>   事情的確存在，而且我認為那是不應該的，但卻也從中得到很
>   大的好處（嗯）。

在這個摘錄中說話的人 A，主張少數族群（原住民、女性）為了自己的私利就高喊歧視的口號，這暗示要將提出歧視背後的真誠給暗中破壞，在這種說法中說別人歧視被建構成「藉口」一般，用來幫助達成個人或政治的目的。像小孩一樣「亂發脾氣」這樣發展的隱喻，將原住民的反應設定成過度反應，缺乏成熟性和情緒穩定度。當然，意指其他（白人、男性、主流群體）成員都是穩定、成熟且實際的。注意說者如何避開任何的歸罪，即使他或她知道歧視的存在和不可取，但他們的觀點仍然有偏誤或不合理（「我知道它的確存在且不應該存在」）。如我們所看到的，這就是一個證據，看到參與者清楚地跳入某種必然性的深淵，將自己在互動的脈絡中呈現成是個中立且不偏頗的人（Antaki, Condor, & Levine, 1996）。

● 正向的自我和負向的他人呈現 ●

　　在上面的摘述中，我們看到說者如何能夠將他們自己正向地呈現，同時
又建構了有問題的形象給少數族群成員。我們就再次引用 Augoustinos 等人
（1999）所做的研究，參與者的談話當中最普遍的特徵之一，就是會將原住
民負向建構以及問題化。這種負向性並不像大多數人所認為的傳統偏見的談
話（例如舊式種族主義）那樣，但相反的，卻像一種精緻、彈性操作且偶然
討論到原住民的當代苦境。已知在窮人中有那麼多的原住民，而且他們在澳
洲社會裡還有很多人失業、生病以及入監服刑，所以討論的重點放在這些「問
題」上是不令人意外。然而，令人意外的是，這些問題以及社會的不公義利
用論述材料來加以說明的程度，間接合法化並合理化原住民目前的「苦境」。
從參與者所得到的許多論述說法中，說明了原住民要面對的當前社會問題，
而且其中之一就是澳洲過去殖民歷史遺留下的帝國主義者式的敘說。原住民
的問題常常以社會達爾文主義者式的語言，呈現為「符合」和「適應」的問
題，接受由英國人在「殖民」時期所帶來的優勢文化。原住民無法符合（fit
into）或者無法「黏上」（gel with）支配性文化，被視為自己拒絕透過往上
的社會能動性，來改善他們自己的地位。從這個角度來說，原住民被建構為
文化上的劣勢者，他們無法在優勢文化中生存，因此，這又可以用來說明他
們在社會和經濟上的不利條件。下面摘述的是一個例子，可以說明原住民如
何被建構成「未開化的」且科技上的劣勢者（對照於殖民侵略的英國人來
說）。

　　B： 我想也是，也認為當你看到過去的歷史，再回來看到現在的事
　　　　實，你會覺得原住民真的非常非常未受開化（嗯）。而且他們
　　　　在面對像我們這種更進步的文化，像已發明了車子，諸如此類
　　　　的東西很多，但是原住民似乎一直沒有辦法從非常原始的過去
　　　　狀態進步（嗯）。嗯，他們有一些或完全沒有像英國人所擁有
　　　　的現代科技。像英國人有槍彈、酒精這些東西，啊，我認為這
　　　　是另外一個大問題。

在這個摘述中，我們可以看到「種族」和「文化」如何被修辭融合在一起，來合理化既存處於本土和非本土澳洲人之間不公平的社會次序。因此，在論述互動的動態過程中，會界定和建構出特定的社會對象、類別以及主體性。同樣的，在紐西蘭 Wetherell 和 Potter（1992）所做的種族主義語言的研究中，也發現「種族」和「文化」的類別被 Pakeha 人（歐洲裔白人）的參與者用來當作相互對比的類別，界定毛利人是另外一種族群的人，即便兩者都共享了相似的外觀、價值以及人格特性，這些類別都很快被用來將毛利人和Pakeha 人相對照，跟所謂紐西蘭社會中的常模比。當 Pakeha 人的社會代表文明、進步和現代化，那麼毛利人就變成這些文化的陳列物，因此毛利人總是被建構成「他者」（other）：外來的，深埋在文化之中而且有些分離。雖然有許多參與者講到他們認同毛利人的文化，但最終這種認同感還是掛在同一和統一的「國家」認同之下而成為次要的。在歐裔白人的談話中，「國家」的類別是用來限制和抑止認同毛利人文化的熱情被挑起，因為這似乎會暗中破壞和威脅到國家統一性。的確，這種國家主義者式的論述也是一種當代「種族」談話的普遍特徵（Rapley, 1998）。

·將現狀正當化和合法化·

Wetherell 和 Potter（1992）針對在紐西蘭裡有關種族式「偏見」，進行詳細的論述分析，而且他們研究的結果強調談話如何圍繞著自由和平等主義者的論調來組織，並熟練地運用自由、公平、個人權力，以及平等機會的原則來進行對話。一方面，這可以用來否認種族主義的歸責；而且更進一步地，還可以用來合法化和正當化既存不公義的社會關係。很特別的，Wetherell 和Potter 還辨認出十個一般的、「說法上就夠充足的」或「殺手鐧般」的說辭，這些都是參與者慣常用來達成效果的說辭，一般來說，都是屬於社會可接受的陳腔濫調，但又可以提供基本的說服性；它們代表著令人熟悉的文化真實；它們不會引起質疑。用 Wetherell 和 Potter 的話來說：「已經用這些字建構出一種版本，增添任何其他的話都嫌多餘，而且也用這堵住別人的嘴。」（p. 92）下面將這十種說法上自足的說辭重點羅列出來（Wetherell & Potter, 1992, p. 177）：

1. 資源應該要考量成本效益來加以使用，並且要能開花結果。

2. 沒有人應該被強迫。

3. 每個人都應被公平對待。

4. 你無法將時間倒轉。

5. 上一代造成的錯不能怪罪到這一代。

6. 不公義的事情應該被糾正。

7. 人只要願意努力，都可以成功。

8. 少數族群意見的重要性不應該高過主流族群的意見。

9. 我們必須活在二十世紀（或二十一世紀）。

10. 你必須實際點。

這些慣用的手段被描述為「說法上就夠充足的」、「殺手鐧般」，是因為他們反映了大家習以為常的格言，而且又符合自由平等主義者式的論述，強調理性、正義、自由，以及個人權利的價值。同樣類似的說辭也可以在其他研究中發現，如紐西蘭的種族主義者論述的研究（McCreanor, 1993; Nairn & McCreanor, 1990, 1991），以及在澳洲發生的道歉運動過程中各方協調，以及是否為歷史的不公義向原住民道歉等等，針對這個過程中相關的公眾辯論所做的研究（Augoustinos, LeCouteur, & Soyland, 2002; LeCouteur & Augoustinos, 2001）（見專欄 7.2）。重要的是，這些常識般的格言都以彈性且矛盾的方式被使用，而且不應該被視為認知性的模板或基模，存在於種族主義者論述之中。相反的，Wetherell 和 Potter（1992）把它們界定成「工具」或「材料」，可以讓講者以各種方式加以結合，來達成某些目的；這些目的當中最顯著的就是可以避免種族主義者身分的認定，以及正當化既存的社會關係。跟 Billig 等人（1988）的觀點相似，Wetherell 和 Potter 主張，人們的觀點本質上是零碎的、左右為難以及矛盾的，這種想法跟社會心理學有關態度的概念是相當不同的，因為態度概念被視為永久、穩定以及一致的認知反應。的確，如我們在下一章所主張的，這些一般人常用的說法隱含了實用性、公平性、個人權利，以及主流意見，這些都是「自由主義一個人主義者式」之意識型態的基本特徵。

專欄7.2	**說法充足的政治辭令**

　　下面的摘述是來自澳洲總理約翰霍華德所做的一次演說，是於 1997 年 5 月他在調解大會中所發表的。在霍華德的演說中，他將自己拒絕以國家代表來向過去對原住民所做的不公義政策致歉的行為正當化，尤其是過去政府強制性地將原住民小孩帶離原生家庭的這個政策，這群小孩後來也被稱為「失竊的一代」（Stolen Generations）。而且在他的演說中，他企圖提供「和解」這個模糊概念給澳洲人。

　　解析下面的摘述是要特別注意他如何運用許多說法充足的辭令。這些說辭你可以辨認出哪一個是符合 Wetherell 和 Potter 所說的十點？它們如何被喚起的？這些說辭扮演了什麼樣的功能？又要怎麼樣來加以反駁？（見 Augoustinos et al., 2002，針對這場演說所做的詳細分析）

　　但是我的朋友們，雖然我們對和解的過程樂觀其成，但也不能過於盲從，我們必須現實地認識到幾個可能危及和解的威脅。

　　如果我們過於強調象徵性的身體動作，以及誇大不實的承諾，而不是著重在原住民以及托列斯島民的實際需求，例如健康、居住、教育和工作等實際問題，那麼和解不會發生作用。

　　假使我們只是高舉國家罪惡以及羞恥心的旗幟，那麼和解也不會發生作用，除非我們要將注意力放在提出解決目前以及未來在我們的原住民同胞上不利條件的根本之道。

　　假使和解的過程核心目標之一是為了給澳洲人民在種族或者其他任何因素的基礎上，建立不同的解釋系統以及合法的舉措，那麼這樣調解也無法有效地運作。

　　只有當調解的過程可以喚起所有的澳洲人都參與，這樣才能夠有效地運作。

　　假使和解會招致非議，讓人批評說給予弱勢的原住民以及托列斯島民的資源，沒有辦法維持或者聰慧地運用，那麼這樣也無濟於事。

　　然而，即便有證據顯示提供給原住民的某些援助計畫，實際上鼓勵了他們依賴心的增長，而無法鼓舞他們的個人進取心和責任感，但許多人仍然寧可選擇聽信別的話。

·界定偏見的位置：在心靈裡或存在於社會之中？·

　　當然，我們在這章前面提到的當代種族主義的理論，主要的特徵是「盜用」和運用了自由主義和平等主義者式的價值原則。這些理論主張，當代的種族主義不像「舊式」的種族主義，反而是更精細和隱微的（Pettigrew & Meertens, 1995）。雖然針對弱勢團體的極端負向情緒已經被平等主義的價值所緩和，但是這種負向情緒（意識或潛意識）一直都無法完全連根拔除，而且一直續存在主流群體成員的心靈裡。負向情緒與自由主義價值的拉扯製造出相當大的心理矛盾，以致於個人會在他們的情緒與信念之間糾葛不清（Gaertner & Dovidio, 1986）。此外，現代的種族主義者會否認他或她會有偏見；任何有意和明顯的情緒以及態度都會被正當化，拿顯而易見的事實當作藉口，如少數族群會違背像努力工作、節儉和自力更生等重要價值。

　　雖然當代種族主義的理論跟針對當代種族論述所做的論述分析的結果相似，都發現到衝突和矛盾的本質，但儘管如此，彼此之間仍存在著重要的差異。當代種族主義的理論的確考慮到較廣的社會、歷史，以及意識型態的因素，研究如何在近幾年中影響和形塑種族主義和偏見之內容與形式。然而，這些理論以及問卷研究方法一直被用來探討種族主義的轉變，而且主要把種族主義當成是個人和心理的「問題」。呈顯在問卷反應以及人們對話中的矛盾性，被定位在個人的情緒和認知範疇裡（Wetherell & Potter, 1992, p. 197）。對照來說，論述心理學：

　　　　將我們的衝突和兩難定位在某個「自由主義」和「平等主義」的社會中，可獲得的各種主張和修辭的話語之中……這種衝突並不是存在於情感和價值之間，也不是存在於心理趨力和社會可接受的表達行為之間，或處於情緒和政治兩者之間，而是處於不同且相對抗的框架之間，兩者都搶著對這些社會、政治以及倫理問題進行發言。這些衝突和兩難可以用「心理」形式來理解，因為社會裡的成員也是在社會互動以及日常生活中才開始討論、解釋、正當化，以及發展出各種說法。（Wetherell & Potter, 1992, p. 197）

從這個觀點來看，種族主義或偏見不再是一種個人或者心理的狀態，相反的，變成是一個社會裡所存在的某種結構，「圍繞著某個團體的壓迫以及對另一個團體的支配來組織」（Wetherell & Potter, 1992, p. 198）。人們可以運用在社會中任何可以獲得的意識型態素材，來正當化和合法化種族主義者的行為，但這總是可以視為人們主要在壓迫的結構性安排下，為維繫他們的地位以及再生產出某種既定結構，而持續做出正當化與合法化的動作。

把偏見主要定位在個人身上，而不是在較廣的社會／文化範疇之中，這樣社會心理學理論可以暗中密謀將偏見概念化為個人病理的問題，而這又導致「偏見的個人」以及「容忍的個人」可以一直被建構，並具體化為帶有清楚界限的實體。用 Wetherell 和 Potter 的話來說：「偏見依舊是個人的病狀，是源自於個人內在的同理心與智慧的缺乏所致，而不是社會病了，且受到權力關係和既得利益團體的形塑。」（1992, p. 208）偏見的個人會被視為是非理性和不合邏輯的，需要某種態度和道德上的「改過向善」。偏見最主要被視為一種「心靈的狀態」，必須透過教育和訓練才能改變，這點在政治上會造成較不去注意到社會和結構改變的政治必要性。

本章摘要

我們在這章一開始就詳述了傳統以人格取向來探究偏見的幾種方式，例如權威型人格，以及後來的社會支配取向，雖然這些觀點都嚴肅地強調並非社會認知取向，但是它們仍然與之共享了某些相似性，即把偏見定位在個人的心理和認知範疇中。偏見、獨裁主義或社會支配導向都被建構成人格或態度傾向，而且這些概念不是受到心理動力因素所決定，要不就是受到社會化過程或是接受某種社會秩序合法化迷思的影響。偏見的社會認知模式非常強調認知以及知覺的過程，而且認為這就是偏見的基礎，我們有限的認知能力以及我們對於社會真實的簡化需求，會透過類別化以及刻板印象化的雙重過程，促使我們容易發生偏見和歧視。於是，類別化與刻板印象化的社會認知研究建議，不管是有意或無意的，偏見在認知上都無法避免會產生，而且在某些案例中是非常難以壓抑的。但許多批評也已經指出，這種取向傾向將偏

見和團體間歧視的現象「自然化」，導致我們可以說這些不過是正常人類的反應，在某些例子當中，甚至可以說只是我們認知神經網絡運作的副產品。「每個人都會有偏見」這是「新」當代種族主義慣用的標語，常常被用來理性化和合理化偏見的行為。在社會支配理論當中，同樣強調的是人類已經進化成具有自然的生物驅力，要構築社會組織的系統，而這可以從團體為基礎的階層中看見這影子。

儘管聲稱社會認同理論（尤其包括最小團體實驗）也都提供了更進一步的證據，支持團體間偏見和偏誤不可避免的性質，但是社會認同理論和自我歸類理論的研究者一直強烈地想要挑戰這種解釋。「自我歸類理論」主張分類以及刻板印象的雙重過程並不是自動化且僵固地運作來簡化知覺，相反的，它們是彈性的，且會視脈絡來運作的心理過程，並提供社會性知覺，帶領我們進入存在於社會中各團體之間的社會階層裡。為要了解偏見和社會衝突，我們需要了解團體關係的本質，以及這些不同的團體如何知覺既存社會結構的穩定性和合法性。偏見因此不再是一個個人的心理現象，反而是一個團體間的現象。

如同社會認同理論一樣，社會表徵理論也強調團體認同以及共享的符號意義系統，在理解偏見以及團體關係上所占有的地位。刻板印象並不被當作簡化真實的內在認知基模，相反的，它被當作是一種具體的共享意義系統，以服務意識型態的作用。此外，這個取向追求了解隱含在政治運動底下的社會過程是什麼，如何使僵固的社會認同透過鬆動主流的表徵而得到改變（例如非裔美國人）。因此，社會表徵理論在理解社會穩定性的同時，也同樣關注社會改變和轉化過程如何開啟。

最後，我們回顧了以論述取向對偏見和日常生活中存在的種族主義的研究報告。論述心理學將偏見和種族主義定位在某個社會的語言活動和論述之中，而非個人的心理或認知過程。論述心理學已經分析出論述材料以及修辭說法結合起來建構「種族」差異的方式，而且把被排斥的團體當作是「他者」。這種研究傳統將這些在社會層次上的語言活動或「說話方式」，當作是種族主義社會的產品，而不是個人的心理和／或認知所造成的，因此分析的重點並不是「偏見」或「種族主義者式」的個人，反而是發生在不公平社

會可獲得的論述和語言的材料。當這取向已經能夠辨認出語言材料如何以彈性且矛盾的方式結合，來再生產和正當化種族和社會不公義的時候，也代表潛在的心理運作方式不太被重視。因此在某個特定脈絡下，特定語言活動的內在操作歷程也必然會鮮少提及。換句話說，當使用種族主義者式論述時，個人的內在經歷了什麼，這個部分並沒有談論。

延伸閱讀

Allport, G. W. (1954). *The nature of prejudice.* Reading, MA: Addison-Wesley.

Oakes, P. J., & Haslam, S. A. (2001). Distortion v. meaning: Categorization on trial for inciting intergroup hatred. In M. Augoustinos & K. J. Reynolds (Eds.), *Understanding the psychology of prejudice, racism and social conflict* (pp. 179-194). London: Sage.

Philogène, G. (1999). *From Black to African American: A new social representation.* Westport, CT: Greenwood-Praeger.

Quinn, K., Macrae, N., & Bodenhausen, G. (2003). Stereotyping and impression formation: How categorical thinking shapes person perception. In M. Hogg & J. Cooper (Eds.). *The Sage handbook of social psychology* (pp. 87-109). London: Sage.

Wetherell, M., & Potter, J. (1992). *Mapping the language of racism: Discourse and the legitimation of exploitation.* Hemel Hempstead: Harvester Wheatsheaf.

第8章

意 識 型 態

　　前面的章節，我們已試著將具備以下這種關懷的社會心理學的研究以及學問放在一起討論：即關心人如何知覺和了解自己身處的社會世界，並且關注我們生活於其中的各種不同類型的社會生活，是如何提供以及限制我們展演各種社會行動的機會。居主導地位的社會心理學觀點認為，社會生活就是全然獨立自主的個體之間的互動，我們試圖擴展這種狹隘的觀點，強調社會或文化生活層面所扮演的角色無法化約為個人層面──諸如社會表徵及論述等。如此，我們已強調過，有些社會生活的重要面向不能單單用個體成員的思考、感覺及行動來加以解釋；反而是，特定的信念系統和接近世界的方式也有它們自己的生命。然而，這些共享的社會信念形式，並不是獨立於或是優於他們所想要說明的各種現象之外的，而且不同的團體在形塑這些表徵的形式和內容方面，並不具備同等的能力，這表示我們得注意到表徵是如何犧牲了他人，而服務於社會中部分特殊團體的利益。當我們考慮到鼓吹對社會生活進行某種社會理解的能力，與某些團體在經濟、社會，及體制權力上凌駕其他團體有密切關係，就帶我們進入了意識型態的範疇。

　　關於如何知覺及理解世界的概念性和實徵性的文獻已經很多，但關於在建構個體與團體的社會真實方面，意識型態到底扮演了什麼角色，我們則依然談得很少。然而，我們已廣泛地談論到社會表徵與論述的組成特性，因此，這也許會有助於簡要地將這些建構與相關的意識型態概念區辨開來。

　　Van Dijk 主張，意識型態是「……社會結構和社會認知的界面……意識型態也可以非常簡明地定義為一個團體成員所共享的社會表徵的基礎」（1998，p. 8）。這定義吸引了我們關注到意識型態的認知及社會面向，並把意識型態

當作是社會性共享（而非個體所持有）的信念，而且這些信念會在社會表徵及社會論述中表現出來。類似的，Stuart Hall（1996）將意識型態定位為扎根於社會認知之中，強調了意識型態所具備的社會功能，藉由這樣一種工具，不同的社會團體可以用之來解釋他們自己與他者在社會結構中的位置：「（藉）由意識型態，我指的是心智的架構（包括語言、觀念、類別、思維意象，及表徵的系統），是為了讓社會運作的方式變得可以理解、掌握，由不同階級及社會團體所部署的。」（1996, p. 26）雖然關於什麼「是」意識型態，以及我們應如何設想它，這些問題在不同的研究取向間備有爭議，但我們還是可以從這樣的一種立場來進行討論：即當我們在談論意識型態時，我們其實是在指涉支持對世界形成某種表徵與建構的那些信念、意見及社會實踐；然後，這些世界表徵及建構又被用來合理化、合法化、維持並（再）生產出某種特定的體制設計，以及社會中某種經濟、社會及權力的關係。

我們聽到這樣的說法毋需太訝異：意識型態已被很多人描述為社會科學中最有爭議和難以捉摸的概念。McLellan（1986）和 Larrain（1979）都提供了此概念詳實的歷史紀錄。確實，McLellan 警告所有試圖定義意識型態的東西，本身都是意識型態：在這一章，當我們在討論各種對意識型態加以概念化、理論化，及實徵化檢測的方法時，我們會發現這一點確實是彰顯無疑。必須指出的是，我們即將瀏覽的某些研究，特別是社會心理學類別的研究，過去很少被視為意識型態的研究。我們會議論到，在某些社會心理學領域的研究中，確實已「不經意地」揭露了日常思維所具有的意識型態要素。

社會認知與意識型態

社會生活中意識型態的角色，在政治及社會理論中辯論與爭議已久，但受到社會心理學家的嚴重忽視。而 Michael Billig 就是其中少數的例外之一，他不只是描繪出意識型態與社會心理學理論之間的關係（1982），而且還廣泛地寫了關於一般人日常生活中意識型態扮演的角色。最近，John Jost 及其同僚則將意識型態在系統正當化（system-justifying）社會信念及實踐方面所

扮演的角色清晰地陳述出來（Jost & Banaji, 1994; Jost & Major, 2001），雖然這個觀點尚未被其他研究者廣泛採取。然而，即使撇開其他學科中對於意識型態本質與功能的辯論，社會心理學家也已經研究了與意識型態有關的社會現象，雖然套用了不同的標籤：如政治信念系統、價值，及刻板印象等。

意識型態如同政治信念系統

社會科學裡研究意識型態的主流取向，一直將意識型態視為一組內在一致的政治信念及價值，就像那些法定政黨所具有的。與這種意識型態概念化方式連結的實徵傳統，包括廣泛地針對大眾運用調查表，為了解其政治、經濟及社會態度。這麼做的用意最主要是要研究這些信念的潛在結構，是否可以用自由—保守（或有時是左翼／右翼）的政治架構來為之命名。這種研究傳統到 Converse（1964）的著作中達到巔峰，他歸結道：美國大眾在政治態度上幾乎沒有內在一致性（internal consistency），民眾對於特殊議題的看法並不總是可以預測他們在其他相關議題上的看法。相似的，McClosky（1964）也發現，就算美國大眾在抽象的層次上都普遍支持自由民主的原則，但是他們仍然無法穩定地應用這些原則到特定議題上。因此，有人主張美國選民並沒有一致性的意識型態，他們對政治的知識與了解最多只能說是還在發展中的狀態。

研究還發現，社會大眾寧可不用由大量資訊所組織成的包羅萬象的信念系統，而傾向於使用簡單、具體且與個人有關的觀念，而這種觀念較沒有一致性。所以，有人主張社會大眾不像政治菁英一樣會用「意識型態」思考，而且，對於保守與自由的意識型態向度，大眾也常搞混兩者的意義，而無法像政治菁英一樣參照保守與自由的概念框架，從中結構出、組織好他們政治的知識。的確，某些調查發現，有許多人無法在自由—保守的態度光譜中定位，因為他們對這件事沒有太多想法（Erikson, Luttbeg, & Tedin, 1980）。因此，Kinder 和 Sears（1985）才會總結說，美國公眾對於意識型態相當「無知」。

相信公眾是未受政治教育的，且有不一致的意識型態，這種念頭已形成

了近三十幾年來美國政治科學的核心典範。然而，這類研究的批評者認為，
這只是單純地顯示出公眾結構其「政治信念」的方式與政治菁英不同而已，
不必然代表其信念內涵是缺乏意識型態的。而且，一種有邏輯的認知結構的
具備或欠缺，不必然與意識型態的有無畫上等號（如 Bennett, 1977; Marcus,
Tabb, & Sullivan, 1974）。為了挽救一般人的政治定位的確具備某種程度的組
織和凝聚力的這種想法，Sniderman 和 Tetlock（1986b）主張，一般人是根據
偏好度捷思法（likeability heuristic）來組織和結構其態度，也就是說透過其
好惡的模式，他們申辯：

> 情感歷程……在提供社會大眾所持有的信念的內在結構時，扮
> 演了關鍵決定性的角色。我們主張，政治一致性的基石係奠基於對
> 政策小團體的個人好惡之上。即使對於政治想法或政治過程所知甚
> 少的民眾，也可以擁有一致性的政治觀點，至少可以提供他們知道
> 自己喜歡誰，或更重要的，他們不喜歡誰的訊息。（1986b, p. 79）

「經驗法則」（一個關鍵的情感性原則）的使用，與社會認知研究裡認
知吝嗇者的主流觀點一致。這裡，我們得再次提醒，在了解社會世界時，一
般人並沒有動機對某些議題進行深入的思考。如同 Sniderman 和 Tetlock 所指
出的：「社會大眾以意識型態來理解的結果可能會是粗糙並簡化的；但這卻
是理解複雜世界最有效的方法。」（1986b, p. 89）之後，我們將會把這個將
人視為受限的思考者（limited thinker）的觀點，與在這章稍後所提到Michael
Billig 的觀點做比較，Billig 把人描繪成「意識型態的左右為難者」。

對於這種研究一個更為重要的批評，則是關注意識型態概念被定義的方
式。將意識型態等同於政治認同的作法，如北美的「自由派」或「保守派」、
英國的「工黨」或「保王黨」，及澳洲的「工黨」或「自由黨」，這種定義
方式把意識型態概念窄化成正式的政治信念系統。我們相信，這種概念化的
方式忽略了意識型態與日常生活的連結，即意識型態在表徵那些在正式政治
議題與辯論之外的日常社會真實方面所扮演的角色。僅將意識型態等同於政
治認同的作法，甚至會將其關鍵要素剝除掉（McLellan, 1986; Thompson,

1984）。從這種觀點來看，意識型態主要是被用來當作指涉任何正式信念系統的一種描述性和中性的概念，這也是過去的心理學家（如 Eysenck & Wilson, 1978），尤其是政治心理學家（Kinder & Sears, 1985; Sniderman & Tetlock, 1986b; Stone & Schaffner, 1988）對於意識型態的主要概念設定。把意識型態限定為具有內在一致性的政治信念系統，如同西方民主政黨的各種辭令中所展示的內容，這種界定方式原本並沒有什麼不對的地方，但如此一來，關注的焦點則只放在政黨政治議題與政治決策的正規流程上。

　　意識型態概念另一種常見的用法是，將之與政治的極端主義及強硬作風相提並論。比如說，政論家常將政客及決策者劃分成：誰是「意識型態的」，或誰是「實務派的」。二次大戰後納粹主義和史達林主義的衰敗，讓許多美國政治科學家宣稱這是「意識型態的結束」（如 Bell, 1960; Lipset, 1960）。確實，最近蘇維埃及東歐共產主義的消退，宣告資本主義已被證明是組織社會的一種理性、價值中立並客觀的方式，即意識型態中立的社會及經濟系統。這觀點一直受到 Fukuyama（1992）所提倡，他聲稱自由民主政體代表「歷史的終結」。冷戰的休止被描述為，歷史上最重要的意識型態戰爭之一已經終結。然而，要用這件近代史事來宣稱人們建構與理解日常生活所用的意識型態已經終結，這樣的說法是可議的。這種說法忽略或輕視了在自由民主社會裡，以及政治之外的日常生活所內含的意識型態趨勢。

✍ 意識型態如同意識

　　傳統上，意識型態一直被當作人類意識中的一種認知建構。從這個觀點來看，意識型態可以從人們所持的價值、信念、態度和意見中找到。如 Gaskell 和 Fraser（1990）所提議的，廣泛流傳的信念和價值所具備的一項功能就是，為社會的社會政治結構（socio-political structure）提供合法性的基礎。照他們的說法，我們可以說這類認知本質上可以被視為是意識型態的。舉例來說，追求成就與競爭的個人主義者式的價值，顯然是支撐資本主義的社會文化系統（socio-cultural system）的重要支柱。研究已發現，孩子越大，他們就越傾向將財富與收入的不平等視為不可避免且合法的事情（Lewis, 1990; Stacey,

1982），他們也越傾向信奉經濟分配的公平（equity）原則而非平等（equality）原則（Bond, Leung, & Wan, 1982; Sampson, 1975）。也就是說，隨著年歲增長，孩子學會接受社會內部的資源會（也應該要）依據個人的投入（勞力、能力與技巧）來分配。如 Sampson（1975）所論，公平的價值鼓勵和合法化個體間的競爭及個人的升遷，犧牲掉個體間合作、交流與平等的可能性。事實上，Sampson 也提到經濟範疇中的關係形式，容易被人類應用到其他領域上。

　　或許，基本歸因「謬誤」或「偏誤」是社會心理學不經意地發現到意識型態思考的一個經典案例。相較於主流心理學為了這種偏誤而發展出來的認知解釋，我們整本書都在貫徹這種立場：這種偏誤證實了西方文化偏好性格解釋遠甚於情境解釋。漸漸的，大家已經認識到，這種歸因現象並非是一個普遍性的認知偏誤，反而是特定文化所致，這反映了潛藏的個人意識型態表徵才是所有行動及歷程的核心（Bond, 1983; Hewstone & Augoustinos, 1995; Ichheiser, 1949; Miller, 1984; Nisbett, 2003）。

✍ 虛假意識及系統正當化

　　截至目前，我們已經描述了在主流社會科學界，意識型態被定義的主要方式。然而，過去十年來，社會心理學家也已逐漸採納了這樣一個取向：將意識型態概念化為一種工具，藉此維繫並且保存在任何社會中所具有的某種權力、控制，及支配的關係（見 Jost & Banaji, 1994; Nosek, 2004）。從這角度來說，意識型態是權力者的工具，透過支持既存的社會關係來保存和促進自身的利益。在西方自由民主國家中，權力和控制越來越藉由隱匿和微妙的方式，而很少藉由公然的武力方式來運作。具體來說，社會心理學家已開始注意到某些態度和信念（像是社會刻板印象及功績主義信仰）可以用他們所提供的功能，即「系統正當化」這樣的角度來加以理解。舉例來說，Jost（1995）認為，社會認知的大部分內容（包括在人類思考中發現的謬誤、偏誤及扭曲），事實上，就是針對虛假意識所進行的一種社會心理學研究。這樣的觀點大部分源自於馬克思主義對意識型態的說明而來，這正是我們接下來要談

的部分。

·馬克思和意識型態·

　　這裡特別要看的是馬克思主義式的意識型態說法，因為它們系統性地解釋了意識型態在當代自由民主國家中扮演的角色。馬克思的早期作品強調，意識型態所扮演的虛幻角色讓社會看起來是有凝聚力且和諧的，而他晚期作品則強調，意識型態在理解一個資本主義社會裡人們的日常互動所扮演的角色。根據馬克思的說法，意識型態藉由某些觀點、價值及語言，將既存的社會經濟上的不公平加以正當化，而發揮了隱瞞社會衝突的功能。資本主義社會中，自由與平等的意識型態被個體可以在市場中進行自由交換的突出經驗所強化了。馬克思認為，意識型態遮掩了資本主義社會中存在的支配與不平等的「真實關係」（Larrain, 1983; McLellan, 1986）。

　　對這類針對意識型態所生產的系統正當化效應所進行的分析而言，其核心正是馬克思主義的「虛假意識」（false consciousness）概念。當一般人視既有的社會與權力關係為自然且不可避免的，當刻板印象將社會既存的支配與剝削的「真實」關係神祕化且模糊化的時候，這時我們就有了馬克思所謂的虛假意識。虛假意識常常被再現為一種心智的認知或心理狀態。虛假意識的這種心理學解釋，將扭曲、虛假信念、偏誤等，都定位在個別主體的知覺與認知範疇內。個體因此被視為無法精確地知覺到現實，也無法認識到真我及團體的利益。

　　雖然虛假意識的概念向來是理解下列現象的一個核心：即那些自身與社會利益都顯然不受系統所服務的人，卻仍從事許多服務系統的實踐，然而將此標定為「虛假」意識，在認識論上卻是有問題的。馬克思主義的虛假意識觀念常搭配這樣一個假定：要得到不虛假或者真實版本的現實是有可能的。如我們先前討論過的，這個假定不管從社會建構論或者論述的觀點來看，都是非常有問題的。我們晚點將再回到這個棘手的議題上，而現在則先來處理另外一個說法，有人爭辯，在概念層次上，並不需要將那些服務於系統的信念和意見，賦予一種虛假狀態的意義（Eagleton, 1991; Hall, 1996）。將某些人及某些團體看作具有可以接近到未經中介的現實（unmediated reality）的特

權,並宣稱特定社會團體的成員持有虛假的信念,這種作法既無獲益,也幾乎不具有解決問題的展望。基於這樣的原因,意識型態便不再與虛假意識,或者是神祕化、扭曲、虛假的信念畫上等號了。相反的,意識型態指涉任何被用以合法化和維繫既定社會與權力關係的信念、表徵、論述,及實踐,而無關乎其真實的狀態。稍後,在討論意識型態研究中以團體為基礎的取向時,特別是討論到刻板印象的系統服務功能時,我們將會進一步詳論這些議題。

社會支配理論及系統正當化

社會支配理論(見第七章)是一個清楚申論了信念賦予社會系統以正當性的理論。社會支配理論的中心宣言是「所有社會系統都共同致力於建立一些穩定、以團體為基礎的社會等級制度」(Sidanius & Pratto, 1993, p. 177)。根據 Sidanius 和 Pratto,意識型態提供了各種不同的「合法化迷思」,這些迷思扮演了支持這些社會等級制度的功能。然而,除了「促進階層化的合法化迷思」(hierarchy-enhancing legitimizing myths)可以強化既存的權力和支配關係之外,相競爭的意識型態則可以提供「削弱階層化的合法化迷思」(hierarchy-attentuating legitimizing myths),來促進團體之間的平等主義而非支配性的關係。會使用促進階層化或者削弱階層化的意識型態,取決於個體在社會支配傾向(SDO)上所處的階層如何,以及團體之間的情境脈絡因素。因此,按照這個觀點,個人持有隱含在社會關係中意識型態的程度,就是個別差異(視其 SDO 而言)的問題了:支配性社會意識型態的效果,終究是透過每個個體的「個人意識型態」(personal ideology)過濾出來。SDO 理論最有問題的一個面向,恐怕就是主張系統正當化是一種生物性驅力,是長久進化的演變使然,這個假定已經受到 SIT、SCT 理論家的強力批判。我們接下來就要談到這些意識型態取向。

社會認同與意識型態

　　馬克思主張一個社會的經濟關係,其支配的生產模式與組成的社會關係,
是形成社會意識型態上層結構的基底。上層結構的元素不只是支配的物質關
係的一種表達,而且也是階級支配的自然產物。意識型態無法脫離其與團體
之間(特別是階級間)關係的鏈結。在《德意志意識型態》(*The German
Ideology*)裡,馬克思寫道:

> 　　在每個時代,統治階級的思想就是統治的思想,換句話說,在
> 社會中支配物質力量的階級,同時也支配了知識力量……主導的思
> 想充其量不過就是支配物質關係的一種思想表達而已。(Marx & En-
> gels, 1846/1947, p. 39)

　　這箴言或許是馬克思社會理論中最有名且最受批評的理念。由於被批評
為過於經濟決定論及化約論,馬克思主義理論後來強調,需要闡述經濟與非
經濟力量之間更為複雜的相互關聯,兩者一起形塑了社會的意識型態形式。
以傅柯的作品為例,他已經強調了現代權力本質上並不全然是經濟的,而且
也不單是由經濟支配階級與資本主義國家體制所體現與實施。對傅柯來說,
現代權力瀰漫在所有的社會層面裡,大部分透過早已內化成人們日常生活的
論述與行為儀式而操演出來。我們晚點會再回到傅柯對權力的某些觀點,但
現在,我們將討論的是,社會心理學如何將意識型態的基礎概念統整進來。
是什麼樣的基礎概念呢?即意識型態如何管理地位與權力(經濟及其他形式
的權力)皆不相同的社會團體之間的關係。

　　有幾個社會心理學理論在解釋群際行為(intergroup behaviour)的特徵
時,或多或少地運用了意識型態的概念。系統正當化理論(system-justification
theory)(Jost & Banaji, 1994)與社會認同/自我歸類理論是其中最廣為人知
的。意識型態在這些理論中被用來說明團體成員的行動與經驗的方式,可以

讓我們洞察到在每個理論當中，意識型態是如何被概念化的。

系統正當化理論：刻板印象作為意識型態表徵

本世紀較早時期，正當社會刻板印象的蔓延及充滿回復力的本質，讓一些社會心理學家哀嘆不已——這些社會心理學家一般將刻板印象視為用來正當化偏見態度及歧視行為的認知建構；另外一股風潮也正在興起，刻板印象及刻板印象化的歷程越來越取得一個較為良性的位置（Condor, 1988）。與認知心理學中主流的訊息處理取向一致的是，刻板印象現在被視為因應分類和簡化一個複雜社會世界之所需無可避免的產物。從這個角度來說，刻板印象一邊正在喪失其負面意涵，一邊則被視為服務於個體的認知需要。正如在前一章我們所討論的，刻板印象首先而且最重要的是，被看成服務於將社會中既有的社會與權力關係加以正當化、合法化的意識型態表徵（Jost & Banaji, 1994; Jost, Banaji, & Nosek, 2004; Jost & Hunyady, 2002）。的確，我們可以主張，大多數探討刻板印象和刻板印象化的研究，大致來說，都是關注意識型態及權力在日常人類思維中扮演什麼樣角色的社會心理學研究。

Jost 和 Banaji（1994）已經指出，社會心理學理論已經強調了刻板印象的「自我」及「團體」正當化功能，卻很少討論到刻板印象在系統正當化方面的角色。他們將系統正當化定義為：「一種即使要付出個人或團體利益的代價，仍要將既存的社會安排合理化的心理過程。」（1994, p. 2）兩位作者從刻板印象的文獻裡引用了許多實徵資料，發現自我及團體的正當化取向在解釋上有顯著的困難。最重要的是，經常發現這樣一種傾向：那些被邊緣化的團體成員會套用並內化負向刻板印象到自己及整個團體身上。負面的自我刻板印象化必然不會對自己有利，而且也十分應合社會認同理論的格言所說的：團體會盡力維持正向的內團體認同，或至少可以做到與外團體之間有某種程度的正向區分。有時候會出現低地位的團體偏袒居支配地位的外團體的現象，很難與社會認同理論的團體保護及促進原則相協調。基於這些原因，Jost 和 Banaji（1994）才會進一步主張刻板印象扮演了重要的意識型態功能：實際上，他們支持、合理化，且合法化了現況。以他們自己的話來說：

　　刻板印象具有意識型態的功能，特別是它們正當化了某些團體
對其他團體的剝削，而且它們在解釋某些團體的貧窮或無能為力，
以及其他團體的成功時所採用方式，讓這些差異顯得正當，甚至自
然……根據自我知覺、歸因、認知保守主義、社會角色分工、行為
印證（behavioural confirmation）[1]，及公正世界信念等理論及研究資
料，我們規定了刻板印象被用來解釋既有的社會系統，以及自我與
他人的位置和行動的一個歷程。（1994, p. 10）

　　相對於將意識型態看成基本上是個體動機需求（而且，我們會再加上認
知需求）所衍生的產品的這種觀點，Jost 和 Banaji 主張，刻板印象化的歷程，
與對於一個「意識型態的環境」（ideological envioronment）的訊息處理需求
有關。於是，刻板印象化的歷程就不只是個體或群際的認知歷程。刻板印象化
變成了一個與特定社會歷史脈絡下的權力和社會關係有關的集體的、意識型態
的歷程。Jost 和 Banaji 利用刻板印象的「自動」激發研究，來主張意識型態環
境的普遍及暗中潛伏特性，有這麼多的刻板印象可以自發且無意識地浮現，
即便是那些有意識地擁抱平等主義價值與信念的人也難倖免（Devine,
1989a）。

　　然而，Jost 和 Banaji 兩人不只是爭辯刻板印象具有意識型態、合法化的
功能而已，他們還主張刻板印象反映了「虛假意識」。如稍早前的討論，把
特定信念標籤成「虛假意識」，必然會招致關於何為「真理」或「真實」的
爭議。然而，驗證刻板印象內容之真偽，遠遠不只是一個單純的實徵議題而
已。實際上，為了解釋為何刻板印象這麼普遍而且抗拒改變，已經有一些社
會心理學家提出了關於刻板印象隱含的「真理核心」命題（如 Judd & Park,
1993; Levine & Campbell, 1972; McCauley & Stitt, 1978）。由於 Jost 和 Banaji 採
取了一個實在論認識論的立場，他們被迫要考慮刻板印象和社會真實之間的
關係。基於 Jost 和 Banaji 的馬克思主義批判取向，以及他們承諾要找出刻板

---

1 譯註：行為印證是一種自我實現的預言，讓人們的社會預期（大部分基於對社會的
　信念，而非個人的期望）來引導他們的行為方式，從而造成他人證實這個期望。

印象的客觀科學真理的立場，所以不令人意外的，他們提出了刻板印象係建立在虛假知覺之上的觀點。這也就成了一種隱含的邀約，邀約其他人以實徵的方式來驗證，或挑戰他們將刻板印象視為虛假表徵的觀點。然而，這些試圖實徵地評估刻板印象真假的社會心理學家，也面臨了相當大的概念難題（見專欄 8.1）。到底要如何用「客觀」、無私的方式來確認非裔美國人本質上是否比白種美國人更具攻擊性，或女人是否「真的」比男人會養育小孩這樣的問題？這類實徵思維看起來似乎是沒有出路的，只會導向「科學的」宣稱及其對立的宣稱而已。想在這個分析的層次上──即刻板印象的內容是否反映了特定團體之成員的真正特性──處理真理核心的議題是沒有意義的，因為並沒有任何一個無私、客觀的方式能夠被用來測量刻板印象內容的正確性（見 Oakes & Reynolds, 1997）。最小心翼翼的實在論主張已經被 Oakes 及其同僚（如 Oakes et al., 1994; Oakes & Reynolds, 1997, 2001）一同發展出來了，他們認為刻板印象某種程度而言是真實的，因為它們反映了特定時間下一個社會的社會團體之間關係的本質，同時也強調了社會知覺的相對以及自利特性，必然會產生不同的世界觀和看法。一個人的所有知覺都會受到他（她）的需要、目標、利益，及動機的影響與形塑，自利的知覺或「知覺者的準備度」（perceiver-readiness）確保了知覺是心理真實的、實際的，可以幫助人們定位自己在社會關係中的位置。於是根據這個視角，刻板印象所反映的就不是團體的個別成員的內在特徵了，而是「作為整體的社會類別所浮現出來的（emergent）特性」了（Oakes et al., 1994, p. 193）。

　　總括來說，系統正當化理論採取一種（新）馬克思主義的觀點，將意識型態視為一種具有以下功能的信念、價值和社會實踐活動，即具有合理化、合法化，及自然化高地位團體較之於低地位團體所享有的特權位置之功能。所謂的「意識型態式的」信念，也就是那些服務於再生產團體之間既有的經濟與社會關係的信念。從這個觀點來說，關鍵的是，系統正當化的行動是被生產出來的，因為支配團體的意識型態（支持「系統」的意識型態）被低地位團體的成員所接受。這就帶我們走入了社會認同理論對於團體利益與意識型態的關懷。

| 專欄8.1 | 測量刻板印象的精準度 |

　　McCauley 和 Stitt（1978）企圖評估真理核心論點，使用的方法是測量刻板印象的診斷比率（diagnostic ratio, DR）法。McCauley 和 Stitt 蒐集七個不同特性的 DR 估計值，他們讓受試者估計非裔美國人在這七個特性上的表現如何，然後把這些 DR 值與來自官方政府文件的真實 DR 值進行比較。下面的表格中陳列出這兩組 DR 值。真實與估計的 DR 值兩者的相關係數達到 .62。McCauley 和 Stitt 指出，他們的受試者表達的刻板印象似乎不只是包含真相在其中而已：受試者似乎具備很好的能力可以預測真實的 DR 值。再者，DR 估計值並沒有誇大這些標準，不是具有合理的精確度，就是有點低估。以這些結果作為基礎，McCauley 和 Stitt 宣稱刻板印象可以是（並且在這個案例是）真實的。

真實與估計的診斷比率（非裔美國人的百分比／所有美國人的百分比）

特性	真實的 DR 值	DR 估計平均值
完成高中學業	0.65	0.69
非婚生的	3.1	1.96
上個月失業	1.9	1.98
犯罪受害者	1.5	1.77
領福利救濟	4.6	1.82
有四個或超過四個以上的孩子	1.9	1.43
女性當家	2.8	1.77

資料來源：摘自 McCauley & Stitt, 1978, p. 937，表 2。

　　McCauley 和 Stitt（1978）的研究看來似乎提供了強而有力的證據，來說明刻板印象有助於知覺者在真實世界中存在的客觀條件之下進行定位；也就是說，刻板印象的基礎是社會團體的客觀本質，於是，在某種程度上可以說，刻板印象是有正當理由的。雖然有好幾個理由可以反對這種解讀資料的方式。

　　McCauley 和 Stitt 的立場為，他們所測量的特性純粹是描述性的，可是刻板印象功能的一項特徵卻是解釋性的。相信非裔美國人並未與其他美國人有相同的完成高中學業的比率，或是相信非裔美國人比較容易是非婚生

專欄 8.1	（續）

的，就跟相信非裔美國人的皮膚顏色比其他美國人更深一樣，就心理感受
而言都是平淡無奇的。這些陳述不過是對於目標團體的標示而已。然而，
刻板印象有害的地方在於，它們將固著的、本質性的特質歸因於目標團體
及其成員；也就是說，它們發揮了解釋性及描述性的功能。刻板印象所涵
蓋的不只是外顯性、描述性的特性，如非裔美國人完成高中學業的比率跟
別人不一樣，同時還包括了本質式的歸因，如用懶惰、愚笨來解釋為什麼
他們無法與別人有同樣的完成高中學業的比率。在一項大型的美國人研究
裡，Apostle、Glock、Piazza 和 Suelze（1983）向我們顯示：正是白人如何
（how）解釋知覺到的黑白差異，而不是對差異本身（per se）的辨認，決
定了那些白人如何評價黑人，以及如何評價那些設計來幫助黑人的政府方
案。

社會認同理論與意識型態

在 Van Dijk（1998）的意識型態的社會—認知—論述（social-cognitive-discursive）理論中，他清楚地反對把意識型態構想為單一，而且（單獨地）
反映了支配地位社會團體之利益的概念化方式。相反的，他主張一個社會中
團體與團體之間的關係，通常受到相競爭的意識型態：即支配的意識型態與
抵抗的意識型態所影響。

　　……（意）識型態能夠積極地為被支配團體賦權（empower）、
創造團結、組織鬥爭，以及維持對立……意識型態能夠保護利益與
資源，不管這些是不公平的特權，或是生存的最低條件。然而，更
中性、更普遍的狀況是，意識型態不過是協助團體及其成員如何組
織、管理其目標、社會實踐，以及他們的整個日常生活。（1998, p.
138）

　　這個觀點不認為意識型態是社會的屬性，或具有將社會中的群際關係加以安排和具體化的功能，反而將意識型態視為團體的一種屬性，能夠（有潛力地）組織團體之間的競賽關係、衝突與權力鬥爭。

　　社會認同理論與自我歸類理論也認為，意識型態基本上是根植於群際關係的（Hogg & Abrams, 1988），然而，團體界線與意識型態位置之間的關係並不單純或明顯，欲成就意識型態的霸權（參見後文）才是一個主要的競技場，團體之間的競賽在此演出。SIT 強調針對團體之間的地位差異所感知到的合法性與穩定性，在經驗其團體認同上扮演了相當重要的角色（見第七章）。意識型態的支配是讓團體之間的地位關係得到合法化且持續保有的一種方法，但意識型態的至尊地位則是從未完成的成就。

　　對 SIT 理論來說，意識型態的議題最尖銳凸顯的一面是外團體偏誤現象。雖然 SIT 是以彰顯了人們通常總偏私於自己的內團體而聞名的，但這理論也說明在一些情況下，人們（通常是低地位團體的成員）會表現出不利於自己團體而偏私於外團體（通常是高地位的團體）的現象。SIT 主張這種明顯的、矛盾的外團體偏差最有可能發生在外團體的較高地位被認為具合法性時（Turner & Reynolds, 2003）。此外，已經有幾個社會認同理論家說過，高地位團體的成員也會受到動力驅使，視他們的優勢地位為合法的，目的是要避免罪惡感（如 Branscombe, Ellemers, Spears, & Doosje, 1999; Leach, Snider, & Iyer, 2002）。因此，合法性可以說是群際關係的核心向度，而且就如我們看到的，建立團體間地位關係的合法性就是意識型態的核心事業。Spears、Jetten 和 Doosje 曾說：

　　　　合法性可以說是形成了在理論中「社會」與「心理」兩翼間的關鍵連結，是下列二者的橋樑：一端是社會結構與「社會現實」，另一端則是一種尋求或維持一個積極的社會認同的動機性推動力……人們得認同某些類別，但他們也要感受到社會結構或社會現實，批准了那些潛藏歧視、內團體偏差，以及其他維護團體認同之努力的社會宣稱。（2002, p. 338）

雖然有些情況很清楚地有外團體偏袒的現象發生，但Spears等人（2002）警告，我們不應該老是把那些明顯展現了外團體偏袒的現象，按照其表面的意義來加以解讀。他們認為，有時外團體偏袒的展現，可能比較是出自於策略性的考量，而非內化的自卑所致。此外，關於自己或其他團體，可以說的事和可以採取的行動，受限於他們所處脈絡裡的「社會現實」。Spears 等人主張，低地位團體在表達正向歸因上，比高地位團體有更多的「社會現實的限制」，限制了低地位團體成員能夠可靠地做出內團體偏袒的行為。舉例來說，若教育及雇用現況都明顯地偏好外團體的話，就很難主張：自己的團體比外團體還聰明。然而，內團體偏袒比較可能發生在團體內部的脈絡中，這可能就形成了 Van Dijk（1998）所強調的「抵抗的意識型態」之重要基礎。

社會認同理論因此表明了一種冀望：支配的和低地位的團體，都可以發展出意識型態來相互競爭以取得支配權，因此可能促進社會改變的產生。然而，我們必須強烈提醒，團體發展及其表達意識型態的能力仍受到既定的「社會現實」所限制。

社會表徵與意識型態

鑑於 Moscovici 社會表徵理論之寬度與廣度，這個理論取向可以說對意識型態的研究有非常大的幫助，但令人意外的是，鮮少有社會表徵研究者會關注到意識型態的表徵內容與功能。尤其是這個理論緣起於歐洲：歐洲社會心理學家至少沒有像北美的難兄難弟一樣，一直不願意進入這個明顯的政治領域。

✐ 意識型態霸權

截至目前，我們所採用的意識型態定義，聚焦在那些用來維持及合法化現狀（status quo）的個體和以團體為基礎的認知系統（像是價值、信念與表徵）。不過，為系統服務的信念和表徵可以有這種效果，是因為它們廣為流

傳並且受到社會裡的不同團體所接納。這一點引導我們去關注 Antonio Gramsci 有關意識型態霸權的著作，以及後來應用到當代關於西方自由民主社會的凝聚力之討論上。Gramsci 的霸權概念已被用來理解廣為接受的合法性，以及西方社會所受到的大多數民眾的支持。霸權（hegemony）指的是：

> 即某種生活與思考的方式，具支配性的，在這種狀態下，整個
> 社會中對於現實以某種概念的方式傳遞，在各種機構和私人的形式
> 中表露，而其精神暗含在所有興趣、道德、風俗、宗教及政治原則，
> 以及所有社會關係中，特別是在其智性、道德的內涵中。（Williams,
> 1960, p. 587）

雖然 Gramsci 霸權的觀念和意識型態有關，但 Gramsci 自己不使用「意識型態」這個字來指稱霸權的觀念。與當時馬克思主義對意識型態的定義一致，其意識型態概念所指涉的是：扭曲的知覺、神祕化或虛假意識。然而，假如我們定義意識型態為那些具有合法化社會中，既存之社會、政治、經濟之支配關係作用的信念、表徵、論述等等，跟它們的「真實」狀態無關（我們偏愛這種定義意識型態的方式），那麼，Gramsci 對霸權的觀點就可以被當作是對社會裡存在一個具支配性且普遍的意識型態的觀點。的確，許多文化分析都使用 Gramsci 派的霸權觀點，來理解使得當代西方社會別具特色的、持續不斷的系統支持，接下來我們也要做同樣的事。

在任何社會、任何時代，都存在著許多關於世界的不同構想方式，這些構想方式在結構上或者是文化上，都未臻統一。而霸權化的過程可被描述成，其中有某個「世界觀」或道德哲學的觀點散播在整個社會裡，然後形成了可以被描述為常識的知識或「客觀真理」的基礎。影響某個世界觀如何變得廣為共享並有支配力的因素有很多，其中一個重要的因素就是要具有一種哲學觀，可以讓社會的組織結構——即社會、政治與經濟的支配關係——變得可以理解並有意義。

然而，Gramsci 嚴厲批判僅僅用經濟角度來說明社會中道德、政治及文化觀點的發展，他強調需要分析所有的社會層次，特別是市民社會，它是宗教、

道德與社會的知覺模式浮現並擴散的地方。然而必須要釐清的是，Gramsci 並不認為霸權是支配階級用武力強加在別人身上的。對 Gramsci 而言，霸權不是透過高壓政治達成的，相反的，卻是人們自由同意的。代表某種哲學和道德的觀點早已贏得「人們的心與智」（Bocock, 1986）。Gramsci 還強調霸權世界觀的常識本質，讓它具有幾乎可以說是「民間傳說」的味道。這樣的一種觀點之所以變得很有力量並且廣為流傳，Gramsci 認為是因為它可以賦予人們的生活經驗以某種意義，而且與日常生活的實踐親密連結。對 Gramsci 來說，常識是人類思維的原始素材，充滿了哲學味——可以說每個人都是哲學家：

> 有種普遍的偏見必須摧毀，就是認為哲學是一種陌生且困難的東西，只因為把哲學視為某一類專家，或是專業、系統化的哲學家所從事的特殊心智活動。首先必須表明的是，所有男人（和女人）都是哲學家，這麼說必須定義出適合每個人的「自發哲學」（spontaneous philosophy）之限制與特徵。這樣的哲學存在於：(1)語言本身，包含確定的觀點與概念所構成的一個整體，而不是缺乏內容的按文法組成的字詞而已；(2)「常識」和「良好覺知」中；(3)受歡迎的宗教裡，因此也在整個信念、迷信、意見系統裡，及各種看事情和舉止的方式裡，這些可以聚集收在「民間傳說」的名號之下。
> （1971, p. 323）

在 Gramsci 談到霸權的作品中有幾個特點，很有趣的與 Moscovici 的社會表徵理論相對應。Gramsci 和 Moscovici 都強調常識在日常思維中，以及在了解社會現實時，扮演了舉足輕重的地位。不像社會認知理論會強調世俗思維中的扭曲、偏差、錯誤，他們並不把常識視為缺乏知識和觀念的東西。相反的，認為它受到道德、哲學、文化、政治軌跡所滲透。常識在這兩種理論中都被視為是隨著社會與歷史而改變的東西，在政治和歷史的轉折中跟著變動。此外，Gramsci 和 Moscovici 都提到觀念和知識會從知識圈傳播到社會的其他角落。Gramsci 的興趣是在知識份子所清楚表達的哲學概念，如何涓滴般流入

一般人的意識之中；而 Moscovici 則描述了發源自具體的科學領域之科學概念，如何擴散到整個社會，成為常識知識庫中的原料，讓人們得以理解自己的社會世界。就這個部分來說，兩個人可說非常類似。Gramsci 提到智識概念和科學知識會變成生活常識的一部分，而且是「有機的」（organic）。根據 Gramsci 的說法，觀點和信念之所以是有機的，是因為它們充斥在日常生活的實踐意識之中。Billig 和 Sabucedo（1994）認為，從許多角度來看，Gramsci 比 Durkheim 更適合當社會表徵理論的開山祖師。把社會表徵理論跟一般的霸權研究及更加專門的意識型態研究連結起來，讓社會表徵理論增添了政治色彩。

意識型態霸權的討論也關聯到，是否存在一個具有凝聚力且統整的「支配意識型態」的辯論（Abercrombie, Hill, & Turner, 1990）。霸權的粗糙版本已被拿來解釋幾乎所有的事情，從馬克思主義預測資本主義衰亡的失敗，到被大眾對於資本主義生產關係的接受。勞動階級看起來並沒有認清他們真正的經濟與政治利益；還有更糟的，他們已內化了壓迫者的布爾喬亞[2]價值（Agger, 1991）。晚近，文化與社會理論學者強調，當代西方生活特徵之一是炫耀性消費，商品被購買是出自於其符號的價值（Baudrillard, 1983），有人認為這種對於消費的執迷有害於批判性政治意識的發展（Lash & Urry, 1987）。

有些分析意識型態霸權的方式太簡化和決定論，卻鮮少受人懷疑。人類的能動性與自發性消失了，而意識被強大的結構力量所決定和主導（Thompson, 1984）。然而，Moscovici（1988）的霸權式表徵的概念，拒絕了每個人總是受到支配性意識型態所統治的這種論點，他認為這種版本太粗陋了，而沒辦法認識到人具有主動解釋以及反身思考的能力。Billig（1991; Billig et al., 1988）也提出類似的看法，反對把人看成被動且容易受騙的士兵，容易受到意識型態管理者及服務支配階級利益的體制所愚弄。

事實上，Abercrombie 等人（1990）認為，很少實徵的證據支持這個現象確實存在：即被支配的團體未加批判地接受了支配的概念、價值和表徵。然

---

2 譯註：布爾喬亞（bourgeois）意指資產階級，在歐洲中古時期指的是在村莊中比起一般農民，較具有權力和影響力的人，到後來多指銀行家或從事貿易的人。

而，因為支配團體的意識型態凝聚力，以及從屬團體內部的不一致和分裂問題，維繫了自由民主社會的穩定性。換句話說，自由民主社會的凝聚力並非出自於受支配團體內化了合法的社會價值和信念，而是這些團體的日常經濟需求，使得他們必須參與資本主義經濟所賴以成立的薪資勞動系統所致。正是行為上順應了資本主義的「現實」——順應了馬克思所指稱的「經濟上隱晦的強迫性」，才支持和維繫住這個系統（Abercrombie et al., 1990）。

「支配性意識型態」的單向式論點也常被批評為：過於簡化了在任何社會中，眾多團體（他們本身是流動且具脈絡性的）之間地位關係的複雜性以及多元化（如 Hall, 1989, 1996）。Hall 雖然反對將社會歷程完全化約為經濟因素，但他仍然保留了馬克思主義強調經濟關係在生產社會關係方面扮演了關鍵角色的論點，因而主張經濟實務和條件的改變（諸如對傳統藍領工作者需求的降低、「資訊經濟」的出現、勞動力臨時化的增加），已經創造出新的社會和次文化的信仰。結果，對於不同的階級團體和種族團體之間應該維繫什麼樣關係的傳統觀念不再被堅守著。

Hall認為，傳統意識型態的觀點無法處理由變化的社經條件所生產的「新時代」，這個論點與近二十年間後現代主義者所提倡的重要觀點如出一轍：現代社會逐漸加大的分裂化和多樣性特點（Lyotard, 1984）。後現代主義的多元主義認為，一個統一且一致的支配性意識型態並不符合當代文化的特點。同樣的，Moscovici（1988）也曾主張霸權式表徵是很難在當代資本主義社會中出現，比較是傳統小型社會的特徵。

雖然後現代主義對於西方社會的分析，強調現代生活中逐漸增加的多樣性和多元性，這些論點是令人關注且振奮的，例如 Hall 的論點，但我們將會討論到這類評論中，有許多都低估了某些表徵和論述所具有的統一以及合法化的效力。當意識型態不像某些人曾經假定地那麼足以促成自由民主社會的團結景象時，就代表它不具有任何影響力了嗎？

個人主義和自由主義是種社會表徵

雖然很少有證據可以證明，在現代民主國家中具有支配性意識型態的存

在，但是有相當多的證據顯示，將世界意義化的特定方式具有週而復始的普遍性。自由派個人主義將人視為認知、行動以及歷程的核心，就是一種將世界意義化的方式。事實上，如我們在第五章和第六章中討論到的，這種人的概念已經被描述為一種普遍共享的表徵，滲透到西方自由民主社會的所有生活之中（Lukes, 1973）。跟這種人的概念有關的是個人主義式的成就價值，寧可用個人和個人主義來解釋成就及社會流動，而不願用情境和脈絡解釋。這種強調個人成就，把成就的原因歸為個人所致的文化，已經被某些理論者稱之為「占有式的個人主義」（Macpherson, 1962）。事實上，個人主義已經被描述為最普及且足以代表自由民主社會的性格，因為能夠將資本主義社會的社會情況賦予意義，個人的功績與成功在這樣的社會中被大大的獎賞，而且構成經濟關係之基石的競爭，也被認為是最有效和最有用的工具，可以在社會生活的大部分層面對人們達到激勵的效果。

作為一個支配性的價值取向，個人主義是自由主義的一個固有特質，而且大多數的西方資本主義民主國家的政治信條都是以此建構起來的。Stuart Hall（1986b）整理了英國自十七世紀以來自由主義的歷史動態發展，發現自由主義非常會因應英國變動中的歷史和社會環境，所以有許多自由主義的變形發展出來，包括較保守的，到較進步和改良主義的版本。在整個二十世紀不斷經驗到的經濟危機，已經嚴重挑戰到古典自由主義者對自由放任（laissez-faire）的資本主義的強調。藉由將資本主義「人性化」的企圖，自由主義擁抱了社會改變的必要性，結果造成國家對於市場經濟的干預日增，而且發展出當代資本主義福利國家。Hall 主張，自由主義所做的就是在鞏固它的霸權，透過它調和許多政治立場的能力。當社會民主政黨已經信奉了改良主義式，且較進步的自由主義版本——即強調財富重新分配的需要以保護系統免於崩毀，保守的自由主義卻仍然強調自由競爭與市場經濟的重要性，並且結合了傳統和權威的辭令。自由主義非凡的彈性使它可以被不同的政治立場所採用，而且服務於不同社會團體的利益。

儘管在社會民主與保守自由主義之間存在著差異與矛盾，但是這兩邊還是共享了許多核心概念，基本上，這些可以被視為某個特定意識型態論述的一部分。自由主義者對世界的概念化，是建立在「全然獨立自主的個體」

（sovereign individual）這個前提上，所以自由主義才能將個體從社會抽離出來。每個人都擁有某些不可剝奪的權利，而且這些權利被視為與人類天性一致。人有極大化自己利益的自由，也有參與他們自己所選擇的社會、政治以及宗教活動的自由，這些都被視為是最重要的。為了物質資源而競爭以及奮戰，這些都被視為人類天生驅力的表現。在一個開放的菁英社會中，個人自由地競爭而且盡可能地追逐個人私利，這些行為都被視為「自然的」。允許所有人競爭、自由買賣、累積財富，以及改善自己的社會地位，這樣的市場經濟被認為是「自然的」經濟。社會和經濟以市場原則來組織，這被視為與人類的基本天性一致。事實上，如 Fredric Jameson（1991）所主張的，「市場就是人性」這個命題讓市場經濟具體化為一種本質主義式的類別。

自由主義之所以能夠一直維繫住它的霸權，不只是因為它可以為自由民主國家中的許多主要政黨提供其哲學論據基礎，同時還因為它形成了一般人每天自發性思考的基本內容。Hall 認為，自由主義哲學已經廣泛擴散到整個英國社會裡，「充斥在實踐意識裡」，而且變成英國常識中的重要成分：

> 以致於對那些常常在這限制下不斷思考的人來說，它完全不是一種意識型態，只不過是一種讓事物變得可以理解的明顯方式——「每個人都知道的」。然而這種「明顯性」本身就是一種符號，代表它隸屬於某種特定的意識型態形構——它們之所以明顯，正因為它們的歷史、哲學根基及條件已經悄悄被遺忘或壓抑了。（1986b, p. 35）

當許多社會理論強調個人基本上是社會性的存有，而且以某種方式由社會構成時，自由主義卻將個體從社會抽離開來。「因此，自由主義扮演了一個重要的角色，不管是就建構我們的普遍常識，或就建構對我們自己今日作為一個分離的、可以被孤立的、自足存有的『自發性覺察』而言，都是如此。」（Hall, 1986b, p. 41）這種想法可以由 Margaret Thatcher 在 1980 年代一句非常聲名狼藉的話作為最佳的註腳：「沒有社會這種東西」，只有個人而已。

因此到目前為止，在這一小節，我們已經論證自由主義與個人主義作為一種現實的特定建構方式，已經擴散到整個社會裡頭，成為常識知識與真實的寶庫，讓人們可以用來理解世界。我們並不是在說作為一種意識型態的自由主義，被當成如同一種內在一致的信念系統而加以擁抱，而是其重要、核心的成分會以一種片段的方式獲得表達。事實上，我們認為如 Jost 和 Banaji 所指認的，扮演系統合理化、合法化功能的許多社會心理學建構，諸如刻板印象及正義世界信念等，其底下都有這種道德哲學觀作為支撐。此類認知建構及其系統合理化效果，都源自於特定歷史時空下的意識型態潮流——這些思潮讓既有的社會關係模式得以被理解，並且得到辯護。意識型態不是由支配團體散布出來的一種充滿謊言和錯覺的系統，而是正如 Mepham（1972, p. 17）所說的，是「堅固地扎根在我們的社會生活形式之中的」，因此具有其物質現實的基礎。

Billig（1982, 1991）已經說過，把現代自由民主政體視為個人主義式，是過度簡化的一種看法，他指出個人主義與集體主義的價值同時存在於當代資本主義之中。在 Hall 對於自由主義各種變體的歷史說明中，也很清楚地呈現出這一點。相同的，在前一章裡，我們所介紹的 Katz 和 Hass（1988）在美國所做的研究，發現在美國的公眾身上同時存在著兩種大致獨立的價值系統：人本主義式的平等主義，以及清教徒式的工作倫理。前者強調的是個人與個人之間，團體與團體之間政治公平性和社會正義的重要；後者則強調努力工作、個人成就、自力更生，以及紀律的重要性。在實踐層面，這兩種核心價值常常會導致對於像非裔美國人和窮人這樣的邊緣團體，有種矛盾的情緒。例如，關心這些團體的福利和社會正義的心情，會受到認為這些團體中的個人違反了珍視的價值（如努力工作和自力更生等）而減緩下來。之所以有這樣的結果，是拜這樣的一個基本假定所賜：一個人在社會中的低社會地位係因為其自身的缺點和不足所致。

儘管有後現代主義的分裂辭令，我們認為，自由個人主義仍然繼續施展了意識型態的框架，對人們在當代社會中的思考、生活及行為構成某種限制。事實上，正如 Johnson（1992a）所言，後現代主義者也許誇大了在當代西方社會中作為一種大敘事（grand narrative）的自由主義衰退的程度。舉例來說，

Lyotard強調論述的多樣性的增加，以及意識分裂程度的擴大，但卻沒有注意到新右派自由主義，或新自由主義的重新復甦。新自由主義勢力的崛起，不只是獲得澳洲自 1996 年開始掌權的保守派自由聯合政府的背書而已，英國由布萊爾執政的「新工黨」政府也做了貢獻。Johnson（1992b）認為，在西方民主政體中曾出現過的經濟爭論和政策，在相當程度上，都可以看成是由 Hall 所描述的自由主義而形塑的。

像自由主義這種大後設敘事不僅對政治經濟有影響力，而且在其他範疇上也具有影響力。父權體制、實證主義科學，以及藉由科技進步而導致的對自然的支配，都是屬於具有當代關聯性的意識型態論述。當然，不用懷疑，對於這些論述的挑戰和破壞確實是存在的。女性主義者對當代社會的批評，就清楚地對所有的社會層面（從結構層面到個人層面）都產生一種大家都看得到的衝擊。然而，不管怎麼改變，女性在高階就業市場中被雇用的比例仍然偏低，而且就算做全職工作，回到家還是得做牛做馬、相夫教子；雖然父權體制一再受到明顯挑戰，但它大部分依然毫髮無損。此外，當自由派的女性主義在當代某些政治辯論中成功地取得發言權時，大部分比較基進（radical）的女性主義觀點仍然被忽略以及／或者被邊緣化。

論述心理學與意識型態

當代關心意識型態研究的社會理論學家，越來越把語言與論述當成意識型態的所在。意識型態的傳統領域——意識，已經被日常論述研究所取代，其範圍從世俗或日常的談話，到更為正式的體制論述。如我們在這整本書中所顯示的，日常論述研究被日益增多的社會心理學家熱切採納，Potter 和 Wetherell（1987）的書《論述與社會心理學》（*Discourse and Social Psychology*），就反映出廣泛的典範轉移，從「意識」或認知的研究，轉變成論述的研究。Thompson 描述了這種對於語言的迷戀凸顯的現象：

　　……我們逐漸了解到，「概念」在社會世界中的漂流，不像夏

日天空中的雲朵，只能靠閃光和雷電倏忽地暴露出它們的內容。相
反的，概念會在世界裡，透過語調、透過表情、透過口說或者是書
寫的言辭，生生不息地流通著。因此，要研究意識型態，至少某些
部分、而且就某方面而言，就是要研究社會世界中的語言。（1984,
p. 2）

如果以社會表徵理論的話來說，日常生活的溝通（就是 Moscovici 所說
的「不斷地叨叨絮語」）被視為製造和傳達生活意義的基本方式。語言是種
媒介，溝通了權力關係，也建立以及維繫了支配關係。從這個觀點看來，意
識型態不再是典型的認知客體，反而是各式樣建基於社會脈絡中的論述實踐
活動，具有物質效應和後果的論述實踐（Eagleton, 1991）。

論述與意識型態

在論述心理學中，意識型態被看成與論述被使用的方式有關：即在特定
的情境中，論述（文本與談話）如何被使用來生產特定意義以及特定版本之
現實。意識型態的論述研究檢驗了特定版本的現實被建構、合理化、合法化，
以及取得真理地位的過程；另外，還檢查了某些版本如何取得支配的地位，
而其他的版本又如何被暗中破壞、剝奪權力。其主要的興趣在於人們用來爭
論、辯論、說服以及合理化他們對於世界之解釋的論述實踐。分析探究的重
點在於特定的現實表徵如何被放置在一塊兒，並且仔細探究任何一個想要建
構出這類表徵的案例如何依賴於論述資源（包括語言和修辭的）。此外，批
判論述心理學將文本及談話分析與整個社會的權力模式和團體利益相連結，
而且還要問這種特定的現實版本究竟保障了誰的利益，以及導致了什麼樣的
政治和社會結果。雖然在後結構主義和批判取向中，這樣的一種意識型態研
究取徑都已經萌芽，但仍然只吸引到少數的社會心理學家投入。

綜觀全書，我們已經呈現了論述研究的幾個例子，主要都是聚焦在與「種
族」、性別和文化有關的社會議題上，並且呈顯出某個語言社群的人如何使
用論述，以及如何巧織論述，以建構出針對這類議題的特定表徵。我們主要

的重點一直都是著重在闡明論述的**構成**（constitutive）本性（見專欄 8.2）。舉例來說，在我們討論以論述取向探討社會分類化現象時，我們主張傳統探究社會分類的理論取向（包括社會認知理論和社會認同理論／自我歸類理論）都很少將社會類別加以問題化，對待這些社會類別的方式宛如它們如實地反映出社會現實本身。反之，我們把論述工作看成是呈顯類別本身如何具備了界定與建構出特定的現實表徵的能力。在特殊脈絡中人們所部署和策動的類別是非常重要的，因為它們傳達了人們視為「理所當然」的意義。這些意義傾向於區別社會中的不同社會群體，所以以利益衝突的不同團體爭奪對於類別的使用。分類化的過程不僅是一種知覺和認知的過程，而且不折不扣是一種政治性的和意識型態性的活動。所以，類別變成社會中不同利益團體內部以及彼此之間鬥爭的戰場（Thompson, 1984）。

專欄 8.2　實在論 vs. 相對論

　　在這一章以及其他章節，我們已經說過反對把意識型態跟虛假觀念、扭曲知識，或被視為虛假信念的刻板印象畫上等號（Augoustinos, 1999; Augoustinos & Walker, 1998）。這議題無可避免地一定會跟實在論與相對論這個長久以來一直存在的爭論纏繞在一起，雖然在社會心理學內這樣的劇碼已經落幕了，但在批判論述心理學領域中的確還在上演著。許多批判心理學家雖然支持知識與想法主要是社會建構的，但是他們仍然覺得不能放棄實在論的想法。以建構主義取向來談論真實的困難之一，就是其內在固有的相對論色彩，假使沒有真實和正確的現實版本，那麼我們如何可以評估和評價我們遭逢到的對於現實的多種建構呢？某些現實的版本確實比起其他版本來說更受到喜愛，不僅是在道德以及政治層面上，而且，在某些例子中甚至在認識論層面上也是如此（見 Eagleton, 1991）。確實，要確認一句話（例如「女人就是比男人還差」）的對與錯，對於破除那些壓迫與歧視性的觀點和實踐來說是重要的。

　　然而，像 Wetherell 和 Potter 這樣的認識論上的相對論者，就不認為相對論取向有什麼危險，他們主張：

專欄 8.2　　（續）

　　拒絕在認識論基礎上給予某些論點特權的位置——常常被叫作相對論，不應該被視為道德或政治上不採任何立場，或者是認為說了等於沒說。其實，仍然有必要去辨認某些現實的版本是比其他版本好⋯⋯我們不會因此覺得在把論述視為是被建構而成的觀點，及把意識型態看成是論述的觀點之間，有何矛盾存在。願意研究意識型態其實也就是願意批判某些立場、批判權力被運作的某些方式，及批判論爭的某些操演方式。（1992, p. 69）

　　有一篇由 Edwards、Ashmore 和 Potter（1995）所寫的挑釁文章，叫作〈死亡與家具：修辭學、政治學和神學抵制相對主義的最後底線〉，甫一出現就引起相當大的風暴。閱讀這篇文章然後琢磨其對「真實」所做的宣稱的意涵。

　　思考並討論下列的議題。

- 人們可以用什麼樣的謀略、修辭以及策略，以支持其對於現實本質的主張？
- 關於現實，人們被允許做出什麼樣的主張？
- 這類主張會導致什麼樣的後果？
- 有可能可以針對某個特定立場提出爭辯，而無視於其背後關於真理或者現實的主張嗎？
- 相對主義式的認識論在理解知識和社會現實方面可以做到什麼？
- 就知識和理解的生產而言，相對主義式的認識論能夠提供什麼樣的創新方法？
- 相對主義的立場有什麼樣的缺點？
- 實在論者，甚至是批判實在論者，就只是道德和哲學上的偷懶對待嗎？

　　也許論述心理學最令人感興趣的洞見是：讓我們看到意識型態的日常使用是彈性的，甚至是矛盾的，會把自由主義與社會改革主義兩者結合在論述之中，以合法化和正當化既存的權力關係。舉例來說，我們已經呈現出來的

幾篇研究都是在說參與者如何贊同公平機會的原則，但這裡所謂的公平通常都是採用自由主義的定義。個人必須在既存的功績主義制度下參與競爭，才能合法地贏得他們所應得的。「每個人都應該被公平地對待」，這是一句普遍大家可以接受的說法，常常被用來反對改革主義者的政策——例如防止種族與性別歧視的積極行動（Augoustinos, Tuffin, & Every, 2005）。一般來說，反對者都會主張造成目前不公平後果的過去的不公正，不應該透過這種違反自由主義原則（每個人應該被同等對待）的「不公平」政策來彌補錯誤；除此之外，現在這個世代也不應該忍受過去歷史錯誤。尤其，在「種族」和文化這樣的例子來說，要解決既存的不公義，就是要朝向一個較好和較整合的社會來努力，讓所有團體在一個「國家」的認同下統整起來（如 Augoustinos et al., 2002; Riley, 2002; Wetherell & Potter, 1992; Wetherell et al., 1987）。這裡我們又再次被提醒了關於自由主義固有的彈性，這種哲學觀既可以建構出平等主義的現實版本，又可以合理化、正當化以及合法化團體之間的不公平和壓迫的結果。

　　跟論述取向一致的是，Billig（1987, 1996）也一直主張傳統社會心理學無法研究人類思考的論辯本質；具體來說，也就是批判、正當化和說服等日常的修辭應用。其實，每個人多多少少都是個修辭學家，辯論、批判、抱怨、為自己辯護，這些都是日常生活很普遍的特徵。根據 Billig 的說法，研究修辭跟研究常識是有關係的，因為人們要發表主張和說服別人最有效的工具之一，就是把自己的觀點表現為「常識」、「自自然然」以及「顯而易見」。此外，對 Billig 來說，意識型態就在常識之中，因為意識型態就是那種被視為理所當然的東西，而且似乎是不證自明、自然且真實的。跟 Gramsci 和 Moscovici 一樣，都認為人們用來理解世界的常識寶庫，是一個重要的知識和論據的貯存處。常識並不是像許多心理學家所假定的那樣，是種低等的知識和論據，相反的，它是歷史性的遺產。此外，跟認知社會心理學所設想的那個天真且侷限的思維者形象不同：

　　　　在修辭取向中，主體擁有一個非常不一樣的形象。修辭主體是
　　一個思維且論辯的主體。以這個形象來說，意識型態非但不會阻礙

思考，反而可以在日常生活中提供我們對日常生活進行思考的資源。然而，在這麼做的同時，意識型態藉由設定什麼是常識會思考到、會談論到的日常事務，而限制了思考的範圍。為了了解意識型態的歷史演變何以發展成今日的心理思考的微觀歷程，必須採用一種歷史且批判的取向，意識型態的這個面向才得以被檢驗。從這個角度來說，修辭的主體受到意識型態所支配，但並非以一種盲目、未經思索的方式。（Billig & Sabucedo, 1994, p. 128）

對 Billig 來說，意識型態也會現身於論辯的歷程中。不一致、矛盾、知識中的裂隙、被說出口的與從未被提及的恰成對立，這些論辯的面向反映出意識型態居間運作的特徵。

重要的是，Billig 和論述心理學家主張常識的意識型態成分，不是以高度一致且整合的方式接合起來的。不像認知取向的解釋企圖在意識裡尋找協調一致的意識型態蹤跡，論述和修辭取向的解釋則強調意識型態破碎、流動且彈性的本性。在《意識型態的兩難》（*Ideological Dilemmas*）一書中，Billig 等人（1988）指出，人們會在不同的脈絡中運用相互矛盾的論點。此一不一致與矛盾性凸顯了意識型態思維固有的兩難性質。人們未必會未加批判地，以及未經過深思熟慮，就接受了某些價值。像個人主義／集體主義這種矛盾的論點會在日常生活當中，以變化且彈性的方式被表達和言說出來。如同 Susan Condor（1990）所指出的，人們不僅止於贊同或反對支配觀點而已，相反的，會發展複雜的思維形構，而某些支配性意識型態要素會在其中找到與個人本位和團體本位理解相結合的表達。

意識型態如同物質實踐

除了認知與論述，意識型態也會反映在日常生活中的物質活動裡。Gramsci 的霸權概念就強調了意識型態不只是一個「觀念系統」，同時也指涉了「活生生、習以為常的社會實踐」（Eagleton, 1991, p. 15）：日常生活的實踐和儀式，透過諸如家庭、學校、法律和政治系統等當代社會體制而獲得實現。舉

例來說，像跟銀行往來、工作、賣東西，以及買東西等日常的經濟實踐，都對合法化既有生產關係做出了貢獻。參與競爭性的教育系統合法化了功績主義，而對家庭勞動的傳統安排，則讓父權結構關係獲得強化，並且永垂不朽。藉由透過媒體傳播某些價值和觀念，霸權也可以用更明顯的方式來運作。Althusser（1971）強調意識型態的物質主義基礎，是指意識型態已經扎根到諸如家庭、學校、法律、政治以及國家結構等體制的實踐之中。對 Althusser 來說，「意識型態是一種意指活動，將人類組織成社會性主體，而且生產出人們生活的各種關係，藉由這些關係讓主體跟社會中支配的生產關係產生連結」（Eagleton, 1991, p. 18）。在繼續維持經濟決定論的色彩之情況下，Althusser 主張意識型態不僅僅反映了我們「生活關係」的本質，這些生活關係本身便構成了我們的社會認同。意識型態在這裡不只是我們的信念、表徵、論述，而更像是我們每天在過自己的生活時，所表現的行為和參與的社會實踐。此外，Althusser 認為，我們的生活關係本質上大部分是潛意識與情感性的。在這種方式中，意識型態變成一種以自發性、潛意識和情感性的方式來回應我們的生活關係，一種與社會認知領域近來的自動性研究十分類近的東西。這反映了 Althusser 相當決定論的觀點，把意識型態看成是普遍存在、無可逃避的，有些人認為，這樣的觀點低估了人超越意識型態之外思維和行為的反思能力。

在將意識型態定位在我們的行為和社會實踐之中的同時，我們需要考慮傅柯的觀點，他認為權力和支配的關係之所以被維繫和延續，比較是經由我們日常的微實踐（micro-practices），而非我們的信念和認知（Fraser, 1989）。因為意識型態的概念常常跟馬克思主義的虛假意識概念相連結，所以傅柯在他對現代權力的分析中並未使用「意識型態」（ideology）這個字眼；相反的，他使用「論述」（discourse）這個詞來指稱支持並且合法化支配關係的支配性的意指和行為實踐（Foucault, 1972）。事實上，正是這種傅柯式的「論述」觀點為許多批判論述心理學家採用，如 Ian Parker（2002）就是其中之一，在他們對論述的分析就可以看到傅柯的影子（見第二章）。將意識型態概念化為構成性的物質而非認知活動的作法，與以下這種類型的論述研究完全一致，即分析文本和談話中在建構和再現事實時所有可能使用到的論述資

源和材料（參閱前面的章節）。就社會實踐的形式來說，文本和談話是物質實踐的形式，因此，把它們跟非語言的實踐區分開來未必是一種有生產性的作法（見 Wetherell, 1999）。

如我們在第二章討論的，傅柯（Foucault, 1972）主要的興趣在於探討某些學科的知識如何在某個歷史條件下被建構起來，以及探討學科的知識如何透過其實務工作者的專業而施展權力。傅柯主張那些被視為「科學的」知識（特別是社會科學知識），透過其所排斥的社會實踐來規約行為及個體的主體性，通過這樣的方式來實施其權力。傅柯的權力概念並不是高壓政治或壓制的這種。他主張現代權力的實現最主要是透過個人的自我規約和自我規訓，藉由個體表現出與支配性論述關於身而為人是這麼一回事的論述相當一致的行為來實現。這些論述會形塑我們的主體性，這才讓我們變成現在的樣子。舉例來說，二十世紀關於自我的支配性心理學論述，頌揚了邏輯理性思考、認知規則及一致性、情緒穩定性、情感控制、道德統整、獨立性，以及自立等等的價值。這些關於人的論述是非常強而有力的，會形塑出特定的行為實踐、思考模式，以及體制結構，其作用都是為了生產出具有前列品質的人。此外，對於那些無法成為理性、自足、有能力，以及情感穩定的人，體制和實踐結合起來以施加諮商、治療，及復原的工作。因此，心理學身為一種知識和「科學上」合法的學科，形塑並且規範了何謂一個健康且適應良好的個體（Rose, 1996）。

❧ 本章摘要 ❧

在這章，我們談到社會心理學缺乏這樣的研究：探討意識型態對日常知識和實踐之影響及所扮演角色，並探討意識型態如何形塑和建構出一般人的社會現實。我們採用了一種特殊的定義來界定意識型態，我們認為意識型態是可以為既存的體制安排、社會權力和社會關係加以合法化及再生產的信念、價值、表徵、論述、解釋素材，以及行為實踐。權力的不對等本質上不僅是社會經濟的，而且也跟性別、「種族」以及種族地位有關。一個社會心理學的意識型態理論的任務，就是要去了解社會、經濟以及歷史結構力量與個人

或者團體的日常生活之間的介面。這可以跟社會認知理論做對照,社會認知理論將思考主要概念化為一種個人現象,而且也可以跟某些社會理論做比較,這些社會理論傾向把人視為完全受到意識型態的規定及支配。意識型態的研究需要在這樣一個框架下被脈絡化:把個體視為一種與社會維持著辯證關係的存有,不僅可以再生產出既存的社會秩序,而且也可以生產出抵抗及改變。

　　然而,意識型態的研究需要社會心理學家參與有關當代西方文化和社會的本質為何這種較大議題的對話過程。批判理論、女性主義社會理論以及後現代理論等學術運動,可能有助於社會心理學的意識型態理論的進一步發展。此外,任何努力探討意識型態的人一定要避免陷入功能主義者式的陷阱,變成僅只是追求對於社會系統的穩定性和再生產性的解釋。挑戰和抵抗的動力——支配性的表徵或論述被暗中銷蝕或拆解檢修的情況——需要成為意識型態研究不管是概念上或者是實徵上統整的一個焦點。藉由這種方式,我們才能達成Moscovici所謂的研究「正在形成的社會生活」(1988, p. 219)的目標。我們相信社會心理學對意識型態的探究,可能是其最艱鉅、同時也是最大的挑戰。我們希望下一代的社會心理學家可以迎向這樣一個挑戰。

✕ 延伸閱讀 ✕

Eagleton, T. (1991). *Ideology*. London: Verso.

Hall, S. (1996). The problem of ideology: Marxism without guarantees. In D. Morley & H. K. Chen (Eds.), *Stuart Hall: Critical dialogues in cultural studies*. London: Routledge.

Jost, J. T., & Major, B. (Eds.). (2001). *The psychology of legitimacy: Emerging perspectives on ideology, justice, and intergroup relations*. Cambridge: Cambridge University Press.

Van Dijk, T. A. (1998). *Ideology: A multidisciplinary approach*. London: Sage.

第三部分

第**9**章

結 論

　　在這本書中，我們已經詳細探討了四個基本的理論觀點，包括社會認知、社會認同、社會表徵，及論述等四個觀點。然後，我們描述且評論了每個觀點如何處理一系列的課題，包括社會知覺、態度、歸因、自我和認同、偏見，以及意識型態等。我們在做這些陳述的時候，是帶著企圖辨認出某個可以整合各觀點路徑的目標在進行我們的工作，我們致力於將這些觀點之間的共同點和差異點強調出來。

　　我們信守著一個前提，認為在理論上，一個適當的社會心理學必須整合這些不同的立場，整合社會認知、社會認同、社會表徵以及論述等不同的觀點。我們同時也斷定，目前的每一個觀點單就本身而言都是有限制的。這些限制也許是概念上的、方法論上的，抑或是認識論上的。就學術政治而言，社會認知的傳統在這四種觀點之中是主流。這個取向主宰了主流期刊和研討會，獲得大多數可供申請的研究經費，而且某種程度上成為所謂的「社會心理學」這個類別的原型，因而界定了這個學科。其他的觀點必須以自己的方式各自定義自身與主流的社會認知的關係。然而，即便在社會認知這個主流中，還是有許多不滿意的重要聲音出現。Gilbert（1998）明確有力地詳述因社會認知篤信實驗法而忽視其他方法，及後來與認知神經科學掛勾，而招致了許多學術上的限制。「一種對嚴謹的實驗典範持續不懈的熱情」（Gilbert, 1998, p. 117）換來的不只是清楚的失望，而且對欲充分理解 Gilbert 所謂的人格學（personology）來說，也是死路一條。他同時也質疑認知神經科學「在分析層次上為社會心理學做出深刻貢獻」的可能性。我們同意這個論點，而且對許多社會心理學家陷落在化約主義式的路線上感到惋惜。如果理解的範

圍——即提供一個涵蓋我們的認知、文化、論述以及意識型態面向的豐富理解廣度，真的被縮減成一台fMRI的機器，那麼將是令人沮喪的一日的到來。這種功能性核磁共振造影（functional magnetic resonance imaging, fMRI）的功用在於辨認複雜的社會現象在大腦活動的狀態，比如說，刻板印象和偏見這些社會現象，但這些社會現象所擁有的問題遠遠超過這部機器所能解答的。

也許有些怪異，Gilbert（1998）帶我們回到某個在半世紀前已經被詳細談過的未來想像。Gustav Ichheiser與Fritz Heider是同時代的人，他跟Heider一樣，在歐戰爆發時逃離到美國這個比較安全的環境。Ichheiser（1941, 1943, 1949）發展了歸因的細緻分析，包括談到後來Ross所謂的基本歸因謬誤。然而，當Heider發展出一個建立在個人內在和人際歷程基礎上的知覺和歸因的分析時，Ichheiser早就清楚地把歸因視為一種意識型態的過程，依靠並再生產這個猖獗的個人主義的教條（亦見Guilfoyle, 2000）。

回到我們所談的將四個基本觀點加以整合的這個要點上，我們認為這四個觀點至少在三個重要的議題上有不同的看法。同時我們也認為，這些議題對整個社會心理學來說仍舊是學術上需要面對的挑戰，至少有一部分原因是這個學科還未能充分投入研究，並且解答該議題相關的所有問題。直到社會心理學可以完整地解答這些議題之前，一個充分整合的社會心理學都將持續是個幻影。

個人與社會

社會心理學是一個有裂縫的學科，存在於心理學和社會學之間。很明顯的，心理學的理論焦點是在個人作為個體的部分，抽離於任何社會脈絡之外。心理學只有非常表面的社會性（social）和社會（society）的意涵。另一方面，社會學很明顯地將它的理論聚焦於社會和社會的機構上，個人只具有表面的意義。回到第一章的一個隱喻，社會心理學——身為心理學和社會學的私生子——所置身的位置，理應是去理解所謂的社會性個體的深刻（而非表淺的）意涵。但實則不然。

　　社會心理學中的社會意涵是非常貧瘠的。典型來說，個人和社會是被獨立和分離開來關注的。在 Gordon Allport 所說的一個有名且仍然被廣泛接受的社會心理學的定義中，可以很清楚地看到這一點：

　　　　企圖理解個體的思想、感覺和行為如何受到真實存在的、想像中的，或者是隱含的他人所影響。（1985, p. 3）

　　如第一章提及的，這種定義駁斥了個人和社會同時構成的可能性。這定義迫使個人與社會處於一種分離的、有問題的辯證關係。這種分離常常被再生產出來，例如，在 Taylor（1998）的「社會心理學中的社會存有」這主題的某一個章節裡，他就堅持使用「文化環境中的個人」和「生物和演化脈絡中的個人」這樣的標題。有時候，提到在（in）環境和脈絡中的個人是有用的，但是概念上這個學科需要克服這種二分法，需要找到一種方法也可以理論化在（in）個人身上的環境和脈絡，如同其相反方向，而且不要認為這二分概念的其中一個可以在另外一個之外，或者彼此分離開的狀況下被建構出來。

　　清楚的是（至少我們希望如此），在這本書當中所討論的所有研究，都顯示個人不可能在抽離開社會之後被適當且充分地理解。即使在社會認知的實驗中，例如刻板印象的自動激發研究（如 Macrae et al., 1994），社會這個概念也不可能被移除；它總是會出現在參與者在實驗中進行判斷的任務時的目標取向中，也會出現在實驗者的性別和種族之中、出現在實驗者與參與者的關係之中、出現在這個關係的體制背景之中，並出現在實驗所提供的刺激物（字、各種表情的圖等等）所蘊含的社會意義之中。即使在實驗室所建構出來的最小社會團體裡，Tajfel 等人（1971）所謂的最小團體（minimal group），團體依然是有意義的，因為參與者仍然無可逃避地被牽連到某個社會關係的網絡中。這已經超過 Gordon Allport 所提出的定義「想像中的，或者是隱含的他人」的範圍，同時也指出社會心理學對「社會性」（sociality）的理解還未理論化（under-theorized）。我們懷疑藉由發展出一個對「社會性」更適當的理解，社會心理學這門學科是否可以邁向理論上的重要里程碑。

分析的層次

這整本書我們已經關注過許多不同的研究，這些研究彼此之間也許看起來不太有關聯，或者頂多只有一丁點的關聯。會造成這種現象的理由，我們認為一部分是因為這些研究不管在概念性或者實徵性的分析中，都是在不同的分析層次上被處理的，這些不同的分析層次，按照Doise（1986）所用的架構來說，可以分為：

- 個體內在的（intraindividual）
- 人際之間的（interindividual）
- 團體之間的（intergroup）
- 集體性的（collective）

本書中所提到的四種不同基本觀點主要是在不同的分析層次上運作：社會認知觀點是個體內在的層次；社會認同觀點是在人際之間的層次；社會表徵觀點是在團體之間和意識型態的層次（譯者按：即上述集體性的分析層次）；而論述觀點則是在人際之間、團體之間，以及意識型態的層次。個體內在的分析被社會表徵論以及論述學派的研究者所厭惡；團體之間和意識型態的分析則為社會認知研究者所深惡痛絕。然而這種差異就我們來看，並不必然意味著完全無法相容。統整的社會心理學面對的挑戰是要去闡述那些跨越不同層次的理論和研究之間的交互關係，而不是專斷地說哪個層次的研究比其他層次更加低劣。

Macrae等人（1994）的實驗，不管就概念或者實徵層面來說，都屬於個體內在層次。實驗結果可以說明刻板印象和偏見的某些部分。相對來說，Wetherell和Potter（1992）的研究則是在辨識共享的論述及意識型態資源的這個層次上形成的，而且也強烈隱含了集體性層次的弦外之音。他們的研究結果也說明了刻板印象和偏見的某些部分。雖然對 Macrae 等人及 Wetherell 和 Potter 來說，他們都不會認為對方所做的研究是富有洞察力的，但這無損於

Macrae等人所達到的成就，他們確實提出了具有某種意義且令人感興趣的結果，很難想像有什麼理由可以把它們看成無意義而不用理會，或者說它們是完全無關緊要的。同樣的，Wetherell和Potter也呈現了有意義且有趣的結果，也很難想像他們所做的可以被當作無意義或者毫無關聯的東西。這個學科所面對的學術任務是要去發展一個整合性的框架，可以調節，同時也讓Macrae等人以及 Wetherell 和 Potter 這些人所做的研究結果可以被理解。要達到這樣一個明晰的整合架構，對這個學科來說還有很長的路要走。

實在論者與建構論者的認識論立場

　　這四種觀點有一個共通點就是，他們面對所研究的客體的角度是相同的，都是希望利用理論來說明人如何積極地建構他們的社會環境。但是對於人們如何做到這點，各觀點則持不同的看法。更根本的差異在於，它們如何理解自身的知識建構。社會認知觀點和社會認同觀點，以及某程度來說還包括社會表徵觀點在內，都是依據一種實在論的科學哲學，相信可以建立一個關於世界的近似真理的理論知識。換句話說，他們堅信可以將某些理論說法與其他說法相比較，判斷何者較符合或較不符合「真理」。而論述觀點則不接受不同的理論說法可以求助於實徵資料，來評估其真實性，而且也不接受存在於不同理論說法之間的差異可以透過實徵資料來公斷。相反的，某個理論說法之所以比另外一個說法更加盛行，乃是因為協商共享理解的社會及政治歷程的興衰所致，並不是因為某個理論所具有的真實價值比較高。

　　這是一個沒有單純答案的艱困議題。然而清楚的是，社會心理學也不能沒有一個更徹底且更適當的分析「真理」和「真實」的方式。社會心理學主要的任務一直是企圖製造出社會改變（請見下一小節），對這四種不同的觀點來說，這一點都是一個共享的價值。如果沒有清楚地意識到什麼是要被改變的，那麼是很難發展一個朝向社會改變的理論或研究；如果沒有對於什麼樣的研究是「比較好」的研究的說法時，則很難從事於社會改變的志業。一個社會議題的某個理論或實徵的說法會普及起來，可能是因為協商共享理解

的社會及政治歷程所致，而非其研究資料的真實性，然而在協商共享理解的
過程中，資料本身也是一個重要的部分。

社會改變

身為一個學科，社會心理學一直有很強的變革（liberal）傾向，這在許多
方面來說都是很明顯的。舉例來說，社會議題心理學研究協會（Society for the
Psychological Study of Social Issues, SPSSI）於 1936 年設立，成為心理學家們
理解社會議題，以及提供社會變革方案的一個協會。SPSSI 現在仍然是一個
有活力、積極的國際性協會。在發展北美社會心理學以及發展 SPSSI 團體方
面最具有影響力的人物之一，就是 Kurt Lewin。相較於 Lewin 的其他論點來
說，他最著名的論點就是發展出行動研究的概念。這樣的研究取向涉及努力
解決某些社會問題的社會科學家，這些社會科學家以協同的方式，使用被設
計來促使社會變革發生的社會科學知識，以解決對某個特定社群的成員來說
重要的社會問題，並進而在理論以及實務上都有所增益。這種方法讓所謂的
「純粹」、理論導向的研究，以及另一方面，所謂的「應用」、問題導向的
研究之間，有了一個清楚的交互作用。

更進一步來說，社會心理學的變革傾向可以透過其分支「應用社會心理
學」的發展而得以見證。這個領域的教科書用意就在檢測應用社會心理學家
所處理的各種社會問題──如何讓人們亂丟東西的行為可以少一點、使用較
少的自然資源、捐血、不要當個頑固的人、陪審團怎樣可以做出較好的決定，
及如何讓人從事安全的性行為等等。

當我們思考社會心理學如何定位自己在產生社會改變的位置時，我們清
楚地看見有一組政治改革的目標──沒有人做如何鼓勵消耗自然資源的研究，
或者是如何不要忍耐的研究。更微妙的是，沒有人做那些明顯鼓吹個人主義
的研究。社會心理學的目標很清楚，並且坦蕩蕩的，就是改變（liberal）。在
這個學科內部，對於其所主張的變革目標在程度上是否夠基進，容或有不同
的意見，但從未被認為應該以政治上保守的目標來取代。

　　每當社會心理學家應用他們的研究成果企圖解決某些社會議題時，他們也必定具備了一個清楚的價值和政治傾向。即使他們自認為並沒有這樣的傾向，然而當他們在從事基本的理論工作時，仍不可避免地隱含有價值和政治的傾向。往往，當我們不去意識或者檢視時，研究結果會朝向保守或者是後退的方向前進。

　　不去意識到社會心理學理論化工作的政治本質，其造成的保守後果最有名的例子就是這個學科的過度個人主義傾向。舉例來說，如我們在第八章所說的，社會心理學用一種聚焦在個體層次的方式來看待刻板印象時，就會忽略更為廣闊而且更具有影響力的因素——即團體之間的不公平造成的影響。因為社會心理學按照定義來說所處理的是：人跟團體、人跟人，以及團體跟團體之間的關係，所以必然而且無法避免地是政治性的。的確，我們身為本書的作者也不能免疫於這句話之外。這項主張可以適用到我們的研究，適用到我們的教學，而且也適用於這本書。

　　同時，有點似是而非的是，對外宣稱其政治傾向是追求社會改變的研究，在其（非刻意地）結果上卻可能是保守或是反動的。意圖無法保證結果。某些論述傳統的研究也可以用這個角度來看待。論述心理學比起其他大多數的心理學領域來說，是更朝向社會正義和社會改變的議題。然而，在本文無法觸及之外，及在對話之外，仍然會留有某種危險是我們並不了解到底會造成什麼樣的改變。

　　藉由寫這本書，我們希望已經挑戰了你（讀者）的想法，無論你是學生或是社會心理學領域的工作者，我們不只是呈現了一些必須花些力氣理解的困難材料，而且還面質了你的認識論及政治信念與假定。我們致力於嘗試挑戰你，當我們這麼做的時候，同時也改變了我們自己。「理解之鏡」既是一個望遠鏡，也是一面鏡子。

　　「哲學家們只是用各種方式來解釋世界；而問題在於改變世界。」（Marx, 1846，引自 Marx & Engels, 1846/1947）

名 詞 解 釋

訊息處理模式
（information-processing model）

一種對人的比喻，將人視為訊息的接收者與處理者。社會經驗與行為則被視為是新訊息被個人知覺，並且和既存訊息加以同化的結果。

素樸科學家
（naïve scientist）

一種對人的比喻，認為人是藉由對世界主動形成假設並加以驗證的方式來認識其周遭環境。

認知吝嗇者
（cognitive miser）

一種對人的比喻，認為人會透過有效率卻不一定正確的認知捷徑來節省認知資源。

機動策略者
（motivated tactician）

將社會行為者比喻為可以依據環境要求與個人目標，策略性地由有限的訊息處理策略中彈性選擇處理訊息的方式。

知覺認知主義
（perceptual-cognitivism）

關注作為社會經驗和社會行為基礎的訊息被知覺、編碼、儲存以及提取的方式。

心智表徵
（mental representation）

一種心智客體（如思想、信念、態度），指涉（或表徵）某個真實客體（如人、概念或客體）。換句話說是真實客體在心智中被儲存與運作的方式。

自動化
（automaticity）

在意識未察覺、控制的情形下提取訊息並加以分類。

控制運作
（controlled processes）

具有意識地以策略性的方式對訊息審慎地加以處理。

個人認同 （personal identity）	個人的自我認同中，由個人經驗、個性與能力所衍生的部分。
社會認同 （social identity）	個人的自我認同中，由個人所屬團體、類別所具有的價值衍生而來的部分。
人際行為 （interindividual behaviour）	建基於個人認同所產生的人際互動行為。
群際行為 （intergroup behaviour）	建基於社會認同所產生的人際互動行為。
最小團體 （minimal group）	在實驗室中創造出來不具備任何特質的團體。
社會分類 （social categorization）	以特定社會類別分類自我與他人的歷程，關注類別內相似性與類別間差異性。
強化效應 （accentuation effect）	在社會分類後，類別間差異會被放大。
自我評價 （self-evaluation）	和某種標準相比所做的自我評價（例如：某些人或目標等）。
自我彰顯 （self-enhancement）	進行對自己有利之比較的傾向。
團體間社會比較 （intergroup social comparison）	在某些向度上比較兩個（和更多個）社會團體。
團體間區分 （intergroup differentiation）	對於團體差異的知覺。SIT（社會認同理論）和SCT（自我歸類理論）認為將人分類為某團體成員會激發團體間區分的產生。

上層（自我歸類的上層）
（superordinate level）

SCT（自我歸類理論）的概念。是社會分類中的統攝性層級。人們將自己和其他人歸屬於同一類別（例如：我們都是人類）。

中層（自我歸類的中層）
（intermediate level）

SCT（自我歸類理論）的概念。是社會分類中的團體層級。人們用自己的社會認同來區分自我與他人（例如：男人、女人）。

下層（自我歸類的下層）
（subordinate level）

SCT（自我歸類理論）的概念。是社會分類中的個人層級。人們用自己的個人認同來區分自我與他人。

去個人化
（depersonalized）

SCT（自我歸類理論）的概念。指個人的社會認同取代其個人認同的情況。

自我刻板印象化
（self-stereotype）

將個人所屬團體的刻板印象內化，發生在去個人化的情況下。

社會表徵
（social representations）

對社會事物共享的文化、社會性理解，成為對世界理所當然的常識。

定錨
（anchoring）

對不熟悉事物與概念，以它們和既存社會表徵之間的關係來加以理解的歷程。

客體化
（objectification）

把抽象概念和具體事例聯想在一起，進而代表它的歷程。

知識人格化
（personification of knowledge）

將概念和人或團體連接在一起，進而代表它（例如：佛洛伊德與精神分析）。

譬喻描述
（figuration）

使用譬喻的意象連結某個抽象觀念，並使其可被記憶和接近的歷程。

本體化
（ontologizing）

一種非物質的客體被賦予物質特性的歷程（例如：心智變成被理解為一種物質客體）。

實體化世界
（reified universe）

即所謂的科學世界，在這世界裡，透過邏輯思考和科學方法的運用而獲致專家知識。

共識的世界
（consensual universe）

即所謂的常識世界，在這世界中，專家知識被轉化成常識般的社會表徵。

象徵核心
（figurative nucleus）

複雜的概念被化約為較簡單且具有文化親和力的形式，讓它們能夠從實體化世界來到共識的世界。

中央核心
（central core）

一個社會表徵的界定要素。當一個社會表徵的中央核心改變時，會牽涉到整個表徵的改變。

周緣
（periphery）

一個社會表徵的周緣包括觀念、意象和範例來使表徵更豐富，但對構成其本質並非必要。一個社會表徵的周緣部分可以隨時間改變而不會影響表徵本身的核心本質。

主題
（themata）

一個社會表徵的中央核心內各種要素會環繞著某些主軸來組成，而這些主軸是矛盾或不一致的。

現實主義認識論
（realist epistemology）

一種認識論的取向，主張客體有一種獨立於表徵之外的真實。

社會建構論
（social constructionism）

一種認識論的取向，把所有表徵視為透過社會文化的意義和活動所創建和取決的。「知識」（或我們對於事情是什麼的理解）被理解為一種文化產物，並非是宣稱要表徵的事物最澄澈的表徵。

論述
（discourse）

日常使用的語言，包括書面的文本和口語的談話。

互動中的談話 （talk-in-interaction）	將談話的分析導向發生的互動脈絡上。通常所謂的談話指的是「自然發生的」（例如，電台中的對話、日常對話、心理治療中的對話）：換句話說，談話並不是為了要被研究而產生的。
詮釋腳本 （interpretive repertoires）	隱喻、論點和專有名詞常常一起用來描述人所發生的事件、行動以及群體。
後設對比的比值 （meta-contrast ratio）	在某個向度上群際變異與群內變異的比值。在自我歸類理論中，後設對比的比值決定了歸類發生在哪個層次上。
典型性 （prototypicality）	某類別的成員展示了這個類別成員的「核心傾向」，或一般的樣子。

參·考·文·獻

Abelson, R. (1981). Psychological status of the script concept. *American Psychologist, 36,* 715-729.

Abercrombie, N., Hill, S., & Turner, B. S. (Eds.) (1990). *Dominant ideologies*. London: Unwin Hyman.

Aboud, F. (1988). *Children and prejudice*. Oxford: Blackwell.

Abrams, D., & Hogg, M. A. (1988). Comments on the motivational status of self-esteem in social identity and intergroup discrimination. *European Journal of Social Psychology, 18,* 317-334.

Abrams, D., & Hogg, M. A. (Eds.) (1990a). *Social identity theory: Constructive and critical advances*. Hemel Hempstead: Harvester Wheatsheaf.

Abrams, D., & Hogg, M. A. (1990b). The context of discourse: Let's not throw out the baby with the bathwater. *Philosophical Psychology, 3,* 219-225.

Abramson, L. Y., Seligman, M. E. P., & Teasdale, J. D. (1978). Learned helplessness in humans: Critique and reformulation. *Journal of Abnormal Psychology, 87,* 49-74.

Abric, J. (1976). *Jeux conflits et représentations sociales*. PhD thesis, Université de Provence.

Abric, J. C. (1984). A theoretical and experimental approach to the study of social representation. In R. M. Farr and S. Moscovici (Eds.), *Social representation* (pp. 169-183). Cambridge/Paris: Cambridge University Press/Maison des Sciences de l'Homme.

Abric, J. C. (1993). Central system, peripheral system: Their functions and roles in the dynamics of social representations. *Papers on Social Representations, 2,* 75-128.

Adams, H. E., Wright, L. W., & Lohr, B. A. (1996). Is homophobia associated with homosexual arousal? *Journal of Abnormal Psychology, 105,* 440-445.

Adorno, T. W., Frenkel-Brunswik, E., Levinson, D. J., & Sanford, R. N. (1950). *The authoritarian personality*. New York: Harper & Row.

Agger, B. (1991). Critical theory, poststructuralism and postmodernism: Their sociological relevance. *Annual Review of Sociology, 17,* 105-131.

Ajzen, I. (1988). *Attitudes, personality, and behavior*. Milton Keynes: Open University Press.

Ajzen, I. (1989). Attitude structure and behavior. In A. R. Pratkanis, S. J. Breckler and A. G. Greenwald (Eds.), *Attitude structure and function* (pp. 241-274). Hillsdale, NJ: Erlbaum.

Ajzen, I. (1991). The theory of planned behavior. *Organizational Behavior and Human Decision Processes, 50,* 1-33.

Ajzen, I., & Fishbein, M. (1980). *Understanding attitudes and predicting behavior*. Englewood Cliffs, NJ: Prentice Hall.

Ajzen, I., & Madden, T. J. (1986). Prediction of goal-directed behavior: Attitudes, intentions, and perceived behavioral control. *Journal of Experimental Social Psychology, 22,* 453-474.

Ajzen, I., Timko, C., & White, J. B. (1982). Self-monitoring and the attitude-behavior relation. *Journal of Personality and Social Psychology, 42,* 426-435.

Alcoff, L. M. (2003). Identities: Modern and postmodern. In L. M. Alcoff & E. Mendieta (Eds.), *Identities: Race, class, gender, and nationality* (pp. 1-8). Oxford: Blackwell.

Alexander, M. J., & Higgins, E. T. (1993). Emotional trade-offs: How social roles influence self-discrepancy effects. *Journal of Personality and Social Psychology, 65,* 1259-1269.

Allansdottir, A., Jovchelovitch, S., & Stathopoulou, A. (1993). Social representations: The versatility of a concept. *Papers on Social Representations, 2,* 3-10.

Allport, F. H. (1924). *Social psychology*. New York: Houghton Mifflin.

Allport, G. W. (1935). Attitudes. In C. Murchison (Ed.), *A handbook of social psychology* (pp. 798-844). Worcester, MA: Clark University Press.

Allport, G. W. (1943). The ego in contemporary psychology. *Psychological Review, 50,* 451-478.

Allport, G. W. (1954). *The nature of prejudice*. Reading, MA: Addison-Wesley.

Allport, G. W. (1985). The historical background of social psychology. In G. Lindzey & E. Aronson (Eds.), *Handbook of social psychology* (Vol. 1, 3rd ed., pp. 1-49). New York: Random House.

Altemeyer, R. W. (1981). *Right-wing authoritarianism*. Winnipeg, MB: University of Manitoba Press.

Altemeyer, R. W. (1988). *Enemies of freedom: Understanding right-wing authoritarianism*. San Francisco, CA: Jossey-Bass.

Altemeyer, R. W. (1996). *The authoritarian specter*. Cambridge, MA: Harvard University Press.

Altemeyer, R. W. (1998). The other authoritarian personality. *Advances in Experimental Social Psychology, 30,* 47-91.

Althusser, L. (1971). Ideology and ideological state apparatuses. In L. Althusser (Ed.), *Lenin and philosophy and other essays*. London: New Left Books.

Andersen, S. M., & Klatzky, R. L. (1987). Traits and social stereotypes: Levels of categorization in person perception. *Journal of Personality and Social Psychology, 53,* 235-246.

Andersen, S. M., Klatzky, R. L., & Murray, J. (1990). Traits and social stereotypes: Efficiency differences in social information processing. *Journal of Personality and Social Psychology, 59,* 192-201.

Anderson, C. A., & Lindsay, J. (1998). The development, perseverance and change of naive theories. *Social Cognition, 16,* 8-30.

Antaki, C. (1985). Ordinary explanation in conversation: Causal structures and their defence. *European Journal of Social Psy-

chology, 15, 213-230.

Antaki, C. (1994). *Explaining and arguing: The social organization of accounts*. London: Sage.

Antaki, C., Condor, S., & Levine, M. (1996). Social identities in talk: Speakers' own orientations. *British Journal of Social Psychology, 35*, 473-492.

Antaki, C., & Widdicombe, S. (Eds.) (1998). *Identities in talk*. London: Sage.

Apostle, R. A., Glock, C. Y., Piazza, T., & Suelze, M. (1983). *The anatomy of racial attitudes*. Berkeley, CA: University of California Press.

Armitage, C. J., & Connor, M. (2001). Efficacy of the theory of planned behaviour: A meta-analytic review. *British Journal of Social Psychology, 40*, 471-499.

Aronson, E. (1968). Dissonance theory: Progress and problems. In R. P. Abelson, F. Aronson, W. J. McGuire, T. M. Newcomb, M. J. Rosenberg & P. H. Tannenbaum (Eds.), *Theories of cognitive consistency: A sourcebook* (pp. 5-27). Chicago, IL: Rand-McNally.

Aronson, E. (1989). Analysis, synthesis, and the treasuring of the old. *Personality and Social Psychology Bulletin, 15*, 508-512.

Aronson, E., Wilson, T. D., & Akert, R. M. (1994). *Social psychology: The heart and the mind*. New York: HarperCollins.

Au, T. K. (1986). A verb is worth a thousand words: The causes and consequences of interpersonal events implicit in language. *Journal of Memory and Language, 25*, 104-122.

Augoustinos, M. (1991). Consensual representations of the social structure in different age groups. *British Journal of Social Psychology, 30*, 193-205.

Augoustinos, M. (1993). The openness and closure of a concept: Reply to Allansdottir, Jovchelovitch & Stahopoulou. *Papers on Social Representations, 2*, 26-30.

Augoustinos, M. (1995). Social representations and ideology: Towards the study of ideological representations. In U. Flick and S. Moscovici (Eds.), *The psychology of the social: Language and social knowledge in social psychology* (pp. 200-217). Reinbek: Rowohlt.

Augoustinos, M. (1999). Ideology, false consciousness and psychology. *Theory and Psychology, 9*, 295-312.

Augoustinos, M. (2001). Social categorisation: Towards theoretical integration. In K. Deaux & G. Philogène (Eds.), *Representations of the social: Bridging theoretical traditions* (pp. 201-216). Oxford: Blackwell.

Augoustinos, M., Ahrens, C., & Innes, J. M. (1994). Stereotypes and prejudice: The Australian experience. *British Journal of Social Psychology, 33*, 125-41.

Augoustinos, M., LeCouteur, A. & Soyland, J. (2002). Self-sufficient arguments in political rhetoric: Constructing reconciliation and apologising to the Stolen Generations. *Discourse and Society, 13*, 105-142.

Augoustinos, M., & Quinn, C. (2003). Social categorization and attitudinal evaluations: Illegal immigrants, refugees or asylum seekers. *New Review of Social Psychology, 2*, 29-37.

Augoustinos, M. & Tuffin, K. & Every, D. (2005). New racism, meritocracy and individualism: Constraining affirmative action in education. *Discourse and Society, 16*, 315-40.

Augoustinos, M., Tuffin, K., & Rapley, M. (1999). Genocide or a failure to gel? Racism, history and nationalism in Australian talk. *Discourse and Society, 10*, 351-378.

Augoustinos, M., & Walker, I. (1995). *Social cognition: An integrated introduction*. London: Sage.

Augoustinos, M., & Walker, I. (1998). The construction of stereotypes within psychology: From social cognition to ideology. *Theory and Psychology, 8*, 629-652.

Austin, J. L. (1962). *How to do things with words*. Oxford: Oxford University Press.

Banaji, M. R., & Greenwald, A. G. (1994). Implicit stereotyping and prejudice. In M. P. Zanna and J. M. Olson (Eds.), *The psychology of prejudice: The Ontario symposium* (Vol. 7, pp. 55-76). Hillsdale, NJ: Erlbaum.

Bandura, A. (1989a). Human agency in social cognitive theory. *American Psychologist, 44*(9), 1175-1184.

Bandura, A. (1989b). Self-regulation of motivation and action through internal standards and goal systems. In L. A. Pervin (Ed.), *Goal concepts in personality and social psychology* (pp. 19-85). Hillsdale, NJ: Erlbaum.

Bargh, J. A. (1984). Automatic and conscious processing of social information. In R. S. Wyer, Jr and T. K. Srull (Eds.), *Handbook of social cognition* (Vol. 3, pp. 1-44). Hillsdale, NJ: Erlbaum.

Bargh, J. A. (1989). Conditional automaticity: Varieties of automatic influence in social perception and cognition. In J. S. Uleman and J. A. Bargh (Eds.), *Unintended thought* (pp. 3-51). New York: Guilford Press.

Bargh, J. A. (1994). The four horsemen of automaticity: Awarenesss, intention, efficiency, and control in social cognition. In R. S. Wyer, Jr and T. K. Srull (Eds.), *Handbook of social cognition* (Vol. 1, pp. 1-40). Hillsdale, NJ: Erlbaum.

Bargh, J. A. (1997). The automaticity of everyday life. In R. S. Wyer, Jr (Ed.), *Advances in social cognition* (Vol. 10, pp. 1-61). Mahwah, NJ: Erlbaum.

Bargh, J. A. (1999). The cognitive monster: The case against controllability of automatic stereotype effects. In S. Chaiken & Y. Trope (Eds.), *Dual process theories in social psychology* (pp. 361-382). New York: Guilford Press.

Bargh, J. A., Chaiken, S., Govender, R., & Pratto, F. (1992). The generality of the automatic attitude activation effect. *Journal of Personality and Social Psychology, 62*, 893-912.

Bargh, J. A., Chaiken, S., Raymond, P., & Hymes, C. (1996). The automatic evaluation effect: Unconditional automatic attitude activation with a pronunciation task. *Journal of Experimental Social Psychology, 32*, 104-128.

Bargh, J. A., & Chartrand, T. L. (1999). The unbearable automaticity of being. *American Psychologist, 54*, 462-479.

Bargh, J. A., Chen, M., & Burrows, L. (1996). Automaticity of social behaviour: Direct effects of trait construct and stereotype priming on action. *Journal of Personality and Social Psychology, 71*, 230-244.

Bartlett, F. (1932). *Remembering*. Cambridge: Cambridge University Press.

Baudrillard, J. (1983). *Simulations* (trans. P. Foss, P. Patton and P. Beitchman). New York: Semiotext(e).

Baumeister, R. F. (1998). The self. In D. Gilbert, S. T. Fiske & G. Lindzey (Eds.), *Handbook of social psychology* (Vol. 1, 4th ed., pp. 680-740). New York: McGraw-Hill.

Bell, D. (1960). *The end of ideology: On the exhaustion of political ideas in the fifties*. New York: Free Press of Glencoe.

Bem, D. (1967). Self-perception: An alternative interpretation of cognitive dissonance phenomena. *Psychological Review, 74*,

183-200.

Bem, D. (1970). *Beliefs, attitudes, and human affairs*. Belmont, CA: Brooks/Cole.

Bem, D. (1972). Self-perception theory. In L. Berkowitz (Ed.), *Advances in experimental social psychology* (Vol. 6, pp. 1-62). New York: Academic Press.

Bem, S. L. (1981). Gender schema theory: A cognitive account of sex typing. *Psychological Review, 88*, 354-64.

Bennett, W. L. (1977). The growth of knowledge in mass belief studies: An epistemological critique. *American Journal of Political Science, 21*, 465-500.

Bentler, P., and Speckart, G. (1979). Models of attitude-behavior relations. *Psychological Review, 86*, 452-64.

Berger, P. and Luckmann, T. (1967). *The social construction of reality: A treatise in the sociology of knowledge*. Chicago, IL: Aldine.

Bettencourt, B. A., Dorr, N., Charlton, K., & Hume, D. (2001). Status differences and intergroup bias: A meta-analytic examination of the effects of status stability, status legitimacy and group permeability. *Psychological Bulletin, 127*, 520-542.

Billig, M. (1976). *Social psychology and intergroup relations*. London: Academic Press.

Billig, M. (1982). *Ideology and social psychology*. Oxford: Blackwell.

Billig, M. (1987). *Arguing and thinking: A rhetorical approach to social psychology*. Cambridge: Cambridge University Press.

Billig, M. (1988). Social representation, objectification and anchoring: A rhetorical analysis. *Social Behaviour, 3*, 1-16.

Billig, M. (1991). *Ideology, rhetoric and opinions*. London: Sage.

Billig, M. (1995). *Banal nationalism*. London: Sage.

Billig, M. (1996). *Arguing and thinking*. Cambridge: Cambridge University Press.

Billig, M. (1999). Whose terms? Whose ordinariness? Rhetoric and ideology in conversation analysis. *Discourse and Society, 10*, 543-582.

Billig, M., Condor, S., Edwards, M., Middleton, D., & Radley, A. (1988). *Ideological dilemmas: A social psychology of everyday thinking*. London: Sage.

Billig, M. and Sabucedo, J. (1994). Rhetorical and ideological dimensions of common sense. In J. Siegfried (Ed.), *The status of common sense in psychology*. New York: Ablex.

Blair, I. V, & Banaji, M. R. (1996). Automatic and controlled processes in gender stereotyping. *Journal of Personality and Social Psychology, 70*, 1142-1163.

Blair, I. V., Ma, J. E., & Lenton, A. P. (2001). Imagining stereotypes away: The moderation of implicit stereotypes through mental imagery. *Journal of Personality and Social Psychology, 81*, 828-841.

Blommaert, J., & Verschueren, J. (1993). The rhetoric of tolerance or, what police officers are taught about migrants. *Journal of Intercultural Studies, 14*, 49-63.

Blommaert, J., & Verschueren, J. (1998). *Debating diversity: Analyzing the discourse of tolerance*. New York: Routledge.

Bobo, L. (1983). Whites' opposition to busing: Symbolic racism or realistic group conflict? *Journal of Personality and Social Psychology, 45*, 1196-1210.

Bocock, R. (1986). *Hegemony*. Chichester: Ellis Horwood.

Bodenhausen, G. V. (1988). Stereotypic biases in social decision making and memory: Testing process models of stereotype use.

Journal of Personality and Social Psychology, 55, 726-737.

Bodenhausen, G. V., Kramer, G. P., & Susser, K. (1994). Happiness and stereotypic thinking in social judgment. *Journal of Personality and Social Psychology, 66*, 621-632.

Bodenhausen, G. V., & Macrae, C. N. (1998). Stereotype activation and inhibition. In R. S. Wyer, Jr (Ed.), *Stereotype activation and inhibition: Advances in social cognition* (Vol. 11, pp. 1-52). Mahwah, NJ: Erlbaum.

Boldero, J., & Francis, J. (2002). Goals, standards and the self: Reference values serving different functions. *Personality and Social Psychology Review, 6*, 232-241.

Bond, M. (1983). Cross-cultural studies of attribution. In M. Hewstone (Ed.), *Attribution theory: Social and functional extensions*. Oxford: Blackwell.

Bond, M., Leung, K., & Wan, K. C. (1982). How does cultural collectivism operate? The impact of task and maintenance on reward distribution. *Journal of Cross-Cultural Psychology, 13*, 186-200.

Bower, G. H., & Gilligan, S. G. (1979). Remembering information related to one's self. *Journal of Research in Personality, 13*, 420-432.

Bowlby, J. (1973). *Separation: Anxiety and anger* (Attachment and loss, Vol. 2). New York: Basic Books.

Branscombe, N. R., Ellemers, N., Spears, R., & Doosje, B. (1999). The context and content of social identity threat. In N. Ellemers, R. Spears & B. Doosje (Eds.), *Social identity: Context, commitment, content* (pp. 35-58). Oxford: Blackwell.

Breakwell, G., & Canter, D. (Eds.) (1993). *Empirical approaches to social representations*. Oxford: Oxford University Press.

Breakwell, G. M., & Millward, L. J. (1997). Sexual self-concept and sexual risk taking. *Journal of Adolescence, 20*, 29-41.

Breckler, S. J. (1984). Empirical validation of affect, behavior, and cognition as distinct components of attitude. *Journal of Personality and Social Psychology, 47*, 1191-1205.

Brewer, M. B. (1988). A dual process model of impression formation. In T. K. Srull and R. S. Wyer, Jr (Eds.), *Advances in social cognition* (Vol. 1, pp. 1-36). Hillsdale, NJ: Erlbaum.

Brewer, M. B. (1991). The social self: On being the same and different at the same time. *Personality and Social Psychology Bulletin, 17*, 475-482.

Brewer, M. B., & Brown, R. J. (1998). Intergroup relations. In D. T. Gilbert, S. T. Fiske and G. Lindzey (Eds.), *Handbook of social psychology* (Vol. 2, 4th ed., pp. 554-594). New York: McGraw Hill.

Brewer, M. B., & Campbell, D. T. (1976). *Ethnocentrism and intergroup attitudes: East African evidence*. New York: Halsted.

Brewer, M. B., Dull, V., & Lui, L. (1981). Perceptions of the elderly: Stereotypes as prototypes. *Journal of Personality and Social Psychology, 41*, 656-670.

Brewer, M. B., & Silver, M. (1978). Ingroup bias as a function of task characteristics. *European Journal of Social Psychology, 8*, 393-400.

Brewin, C. R. (1986). Internal attribution and self-esteem in depression: A theoretical note. *Cognitive Therapy and Research, 10*, 469-475.

Brown, J. D., Collins, R. L., Schmidt, G. W., & Brown, D. (1988). Self-esteem and direct versus indirect forms of self-enhancement. *Journal of Personality and Social Psychology, 55*, 445-453.

Brown, R. (1965). *Social psychology.* New York: Macmillan.

Brown, R. (1986). *Social psychology* (2nd ed.). New York: Macmillan.

Brown, R. J. (1988). *Group processes: Dynamics within and between groups.* Oxford: Blackwell.

Brown, R. J. (1995). *Prejudice: Its social psychology.* Oxford: Blackwell.

Brown, R. J. (2000). Social identity theory: Past achievements, current problems and future challenges. *European Journal of Social Psychology, 30,* 745-778.

Brown, R., & Fish, D. (1983). The psychological causality implicit in language. *Cognition, 14,* 237-273.

Bruner, J. S. (1957). On perceptual readiness. *Psychological Review, 64,* 257-263.

Bruner, J. S. (1958). Social psychology and perception. In E. E. Maccoby, T. M. Newcomb and E. L. Hartley (Eds.), *Readings in social psychology* (pp. 85-94). New York: Henry Holt.

Bruner, J. S., Goodnow, J. J., & Austin, G. (1956). *A study of thinking.* New York: Wiley.

Brunstein, J. C., Schultheiss, O. C., & Grassman, R. (1998). Personal goals and emotional well-being: The moderating role of motive dispositions. *Journal of Personality and Social Psychology, 75,* 494-508.

Burman, E. (1990). Differing with deconstruction: A feminist critique. In I. Parker & J. Shotter (Eds.), *Deconstructing social psychology* (pp. 208-220). London: Routledge.

Burman, E. (1991) What discourse is not. *Philosophical Psychology, 4,* 325-342.

Burnstein, E., & Vinokur, A., (1977). Persuasive argumentation and social comparison as determinants of attitude polarization. *Journal of Experimental Social Psychology, 13,* 537-560.

Bushman, B. J., & Baumeister, R. F. (1998). Threatened egotism, narcissism, self-esteem and direct and displaced aggression: Does self-love or self-hate lead to violence? *Journal of Personality and Social Psychology, 75,* 219-229.

Campbell, D. T. (1967). Stereotypes and the perception of group differences. *American Psychologist, 22,* 817-829.

Cano, I., Hopkins, N., & Islam, M. R. (1991). Memory for stereotype-related material-a replication study with real-life groups. *European Journal of Social Psychology, 21,* 349-357.

Cantor, N., & Kihlstrom, J. F. (1987). *Personality and Social Intelligence.* Englewood Cliffs, NJ: Prentice-Hall.

Cantor, N., & Mischel, W. (1977). Traits as prototypes: Effects on recognition memory. *Journal of Personality and Social Psychology, 35,* 38-48.

Cantor, N., & Mischel, W. (1979). Prototypes in person perception. *Advances in Experimental Social Psychology, 12,* 4-47.

Cantor, N., Norem, J., Langston, C., Zirkel, S., Fleeson, W., & Cook-Flannagan, C. (1991). Life tasks and daily life experience. *Journal of Personality, 59,* 425-451.

Cantor, N., Norem, J. K., Niedenthal, P. M., Langston, C. A., & Brower, A. M. (1987). Life tasks, self-concept ideals, and cognitive strategies in a life transition. *Journal of Personality and Social Psychology, 53,* 1178-1191.

Caplan, N., & Nelson, S. D. (1973). On being useful: The nature and consequences of psychological research on social problems. *American Psychologist, 28,* 199-211.

Cartwright, D. (1979). Contemporary social psychology in historical perspective. *Social Psychology Quarterly, 42,* 82-93.

Carver, C. S., & Scheier, M. F. (1981). *Attention and self-regulation: A control theory approach to human behavior.* New York: Springer-Verlag.

Carver, C. S., & Scheier, M. F. (1982). Control theory: A useful conceptual framework for personality-social, clinical and health psychology. *Psychological Bulletin, 92,* 111-135.

Carver, C. S., & Scheier, M. F. (1990). Origins and functions of positive and negative affect: A control-process view, *Psychological Review, 97,* 19-35.

Chaiken, S., & Bargh, J. A. (1993). Occurrence versus moderation of the automatic attitude activation effect: Reply to Fazio. *Journal of Personality and Social Psychology, 64,* 759-765.

Chaiken, S., & Trope, Y. (Eds.) (1999). *Dual-process theories in social psychology.* New York: Guilford Press.

Chamberlain, C. (1983). *Class consciousness in Australia.* Sydney: George Allen & Unwin.

Chen, M., & Bargh, J. A. (1997). Non-conscious behavioral confirmation processes: The self-fulfilling nature of automatically-activated stereotypes. *Journal of Experimental Social Psychology, 33,* 541-560.

Christie, R., & Jahoda, M. (Eds.) (1954). *Studies in the scope and method of the authoritarian personality.* Glencoe, IL: Free Press.

Clark, K. B., & Clark, M. P. (1947). Racial identification and preference in Negro children. In T. Newcomb and E. L. Hartley (Eds.), *Readings in social psychology* (pp. 169-178). New York: Holt.

Codol, J.-P. (1984). On the system of representations in an artificial social situation. In R. M. Farr and S. Moscovici (Eds.), *Social representations* (pp. 239-253). Cambridge/ Paris: Cambridge University Press/Maison des Sciences de l'Homme.

Cohen, C. E. (1981). Person categories and social perception: Testing some boundaries of the processing effects of prior knowledge. *Journal of Personality and Social Psychology, 40,* 441-452.

Condor, S. (1988). 'Race stereotypes' and racist discourse. *Text, 8,* 69-89.

Condor, S. (1990). Social stereotypes and social identity. In D. Abrams and M. Hogg (Eds.), *Social identity theory: Constructive and critical advances* (pp. 230-249). Hemel Hempstead: Harvester Wheatsheaf.

Condor, S. (2000). Pride and prejudice: Identity management in English people's talk about 'this country'. *Discourse and Society, 11,* 175-205.

Converse, P. E. (1964). The nature of belief systems in mass publics. In D. E. Apter (Ed.), *Ideology and discontent* (pp. 206-261). New York: Free Press.

Conway, M. (1992). Developments and debates in the study of human memory. *The Psychologist, 5,* 439-461.

Cooley, C. H. (1902). *Human nature and the social order.* New York: Scribner's.

Costall, A., & Still, A. (Eds.) (1987). *Cognitive psychology in question.* Brighton: Harvester.

D'Agostino, P. R. (2000). The encoding and transfer of stereotype driven inferences. *Social Cognition, 18,* 281-291.

Darley, J. M., & Gross, P. H. (1983). A hypothesis-confirming bias in labeling effects. *Journal of Personality and Social Psychology, 44,* 20-33.

Dasgupta, N., & Greenwald, A. G. (2001). On the malleability of automatic attitudes: Combating automatic prejudice with images of admired and disliked individuals. *Journal of Personality and Social Psychology, 81,* 800-814.

Davies, B., & Harre, R. (1990). Positioning: The discursive production of selves. *Journal for the Theory of Social Behavior, 20,* 43-64.

Deaux, K. (1992). Personalizing identity and socializing self. In G. M. Breakwell (Ed.), *Social psychology of identity and the self-concept* (pp. 9-33). San Diego, CA: Surrey University Press.

Deaux, K. (1993). Reconstructing social identity. *Personality and Social Psychology Bulletin, 19,* 4-14.

Deaux, K., & Emswiller, T. (1974). Explanations of successful performance on sex-linked tasks: What is skill for the male is luck for the female. *Journal of Personality and Social Psychology, 29,* 80-85.

Deaux, K., & Philogene, G. (Eds.) (2001). *Representations of the social: Bridging theoretical traditions.* Oxford: Blackwell.

Deaux, K., Reid, A., Mizrahi, K., & Ethier, K. A. (1995). Parameters of social identity. *Journal of Personality and Social Psychology, 68,* 280-291.

de Rosa, A. S. (1987). The social representations of mental illness in children and adults. In W. Doise and S. Moscovici (Eds.), *Current issues in European social psychology* (Vol. 2, pp. 47-138). Cambridge/Paris: Cambridge University Press/Editions de la Maison des Sciences de l'Homme.

Devine, P. G. (1989a). Stereotypes and prejudice: Their automatic and controlled components. *Journal of Personality and Social Psychology, 56,* 5-18.

Devine, P. G. (1989b). Automatic and controlled processes in prejudice: The role of stereotypes and personal beliefs. In A. R. Pratkanis, S. J. Breckler and A. G. Greenwald (Eds.), *Attitude structure and function* (pp. 181-212). Hillsdale, NJ: Erlbaum.

Devine, P. G. (2001). Implicit prejudice and stereotyping: How automatic are they? Introduction to the special section. *Journal of Personality and Social Psychology, 81,* 757-759.

Devine, P. G., & Ostrom, T. M. (1988). Dimensional versus information-processing approaches to social knowledge: The case of inconsistency management. In D. Bar-Tal and A. W. Kruglanski (Eds.) *The social psychology of knowledge* (pp. 231-261). Cambridge: Cambridge University Press.

Dijksterhuis, A., & van Knippenberg, A. (1998). The relation between perception and behavior or how to win a game of Trivial Pursuit. *Journal of Personality and Social Psychology, 74,* 865-877.

Doise, W. (1978). *Individuals and groups: Explanations in social psychology.* Cambridge: Cambridge University Press.

Doise, W. (1986). *Levels of explanation in social psychology.* Cambridge: Cambridge University Press.

Doise, W. (2001). Human rights studied as normative social representations. In K. Deaux & G. Philogene (Eds.), *Representations of the social: Bridging theoretical traditions* (pp. 96-112). Oxford: Blackwell.

Doise, W., Clemence, A., & Lorenzi-Cioldi, F. (1993). *The quantitative analysis of social representations.* Hemel Hempstead: Harvester Wheatsheaf.

Doise, W., Deschamps, J. C., & Meyer, G. (1978). The accentuation of intracategory similarities. In H. Tajfel (Ed.), *Differentiation between social groups* (pp. 159-168). London: Academic Press.

Doise, W., & Sinclair, A. (1973). The categorization process in intergroup relations. *European Journal of Social Psychology, 3,* 145-187.

Doise, W., Spini, D., & Clemence, A. (1999). Human rights studied as social representations in a cross-national context. *European Journal of Social Psychology, 29,* 1-29.

Donaghue, N. (1999). *Dynamic self-discrepancies.* Unpublished doctoral thesis, University of Melbourne, Victoria.

Donaghue, N., & Fallon, B. J. (2003). Gender role self-stereotyping and the relationship between equity and satisfaction in close relationships. *Sex Roles, 48,* 217-230.

Donaghue, N., & Ho, W. (2005). Cultural differences in the pursuit of ideal and ought goals: Comparing nationality and self-construal as moderators of subjective well-being. Manuscript submitted for publication.

Doosje, B., & Ellemers, N. (1997). Stereotyping under threat: The role of group identification. In R. Spears, P. J. Oakes, N. Ellemers and S. A. Hasam (Eds.), *The social psychology of stereotyping and group life* (pp. 257-272). Oxford: Blackwell.

Dornbusch, S. M. (1987). Individual moral choices and social evaluations: A research odyssey. *Advances in Group Processes, 4,* 271-307.

Dovidio, J. F., Brigham, J. C., Johnson, B. T., & Gaertner, S. L. (1996). Stereotyping, prejudice, and discrimination: Another look. In C. N. Macrae, C. Stangor, & M. Hewstone (Eds.), *Stereotypes and stereotyping* (pp. 276-319). New York: Guilford Press.

Dovidio, J. F., Evans, N., & Tyler, R. (1986). Racial stereotypes: The contents of their cognitive representations. *Journal of Experimental Social Psychology, 22,* 22-37.

Dovidio, J. F., & Gaertner, S. L. (Eds.) (1986). *Prejudice, discrimination, and racism.* New York: Academic Press.

Dovidio, J. F., Kawakami, K., & Gaertner, S. L. (2002). Implicit and explicit prejudice and interracial interaction. *Journal of Personality and Social Psychology, 82,* 62-68.

Dovidio, J. F., Kawakami, K., Johnson, C., Johnson, B., & Howard, A. (1997). On the nature of prejudice: Automatic and controlled process. *Journal of Experimental Social Psychology, 33,* 514-540.

Drew, P., & Holt, E. (1989). Complainable matters: The use of idiomatic expressions in making complaints. *Social Problems, 35,* 398-417.

Duckitt, J. (1988). Normative conformity and racial prejudice in South Africa. *Genetic, Social, and General Psychology Monographs, 114,* 413-437.

Duckitt, J. (1991). The development and validation of a modern racism scale in South Africa. *South African Journal of Psychology, 21,* 23-39.

Duckitt, J. (1992). *The social psychology of prejudice.* New York: Praeger.

Duckitt, J. (2001). A dual-process cognitive-motivational theory of ideology and prejudice. In M. P. Zanna (Ed.), *Advances in experimental social psychology* (Vol. 33, pp. 41-113). San Diego, CA: Academic Press.

Durant, J., Bauer, M. W., & Gaskell, G. (1998). *Biotechnology in the public sphere: A European sourcebook.* London: Science Museum Publications.

Durkheim, E. (1898). Représentations individuelles et représentations collectives. *Revue de Metaphysique et de Mo-*

rale, VI, 273-302.

Duval, S., & Wicklund, R. A. (1973). Effects of objective self-awareness on attributions of causality. *Journal of Experimental Social Psychology, 9,* 17-31.

Duveen, G., & de Rosa, A. S. (1992). Social representations and the genesis of social knowledge. *Papers on Social Representations, 1,* 94-108.

Duveen, G., & Lloyd, B. (Eds.) (1990). *Social representations and the development of knowledge.* Cambridge: Cambridge University Press.

Eagleton, T. (1991). *Ideology.* London: Verso.

Eagly, A. H., & Chaiken, S. (1993). *The psychology of attitudes.* Fort Worth, TX: Harcourt Brace Jovanovich.

Eagly, A. H., & Chaiken, S. (1998). Attitude structure and function. In D. T. Gilbert, S. T. Fiske & G. Lindzey (Eds.), *Handbook of social psychology* (4th ed., pp. 269-322). New York: McGraw-Hill.

Edley, N. (2001). Unravelling social constructionism. *Theory and Psychology, 11,* 433-441.

Edley, N., & Wetherell, M. (1995). Imagined futures: Young men's talk about fatherhood and domestic life. *British Journal of Social Psychology, 38,* 181-194.

Edwards, D. (1991). Categories are for talking: On the cognitive and discursive bases of categorization. *Theory and Psychology, 1,* 515-542.

Edwards, D. (1997). *Discourse and cognition.* London: Sage.

Edwards, D., Ashmore, M., & Potter, J. (1995). Death and furniture: The rhetoric, politics, and theology of bottom line arguments against relativism. *History of the Human Sciences, 8,* 25-49.

Edwards, D., & Potter, J. (1992). *Discursive psychology.* London: Sage.

Edwards, D., & Potter, J. (1993). Language and causation: A discursive action model of description and attribution. *Psychological Review, 100,* 230-241.

Eiser, J. R. (1994). *Attitudes, chaos, and the connectionist mind.* Oxford: Blackwell.

Ellemers, N. (1993). The influence of socio-cultural variables on identity management strategies. *European Review of Social Psychology, 4,* 27-57.

Ellemers, N., Spears, R., & Doosje, B. (2002). Self and social identity. *Annual Review of Psychology, 53,* 161-186.

Elms, A. C. (1975). The crisis of confidence in social psychology. *American Psychologist, 30,* 967-976.

Emler, N., Ohana, J., & Dickinson, J. (1990). Children's representations of social relations. In G. Duveen and B. Lloyd (Eds.), *Social representation and the development of knowledge* (pp. 47-69). Cambridge: Cambridge University Press.

Emmons, R. A. (1986). Personal strivings: An approach to personality and subjective well-being. *Journal of Personality and Social Psychology, 51,* 1058-1068.

Emmons, R. A. (1996). Striving and feeling: Personal goals and subjective well-being. In J. A. Bargh and P. M. Gollwitzer (Eds.), *The psychology of action: Linking motivation and cognition to behavior* (pp. 314-337). New York: Guilford Press.

Erdley, C. A., & D'Agostino, P. R. (1988). Cognitive and affective components of automatic priming effects. *Journal of Personality and Social Psychology, 54,* 741-747.

Erikson, R. S., Luttbeg, N. R., & Tedin, K. L. (1980). *American public opinion: Its origins, content, and impact* (2nd ed.). New York: Wiley.

Essed, P. (1991a). Knowledge and resistance: Black women talk about racism in the Netherlands and the USA. *Feminism & Psychology, 1,* 201-219.

Essed, P. (1991b). *Understanding everyday racism: An interdisciplinary theory* (Sage series on race and ethnic relations, Vol. 2). Thousand Oaks, CA: Sage.

Etaugh, C., & Brown, B. C. (1975). Perceiving the causes of success and failure of male and female performers. *Developmental Psychology, 11,* 103.

Exline, J. J. & Lobel, M. (1999). The perils of outperformance: Sensitivity about being the target of a threatening upward comparison. *Psychological Bulletin, 125,* 307-337.

Eysenck, H. J. (1975). The structure of social attitudes. *British Journal of Social and Clinical Psychology, 14,* 323-331.

Eysenck, H. J., & Wilson, G. D. (Eds.) (1978). *The psychological basis of ideology.* Lancaster: MTP Press.

Farr, R. (1989). The social and collective nature of representations. In J. Forgas and J. M. Innes (Eds.), *Recent advances in social psychology: An international perspective* (pp. 157-166). North Holland: Elsevier.

Farr, R. (1990). Social representations as widespread beliefs. In C. Fraser and G. Gaskell (Eds.), *The social psychological study of widespread beliefs.* Oxford: Clarendon Press.

Farr, R. M. (1996). *The roots of modern social psychology 1872-1954.* Oxford: Blackwell.

Farr, R., & Anderson, A. (1983). Beyond actor/observer differences in perspective: Extensions and applications. In M. Hewstone (Ed.), *Attribution theory: Social and functional extensions* (pp. 45-64). Oxford: Blackwell.

Fazio, R. H. (1989). On the power and functionality of attitudes: The role of attitude accessibility. In A. R. Pratkanis, S. J. Breckler and A. G. Greenwald (Eds.), *Attitude structure and function* (pp. 153-179). Hillsdale, NJ: Erlbaum.

Fazio, R. H. (1993). Variability in the likelihood of automatic attitude activation: Data reanalysis and commentary on Bargh, Chaiken, Govender, and Pratto (1992). *Journal of Personality and Social Psychology, 64,* 753-758.

Fazio, R. H., & Olson, M. A. (2003). Attitudes: Foundations, functions, and consequences. In M. A. Hoff and J. Cooper (Eds.), *The Sage handbook of social psychology* (pp. 139-160). London: Sage.

Fazio, R. H., & Olson, M. A. (2003). Implicit measures in social cognition: Their meaning and uses. *Annual Review of Psychology, 54,* 297-327.

Fazio, R. H., Sanbonmatsu, D. M., Powell, M. C., & Kardes, F. R. (1986). On the automatic activation of attitudes. *Journal of Personality and Social Psychology, 50,* 229-238.

Fazio, R. H., & Williams, C. J. (1986). Attitude accessibility as a moderator of the attitude-perception and attitude-behavior relations: An investigation of the 1984 presidential election. *Journal of Personality and Social Psychology, 51,* 505-544.

Fazio, R. H., & Zanna, M. P. (1978a). Attitudinal qualities relating to the strength of the attitude-behavior relationship. *Journal of Experimental Social Psychology,* 393-408.

Fazio, R. H., & Zanna, M. P. (1978b). On the predictive validity of attitudes: The roles of direct experience and confidence. *Journal of Personality, 46,* 223-243.

Fazio, R. H., & Zanna, M. P. (1981). Direct experience and attitude-behavior consistency. In L. Berkowitz (Ed.), *Advances in experimental social psychology* (Vol. 14, pp. 161-202). New York: Academic Press.

Fazio, R. H., Zanna, M. P., & Cooper, J. (1977). Dissonance and self-perception: An integrative review of each theory's proper domain of application. *Journal of Experimental Social Psychology, 13,* 464-479.

Feagin, J. R. (1972). Poverty: We still believe that God helps those who help themselves. *Psychology Today, 6,* 101-129.

Feather, N. T. (1978). Reactions to male and female success and failure at sex-linked occupations: Effects of sex and socio-economic status of respondents. *Australian Journal of Psychology, 30,* 21-40.

Feather, N. T. (1985). Attitudes, values and attributions: Explanations of unemployment. *Journal of Personality and Social Psychology, 98,* 876-889.

Feather, N. T., & Simon, J. G. (1975). Reactions to male and female success and failure in sex-linked occupations: Impressions of personality, causal attributions, and perceived likelihood of different consequences. *Journal of Personality and Social Psychology, 31,* 20-31.

Feldman-Summers, S., & Kiesler, S. B. (1974). Those who are number two try harder: The effects of sex on attributions of causality. *Journal of Personality and Social Psychology, 30,* 864-855.

Ferguson, L. (1973). Primary social attitudes of the 1960s and those of the 1930s. *Psychological Reports, 33,* 655-664.

Festinger, L. (1950). Informal social communication. *Psychological Review, 57,* 271-282.

Festinger, L. (1954). A theory of social comparison processes. *Human Relations, 7,* 117-140.

Festinger, L. (1957). *A theory of cognitive dissonance.* Stanford, CA: Stanford University Press.

Fishbein, M., & Ajzen, I. (1975). *Belief, attitude, intention, and behavior: An introduction to theory and research.* Reading, MA: Addison-Wesley.

Fiske, S. T. (1982). Schema-triggered affect: Applications to social perception. In M. S. Clark and S. T. Fiske (Eds.), *Affect and cognition: The 17th Annual Carnegie Symposium on Cognition* (pp. 56-78). Hillsdale, NJ: Erlbaum.

Fiske, S. T. (1992). Thinking is for doing: Portraits of social cognition from Daguerreotypes to Laserphoto. *Journal of Personality and Social Psychology, 63,* 877-839.

Fiske, S. T. (1998). Stereotyping, prejudice, and discrimination. In D. T. Gilbert, S. T. Fiske & G. Lindzey (Eds.), *Handbook of social psychology* (Vol. 2, 4th ed., pp. 357-411). New York: McGraw-Hill.

Fiske, S. T. (1999). Preface. In J.-M. Monteil & P. Huguet, *Social context and cognitive performance: Towards a social psychology of cognition* (p. v). Hove, East Sussex: Taylor & Francis.

Fiske, S. T. (2004). *Social beings: A core motives approach to social psychology.* New York: Wiley.

Fiske, S. T., & Dyer, L. M. (1985). Structure and development of social schemata: Evidence from positive and negative transfer effects. *Journal of Personality and Social Psychology, 48,* 839-852.

Fiske, S. T., Kinder, D. R., & Larter, W. M. (1983). The novice and the expert: Knowledge-based strategies in political cognition. *Journal of Experimental Social Psychology, 19,* 381-400.

Fiske, S. T., Lin, M., & Neuberg, S. L. (1999). The continuum model: Ten years on. In S. Chaiken & Y. Trope (Eds.), *Dual-process theories in social psychology* (pp. 231-254). New York: Guilford Press.

Fiske, S. T., & Neuberg, S. L. (1990). A continuum of impression formation, from category-based to individuating processes: Influences of information and motivation on attention and interpretation. In M. P. Zanna (Ed.), *Advances in experimental social psychology* (Vol. 23, pp. 1-74). New York: Academic Press.

Fiske, S. T., & Pavelchak, M. (1986). Category-based versus piecemeal-based affective responses: Developments in schema-triggered affect. In R. M. Sorrentino & E. T. Higgins (Eds.), *Handbook of motivation and cognition: Foundations of social behavior* (pp. 167-203). New York: Guilford Press.

Fiske, S. T., & Taylor, S. E. (1984). *Social cognition.* Reading, MA: Addison-Wesley.

Fiske, S. T., & Taylor, S. E. (1991). *Social cognition* (2nd ed.). New York: McGraw-Hill.

Fleming, D. (1967). Attitude: The history of a concept. In D. Fleming and B. Bailyn (Eds.), *Perspectives in American history* (Vol. 1, pp. 285-365). Cambridge, MA: Charles Warren Center for Studies in American History.

Fletcher, G. J. O., & Ward, C. (1988). Attribution theory and processes: A cross-cultural perspective. In M. H. Bond (Ed.), *The cross-cultural challenge to social psychology* (pp. 230-244). Newbury Park, CA: Sage.

Forsterling, F. (1985). Attributional retraining: A review. *Psychological Bulletin, 3,* 495-512.

Forsterling, F. (2001). *Attribution: An introduction to theories, research and applications.* London: Psychology Press.

Foucault, M. (1970). *The order of things: An archeology of the human sciences.* London: Tavistock.

Foucault, M. (1972). *The archeology of knowledge.* London: Tavistock.

Foucault, M. (1977). *Discipline and punish: The birth of the prison* (trans. A. M. SheridanSmith). London: Allen Lane.

Foucault, M. (1980). *Power/knowledge: Selected interviews and other writings 1972-77* (trans. C. Gordon). Hemel Hempstead: Harvester Wheatsheaf.

Foucault, M. (1986). *History of sexuality, Vol. 3: The care of the self.* New York: Random House.

Foucault, M. (1988). Technologies of the self. In L. H. Martin & P. Hutton (Eds.), *Technologies of the self: A seminar with Michel Foucault* (pp. 16-49). Amherst, MA: University of Massachusetts Press.

Fraser, C., & Gaskell, G. (Eds.) (1990). *The social psychological study of widespread beliefs.* Oxford: Clarendon Press.

Fraser, N. (1989). *Unruly practices: Power, discourse and gender in contemporary social theory.* Minneapolis, MN: University of Minnesota Press.

Freud, S. (1925). *Collected Papers.* London: Hogarth.

Fukuyama, F. (1992). *The end of history and the last man.* London: Hamish Hamilton.

Furnham, A. (1982a). Why are the poor always with us? Explanations for poverty in Britain. *British Journal of Social Psychology, 21,* 311-322.

Furnham, A. (1982b). Explanations for unemployment in Britain. *European Journal of Social Psychology, 12,* 335-352.

Furnham, A. (1982c). The perception of poverty amongst adolescents. *Journal of Adolescence, 5,* 135-147.

Gaertner, S. L., & Dovidio, J. F. (1977). The subtlety of white racism, arousal and helping behavior. *Journal of Personality and Social Psychology, 35,* 691-707.

Gaertner, S. L., & Dovidio, J. (1986). The aversive form of racism. In J. Dovidio & S. L. Gaertner (Eds.), *Prejudice, discrimination and racism* (pp. 61-89). New York: Academic Press.

Gaertner, S. L., & McLaughlin, J. P. (1983). Racial stereotypes: Associations and ascriptions of positive and negative characteristics. *Social Psychology Quarterly, 46,* 23-40.

Garland, H., & Price, K. H. (1977). Attitudes towards women in management and attributions for their success and failure in a managerial position. *Journal of Applied Psychology, 62,* 29-33.

Gartrell, C. D. (2002). The embeddedness of social comparisons. In I. Walker & H. J. Smith (Eds.), *Relative deprivation: Specification, development, integration* (pp. 164-184). New York: Cambridge University Press.

Gaskell, G. (2001). Attitudes, social representations, and beyond. In K. Deaux and G. Philogene (Eds.), *Representations of the social: Bridging theoretical traditions* (pp. 228-241). Oxford: Blackwell.

Gaskell, G., & Fraser, C. (1990). The social psychological study of widespread beliefs. In C. Fraser and G. Gaskell (Eds.), *The social psychological study of widespread beliefs* (pp. 3-24). Oxford: Clarendon Press.

Geertz, C. (1975). On the nature of anthropological understanding. *American Scientist, 63,* 47-53.

Gergen, K. J. (1965). Interaction goals and personalistic feedback as factors affecting the presentations of self. *Journal of Personality and Social Psychology, 1,* 413-424.

Gergen, K. J. (1967). Multiple identity: The healthy, happy human being wears many masks. *Psychology Today, 5,* 15-39.

Gergen, K. J. (1973). Social psychology as history. *Journal of Personality and Social Psychology, 26,* 309-320.

Gergen, K. J. (1985). The social constructionist movement in modern psychology. *American Psychologist, 40,* 266-275.

Gergen, K. J. (1991). *The saturated self.* New York: Basic Books.

Gergen, K. J. (1993). *Refiguring self and psychology.* Hampshire: Dartmouth.

Gergen, K. J. (1994). *Realities and relationships: Soundings in social construction.* Cambridge, MA: Harvard University Press.

Gergen, K. J. (1999). *An invitation to social construction.* London: Sage.

Gibbons, F. X. (1978). Sexual standards and reactions to pornography: Enhancing behavioral consistency through self-focused attention. *Journal of Personality and Social Psychology, 36,* 976-987.

Gibson, J. J. (1979). *The ecological approach to visual perception.* Boston, MA: Houghton Mifflin.

Gilbert, D. T. (1989). Thinking lightly about others: Automatic components of the social inference process. In J. S. Uleman and J. A. Bargh (Eds.), *Unintended thought* (pp. 189-211). New York: Guilford Press.

Gilbert, D. T. (1995). *Attribution and interpersonal perception. In A. Tesser* (Ed.), Advanced social psychology (pp. 99-147). New York: McGraw-Hill.

Gilbert, D. T. (1998). Ordinary personology. In D. Gilbert, S. T. Fiske & G. Lindzey (Eds.), *Handbook of social psychology* (Vol.

2, 4th ed., 89-150). New York: McGraw-Hill.

Gilbert, D. T., & Hixon, J. G. (1991). The trouble of thinking: Activation and application of stereotypic beliefs. *Journal of Personality and Social Psychology, 60,* 509-517.

Gilbert, D. T., & Malone, P. S. (1995). The correspondence bias. *Psychological Bulletin, 117,* 21-38.

Gilbert, D. T., Pelham, B. W., & Krull, D. S. (1988). On cognitive busyness: When person perceivers meet persons perceived. *Journal of Personality and Social Psychology, 54,* 733-740.

Gilbert, G. M. (1951). Stereotype persistence and change among college students. *Journal of Abnormal and Social Psychology, 46,* 245-254.

Gilbert, N., & Mulkay, M. (1984). *Opening Pandora's box.* Cambridge: Cambridge University Press.

Gilroy, P. (1987). *'There ain't no black in the Union Jack': Politics of race and nation.* London: Routledge.

Glick, P., & Fiske, S. T. (1996). The ambivalent sexism inventory: Differentiating hostile and benevolent sexism. *Journal of Personality and Social Psychology, 70,* 491-512.

Glick, P., & Fiske, S. T. (1997). Hostile and benevolent sexism: Measuring ambivalent sexist attitudes towards women. *Psychology of Women Quarterly, 21,* 119-135.

Goffman, E. (1963). *Stigma: Notes on the management of spoiled identity.* Englewood Cliffs, NJ: Prentice Hall.

Goffman, E. (1981). *Forms of talk.* Oxford: Blackwell.

Goldberg, D. T. (1993). *Racist culture.* Oxford: Blackwell.

Goldberg, D. T. (1996). Racial formation in contemporary American national identity. *Social Identities, 2,* 169-91.

Goldberg, D. T. (1999). Racial subjects: Writing race in America. *Canadian Journal of Sociology, 24,* 434-36.

Gonzales, M. H., Burgess, D. J., & Mobilio, L. J. (2001). The allure of bad plans: Implications of plan quality for progress towards possible selves and postplanning energization. *Basic and Applied Social Psychology, 23,* 87-108.

Gramsci, A. (1971). *Selections from the prison notebooks* (trans. Q. Hoare and G. Nowell Smith). London: Lawrence & Wishart.

Graumann, C. F. (1986). The individualization of the social and the desocialization of the individual: Floyd H. Allport's contribution to social psychology. In C. F. Graumann and S. Moscovici (Eds.), *Changing conceptions of crowd mind and behavior* (pp. 97-116). New York: SpringerVerlag.

Graumann, C. F. (1996). Psyche and her descendents. In C. F. Graumann & K. J. Gergen (Eds.), *Historical dimensions of psychological discourse* (pp. 83-100). New York: Cambridge University Press.

Greenberg, J., & Rosenfield, D. (1979). Whites' ethnocentrism and their attributions for the behaviour of blacks: A motivational bias. *Journal of Personality, 47,* 643-657.

Greenberg, J., Solomon, S., Pyszczynski, T., Rosenblatt, A., Burling, J., Lyon, D., Simon, L., & Pinel, E. (1992). Why do people need self-esteem? Converging evidence that self-esteem serves an anxiety-buffering function. *Journal of Personality and Social Psychology, 63,* 913-922.

Greenwald, A. G., & Banaji, M. R. (1995). Implicit social cognition: Attitudes, selfesteem, and stereotypes. *Psychological Review, 102,* 4-27.

Greenwald, A. G., Banaji, M. R., Rudman, C. A., Farnham, S. D., Nosek, B. A., & Mellot, D. S. (2002). A unified theory of implicit attitudes, stereotypes, self-esteem, and self-concept. *Psy-*

chological Review, 100, 3-25.

Greenwald, A. G., McGhee, D. E., & Schwartz, J. L. K. (1998). Measuring individual differences in implicit cognition: The implicit association test. *Journal of Personality and Social Psychology, 74*, 1464-1480.

Greenwald, A. G., & Pratkanis, A. R. (1984). The self. In R. S. Wyer, Jr, & T. K. Srull (Eds.), *Handbook of social cognition* (Vol. 3, pp. 129-178). Hillsdale, NJ: Erlbaum.

Grice, H. P. (1975). Logic and conversation. In P. Cole & J. L. Morgan (Eds.), *Syntax and semantics III: Speech acts* (pp. 41-55). New York: Academic Press.

Guerin, B. (1993). Subtle gender bias in the abstractness of verbs and adjectives. Paper presented at the Meeting of Australian Social Psychologists, Newcastle, NSW.

Guilfoyle, A. (2000). *The challenge and the promise: A critical analysis of prejudice in intergroup attribution research.* Unpublished PhD dissertation, Murdoch University.

Hall, S. (1986a). The problem of ideology: Marxism without guarantees. *Journal of Communication Inquiry, 10*, 28-44.

Hall, S. (1986b). Variants of liberalism. In J. Donald and S. Hall (Eds.), *Politics and ideology* (pp. 34-69). Milton Keynes: Open University Press.

Hall, S. (1989). Introduction. In S. Hall & M. Jacques (Eds.), *New times: The changing face of politics in the 1990s* (pp. 11-20). London: Lawrence & Wishart.

Hall, S. (1992). New ethnicities. In J. Donald & A. Rattansi (Eds.), *'Race', culture and difference* (pp. 252-260). London: Sage.

Hall, S. (1996). The problem of ideology: Marxism without guarantees. In D. Morley & H. K. Chen (Eds.), *Stuart Hall: Critical dialogues in cultural studies.* London: Routledge.

Hamilton, D. L. (1979). A cognitive-attributional analysis of stereotyping. In L. Berkowitz (Ed.), *Advances in experimental social psychology* (Vol. 12, pp. 53-81). New York: Academic Press.

Hamilton, D. L., Devine, P. G., & Ostrom, T. M. (1994). Social cognition and classic issues in social psychology. In P. G. Devine, D. L. Hamilton, & T. M. Ostrom (Eds.), *Social cognition: Impact on social psychology* (pp. 1-13). San Diego, CA: Academic Press.

Hamilton, D. L., & Sherman, J. W. (1994). Stereotypes. In R. S. Wyer, Jr, and T. K. Srull (Eds.), *Handbook of social cognition* (Vol. 2, 2nd ed., pp. 1-68). Hillsdale, NJ: Erlbaum.

Hamilton, D. L., Stroessner, S. J., & Driscoll, D. D. (1994). Social cognition and the study of stereotypes. In P. G. Devine, D. L. Hamilton, & T. M. Ostrom (Eds.), *Social cognition: Impact on social psychology* (pp. 291-321). San Diego, CA: Academic Press.

Hamilton, D. L., & Trolier, T. K. (1986). Stereotypes and stereotyping: An overview of the cognitive approach. In J. Dovidio & S. Gaertner (Eds.), *Prejudice, discrimination and racism* (pp. 127-163). Orlando, FL: Academic Press.

Hare-Mustin, R. T., & Maracek, J. (1988). The meaning of difference: Gender theory, postmodernism and psychology. *American Psychologist, 43*, 455-464.

Harre, R., & Van Langenhove, L. (1999). Reflexive positioning: Autobiography. In R. Harre, L. Van Langenhove & L. Berman (Eds.), *Positioning theory: Moral contexts of intentional action* (pp. 60-73). Oxford: Blackwell.

Hasher, L., & Zacks, R. T. (1979). Automatic and effortful processes in memory. *Journal of Experimental Psychology: General,*
108, 356-388.

Haslam, S. A. (1997). Stereotyping and social influence: Foundations of stereotype consensus. In R. Spears, P. J. Oakes, N. Ellemers & S. A. Haslam (Eds.), *The social psychology of stereotyping and group life* (pp. 119-143). Oxford: Blackwell.

Haslam, S. A., & Turner, J. C. (1992). Context-dependent variation in social stereotyping 2: The relationship between frame of reference, self-categorization and accentuation. *European Journal of Social Psychology, 22*, 251-278.

Haslam, S. A., & Turner, J. C. (1995). Context-dependent variation in social stereotyping 3: Extremism as a self-categorical basis for polarized judgement. *European Journal of Social Psychology, 25*, 341-371.

Haslam, S. A., Turner, J. C., Oakes, P. J., McGarty, C., & Hayes, B. K. (1992). Contextdependent variation in social stereotyping 1: The effects of intergroup relations as mediated by social change and frame of reference. *European Journal of Social Psychology, 22*, 3-20.

Haslam, S. A., van Knippenberg, D., Platow, M. J., & Ellemers, N. (2003). *Social identity at work: Developing theory for organizational practice.* New York: Psychology Press.

Hastie, R., & Park, B. (1986). The relationship between memory and judgment depends on whether the judgment task is memory-based or on-line. *Psychological Review, 93*, 258-268.

Hastorf, A., & Cantril, H. (1954). They saw a game: A case study. *Journal of Abnormal and Social Psychology, 49*, 129-34.

Heider, F. (1944). Social perception and phenomenal causality. *Psychological Review, 51*, 358-74.

Heider, F. (1958). *The psychology of interpersonal relations.* New York: Wiley.

Heider, F., & Simmel, M. (1944). An experimental study of apparent behavior. *American Journal of Psychology, 57*, 243-249.

Henriques, J., Hollway, W., Urwin, C., Venn, C., & Walkerdine, V. (1984). *Changing the subject: Psychology, social regulation and subjectivity.* London: Methuen.

Henriques, J., Hollway, W., Urwin, C., Venn, C., & Walkerdine, V. (1998). *Changing the subject: Psychology, social regulation and subjectivity* (2nd ed.). London: Routledge.

Hepburn, A. (2003). *An introduction to critical social psychology.* London: Sage.

Herek, G. M. (1986). The instrumentality of attitudes: Toward a neofunctional theory. *Journal of Social Issues, 42*, 99-114.

Herek, G. M. (1987). Can functions be measured? A new perspective on the functional approach to attitudes. *Social Psychology Quarterly, 50*, 285-303.

Herzlich, C. (1973). *Health and illness: A social psychological analysis.* London: Academic Press.

Hewstone, M. (Ed.). (1983). *Attribution theory: Social and functional extensions.* Oxford: Blackwell.

Hewstone, M. (1985). On common-sense and social representations: A reply to Potter and Litton, *British Journal of Social Psychology, 24*, 95-97.

Hewstone, M. (1986). *Understanding attitudes to the European Community: A socialpsychological study in four member states.* Paris/Cambridge: Maison des Sciences de l'Homme/Cambridge University Press.

Hewstone, M. (1988). Causal attribution: From cognitive processes to collective beliefs. *The Psychologist: Bulletin of the British Psychological Society, 1*, 323-327.

Hewstone, M. (1989a). *Causal attribution: From cognitive processes to collective beliefs.* Oxford: Blackwell.

Hewstone, M. (1989b). Representations sociales et causalite. In D. Jodelet (Ed.), *Les representations sociales* (pp. 252-274). Paris: Presses Universitaires de France.

Hewstone, M. (1990). The 'ultimate attribution error' ? A review of the literature on intergroup causal attribution. *European Journal of Social Psychology, 20,* 311-335.

Hewstone, M., & Augoustinos, M. (1995). Social attributions and social representations. In U. Flick and S. Moscovici (Eds.), *The psychology of the social: Language and social knowledge in social psychology* (pp. 78-99). Reinbek: Rowohit.

Hewstone, M., & Brown, R. J. (1986). *Contact and conflict in intergroup encounters.* Oxford: Blackwell.

Hewstone, M., Hopkins, N., & Routh, D. A. (1992). Cognitive models of stereotype change: (1) Generalization and subtyping in young people's views of the police. *European Journal of Social Psychology, 22,* 219-234.

Hewstone, M., Jaspars, J., & Lalljee, M. (1982). Social representations, social attribution and social identity: The intergroup images of 'public' and 'comprehensive' schoolboys. *European Journal of Social Psychology, 12,* 241-269.

Hewstone, M., Johnston, L., & Aird, P. (1992). Cognitive models of stereotype change: (2) Perceptions of homogeneous and heterogeneous groups. *European Journal of Social Psychology, 22,* 235-249.

Hewstone, M., Rubin, M., & Willis, H. (2002). Intergroup bias: Social prejudice. *Annual Review of Psychology, 53,* 575-604.

Hewstone, M., & Ward, C. (1985). Ethnocentrism and causal attribution in Southeast Asia. *Journal of Personality and Social Psychology, 48,* 614-623.

Higgins, E. T. (1987). Self-discrepancy: A theory relating self and affect. *Psychological Review, 94,* 319-340.

Higgins, E. T. (1995). Emotional experiences: The pains and pleasures of distinct selfregulatory systems. In R. D. Kavanaugh, B. Z. Glick & S. Fein (Eds.), *Emotions: The G. Stanley Hall symposium.* Hillsdale, NJ: Erlbaum.

Higgins, E. T. (1996a). Knowledge activation: Accessibility, applicability, and salience. In E. T. Higgins & A. W. Kruglanski (Eds.), *Social psychology: Handbook of basic principles* (pp. 133-168). New York: Guilford Press.

Higgins, E. T. (1996b). The 'self-digest' : Self-knowledge serving self-regulatory functions. *Journal of Personality and Social Psychology, 71,* 1062-1083.

Higgins, E. T. (1997). Beyond pleasure and pain. *American Psychologist, 52,* 1280-1300.

Higgins, E. T. & Bargh, J. A. (1987). Social cognition and social perception. *Annual Review of Psychology, 38,* 369-425.

Higgins, E. T., Bond, R. N., Klein, R., & Strauman, T. (1986). Self-discrepancies and emotional vulnerability: How magnitude, accessibility, and type of discrepancy influence affect. *Journal of Personality and Social Psychology, 51,* 5-15.

Higgins, E. T., Klein, R., & Strauman, T. (1985). Self-concept discrepancy theory: A psychological model for distinguishing among different aspects of depression and anxiety. *Social Cognition, 3,* 51-76.

Higgins, E. T., Roney, C. J., Crowe, E., & Hymes, C. (1994). Ideal versus ought predilections for approach and avoidance: Distinct self-regulatory systems. *Journal of Personality and Social Psychology, 66,* 276-286.

Higgins, E. T., & Tykocinski, O. (1992). Self-discrepancies and biographical memory: Personality and cognition at the level of psychological situation. *Personality and Social Psychology Bulletin, 18,* 527-535.

Higgins, E. T., Van Hook, E., & Dorfman, D. (1988). Do self-attributes form a cognitive structure? *Social Cognition, 6,* 177-207.

Hilgard, E. R. (1980). The trilogy of mind: Cognition, affection, and conation. *Journal of the History of the Behavioral Sciences, 16,* 107-117.

Hilton, D. J. (1990). Conversational processes and causal explanation. *Psychological Bulletin, 107,* 65-81.

Himmelfarb, S. (1993). The measurement of attitudes. In A. H. Eagly and S. Chaiken (Eds.), *The psychology of attitudes* (pp. 23-87). Fort Worth, TX: Harcourt Brace Jovanovich.

Hirschfeld, L. (1997). The conceptual politics of race: Lessons from our children. *Ethos, 25,* 63-92.

Hoffman, C., & Hurst, N. (1990). Gender stereotypes: Perception or rationalization? *Journal of Personality and Social Psychology, 58,* 197-208.

Hogan, R. T., & Emler, N. P. (1978). The biases in contemporary social psychology. *Social Research, 45,* 478-534.

Hogg, M. A. (2000). Social processes and human behavior: Social psychology. In K. Pawlik & M. R. Rosenzweig (Eds.), *International handbook of psychology* (pp. 305-327). London: Sage.

Hogg, M. A. (2001). A social identity theory of leadership. *Personality and Social Psychology Review, 5,* 184-200.

Hogg, M. A., & Abrams, D. (1988). *Social identifications: A social psychology of intergroup relations and group processes.* London: Routledge.

Hogg, M. A., & Abrams, D. (2003). Intergroup behavior and social identity. In M. A. Hogg & J. Cooper (Eds.), *Handbook of social psychology* (pp. 407-431). London: Sage.

Hogg, M. A., & Turner, J. C. (1987). Intergroup behaviour, self-stereotyping and the salience of social categories. *British Journal of Social Psychology, 26,* 325-340.

Hogg, M. A., Turner, J. C., & Davidson, B. (1990). Polarized norms and social frames of reference: A test of self-categorization theory of group polarization. *Basic and Applied Social Psychology, 11,* 77-100.

Horney, K. (1950). *Neurosis and Human Growth.* New York: Norton.

Howard, J. W., & Rothbart, M. (1980). Social categorization and memory for in-group and out-group behavior. *Journal of Personality and Social Psychology, 38,* 301-10.

Hraba, J., Hagendoorn, L., & Hagendoorn, R. (1989). The ethnic hierarchy in the Netherlands: Social distance and social representation. *British Journal of Social Psychology, 28,* 57-59.

Hunter, J. A., Stringer, M., & Watson, R. P. (1991). Intergroup violence and intergroup attribution. *British Journal of Social Psychology, 30,* 261-266.

Huston, A. (1983). Sex typing. In P. H. Mussen (Ed.), *Handbook of child psychology: Socialization, personality and social development* (Vol. 4, 4th ed., pp. 387-467). New York: Wiley.

Ibanez, T., & Iniguez, L. (Eds.) (1997). *Critical social psychology.* London: Sage.

Ichheiser, G. (1941). Real, pseudo, and sham qualities of personality: An attempt at a new classification. *Character and Personality, 9,* 218-226.

Ichheiser, G. (1943). Misinterpretations of personality in everyday life and the psychologist's frame of reference. *Character and Personality, 12,* 145-160.

Ichheiser, G. (1949). *Misunderstandings in human relations: A study in false social perception.* Chicago, IL: University of Chicago Press.

Idson, L. C., & Mischel, W. (2001). The personality of familiar and significant people: The lay perceiver as a social-cognitive theorist. *Journal of Personality and Social Psychology, 80,* 585-596.

Innes, J. M., & Fraser, C. (1971). Experimenter bias and other possible biases in psychological research. *European Journal of Social Psychology, 1,* 297-310.

Isenberg, D. J. (1986). Group polarization: A critical review and meta-analysis. *Journal of Personality and Social Psychology, 50,* 1141-1151.

Jahoda, G. (1988). Critical notes and reflections on 'social representations'. *European Journal of Social Psychology, 18,* 195-209.

James, W. (1890/1952). *The principles of psychology.* Chicago: Encyclopaedia Britannica.

James, W. (1892). *Psychology.* New York: Henry Holt & Company.

Jameson, F. (1991). *Postmodernism: Or the cultural logic of late capitalism.* Durham, NC: Duke University Press.

Jaspars, J. M. F. (1986). Forum and focus: A personal view of European social psychology. *European Journal of Social Psychology, 16,* 3-15.

Jaspars, J., & Fraser, C. (1984). Attitudes and social representations. In R. M. Parr & S. Moscovici (Eds.), *Social representations* (pp. 101-123). Cambridge/Paris: Cambridge University Press/ Maison des Sciences de l'Homme.

Jellis, V., & Gaitan, A. (2003). Making sense of 9/11: Argumentative dialogues with the media. Paper presented at the 2nd International Conference on Critical Psychology, Bath, UK.

Joffe, H. (1999). *Risk and 'the other'.* New York: Cambridge University Press.

Joffe, H. (2003). Risk: From perception to social representation. *British Journal of Social Psychology, 42,* 55-73.

Johnson, C. (1992a). Fragmentation versus Fukuyama: An essay on the unexpected longevity of grand narratives. Paper presented to the Annual Conference of the Australian Sociological Association, Adelaide, South Australia.

Johnson, C. (1992b). Applying Habermas to Australian political culture. *Australian Journal of Political Science, 27,* 55-70.

Johnston, L., & Hewstone, M. (1992). Cognitive models of stereotype change: (3) Subtyping and the perceived typicality of disconfirming group members. *Journal of Experimental Social Psychology, 28,* 360-386.

Jones, E. E. (1985). Major developments in social psychology during the past five decades. In G. Lindzey and E. Aronson (Eds.), *Handbook of social psychology* (Vol. 1, 3rd ed, pp. 47-107). New York: Random House.

Jones, E. E. (1998). Major developments in five decades of social psychology. In D. T. Gilbert, S. T. Fiske & G. Lindzey (Eds.), *Handbook of social psychology* (Vol. 1, 4th ed., pp. 3-57). Boston, MA: MacGraw-Hill.

Jones, E. E., & Davis, K. E. (1965). From acts to dispositions: The attribution process in person perception. In L. Berkowitz (Ed.), *Advances in experimental social psychology* (Vol. 2, pp. 219-266). New York: Academic Press.

Jones, E. E., & Harris, V. A. (1967). The attribution of attitudes. *Journal of Experimental Social Psychology, 3,* 1-24.

Jones, E. E., & Nisbett, R. E. (1972). The actor and the observer: Divergent perceptions of the causes of behavior. In E. E. Jones, D. E. Kanouse, H. H. Kelley, R. E. Nisbett, S. Valins & B. Weiner (Eds.), *Attribution: Perceiving the causes of behavior* (pp. 79-94). Morristown, NJ: General Learning Press.

Jost, J. T. (1995). Negative illusions: Conceptual clarification and psychological evidence concerning false consciousness. *Political Psychology, 16,* 397-424.

Jost, J. T., & Banaji, M. R. (1994). The role of stereotyping in system-justification and the production of false consciousness. *British Journal of Social Psychology, 33,* 1-27.

Jost, J. T., Banaji, M. R., & Nosek, B. A. (2004). A decade of system justification theory: Accumulated evidence of conscious and unconscious bolstering of the status quo. *Political Psychology, 25,* 881-919.

Jost, J. T., & Hunyady, O. (2002). The psychology of system justification and the palliative function of ideology. *European Review of Social Psychology, 13,* 111-153.

Jost, J. T. & Kramer, R. M. (2002). The system justification motive in intergroup relations. In D. M. Mackie and E. R. Smith (Eds.), *From prejudice to intergroup emotions: Differentiated reactions to social groups* (pp. 227-245). New York: Psychology Press.

Jost, J. T., & Major, B. (Eds.) (2001). *The psychology of legitimacy: Emerging perspectives on ideology, justice, and intergroup relations.* Cambridge: Cambridge University Press.

Judd, C. M., & Park, B. (1993). Definition and assessment of accuracy in social stereotypes. *Psychological Review, 100,* 109-128.

Kahneman, D., & Tversky, A. (1972). Subjective probability: A judgment of representativeness. *Cognitive Psychology, 3,* 430-454.

Kahneman, D., & Tversky, A. (1973). On the psychology of prediction. *Psychological Review, 80,* 237-251.

Kaplan, K. J. (1972). On the ambivalence-indifference problem in attitude theory and measurement: A suggested modification of the semantic differential technique. *Psychological Bulletin, 77,* 361-372.

Kashima, Y., Siegal, M., Tanaka, K., & Kashima, E. S. (1992). Do people believe behaviours are consistent with attitudes? Towards a cultural psychology of attribution processes. *British Journal of Social Psychology, 31,* 111-124.

Kashima, Y., & Triandis, H. C. (1986). The self-serving bias in attributions as a coping strategy. *Journal of Cross-Cultural Psychology, 17,* 83-97.

Katz, D. (1960). The functional approach to the study of attitudes. *Public Opinion Quarterly, 6,* 248-268.

Katz, D., & Braly, K. (1933). Racial stereotypes in one hundred college students. *Journal of Abnormal and Social Psychology, 28,* 280-290.

Katz, I., & Glass, D. C. (1979). An ambivalence-amplification theory of behaviour toward the stigmatized. In G. Austin & S. Worschel (Eds.), *Social psychology of intergroup relations* (pp. 55-70). Monterey, CA: Brooks/Cole.

Katz, I., & Hass, R. G. (1988). Racial ambivalence and American value conflict: Correlational and priming studies of dual cognitive structures. *Journal of Personality and Social Psychology, 55,* 893-905.

Katz, I., Wackenhut, J., & Hass, R. G. (1986). Racial ambivalence, value duality and behavior. In J. F. Dovidio & S. L. Gaertner (Eds.), *Prejudice, discrimination and racism* (pp. 35-59). San Diego, CA: Academic Press.

Kawakami, K., & Dion, K. L. (1993). The impact of salient self-identities on relative deprivation and action interpretations. *European Journal of Social Psychology, 23,* 525-540.

Kawakami, K., & Dion, K. L. (1995). Social identity and affect as determinant of collective action: Toward an integration of relative deprivation and social identity theories. *Theory and Psychology, 5,* 551-577.

Kawakami, K., Dion, K. L., & Dovidio, J. F. (1998). Racial prejudice and stereotype activation. *Personality and Social Psychology Bulletin, 24,* 407-416.

Kawakami, K., & Dovidio, J. F. (2001). Implicit stereotyping: How reliable is it? *Personality and Social Psychology Bulletin, 27,* 212-225.

Kelley, H. H. (1967). Attribution theory in social psychology. In D. Levine (Ed.), *Nebraska Symposium on Motivation* (Vol. 15, pp. 192-238). Lincoln, NE: University of Nebraska Press.

Kelley, H. H. (1972). Causal schemata and the attribution process. In E. E. Jones, D. E. Kanouse, H. H. Kelley, R. E. Nisbett, S. Valins and B. Weiner (Eds.), *Attribution: Perceiving the causes of behavior* (pp. 151-174). Morristown, NJ: General Learning Press.

Kelley, H. H. (1973). The processes of causal attribution. *American Psychologist, 28,* 107-128.

Kelley, H. H., & Michela, J. (1980). Attribution theory and research. *Annual Review of Psychology, 31,* 457-501.

Kerlinger, F. N. (1984). *Liberalism and conservatism: The nature and structure of social attitudes.* Hillsdale, NJ: Erlbaum.

Kihlstrom, J. F., & Cantor, N. (1984). Mental representations of the self. *Advances in Experimental Social Psychology, 17,* 1-47.

Kihlstrom, J. F., & Klein, S. B. (1994). The self as a knowledge structure. In R. W. Wyer & T. K. Srull (Eds.), *Handbook of Social Cognition* (Vol. 1, 2nd ed., pp. 153-208). Hillsdale, NJ: Erlbaum.

Kinder, D. R., & Sears, D. O. (1981). Prejudice and politics: Symbolic racism versus racial threats to the good life. *Journal of Personality and Social Psychology, 40,* 414-431.

Kinder, D. R., & Sears, D. O. (1985). Public opinion and political action. In G. Lindzey and E. Aronson (Eds.), *Handbook of social psychology* (Vol. 2, 3rd ed., pp. 659-741). New York: Random House.

King, G. W. (1975). An analysis of attitudinal and normative variables as predictors of intentions and behavior. *Speech Monographs, 42,* 237-244.

Kothandapani, V. (1971). Validation of feeling, belief, and intention to act as three components of attitude and their contribution to prediction of contraceptive behavior. *Journal of Personality and Social Psychology, 19,* 321-333.

Kovel, J. (1970). *White racism: A psychohistory.* New York: Pantheon Books.

Krech, D., Krutchfield, R. S., & Ballachey, E. L. (1962). *Individual in society: A textbook of social psychology.* New York: McGraw-Hill.

Krosnick, J. A. (1989). Attitude importance and attitude accessibi-

lity. *Personality and Social Psychology Bulletin, 15,* 297-308.

Kruks, S. (2001). *Retrieving experience: Subjectivity and recognition in feminist politics.* Ithaca, NY: Cornell University Press.

Kuhn, M. H. (1960). Self-attitudes by age, sex, and professional training. *Sociological Quarterly, 9,* 39-55.

Kuhn, M. H., & McPartland, T. S. (1954). An empirical investigation of self-attitudes. *Sociological Review, 19,* 68-76.

Kuiper, N. A. (1978). Depression and causal attributions for success and failure. *Journal of Personality and Social Psychology, 36,* 235-246.

Kunda, Z., & Sanitioso, R. (1989). Motivated changes in the self-concept. *Journal of Experimental Social Psychology, 25,* 272-285.

Kwan, V. S. Y., Bond, M. H., & Singelis, T. M. (1997). Pancultural explanations for life satisfaction: Adding relationship harmony to self-esteem. *Journal of Personality and Social Psychology, 73,* 1038-1051.

Lakoff, G. (1987). *Women, fire and dangerous things: What categories reveal about the mind.* Chicago, IL: University of Chicago Press.

Lakoff, G., & Johnson, M. (1980). *Metaphors we live by.* Chicago, IL: University of Chicago Press.

Lalljee, M., & Abelson, R. P. (1983). The organization of explanations. In M. Hewstone (Ed.), *Attribution theory: Social and functional extensions* (pp. 65-80). Oxford: Blackwell.

Lalljee, M., Brown, L. B., & Ginsburg, G. P. (1984). Attitudes: Dispositions, behaviour or evaluation? *British Journal of Social Psychology, 23,* 233-244.

Lalljee, M., Watson, M., & White, P. (1982). Explanations, attributions and the social context of unexpected behaviour. *European Journal of Social Psychology, 12,* 17-29.

Langer, E. J. (1989). *Mindfulness.* Reading, MA: Addison-Wesley.

LaPiere, R. T. (1934). Attitudes vs. actions. *Social Forces, 13,* 230-237.

Larrain, J. (1979). *The concept of ideology.* London: Hutchinson.

Larrain, J. (1983). *Marxism and ideology.* London: Macmillan.

Lash, S., & Urry, J. (1987). *The end of organised capitalism.* Cambridge: Polity.

Latour, B. (1991). The impact of science studies on political philosophy. *Science, Technology and Human Values, 16,* 3-19.

Lau, R. R., & Russell, D. (1980). Attributions in the sports pages. *Journal of Personality and Social Psychology, 39,* 29-38.

Leach, C. W., Snider, N., & Iyer, A. (2002). ‘Poisoning the consciences of the fortunate’: The experience of relative advantage and support for social equality. In I. Walker & H. J. Smith (Eds.), *Relative deprivation: Specification, development and integration* (pp. 136-163). New York: Cambridge University Press.

LeCouteur, A., & Augoustinos, M. (2001). Apologising to the Stolen Generations: Argument, rhetoric and identity in public reasoning. *Australian Psychologist, 36,* 51-61.

Lepore, L., & Brown, R. (1997). Category and stereotype activation: Is prejudice inevitable? *Journal of Personality and Social Psychology, 72,* 275-287.

Lepper, G. (2000). *Categories in text and talk.* London: Sage.

Lerner, M. (1980). *The belief in a just world: A fundamental delusion.* New York: Plenum Press.

Lerner, M., & Miller, D. (1978). Just world research and the attribution process: Looking back and ahead. *Psychological Bulletin,*

85, 1030-1051.

Levine, R. A., & Campbell, D. T. (1972). *Ethnocentrism: Theories of conflict, ethnic attitudes, and group behavior.* New York: Wiley.

Lewin, K. (1946). Action research and minority problems. *Journal of Social Issues, 2,* 34-46.

Lewin, K. (1951). *Field theory in social science.* New York: Harper.

Lewinsohn, P. M., Mischel, W., Chaplin, W., & Barton, R. (1980). Social competence and depression: The role of illusory self-perceptions. *Journal of Abnormal Psychology, 89,* 203-212.

Lewis, A. (1990). Shared economic beliefs. In C. Fraser & G. Gaskell (Eds.), *The social psychological study of widespread beliefs* (pp. 192-209). Oxford: Clarendon Press.

Lewis, Y. (2003). The self as a moral concept. *British Journal of Social Psychology, 42,* 225-237.

Leyens, J. P., & Dardenne, B. (1996). Basic concepts and approaches in social cognition. In M. Hewstone, W. Stroebe and G. M. Stephenson (Eds.), *Introduction to social psychology: A European perspective.* Oxford: Blackwell.

Leyens, J. P., Yzerbyt, V., & Schadron, G. (1994). *Stereotypes and social cognition.* London: Sage.

Lippmann, W. (1922). *Public opinion.* New York: Harcourt, Brace.

Lipset, S. (1960). *Political man.* London: Heinemann.

Little, B. R. (1983). Personal projects: A rationale and method for investigation. *Environment and Behavior, 15,* 273-309.

Little, B. R. (1989). Personal projects analysis: Trivial pursuits, magnificent obsessions, and the search for coherence. In D. M. Buss & N. Cantor (Eds.), *Personality psychology: Recent trends and emerging directions,* (pp. 15-31). New York: Springer-Verlag.

Litton, I., & Potter, J. (1985). Social representations in the ordinary explanation of a 'riot'. *European Journal of Social Psychology, 15,* 371-388.

Livingston, R. W., & Brewer, M. B. (2002). What are we really priming? Cue-based versus category-based processing of facial stimuli. *Journal of Personality and Social Psychology, 82,* 5-18.

Locke, V., & Johnston, L. (2001). Stereotyping and prejudice: A cognitive approach. In M. Augoustinos & K. J. Reynolds (Eds.), *Understanding the psychology of prejudice, racism, and social conflict.* London: Sage.

Locke, V., MacLeod, C., & Walker, I. (1994). Automatic and controlled activation of stereotypes: Individual differences associated with prejudice. *British Journal of Social Psychology, 33,* 29-46.

Locke, V., & Walker, I. (1999). Stereotypes, processing goals and social identity: Inveterate and fugacious characteristics of stereotypes. In D. Abrams & M. A. Hogg (Eds.), *Social identity and social cognition* (pp. 164-182). Oxford: Blackwell.

Locksley, A., Borgida, E., Brekke, N., & Hepburn, C. (1980). Sex stereotypes and social judgment. *Journal of Personality and Social Psychology, 39,* 821-831.

Long, K., & Spears, R. (1997). The self-esteem hypothesis revisited: Differentiation and the disaffected. In R. Spears, P. J. Oakes, N. Ellemers & S. A. Haslam (Eds.), *The social psychology of stereotyping and group life* (pp. 296-317). Oxford: Blackwell.

Lord, C. G., Lepper, M. R., & Ross, L. (1979). Biased assimilation and attitude polarization: The effects of prior theories on subsequently considered evidence. *Journal of Personality and Social Psychology, 37,* 2098-2109.

Lowery, B. S., Hardin, C. D., & Sinclair, S. (2001). Social influence effects on automatic racial prejudices. *Journal of Personality and Social Psychology, 81,* 842-855.

Lukes, S. (1973). *Individualism.* Oxford: Blackwell.

Lukes, S. (1975). *Emile Durkheim, his life and work: A historical and critical study.* Harmondsworth: Penguin.

Lyotard, J.-F. (1984). *The postmodern condition: A report on knowledge* (trans. G. Bennington and B. Massumi). Manchester: Manchester University Press.

McArthur, L. Z., & Post, D. L. (1977). Figural emphasis and person perception. *Journal of Experimental Social Psychology, 13,* 520-535.

McCauley, C., & Stitt, C. L. (1978). An individual and quantitative measure of stereotypes. *Journal of Personality and Social Psychology, 36,* 929-940.

McClosky, H. (1964). Consensus and ideology in American politics. *American Political Science Review, 58,* 361-382.

McConahay, J. B. (1982). Self-interest versus racial attitudes as correlates of anti-busing attitudes in Louisville: Is it the buses or the blacks? *Journal of Politics, 44,* 692-720.

McConahay, J. B. (1986). Modern racism, ambivalence, and the modern racism scale. In J. F. Dovidio & S. L. Gaertner (Eds.), *Prejudice, discrimination, and racism* (pp. 91-125). New York: Academic Press.

McCreanor, T. (1997). When racism stepped ashore: Antecedents of anti-Maori discourse in Aotearoa. *New Zealand Journal of Psychology, 26,* 36-44.

McDougall, W. (1921). *The group mind.* Cambridge: Cambridge University Press.

McGarty, C. (1999). *Categorization in social psychology.* London: Sage.

McGarty, C. (2002). Stereotype formation as category formation. In C. McGarty, V. Y. Yzerbyt & R. Spears (Eds.), *Stereotypes as explanations: The formation of meaningful beliefs about social groups* (pp. 16-57). New York: Cambridge University Press.

McGarty, C., & Penny, R. E. C. (1988). Categorization, accentuation and social judgement. *British Journal of Social Psychology, 22,* 147-157.

McGarty, C., Turner, J. C., Hogg, M. A., David, B., & Wetherell, M. S. (1992). Group polarization as conformity to the prototypical group member. *British Journal of Social Psychology, 31,* 1-20.

McGarty, C. Yzerbyt, V. Y., & Spears, R. (Eds.) (2002). *Stereotypes as explanations: The formation of meaningful beliefs about social groups.* New York: Cambridge University Press.

McGuire, W. J. (1973). The yin and yang of progress in social psychology. *Journal of Personality and Social Psychology, 26,* 446-456.

McGuire, W. J. (1985). Attitudes and attitude change. In G. Lindzey & E. Aronson (Eds.), *Handbook of social psychology* (Vol. 2, 3rd ed., pp. 136-314). New York: Random House.

McGuire, W. J., & McGuire, C. V. (1982). Significant others in self-space: Sex differences and developmental trends in the self. In J. Suls (Ed.), *Social psychological perspectives on the self* (pp. 71-96). Hillsdale, NJ: Erlbaum.

McLellan, D. (1986). *Ideology.* Milton Keynes: Open University Press.

Mackie, D. M. (1986). Social identification effects in group polarization. *Journal of Personality and Social Psychology, 50,*

720-728.

Macpherson, C. B. (1962). *The political theory of possessive individualism: Hobbes to Locke.* Oxford: Clarendon Press.

Macrae, C. N., & Bodenhausen, G. V. (2000). Social cognition: Thinking categorically about others. *Annual Review of Psychology, 51,* 93-120.

Macrae, C. N., Bodenhausen, G. V., Milne, A. B., & Castelli, L. (2001). On disregarding deviants: Exemplar typicality and person perception. In H. D. Ellis & C. N. Macrae (Eds.), *Validation in psychology.* New Brunswick, NJ: Transaction Publishers.

Macrae, C. N., Bodenhausen, G. V., Milne, A. B., Thorn, T. M. J., & Castelli, L. (1997). On the activation of social stereotypes: The moderating role of processing objectives. *Journal of Experimental Social Psychology, 33,* 471-489.

Macrae, C. N., Milne, A. B., & Bodenhausen, G. V. (1994). Stereotypes as energy saving devices: A peek inside the cognitive toolbox. *Journal of Personality and Social Psychology, 66,* 37-47.

Macrae, C. N., Stangor, C., & Hewstone, M. (1996). *Foundations of stereotypes and stereotyping.* New York: Guilford Press.

Manicas, P. T., & Secord, P. F. (1983). Implications for psychology of the new philosophy of science. *American Psychologist, 38,* 399-413.

Mann, J. F., & Taylor, D. M. (1974). Attributions of causality: Role of ethnicity and social class. *Journal of Social Psychology, 94,* 3-13.

Manstead, A. S. R., Proffitt, C., & Smart, J. L. (1983). Predicting and understanding mothers' infant-feeding intentions and behavior: Testing the theory of reasoned action. *Journal of Personality and Social Psychology, 44,* 657-671.

Maracek, J., & Metee, D. R. (1972). Avoidance of continued success as a function of selfesteem, level of esteem-certainty, and responsibility for success. *Journal of Personality and Social Psychology, 22,* 98-107.

Marcus, G. E., Tabb, D., & Sullivan, J. L. (1974). The application of individual differences scaling in the meaurement of political ideologies. *American Journal of Political Science, 18,* 405-420.

Markova, I. (2000). The individual and society in psychological theory. *Theory and Psychology, 10,* 107-116.

Markus, H. (1977). Self-schemata and processing information about the self. *Journal of Personality and Social Psychology, 35,* 63-78.

Markus, H., & Kitayama, S. (1991). Culture and the self: Implications for cognition, emotion, and motivation. *Psychological Review, 98,* 224-253.

Markus, H., & Kunda, Z. (1986). Stability and malleability of the self-concept. *Journal of Personality and Social Psychology, 51,* 858-866.

Markus, H., & Nurius, P. (1986). Possible selves. *American Psychologist, 41,* 954-969.

Markus, H., & Wurf, E. (1987). The dynamic self-concept: A social psychological perspective. *Annual Review of Psychology, 38,* 299-337.

Marsh, H. W. (1993). Relations between global and specific domains of self: The importance of individual importance, certainty, and ideals. *Journal of Personality and Social Psychology, 65,* 975-992.

Marx, K., & Engels, F. (1846/1947). *The German ideology.* New York: International Publishers.

Mead, G. H. (1934/1962). *Mind, self, and society.* Chicago, IL: University of Chicago Press.

Menon, T., Morris, M. W., Chiu, C., & Hong, Y. (1999). Culture and the construal of agency: Attribution to individual versus group dispositions. *Journal of Personality and Social Psychology, 76,* 701-717.

Mepham, J. (1972). The theory of ideology in capital. *Radical Philosophy, 2,* 12-19.

Messick D. M. & Mackie D. M. (1989). Intergroup relations. In M. R. Rosenzweig (Ed.), *Annual Review of Psychology* (Vol. 40, pp. 45-81). Palo Alto, CA: Annual Reviews.

Michotte, A. E. (1963). *The perception of causality.* New York: Russell & Russell.

Miller, D. T. (1976). Ego involvement and attributions for success and failure. *Journal of Personality and Social Psychology, 34,* 901-906.

Miller, J. G. (1984). Culture and the development of everyday social explanation. *Journal of Personality and Social Psychology, 46,* 961-978.

Milner, D. (1981). Racial prejudice. In J. C. Turner & H. Giles (Eds.), *Intergroup behaviour* (pp. 102-143). Oxford: Blackwell.

Minard, R. (1952). Race relations in the Pocahontas coal fields. *Journal of Social Issues, 8,* 29-44.

Mischel, W. (1968). *Personality and assessment.* New York: Wiley.

Moliner, P., & Tafani, E. (1997). Attitudes and social representations: A theoretical and experimental approach. *European Journal of Social Psychology, 27,* 687-702.

Moloney, G., Hall, R., & Walker, I. (2005). Social representations and themata: The construction and functioning of social knowledge about donation and transplantation. *British Journal of Social Psychology.*

Moloney, G., & Walker, I. (2000). Messiahs, pariahs and donors: The development of social representations of organ donation. *Journal for the Theory of Social Behaviour, 30,* 203-227.

Moloney, G., & Walker, I. (2002). Talking about transplants: The dialectical nature of the dilemma. *British Journal of Social Psychology, 41,* 299-320.

Monteith, M. J., Sherman, J. W., & Devine, R. F. (1998). Suppression as a stereotype control strategy. *Personality and Social Psychology Review, 2,* 63-82.

Morris, M. W., Menon, T., & Ames, D. R. (2001). Culturally conferred conceptions of agency: A key to social perception of persons, groups, and other actors. *Personality and Social Psychology Review, 5,* 169-182.

Morris, M. W., & Peng, K. (1994). Culture and cause: American and Chinese attributions for social and physical events. *Journal of Personality and Social Psychology, 67,* 949-971.

Moscovici, S. (1961). *La Psychoanalyse, son image et son public.* Paris: Presses Universitaires de France.

Moscovici, S. (1981). On social representations. In J. P. Forgas (Ed.), *Social cognition: Perspectives on everyday understanding* (pp. 181-209). London: Academic Press.

Moscovici, S. (1982). The coming era of representations. In J.-P. Codol and J.-P. Leyens (Eds.), *Cognitive analysis of social behaviour.* The Hague: Martinus Nijhoff.

Moscovici, S. (1984). The phenomenon of social representations. In

R. M. Farr and S. Moscovici (Eds.), *Social representations* (pp. 3-69). Cambridge/Paris: Cambridge University Press/Maison des Sciences de l'Homme.

Moscovici, S. (1985). Comment on Potter and Litton. *British Journal of Social Psychology, 24,* 91-92.

Moscovici, S. (1988). Notes towards a description of social representations. *European Journal of Social Psychology, 18,* 211-250.

Moscovici, S. (1989). Des representations collectives aux representations sociales: Elements pour une histoire. In D. Jodelet (Ed.), *Les representations sociales* (pp. 62-86). Paris: Presses Universitaires de France.

Moscovici, S. (1994). Social representations and pragmatic communication. *Social Science Information, 33,* 163-177.

Moscovici, S. (1998). The history and actuality of social representations. In U. Flick (Ed.), *The psychology of the social* (pp. 209-247). Cambridge: Cambridge University Press.

Moscovici, S. (2001). Why a theory of social representations? In K. Deaux & G. Philogene (Eds.), *Representations of the social: Bridging theoretical traditions* (pp. 8-36). Oxford: Blackwell.

Moscovici, S., & Hewstone, M. (1983). Social representations and social explanation: From the 'naive' to the 'amateur' scientist. In M. Hewstone (Ed.), *Attribution theory: Social and functional extensions* (pp. 98-125). Oxford: Blackwell.

Moscovici, S. & Perez, J. A. (1997). Representations of society and prejudice. *Papers on Social Representations, 6,* 27-36.

Mullen, B., Brown, R., & Smith, C. (1992). Ingroup bias as a function of salience, relevance and status: An integration. *European Journal of Social Psychology, 22,* 103-122.

Mullen, B., & Hu, L. (1989). Perceptions of ingroup and outgroup variability: A metaanalytic integration. *Basic and Applied Social Psychology, 25,* 525-559.

Mullin, B., & Hogg, M. A. (1998). Dimensions of subjective uncertainty in social identification and minimal intergroup discrimination. *British Journal of Social Psychology, 37,* 345-365.

Mummendey, A., Otten, S., Berger, U. & Kessler, T. (2000). Positive-negative asymmetry in social discrimination: Valence of evolution and salience of categorization. *Personality and Social Psychology Bulletin, 26,* 1258-1270.

Myrdal, G. (1944). *An American dilemma: The negro problem and modern democracy.* New York: Harper & Row.

Nairn, R., & McCreanor, T. (1990). Insensitivity and hypersensitivity: An imbalance in Pakeha discourse on Maori/Pakeha accounts of racial conflict. *Journal of Language and Social Psychology, 9,* 293-308.

Nairn, R. G., & McCreanor, T. N. (1991). Race talk and common sense: Patterns in Pakeha discourse on Maori/Pakeha relations in New Zealand. *Journal of Language and Social Psychology, 10,* 245-262.

Neely, J. H. (1991). Semantic priming effects in visual word recognition: A selective review of current findings and theories. In D. Besner & G. W. Humphries (Eds.), *Basic processes in reading: Visual word recognition* (pp. 264-336). Hillsdale, NJ: Erlbaum.

Nelkin, D., & Lindee, M. S. (1995). The *DNA mystique: The gene as a cultural icon.* New York: Freeman.

Nelson, T. D. (2002). *The psychology of prejudice.* Boston, MA: Allyn & Bacon.

Nerlich, B., Dingwall, R., & Clarke, D. D. (2002). The book of life:

How the completion of the Human Genome Project was revealed to the public. *Health, 6,* 445-469.

Nesdale, D. (2001). Development of prejudice in children. In M. Augoustinos & K. J. Reynolds (Eds.), *Understanding prejudice, racism and social conflict* (pp. 57-72). London: Sage.

Newman, L. S., & Uleman, J. S. (1989). Spontaneous trait inference. In J. S. Uleman & J. A. Bargh (Eds.), *Unintended thought* (pp. 52-74). New York: Guilford Press.

Newman, L. S., & Uleman, J. S. (1993). When are you what you did? Behavior identification and dispositional inference in person memory, attribution, and social judgment. *Personality and Social Psychology Bulletin, 19,* 513-525.

Nicholls, J. G. (1975). Causal attribution and other achievement-related cognitions: Effects of task outcome, attainment value, and sex. *Journal of Personality and Social Psychology, 31,* 379-389.

Nisbett, R. E. (2003). *The geography of thought: How Asians and Westerners think differently ··· and why.* New York: Free Press.

Nisbett, R. E., Caputo, C., Legant, P., & Maracek, J. (1973). Behavior as seen by the actor and by the observer. *Journal of Personality and Social Psychology, 27,* 154-164.

Nisbett, R., & Ross, L. (1980). *Human inference: Strategies and shortcomings of social judgement.* Englewood Cliffs, NJ: Prentice Hall.

Nisbett, R., & Wilson, T. (1977). Telling more than we can know: Verbal reports on mental processes. *Psychological Review, 84,* 231-259.

Oakes, P. J. (1987). The salience of social categories. In J. Turner, M. A. Hogg, P. J. Oakes, S. D. Reicher and M. S. Wetherell (Eds.), *Rediscovering the social group: A self-categorization theory* (pp. 117-141). Oxford: Blackwell.

Oakes, P. J., & Haslam, S. A. (2001). Distortion v. meaning: Categorization on trial for inciting intergroup hatred. In M. Augoustinos & K. J. Reynolds (Eds.), *Understanding the psychology of prejudice, racism and social conflict* (pp. 179-194). London: Sage.

Oakes, P. J., Haslam, S. A., & Turner, J. C. (1994). *Stereotyping and social reality.* Oxford: Blackwell.

Oakes, P. J., & Reynolds, K. J. (1997). Asking the accuracy question: Is measurement the answer? In R. Spears, P. J. Oakes, N. Ellemers & S. A. Haslam, (Eds.), *The social psychology of stereotyping and group life* (pp. 51-71). Oxford: Blackwell.

Oakes, P. J., Turner, J. C., & Haslam, S. A. (1991). Perceiving people as group members: The role of fit in the salience of social categorizations. *British Journal of Social Psychology, 30,* 125-144.

Onorato, R. S., & Turner, J. C. (2004). Fluidity in the self-concept: The shift from personal to social identity. *European Journal of Social Psychology, 34,* 257-278.

Opton, E. M., Jr (1971). It never happened and besides they deserved it. In N. Sanford & C. Comstock (Eds.), *Sanctions for evil* (pp. 49-70). San Francisco, CA: Jossey-Bass.

Orne, M. T. (1969). Demand characteristics and the concept of design controls. In R. Rosenthal & R. L. Rosnow (Eds.), *Artifact in behavioral research* (pp. 143-179). New York: Academic Press.

Ostrom, T. M. (1969). The relationship between the affective, behavioral, and cognitive components of attitude. *Journal of Experimental Social Psychology, 5,* 12-30.

Ostrom, T. M. (1994). Foreword. In R. S. Wyer (Ed.), *Handbook of social cognition: Basic principles* (pp. vii-xii). Hillsdale, NJ: Erlbaum.

Oyserman, D., & Markus, H. (1991). Possible selves in balance: Implications for delinquency. *Journal of Social Issues, 46,* 141-157.

Parker, I. (1990). Discourse: Definitions and contradictions. *Philosophical Psychology, 3,* 189-204.

Parker, I. (1991). *Discourse dynamics: Critical analyses for social and individual psychology.* London: Routledge.

Parker, I. (Ed.). (2002). *Critical discursive psychology.* Basingstoke: Palgrave Macmillan.

Parker, I., & Spears, R. (Eds.) (1996). *Psychology and society: Radical theory and practice.* London: Pluto Press.

Pedersen, A., & Walker, I. (1997). Prejudice against Australian Aborigines: Oldfashioned and modern forms. *European Journal of Social Psychology, 27,* 561-587.

Peevers, B. H., & Secord, P. F. (1973). Developmental changes in attributions of descriptive concepts to persons. *Journal of Personality and Social Psychology, 27,* 120-128.

Pendry, L. F., & Macrae, C. N., (1996). What the disinterested perceiver overlooks: Goaldirected social categorization. *Personality and Social Psychology Bulletin, 22,* 249-256.

Pepitone, A. (1976). Toward a normative and comparative biocultural social psychology. *Journal of Personality and Social Psychology, 34,* 641-653.

Pepitone, A. (1981). Lessons from the history of social psychology. *American Psychologist, 36,* 972-985.

Perdue, C. W., Dovidio, J. F., Gurtman, M. B., & Tyler, R. B. (1990). Us and them: Social categorization and the process of intergroup bias. *Journal of Personality and Social Psychology, 59,* 475-486.

Petersen, A., (2001). Biofantasies: Genetics and medicine in the print news media. *Social Science and Medicine, 52,* 1255-1268.

Peterson, C., & Seligman, M. E. P. (1984). Causal explanations as a risk factor for depression: Theory and evidence. *Psychological Review, 91,* 347-374.

Pettigrew, T. F. (1958). Personality and socio-cultural factors in intergroup attitudes: A cross-national comparison. *Journal of Conflict Resolution, 2,* 29-42.

Pettigrew, T. F. (1959). Regional differences in anti-Negro prejudice. *Journal of Abnormal and Social Psychology, 59,* 28-36.

Pettigrew, T. F. (1961). Social psychology and desegregation research. *American Psychologist, 16,* 105-112.

Pettigrew, T. F. (1964). *A profile of the American Negro.* Princeton, NJ: Van Nostrand.

Pettigrew, T. F. (1967). Social evaluation theory. In D. Levine (Ed.), *Nebraska Symposium on Motivation* (pp. 241-311). Lincoln, NE: University of Nebraska Press.

Pettigrew, T. F. (1979). The ultimate attribution error: Extending Allport's cognitive analysis of prejudice. *Personality and Social Psychology Bulletin, 5,* 461-476.

Pettigrew, T. F., Jackson, J. S., Ben Brika, J., Lemain, G., Meertens, R. W., Wagner, U., & Zick, A. (1998). Outgroup prejudice in Western Europe. In W. Stroebe & M. Hewstone (Eds.), *European review of social psychology* (Vol. 8, pp. 241-273). Chichester: John Wiley.

Pettigrew, T. F., & Meertens, R. W. (1995). Subtle and blatant prejudice in Western Europe. *European Journal of Social Psychology, 25,* 57-75.

Petty, R. E., & Cacioppo, J. T. (1996). *Attitudes and persuasion: Classic and contemporary approaches.* Boulder, CO: Westview Press.

Philogène, G. (1994). African American as a new social representation. *Journal for the Theory of Social Behaviour, 24,* 89-109.

Philogène, G. (1999). *From Black to African American: A new social representation.* Westport, CT: Greenwood-Praeger.

Philogène, G., & Deaux, K. (2001). Introduction. In K. Deaux & G. Philogene (Eds.), *Representations of the social: Bridging theoretical traditions* (pp. 3-7). Oxford: Blackwell.

Pill, R., & Stott, N. C. H. (1985). Choice or chance: Further evidence on ideas of illness and responsibility for health. *Social Science and Medicine, 20,* 981-991.

Potter, J. (1996). *Representing reality.* London: Sage.

Potter, J. (1998). Discursive social psychology: From attitudes to evaluations. In W. Stroebe & M. Hewstone (Eds.), *European review of social psychology,* (Vol. 9, pp. 233-266). Chichester: John Wiley.

Potter, J. (2000). Post-cognitive psychology. *Theory and Psychology, 10,* 31-37.

Potter, J., & Billig, M. (1992). Re-presenting representations - Discussion of Raty and Snellman. *Papers on Social Representations, 1,* 15-20.

Potter, J., & Litton, I. (1985). Some problems underlying the theory of social representations. *British Journal of Social Psychology, 24,* 81-90.

Potter, J., & Wetherell, M. (1987). *Discourse and social psychology: Beyond attitudes and behaviour.* London: Sage.

Potter, J., & Wetherell, M. (1998). Social representations, discourse analysis, and racism. In U. Flick (Ed.), *The psychology of the social* (pp. 138-155). Cambridge: Cambridge University Press.

Potter, J., Wetherell, M., Gill, R., & Edwards, D. (1990). Discourse: Noun, verb or social practice? *Philosophical Psychology, 3,* 205-217.

Pountain, D., & Robins, D. (2000). *Cool rules: Anatomy of an attitude.* London: Reaktion Books.

Pratkanis, A. R. (1989). The cognitive representation of attitudes. In A. R. Pratkanis, S. J. Breckler, & A. G. Greenwald (Eds.), *Attitude structure and function* (pp. 71-98). Hillsdale, NJ: Erlbaum.

Pratkanis, A. R., & Greenwald, A. G. (1989). A sociocognitive model of attitude structure and function. In L. Berkowitz (Ed.), *Advances in experimental social psychology* (Vol. 22, pp. 245-285). New York: Academic Press.

Pratto, F. (1999). The puzzle of continuing group inequality: Piecing together psychological, social and cultural forces in social dominance theory. *Advances in Experimental Social Psychology, 31,* 191-263.

Pratto, F., Sidanius, J., Stallworth, L. M., & Malle, B. F. (1994). Social dominance orientation: A personality variable predicting social and political attitudes. *Journal of Personality and Social Psychology, 67,* 741-763.

Pratto, F., Stallworth, L. M., & Sidanius, J. (1997). The gender gap: Differences in political attitudes and social dominance orientation. *British Journal of Social Psychology, 36,* 49-68.

Pratto, F., Stallworth, L. M., Sidanius, J., & Siers, B. (1997). The gender gap in occupational role attainment: A social dominance approach. *Journal of Personality and Social Psychology, 72,* 37-53.

Puchta, C., & Potter, J. (2003). *Focus group practice.* London: Sage.

Quattrone, G. A. (1982). Overattribution and unit formation: When behaviour engulfs the person. *Journal of Personality and Social Psychology, 42,* 593-607.

Quinn, K., Macrae, N., & Bodenhausen, G. (2003). Stereotyping and impression formation: How categorical thinking shapes person perception. In M. Hogg & J. Cooper (Eds.), *The Sage handbook of social psychology* (pp. 87-109). London: Sage.

Rapley, M. (1998). 'Just an ordinary Australian': Self-categorization and the discursive construction of facticity in 'new racist' political rhetoric. *British Journal of Social Psychology, 37,* 325-344.

Ratzlaff, C., Matsumoto, D., Kouznetsova, N., Raroque, J., & Ray, R. (2000). Individual psychological culture and subjective well-being. In E. Diener & E. M. Suh (Eds.), *Culture and subjective well-being* (pp. 37-59). Cambridge, MA: MIT Press.

Reeves, F. (1983). *British racial discourse.* New York: Cambridge University Press.

Regan, D. T., & Fazio, R. H. (1977). On the consistency between attitudes and behavior: Look to the method of attitude formation. *Journal of Experimental Social Psychology, 13,* 38-45.

Reicher, S., & Hopkins, N. (1996a). Seeking influence through characterizing selfcategories: An analysis of anti-abortionist rhetoric. *British Journal of Social Psychology, 35,* 297-311.

Reicher, S., & Hopkins, N., (1996b). Self-category constructions in political rhetoric: An analysis of Thatcher's and Kinnock's speeches concerning the British miners' strike (1984-5). *European Journal of Social Psychology, 26,* 353-371.

Reicher, S., & Hopkins, N. (2001). *Self and nation: Categorization, contestation and mobilization.* London: Sage.

Reicher, S., Hopkins, N., & Condor, S. (1997). Stereotype construction as a strategy of influence. In R. Spears, P. J. Oakes, N. Ellemers, & S. A. Haslam (Eds.), *The social psychology of stereotyping and group life* (pp. 94-118). Oxford: Blackwell.

Reid, A., & Deaux, K. (1996). Relationships between social and personal identities: Segregation or integration? *Journal of Personality and Social Psychology, 65,* 317-338.

Reynolds, K. J., & Turner, J. C. (2001). Prejudice as a group process: The role of social identity. In M. Augoustinos & K. J. Reynolds (Eds.), *Understanding prejudice, racism, and social conflict.* London: Sage.

Richards, G. (1997). *'Race', racism and psychology: Towards a reflexive history.* London and New York: Routledge.

Riley, S. C. E. (2002). Constructions of equality and discrimination in professional men's talk. *British Journal of Social Psychology, 41,* 443-461.

Ring, K. (1967). Experimental social psychology: Some sober questions about some frivolous values. *Journal of Experimental Social Psychology, 3,* 113-123.

Rojahn, K., & Pettigrew, T. (1992). Memory for schema-relevant information: A metaanalytic resolution. *British Journal of Social Psychology, 31,* 81-109.

Rosch, E. (1975). Cognitive reference points. *Cognitive Psychology, 7,* 532-547.

Rosch, E. (1978). Principles of categorization. In E. Rosch and B. B. Lloyd (Eds.), *Cognition and categorization* (pp. 27-48). Hillsdale, NJ: Erlbaum.

Rose, N. (1989). *Governing the soul: The shaping of the private self.* New York: Routledge.

Rose, N. (1996). *Inventing ourselves: Psychology, power and personhood.* Cambridge: Cambridge University Press.

Rosenberg, M. J., & Hovland, C. I. (1960). Cognitive, affective, and behavioral components of attitudes. In C. I. Hovland & M. J. Rosenberg (Eds.), *Attitude organization and change* (pp. 1-14). New Haven, CT: Yale University Press.

Rosenthal, R. (1969). Interpersonal expectations: Effects of the experimenter's hypothesis. In R. Rosenthal & R. L. Rosnow (Eds.), *Artifact in behavioral research* (pp. 181-277). New York: Academic Press.

Ross, L. (1977). The intuitive psychologist and his shortcomings: Distortions in the attribution process. In L. Berkowitz (Ed.), *Advances in experimental social psychology* (Vol. 10, pp. 173-220). New York: Academic Press.

Ross, L., Amabile, T. M., & Steinmetz, J. L. (1977). Social roles, social control, and social perception processes. *Journal of Personality and Social Psychology, 35,* 485-494.

Ross, L., & Lepper, M. R. (1980). The perseverance of beliefs: Empirical and normative considerations. In R. A. Schweder (Ed.), *New directions for methodology of behavioral science: Fallible judgment in behavioral research.* San Francisco, CA: Jossey-Bass.

Ross, L., & Nisbett, R. E. (1991). *The person and the situation: Perspectives of social psychology.* New York: McGraw-Hill.

Rothbart, M. (1981). Memory processes and social beliefs. In D. Hamilton (Ed.), *Cognitive processes in stereotyping and intergroup behavior* (pp. 145-182). Hillsdale, NJ: Erlbaum.

Rothbart, M., Evans, M., & Fulero, S. (1979). Recall for confirming events: Memory processes and the maintenance of social stereotypes. *Journal of Experimental Social Psychology, 15,* 343-355.

Ruble, D. N., Feldman, N. S., Higgins, E. T., & Karlovac, M. (1979). Locus of causality and use of information in the development of causal attributions. *Journal of Personality, 47,* 595-614.

Rudman, L. A., Ashmore, R. D., & Gary, M. L. (2001). 'Unlearning' automatic biases: The malleability of implicit prejudice and stereotypes. *Journal of Personality and Social Psychology, 81,* 856-868.

Rumelhart, D. E. (1984). Schemata and the cognitive system. In R. S. Wyer, Jr & T. K. Srull (Eds.), *Handbook of social cognition* (Vol. 1, pp. 161-188). Hillsdale, NJ: Erlbaum.

Rumelhart, D. E., & Norman, D. A. (1978). Accretion, tuning and restructuring: Three modes of learning. In J. W. Cotton & R. Klatzky (Eds.), *Semantic factors in cognition.* Hillsdale, NJ: Erlbaum.

Ruvolo, A. P., & Markus, H. R. (1992). Possible selves and performance: The power of self-relevant imagery. *Social Cognition, 10,* 95-124.

Sacks, H. (1992). *Lectures on conversation.* G. Jefferson (Ed.). Oxford: Blackwell.

Sacks, H., Schegloff, E. A., & Jefferson, G. (1974). A simplest systematics for the organization of turn-taking for conversation. *Language, 50,* 696-735.

Sampson, E. E. (1975). On justice as equality. *Journal of Social Issues, 31,* 45-64.

Sampson, E. E. (1977). Psychology and the American ideal. *Journal of Personality and Social Psychology, 35,* 767-782.

Sampson, E. E. (1981). Cognitive psychology as ideology. *American Psychologist, 86,* 730-743.

Sampson, E. E. (1988). The debate on individualism: Indigenous psychologies of the individual and their role in personal and societal functioning. *American Psychologist, 43,* 15-22.

Sampson, E. E. (1993). Identity politics: Challenges to psychology's understanding. *American Psychologist, 48,* 1219-1230.

Scarborough, E. (1990). Attitudes, social representations, and ideology. In C. Fraser & G. Gaskell (Eds.), *The social psychological study of widespread beliefs* (pp. 99-117). Oxford: Clarendon Press.

Schank, R. C., & Abelson, R. P. (1977). *Scripts, plans, goals and understanding: An inquiry into human knowledge structures.* Hillsdale, NJ: Erlbaum.

Schegloff, E. A. (1968). Sequences in conversational openings. *American Anthropologist, 70,* 1075-1095.

Schegloff, E. A. (1997). Whose text? Whose context? *Discourse and Society, 8,* 165-187.

Schlenker, B. R., & Leary, M. R. (1982). Audiences' reactions to self-enhancing, self-denigrating, and accurate self-presentations. *Journal of Experimental Social Psychology, 18,* 89-104.

Schlenker, B. R., & Miller, R. S. (1977). Egocentrism in groups: Self-serving biases or logical information processing? *Journal of Personality and Social Psychology, 35,* 755-764.

Schmidt, C. F. (1972). Multidimensional scaling of the printed media's explanations of the riot of the summer of 1967. *Journal of Personality and Social Psychology, 24,* 59-67.

Schmitt, M. T., Branscombe, N. R. (2003). Response - Will the real social dominance theory please stand up? *British Journal of Social Psychology, 42,* 215-219.

Schmitt, M. T., Branscombe, N. & Kappen, D. M. (2003). Attitudes toward group-based inequality: Social dominance or social identity? *British Journal of Social Psychology, 42,* 161-186.

Schneider, W., & Shiffrin, R. M. (1977). Controlled and automatic human information processing: I. Detection, search, and attention. *Psychological Review, 84,* 1-66.

Schuman, H., Steeh, C., Bobo, L., & Krysan, M. (1997). *Racial attitudes in America: Trends and interpretation,* (rev. ed.). Cambridge, MA: Harvard University Press.

Schwartz, S. H. (1978). Temporal instability as a moderator of the attitude-behavior relationship. *Journal of Personality and Social Psychology, 36,* 715-724.

Schwartz, S. H., & Tessler, R. C. (1972). A test of a model for reducing measured attitude-behavior discrepancies. *Journal of Personality and Social Psychology, 24,* 225-236.

Sears, D. O. (1988). Symbolic racism. In P. A. Katz & D. A. Taylor (Eds.), *Eliminating racism: Profiles in controversy* (pp. 53-84). New York: Plenum Press.

Sears, D. O., & Kinder, D. R. (1971). Racial tensions and voting in Los Angeles. In W. Z. Hirsch (Ed.), *Los Angeles: Viability and prospects for metropolitan leadership* (pp. 51-88). New York: Praeger.

Sears, D. O., & McConahay, J. B. (1973). *The politics of violence: The new urban blacks and the Watts riot.* Boston, MA: Houghton Mifflin.

Secord, P. F. (1959). Stereotyping and favorableness in the perception of negro faces. *Journal of Abnormal and Social Psychology, 59,* 309-315.

Secord, P. F., Bevan, W., & Katz, B. (1956). The negro stereotype and perceptual accentuation. *Journal of Abnormal and Social Psychology, 53,* 78-83.

Semin, G. R. (1985). The 'phenomenon of social representations': A comment on Potter and Litton. *British Journal of Social Psychology, 24,* 93-94.

Semin, G. R. (1989). Prototypes and social representations. In D. Jodelet (Ed.), *Les representations sociales* (pp. 239-251). Paris: Presses Universitaires de France.

Semin, G. R., & Fiedler, K. (1988). The cognitive functions of linguistic categories in describing persons: Social cognition and language. *Journal of Personality and Social Psychology, 54,* 558-568.

Semin, G. R., & Fiedler, K. (1989). Relocating attributional phenomena within a language cognition interface: The case of actors' and observers' perspectives. *European Journal of Social Psychology, 19,* 491-508.

Shavitt, S. (1989). Operationalizing functional theories of attitude. In A. R. Pratkanis, S. J. Breckler & A. G. Greenwald (Eds.), *Attitude structure and function* (pp. 311-338). Hillsdale, NJ: Erlbaum.

Shavitt, S. (1990). The role of attitude objects in attitude functions. *Journal of Experimental Social Psychology, 26,* 124-148.

Sheppard, B. H., Hartwick, J., & Warshaw, P. R. (1988). The theory of reasoned action: A meta-analysis of past research with recommendations for modifications and future research. *Journal of Consumer Research, 15,* 325-343.

Sherif, C. W., Sherif, M., & Nebergall, R. E. (1965). *Attitude and attitude change: The social judgment-involvement approach.* Philadelphia, PA: Saunders.

Sherif, M. (1966). *In common predicament: Social psychology of intergroup conflict and cooperation.* Boston, MA: Houghton Mifflin.

Sherif, M., Harvey, O. J., White, B. J., Hood, W., & Sherif, C. (1961). *Intergroup conflict and cooperation: The Robbers Cave experiment.* Norman, OK: University of Oklahoma Institute of Intergroup Relations.

Sherif, M., & Sherif, C. W. (1956). *An outline of social psychology* (rev. ed.). New York: Harper & Row.

Sherman, J. W., Lee, A. Y., Bessenoff, G. R., & Frost, L. A. (1998). Stereotype efficiency reconsidered: Encoding flexibility under cognitive load. *Journal of Personality and Social Psychology, 75,* 589-606.

Shrauger, J. S. (1975). Responses to evaluation as a function of initial self-perceptions. *Psychological Bulletin, 82,* 581-596.

Shweder, R. A., & Bourne, E. J. (1982). Does the concept of the person vary crossculturally? In A. J. Norsello & G. M. White (Eds.), *Cultural conceptions of mental health and therapy* (pp. 97-137). Boston, MA: Reidel.

Sidanius, J. (1993). The psychology of group conflict and the dynamics of oppression: A social dominance perspective. In S. Iyengar & W. McGuire (Eds.), *Explorations in political psychology.* Durham, NC: Duke University Press.

Sidanius, J., Devereux, E., & Pratto, F. (1992). A comparison of symbolic racism theory and social dominance theory as explanations for racial policy attitudes. *Journal of Social Psychology, 132,* 377-395.

Sidanius, J., & Pratto, F. (1993). The inevitability of oppression and the dynamics of social dominance. In P. Sniderman & P. Tetlock (Eds.), *Prejudice, politics, and the American dilemma* (pp.

173-211). Stanford, CA: Stanford University Press.

Sidanius, J., & Pratto, F. (1999). *Social dominance: An intergroup theory of social hierarchy and oppression.* New York: Cambridge University Press.

Sidanius, J. & Pratto, F. (2003). Commentary - Social dominance theory and the dynamics of inequality: A reply to Schmitt, Branscombe & Kappen and Wilson & Liu. *British Journal of Social Psychology, 42,* 207-213.

Sidanius, J., Pratto, F., & Bobo, L. (1996). Racism, conservatism, affirmative action and intellectual sophistication: A matter of principled conservatism or group dominance? *Journal of Personality and Social Psychology, 70,* 476-490.

Sinclair, L., & Kunda, Z. (1999). Reactions to a black professional: Motivated inhibition and activation of conflicting stereotypes. *Journal of Personality and Social Psychology, 77,* 885-904.

Slugoski, B. R., Lalljee, M., Lamb, R., & Ginsburg, G. P. (1993). Attribution in conversational context: Effect of mutual knowledge on explanation-giving. *European Journal of Social Psychology, 23,* 219-238.

Smetana, J. G., & Adler, N. E. (1980). Fishbein's value x expectancy model: An examination of some assumptions. *Personality and Social Psychology Bulletin, 6,* 89-96.

Smith, E. R. (1998). Mental representation and memory. In D. T. Gilbert, S. T. Fiske & G. Lindzey (Eds.), *Handbook of social psychology* (Vol. 1, 4th ed., pp. 391-445). New York: McGraw-Hill.

Smith, M., & Walker, l. (1991). Evaluating the British version of the Attitudes toward Women Scale. *Australian Journal of Psychology, 43,* 7-10.

Smith, M., & Walker, I. (1992). The structure of attitudes to a single object: Adapting Criterial Referents Theory to measure attitudes to 'woman'. *British Journal of Social Psychology, 31,* 201-214.

Smith, M. B. (1947). The personal setting of public opinions: A study of attitudes toward Russia. *Public Opinion Quarterly, 11,* 507-523.

Smith, M. B., Bruner, J. S., & White, R. W. (1956). *Opinions and personality.* New York: Wiley.

Sniderman, P. M., & Tetlock, P. E. (1986a). Symbolic racism: Problems of motive attribution in political analysis. *Journal of Social Issues, 42,* 129-150.

Sniderman, P. M., & Tetlock, P. E. (1986b). Interrelationship of political ideology and public opinion. In M. G. Hermann (Ed.), *Political psychology: Contemporary problems and issues* (pp. 62-96). San Francisco, CA: Jossey-Bass.

Snyder, M., & Kendzierski, D. (1982). Acting on one's attitudes: Procedures for linking attitude and behavior. *Journal of Experimental Social Psychology, 18,* 165-183.

Snyder, M., & Swann, W. B. (1978). Behavioral confirmation in social interaction: From social perception to social reality. *Journal of Experimental Social Psychology, 14,* 148-162.

Snyder, M., Tanke, E. D., & Berscheid, E. (1977). Social perception and interpersonal behavior: On the self-fulfilling nature of social stereotypes. *Journal of Personality and Social Psychology, 35,* 656-666.

Sousa, E., & Leyens, J.-P. (1987). A priori versus spontaneous models of attribution: The case of gender and achievement. *British Journal of Social Psychology, 26,* 281-292.

Spears, R., Jetten, J., & Doosje, B. (2002). The (il)legitimacy of in-group bias: From social reality to social resistance. In J. T. Jost & B. Major (Eds.), *The psychology of legitimacy: Emerging perspectives on ideology, justice and intergroup relations* (pp. 332-362). New York: Cambridge University Press.

Spence, J. T., & Helmreich, R. (1972). The Attitudes Toward Women Scale: An objective instrument to measure attitudes toward the rights and roles of women in contemporary society. *JSAS Catalog of Selected Documents in Psychology, 2,* 66.

Stacey, B. G. (1982). Economic socialization in the pre-adult years. *British Journal of Social Psychology, 21,* 159-173.

Stangor, C., & Lange, J. E. (1994). Mental representations of social groups: Advances in understanding stereotypes and stereotyping. In M. P. Zanna (Ed.), *Advances in experimental social psychology* (Vol. 26, pp. 357-416). San Diego, CA: Academic Press.

Stangor, C., & McMillan, D. (1992). Memory for expectancy-congruent and expectancyincongruent information: A review of the social and social-developmental literatures. *Psychological Bulletin, 111,* 42-61.

Stangor, C. & Schaller, M. (1996). Stereotypes as individual and collective representations. In C. N. Macrae, M. Hewstone, & C. Stangor (Eds.), *Foundations of stereotypes and stereotyping* (pp. 3-37). New York: Guilford Press.

Stephan, W. G. (1977). Stereotyping: The role of ingroup-outgroup differences in causal attribution for behavior. *Journal of Social Psychology, 101,* 255-266.

Stephan, W. G. (1985). Intergroup relations. In G. Lindzey & E. Aronson (Eds.), *The handbook of social psychology* (Vol. 2, 3rd ed., pp. 599-658). New York: Random House.

Stephan, W. G., & Stephan, C. W. (1985). Intergroup anxiety. *Journal of Social Issues, 41,* 157-175.

Stephan, W. G., & Stephan, C. W. (1993). Cognition and affect in stereotyping: Parallel interactive networks. In D. M. Mackie & D. L. Hamilton (Eds.), *Affect, cognition and stereotyping: Interactive processes in group perception* (pp. 111-136). San Diego, CA: Academic Press.

Stone, W. F., Lederer, G., & Christie, R. (Eds.) (1993). *Strength and weakness: The authoritarian personality today.* New York: Springer-Verlag.

Stone, W. F., & Schaffner, P. E. (1988). *The psychology of politics.* New York: Springer-Verlag.

Storms, M. D. (1973). Videotape and the attribution process: Reversing actors' and observers' points of view. *Journal of Personality and Social Psychology, 27,* 165-175.

Strauman, T. J. (1996). Stability within the self: A longitudinal study of the structural implications of self-discrepancy theory. *Journal of Personality and Social Psychology, 71,* 1142-1153.

Strauman, T. J., & Higgins, E. T. (1987). Automatic activation of self-discrepancies and emotional syndromes: When cognitive structures influence affect. *Journal of Personality and Social Psychology, 53,* 1004-1014.

Strauman, T. J., Vookles, J., Berenstein, V., Chaiken, S., & Higgins, E. T. (1991). Selfdiscrepancies and vulnerability to body dissatisfaction and disordered eating. *Journal of Personality and Social Psychology, 53,* 1004-1014.

Stryker, S. and Statham, A. (1985). Symbolic interaction and role theory. In G. Lindzey and E. Aronson (Eds.), *Handbook of social psychology* (Vol. 1, 3rd ed., pp. 311-378). New York: Random House.

Sullivan, H. S. (1953). *The interpersonal theory of psychiatry.* New York: Norton.

Svenson, O. (1981). Are we all less risky and more skillful than our fellow drivers? *Acta Psychologica, 47,* 143-148.

Swann, W. B. (1985). The self as architect of social reality. In B. R. Schlenker (Ed.), *The self and social life* (pp. 100-125). New York: McGraw-Hill.

Swann, W. B. (1987). Identity negotiation: Where two roads meet. *Journal of Personality and Social Psychology, 53,* 1038-1051.

Swann, W. B., & Read, S. J. (1981). Self-verification processes: How we sustain our selfconceptions. *Journal of Experimental Social Psychology, 17,* 351-370.

Sweeney, P. D., Anderson, K., & Bailey, S. (1986). Attributional style in depression: A meta-analytic review. *Journal of Personality and Social Psychology, 50,* 974-991.

Swim, J. K., Aikin, K. J., Hall, W. S., & Hunter, B. A. (1995). Sexism and racism: Old-fashioned and modern prejudices. *Journal of Personality and Social Psychology, 68,* 199-214.

Swim, J. K., & Sanna, L. J. (1996). He's skilled, she's lucky: A meta-analysis of observers' attributions for women's and men's successes and failures. *Personality and Social Psychology Bulletin, 22,* 507-519.

Tafarodi, R. W. (1998). Paradoxical self-esteem and selectivity in the processing of social information. *Journal of Personality and Social Psychology, 74,* 1181-1196.

Taguieff, P.-A. (1998). *La couleur et le sang: doctrine racists a la francaise.* Paris: Edition Mille et une Nuits.

Tajfel, H. (1969a). Cognitive aspects of prejudice. *Journal of Social Issues, 25,* 79-97.

Tajfel, H. (1969b). Social and cultural factors in perception. In G. Lindzey & E. Aronson (Eds.), *Handbook of social psychology* (Vol. 3, 2nd ed., pp. 315-394). Reading, MA: Addison-Wesley.

Tajfel, H. (1970). Experiments in intergroup discrimination. *Scientific American, 223,* 96-102.

Tajfel, H. (1972). Experiments in a vacuum. In J. Israel and H. Tajfel (Eds.), *The context of social psychology: A critical assessment* (pp. 69-119). London: Academic Press.

Tajfel, H. (1974). Social identity and intergroup behaviour. *Social Science Information, 13,* 65-93.

Tajfel, H. (1976). Against biologism. *New Society, 29,* 240-242.

Tajfel, H. (Ed.) (1978). *Differentiation between social groups: Studies in the social psychology of intergroup relations.* London: Academic Press.

Tajfel, H. (1981a). *Human groups and social categories: Studies in social psychology.* Cambridge: Cambridge University Press.

Tajfel, H. (1981b). Social stereotypes and social groups. In J. C. Turner & H. Giles (Eds.), *Intergroup behaviour* (pp.144-167). Oxford: Blackwell.

Tajfel, H. (1982). Social psychology of intergroup relations. *Annual Review of Psychology, 33,* 1-39.

Tajfel, H., & Billig, M. (1974). Familiarity and categorization in intergroup behaviour. *Journal of Experimental Social Psychology, 10,* 159-170.

Tajfel, H., Billig, M. G., Bundy, R. P., & Flament, C. (1971). Social categorization and intergroup behaviour. *European Journal of Social Psychology, 1,* 149-178.

Tajfel, H., Sheikh, A. A., & Gardner, R. C. (1964). Content of stereotypes and the inference of similarity between members of stereotyped groups. *Acta Psychologica, 22,* 191-201.

Tajfel, H., & Turner, J. C. (1979). An integrative theory of intergroup conflict. In W. G. Austin and S. Worchel (Eds.), *The social psychology of intergroup relations* (pp. 33-48). Monterey, CA: Brooks/Cole.

Tajfel, H., & Turner, J. C. (1986). The social identity theory of intergroup relations. In S. Worchel and W. G. Austin (Eds.), *Psychology of intergroup relations* (pp. 7-24). Monterey, CA: Brooks/Cole.

Tajfel, H., & Wilkes, A. L. (1963). Classification and quantitative judgement. *British Journal of Psychology, 54,* 101-114.

Tangney, J. P., Niedenthal, P. M., Covert, M. V., & Hill-Barlow, D. H. (1998). Are shame and guilt related to distinct self-discrepancies? A test of Higgins' (1987) hypotheses. *Journal of Personality and Social Psychology, 75,* 256-268.

Tate, C., & Audette, D. (2001). Theory and research on 'Race' as a natural kind variable in psychology. *Theory and Psychology, 11,* 495-520.

Taylor, D. M., & Brown, R. J. (1979). Towards a more social social psychology. *British Journal of Social and Clinical Psychology, 18,* 173-180.

Taylor, D. M., & Jaggi, V. (1974). Ethnocentrism and causal attribution in a South Indian context. *Journal of Cross-Cultural Psychology, 5,* 162-171.

Taylor, S. E. (1982). Social cognition and health. *Personality and Social Psychology Bulletin, 8,* 549-562.

Taylor, S. E. (1998). The social being in social psychology. In D. T. Gilbert, S. T. Fiske & G. Lindzey (Eds.), *Handbook of social psychology* (Vol. 1, 4th ed., pp. 58-95). New York: McGraw-Hill.

Taylor, S. E., & Crocker, J. (1981). Schematic bases of social information processing. In E. T. Higgins, C. P. Herman and M. P. Zanna (Eds.), *Social cognition: The Ontario symposium* (Vol. 1, pp. 89-134). Hillsdale, NJ: Erlbaum.

Taylor, S. E., & Fiske, S. T. (1975). Point of view and perceptions of causality. *Journal of Personality and Social Psychology, 32,* 439-445.

Taylor, S. E., & Fiske, S. T. (1978). Salience, attention, and attribution: Top of the head phenomena. In L. Berkowitz (Ed.), *Advances in experimental social psychology* (Vol. 11, pp. 249-288). New York: Academic Press.

Taylor, S. E., Fiske, S., Etcoff, N. L., & Ruderman, A. J. (1978). Categorical and contextual bases of person memory and stereotyping. *Journal of Personality and Social Psychology, 36,* 778-793.

Taylor, S. E., Neter, E., & Wayment, H. A. (1995). Self-evaluation processes. *Personality and Social Psychology Bulletin, 21,* 1278-1287.

Terborg, J. R., & Ilgen, D. R. (1975). A theoretical approach to sex discrimination in traditionally masculine occupations. *Organizational Behavior and Human Performance, 13,* 352-376.

Terry, D. J., & Hogg, M. A. (1996). Group norms and the attitude-behaviour relationship: A role for group identification. *Personality and Social Psychology Bulletin, 22,* 776-793.

Terry, D. J., & Hogg, M. A. (Eds.) (1999). *Attitudes, behaviour, and social context: The role of norms and group membership.* Hillsdale NJ: Erlbaum.

Terry, D. J., Hogg, M. A., & McKimmie, B. M. (2000). Attitude-behaviour relations: The role of ingroup norms and mode of behavioural decision-making. *British Journal of Social Psychol-*

ogy, 39, 337-361.

Terry, D. J., Hogg, M. A., & White, K. M. (1999). The theory of planned behaviour: Selfidentity, social identity and group norms. British Journal of Social Psychology, 38, 225-244.

Tesser, A. (1986). Some effects of self-evaluation maintenance on cognition and action. In R. M. Sorrentino & E. T. Higgins (Eds.), Handbook of motivation and cognition: Foundations of social behavior (pp. 435-464). New York: Guilford Press.

Tesser, A. (1988). Toward a self-evaluation maintenance model of social behavior. In L. Berkowitz (Ed.), Advances in experimental social psychology (Vol. 21, pp. 181-227). New York: Academic Press.

Tesser, A. (2000). On the confluence of self-esteem maintenance mechanisms. Personality and Social Psychology Review, 4, 290-299.

Thomas, W. I., & Znaniecki, F. (1918-20). The Polish peasant in Europe and America (5 vols). Boston, MA: Badger.

Thompson, J. B. (1984). Studies in the theory of ideology. Cambridge: Polity Press.

Thurstone, L. L. (1928). Attitudes can be measured. American Journal of Sociology, 38, 529-554.

Tougas, F., Brown, R., Beaton, A. M., & Joly, S. (1995). Neosexism: Plus ca change, plus c'est pareil. Personality and Social Psychology Bulletin, 21, 842-850.

Triandis, H. C. (1995). Individualism and collectivism. Boulder, CO: Westview Press.

Triplett, N. (1898). The dynamogenic factors in pacemaking and competition. American Journal of Psychology, 9, 507-533.

Trope, Y., & Gaunt, R. (2003). Attribution and person perception. In M. A. Hogg & J. Cooper (Eds.), Handbook of social psychology (pp. 190-210). London: Sage.

Tuffin, K. (2005). Understanding critical social psychology. London: Sage.

Turnbull, W., & Slugoski, B. (1988). Conversational and linguistic processes in causal attribution. In D. Hilton (Ed.), Contemporary science and natural explanations: Commonsense conceptions of causality (pp. 66-93). New York: New York University Press.

Turner, J. C. (1985). Social categorization and the self-concept: A social-cognitive theory of group behavior. In E. J. Lawler (Ed.), Advances in group processes: Theory and research (Vol. 2, pp. 77-122). Greenwich, CT: JAI Press.

Turner, J. C. (1999). Some current issues in research on social identity and selfcategorization theories. In N. Ellemers, R. Spears & B. Doosje (Eds.), Social identity: Context, commitment, content (pp. 6-34). Oxford: Blackwell.

Turner, J. C., Hogg, M. A., Oakes, P. J., Reicher, S. D., & Wetherell, M. S. (1987). Rediscovering the social group: A self-categorization theory. Oxford: Blackwell.

Turner, J. C., & Oakes, P. J. (1989). Self-categorization theory and social influence. In P. B. Paulus (Ed.), Psychology of group influence (2nd ed., pp. 233-275). Hillsdale, NJ: Erlbaum.

Turner, J. C. & Reynolds, J. K. (2003). Commentary - Why social dominance theory has been falsified. British Journal of Social Psychology, 42, 199-206.

Tykocinski, O., Higgins, E. T., & Chaiken, S. (1994). Message framing, self-discrepancies, and yielding to persuasive messages: The motivational significance of psychological situations. Personality and Social Psychology Bulletin, 20, 107-115.

Uleman, J. S. (1999). Spontaneous versus intentional inferences in impression formation. In S. Chaiken & Y. Trope (Eds.), Dual-process theories in social psychology (pp. 141-160). New York: Guilford Press.

Vallone, R. P., Ross, L., & Lepper, M. R. (1985). The hostile media phenomenon: Biased perception and perceptions of media bias in coverage of the 'Beirut Massacre'. Journal of Personality and Social Psychology, 49, 577-585.

Van Dijk, T. A. (1991). Racism and the Press. London: Routledge.

Van Dijk, T. A. (1992). Discourse and the denial of racism. Discourse and Society, 3, 87-118.

Van Dijk, T. A. (1993). Elite Discourse and Racism. Newbury Park, CA: Sage.

Van Dijk, T. A. (1998). Ideology: A multidisciplinary approach. London: Sage.

Vaughan, G. M. (1978a). Social categorization and intergroup behaviour in children. In H. Tajfel (Ed.), Differentiation between social groups: Studies in the social psychology of intergroup relations (pp. 339-360). London: Academic Press.

Vaughan, G. M. (1978b). Social change and intergroup preferences in New Zealand. European Journal of Social Psychology, 8, 297-314.

Verkuyten, M. (1997). Discourses of ethnic minority identity. British Journal of Social Psychology, 36, 565-586.

Verkuyten, M. (1998). Personhood and accounting for racism in conversation. Journal for the Theory of Social Behaviour, 28, 147-167.

Verkuyten, M. (2005). Accounting for ethnic discrimination: A discursive study among minority and majority group members. Journal of Language and Psychology, 24, 66-92.

Wagner, W., & Kronberger, N. (2001). Killer tomatoes! Collective symbolic coping with biotechnology. In K. Deaux & G. Philogene (Eds.), Representations of the social: Bridging theoretical traditions (pp. 147-164). Oxford: Blackwell.

Wagner, W., Kronberger, N., Gaskell, G., Allum, N., Allansdottir, A., Cheveigne, S., Dahinder, U., Diego, C., Montali, L., Mortensen, A., Pfenning, U., & Rusanen, T. (2001). Nature in disorder: The troubled public of biotechnology. In G. Gaskell & M. Bauer (Eds.), Biotechnology 1996-2000: The years of controversy. London: National Museum of Science and Industry.

Wagner, W., Kronberger, N., & Seifert, F. (2002). Collective symbolic coping with new technology: Knowledge, images, & public discourse. British Journal of Social Psychology, 41, 323-343.

Wagner, W., Valencia, J., & Elejabarrieta, F. (1996). Relevance, discourse and the 'hot' stable core of social representations: A structural analysis of word associations. British Journal of Social Psychology, 35, 331-351.

Walker, I., & Smith, H. J. (2002). Relative deprivation: Specification, development, integration. New York: Cambridge University Press.

Watson, R. (1997). Some general reflections on 'categorization' and 'sequence' in the analysis of conversation. In S. Hester & P. Eglin (Eds.), Culture in action: Studies in membership categorization analysis (pp. 49-76). Washington, DC: University Press of America.

Weary, G. (1981). Role of cognitive, affective, and social factors in attribution biases. In J. H. Harvey (Ed.), Cognition, social behavior, and the environment (pp. 213-225). Hillsdale, NJ: Erlbaum.

Weber, R., & Crocker, J. (1983). Cognitive processes in the revision of stereotypic beliefs. *Journal of Personality and Social Psychology, 45,* 961-977.

Wegner, D. M., & Bargh, J. A. (1998). Control and automaticity in social life. In D. T. Gilbert, S. T. Fiske & G. Lindzey (Eds.), *Handbook of social psychology* (Vol. 1, 4th ed., pp. 446-496). New York: McGraw-Hill.

Weiner, B. (1985). 'Spontaneous' causal thinking. *Psychological Bulletin, 97,* 74-84.

Weiner, B. (1986). *An attributional theory of motivation and emotion.* New York: Springer-Verlag.

Wetherell, M. (1982). Cross-cultural studies of minimal groups: Implications for the social identity theory of intergroup relations. In H. Tajfel (Ed.), *Social identity and intergroup relations* (pp. 207-240). Cambridge: Cambridge University Press.

Wetherell, M. (1998). Positioning interpretive repertoires: Conversation analysis and post-structuralism in dialogue. *Discourse and Society, 9,* 387-412.

Wetherell, M. (1999). Psychology and Marxism: A commentary. *Theory and Psychology, 3,* 399-407.

Wetherell, M. (2001). Debates in discourse research. In M. Wetherell, S. Taylor & S. J. Yates (Eds.), *Discourse theory and practice: A reader.* London: Sage.

Wetherell, M., & Edley, N. (1998). Negotiating hegemonic masculinity: Imaginary positions and psycho-discursive practices. *Feminism & Psychology, 9,* 335-356.

Wetherell, M., & Potter, J. (1992). *Mapping the language of racism: Discourse and the legitimation of exploitation.* Hemel Hempstead: Harvester Wheatsheaf.

Wetherell, M., Stiven, H., & Potter, J. (1987). Unequal egalitarianism: A preliminary study of discourses concerning gender and employment opportunities. *British Journal of Social Psychology, 26,* 59-71.

Wheeler, L. (1991). A brief history of social comparison theory. In J. Suls & T. A. Wills (Eds.), *Social comparison: Contemporary theory and research* (pp. 3-21). Hillsdale, NJ: Erlbaum.

Wicker, A. W. (1969). Attitudes versus actions: The relationship of verbal and overt behavioral responses to attitude objects. *Journal of Social Issues, 25,* 41-78.

Wiley, M. G., Crittenden, K. S., & Birg, L. D. (1979). Why a rejection? Causal attributions of a career achievement event. *Social Psychology Quarterly, 42,* 214-222.

Wilkinson, S., & Kitzinger, C. (Eds.) (1996). *Representing the other: A 'Feminism and Psychology' reader.* London: Sage.

Williams, G. A. (1960). Gramsci's concept of hegemony. *Journal for the History of Ideas, XXI,* 586-599.

Willig, C. (1999). Beyond appearances: A critical realist approach to social constructionist work in psychology. In D. Nightingale & J. Cromby (Eds.), *Psychology and social constructionism: A critical analysis of theory and practice.* MiltonKeynes: Open University Press.

Willig, C. (2001). *Introducing qualitative research in psychology: Adventures in theory and method.* MiltonKeynes: Open University Press.

Wilson, T. D., Kraft, D., & Dunn, D. S. (1989). The disruptive effects of explaining attitudes: The moderating effect of knowledge about the attitude object. *Journal of Experimental Social Psychology, 25,* 379-400.

Wilson, T. D., & Linville, P. W. (1985). Improving the performance of college freshmen with attributional techniques. *Journal of Personality and Social Psychology, 49,* 287-293.

Wilson, M. S. & Liu, J. H. (2003a). Social dominance orientation and gender: The moderating role of gender identity. *British Journal of Social Psychology, 42,* 187-198.

Wilson, M. S. & Liu, J. H. (2003b). Response - Social dominance theory comes of age, and so must change: A reply to Sidanius & Pratto and Turner & Reynolds. *British Journal of Social Psychology, 42,* 221-223.

Wittenbrink, B., Judd, C. M., & Park, B. (2001). Spontaneous prejudice in context: Variability in automatically activated attitudes. *Journal of Personality and Social Psychology, 81,* 815-827.

Wittgenstein, L. (1953). *Philosophical investigations.* Oxford: Blackwell.

Wundt, W. (1897). *Outlines of psychology.* New York: Stechert.

Yzerbyt, V. Y., & Rocher, S. (2002). Subjective essentialism and the emergence of stereotypes. In C. McGarty, V. Y. Yzerbyt, & R. Spears (Eds.), *Stereotypes as explanations: The formation of meaningful beliefs about social groups* (pp. 38-66). Cambridge: Cambridge University Press.

Yzerbyt, V. Y., Rocher, S., & Schadron, G. (1997). Stereotypes as explanations: A subjective essentialistic view of group perception. In R. Spears, P. J. Oakes, N. Ellemers, & S. A. Haslam (Eds.), *The social psychology of stereotyping and group life* (pp. 20-50). Oxford: Blackwell.

Zajonc, R. B. (1980). Feeling and thinking: Preferences need no inferences. *American Psychologist, 35,* 151-175.

Zanna, M. P., Olson, J. M., & Fazio, R. H. (1980). Attitude-behavior consistency: An individual difference perspective. *Journal of Personality and Social Psychology, 38,* 432-440.

Zanna, M. P., & Rempel, J. K. (1988). Attitudes: A new look at an old concept. In D. Bar-Tal & A. W. Kruglanski (Eds.), *The social psychology of knowledge* (pp. 313-384). Cambridge: Cambridge University Press.

Zuckerman, M. (1979). Attribution of success and failure revisited, or: The motivational bias is alive and well in attribution theory. *Journal of Personality, 47,* 245-287.

Zurcher, L. (1977). *The mutable self: A self concept for social change.* Beverly Hills, CA: Sage.

國家圖書館出版品預行編目（CIP）資料

社會認知──一種整合的觀點／Martha Augoustinos,
Iain Walker, Ngaire Donaghue 著；王勇智，曾寶瑩，
陳舒儀譯. --初版. -- 臺北市：心理，2010.12
　　面；　　公分. --（心理學系列；11038）
　　譯自：Social cognition: an integrated introduction
　　ISBN 978-986-191-389-6（平裝）

1. 社會心理學　2. 認知　3.發展心理學

541.7　　　　　　　　　　　　　　　　　　99018231

心理學系列 11038

社會認知──一種整合的觀點

作　　者：Martha Augoustinos, Iain Walker & Ngaire Donaghue
校 閱 者：丁興祥、張慈宜、鄧明宇、李文玫
譯　　者：王勇智、曾寶瑩、陳舒儀
執行編輯：林汝穎
總 編 輯：林敬堯
發 行 人：洪有義
出 版 者：心理出版社股份有限公司
地　　址：台北市大安區和平東路一段 180 號 7 樓
電　　話：(02) 23671490
傳　　真：(02) 23671457
郵撥帳號：19293172　心理出版社股份有限公司
網　　址：http://www.psy.com.tw
電子信箱：psychoco@ms15.hinet.net
駐美代表：Lisa Wu（Tel：973 546-5845）
排 版 者：臻圓打字印刷有限公司
印 刷 者：正恒實業有限公司
初版一刷：2010 年 12 月
I S B N：978-986-191-389-6
定　　價：新台幣 400 元